재일한인문학의 어제와 오늘

재일한인문학의 어제와 오늘

김영미 김정훈 박죽심 송명희 오현화
윤정화 이상갑 정덕준 최은영

한국문화사

■ 재외한인문학연구 총서를 펴내며

문학은 근본적으로 삶에 대한 질문이다. 그것은 시간과 공간을 넘어서는 문학의 존립 근거일 수 있다. 재외한인문학은 삶에 대한 질문의 가장 첨예한 방식이다. 재외 한인은 숙명적으로 '나'에 대한 쉼 없는 질문의 상황에 놓여 있을 수밖에 없는 사람들이다. 그들의 글쓰기가 절실하고 간절하여 긴박할 수밖에 없는 이유이다.

재외한인문학은 특수한 시대의 특수한 문학이 아니다. 그것은 보편성을 지닌 문학 현상의 한 양상이다. 따라서 이에 관한 연구 또한 문학에 대한 탐구의 한 방식이다. 재외한인문학에 대한 연구들이 괄목한 만한 성과를 내며 성장한 지 결코 짧지 않은 시간이 지났다. 그동안 연구 성과를 한 자리에 묶어내는 학술적 작업이 없음은 아쉬운 바였다.

재외한인문학 연구총서를 펴내면서 이에 대한 새로운 이정표이고자 한다. 재외한인문학 연구의 의미 있는 성과들을 집적하고 새로운 담론들을 생성해내는 추동의 기제로서 작동될 수 있기를 바란다. 아울러 재외한인문학이 이루어내는 눈부신 성취를 보는 즐거움과 행복이 그 안에 들어있길 바란다.

한국문학의 세계화를 꿈꾸는 시대, 재외한인문학과 그 연구가 힘차게 이를 밀고 나가는 화두가 되기를 빌어본다.

2021년 12월
공주대학교 재외한인문화연구소 김영미

■ 책을 펴내며

　재일한인사회는 한국에 대한 일제의 식민지 지배로 형성된 특수한 역사적 산물이다. 1947년 5월 일본 정부는 '외국인등록령'을 공포, 종전 후 귀국하지 않고 일본 국적으로 거주하던 한국(조선)인을 외국인으로 등록시킨다. 이후 일본 정부는 '외국인등록법', 체류자격 심사 등 갖가지 제도로써 불이익을 주고, 동화정책(귀화)에 호응하지 않는 재일한인을 차별한다. 광복 후 오늘에 이르기까지, 일본 정부는 특별한 역사적 배경을 가지고 있는 재일한인을 일본 사회로부터 '배제'하는 정책으로 일관, 정치·사회적으로 숱한 문제들을 야기(惹起)시킨다. 물론, 최근 들어 재일한인의 지문 날인을 없애는 등 약간의 변화를 보이지만, 기본 정책은 여전히 완고하다. 이런 가운데 일본에서 나고 자란 3세대의 비중이 점차 증가하면서, 재일한인사회 내부에서도 일본 사회에서의 적응 방식은 물론 스스로의 정체성 문제로 심각한 진통을 겪고 있다. 따라서 재일한인사회와 그들이 축적해온 문화를 온당하게 이해하기 위해서는 재일한인이 일본 정부의 동화(귀화) 압력과 차별에 대응하며 민족적 정체성을 유지해가는, 혹은 변화시켜 나갈 수밖에 없는 메커니즘이 무엇인지에 대한 정치한 고찰이 무엇보다도 중요하다. 재일한인문학에 대한 논의도 예외가 아니다.

　재일한인문학은 이주 초기부터 현재까지 계속되어온 일본 정부의 민족차별과 억압의 현실을 핍진하게 담아 내보이는 한편, 민족적 정체성을 찾기 위해 고뇌하고 저항해 나가는 모습을 그리고 있다. 재일한인문학의 토대 마련에 크게 이바지한 2세대 작가들이 특히 그러하다. 이들은 일본 사회의 경제 발전과 냉전 이데올로기를 체험한 세대로, '조국'(민족)과 '재일' 사이에 놓인 그들 자신의 위치, 정체성에 대해 갈등하고 고뇌하는 '경계인 의식'을 집중적으로 담아낸다. 그러나 3세대 작가들은 1, 2세대와는 달리, 재일한인이라는 일본 내의 특수한 삶의 조건을 새롭게 해석하고 이에 대응하는 성향을 드러낸다. '재일'을 실존적 상황에서 맞닥뜨리는 개인적 문제로 인식하는 것이다. 하지만, 3세대 작가들 또한 '재일'이라는 특수한 현실은 '민족'의 문제에서 결코 자유로울 수 없다는 점을 새삼 확인한다. 따라서 이 책에서는 재일한인 작가를 이주·정착의 단계에 따라 크게 3개 세대로 구분하고, 재일한인문학의 전개 양상과 특성을 세대별·장르별로 나누어 살펴보고자 한다.

이 책은 4부로 나누어 묶었다. 먼저 재일한인문학을 통시적으로 고찰하고, 다음으로 재일한인 시문학, 소설, 그리고 마지막으로 '조총련'계의 재일조선인문학을 살펴보고 있다.

Ⅰ부「재일한인문학의 사적 전개」는 재일한인문학의 개념과 범주, 형성과정과 전개 양상 등을 살피고 있다. 각 세대의 '재일' 의식 또는 민족적 정체성과 그 차별성, 각 세대 문학의 주제적 특성, 그리고 장르별 성격 등을 주요 작가를 중심으로 개관하고 있다. Ⅱ부「재일한인 시문학」에서는 광복 전후 시기의 재일한인 1세대 작품을 중심으로 재일한인 시문학의 역사적 형성과정과 전개 양상 및 특징을 고찰하는 한편, 2, 3세대 작품의 미적 자질과 이전 시대 작품과의 차별성 등을 살펴보고 있다. Ⅲ부「'조국' '민족' '탈경계', 재일한인의 정체성」에서는 재일한인 소설을 중심으로 분단 조국의 현실, '조국'(민족)과 '재일' 사이에 놓인 2세대 재일한인의 정체성, 그리고 '탈국적' '탈민족'을 지향하는 3세대 작가의 '재일' 의식 등을 살펴보고 있다. Ⅳ부「재일조선인문학」에서는 '조총련'계 작가의 작품을 중심으로

재일조선인문학의 성과와 한계, '주체사상'과 '재일'의 삶의 거리, 북한의 '해외공민'이라는 이중적 지위와 정체성 혼란 등을 소설과 희곡, 문학비평으로 나눠 살피고 있다.

   이 책은 한국연구재단 일반공동연구지원사업 지원(2005)으로 이루어진 결과물로, 연구 종료 십수 년이 지나 묶어내게 되었다. 지원해준 한국연구재단에 감사의 마음 전한다. 연구를 함께 수행한, 그리고 귀한 글을 주신 김영미·김정훈(시), 박죽심·송명희·윤정화·최은영(소설), 오현화(희곡), 이상갑(비평) 교수께 깊이 감사드리며, 출판을 흔쾌히 맡아준 한국문화사 김진수 사장과 편집부 여러분께 감사드린다.

2021년 12월
정덕준

■ 차례

■ 재외한인문학연구 총서를 펴내며__5
■ 책을 내면서__7

Ⅰ. 재일한인문학의 사적 전개

재일한인문학의 형성과 전개 ·············· 15
1. 서언: 개념과 범주 ················· 15
2. 망향과 이념 갈등, 1세대 문학 ·············· 26
3. 차별과 '재일'의 고뇌, 2세대 문학 ············ 38
4. 실존적 '재일', 3세대 문학 ··············· 47

Ⅱ. 재일한인 시문학

조국과 민족, 차별과 상흔의 서정
― 재일한인 1세대 시문학의 주제의식 ············ 63
1. 서 언 ······················ 63
2. 범주 및 개념, 시대 구분 ··············· 65
3. 일제강점기 재일한인 시문학 ············· 71
4. 광복 이후 재일한인 1세대의 시문학 ·········· 80
5. 결 어 ······················ 92

재일한인 시문학의 변화 양상과 특성
― 2,3세대 시인의 작품을 중심으로 ············ 95
1. 서 언 ······················ 95
2. 정주기: '귀화'와 정체성, 민족의식 강화 ········ 99
3. 공생기: 이념 탈피와 공존, 순수서정의 시대 ······ 108
4. 결 어 ······················ 115

Ⅲ. '조국' '민족' '탈경계', 재일한인의 정체성

재일한인사회의 해방 인식
  - 김달수의 『태백산맥』을 중심으로 - ·· 121

  1. 서 언 ·· 121
  2. 미완의 해방 ··· 123
  3. 폭력 모방으로서의 거짓 해방 ··· 126
  4. 자기회복으로서의 참 해방 ··· 133
  5. 결 어 ·· 141

강요된 타자, 정체성 갈등과 승화
  - 김학영과 이양지의 소설을 중심으로 ·· 145

  1. 서 언 ·· 145
  2. 민족콤플렉스와 말더듬, 『얼어붙은 입』 ······································· 149
  3. 정체성 갈등과 승화, 「나비 타령」 ·· 158
  4. 결 어 ·· 165

제노사이드 기억, 재일한인의 정체성
  - 이양지 소설을 중심으로 ·· 168

  1. 서언: 제노사이드 기억 ··· 168
  2. 기억의 재현 ··· 171
  3. 기억의 글쓰기, 반복의 저항성 ·· 184
  4. 결어: 제노사이드, 재일한인의 기억하기 ····································· 187

소문적 정체성과 그 서사적 응전
  - 양석일과 현월의 소설을 중심으로 ·· 191

  1. 소문의 대상으로 살기 ··· 191

  2. '소문'적 존재 되기 ·· 194
  3. 소문 만들기-새로운 저항의 서사 ··· 208

재일한인 여성의 존재 방식과 정체성
  - 이양지와 유미리를 중심으로 ··· 211

  1. 서 언 ··· 211
  2. 재일한인 여성작가의 '아쿠타가와상' 수상과 의미 ·················· 213
  3. 가부장제와 여성상 변화, 2,3세대 여성 정체성 ······················ 218
  4. '모어'와 '모국어', 내적 갈등과 무의식적 징후 ······················· 228
  5. 결 어 ··· 238

탈경계, 재일한인 신세대 작가의 지향
  - 가네시로 가즈키(金城一紀)의 작품을 중심으로 ······················ 242

  1. 서언: '재일(在日)'을 산다 ·· 242
  2. '국적'에 대한 인식 변화와 타민족과의 연대 ························· 246
  3. '연애'로 표상되는 '탈민족'적 시각 ·· 257
  4. 결 어 ··· 265

Ⅳ. 재일조선인문학

민족과 개인, 갈등과 균열의 틈새
  - 재일조선인 소설의 특성을 중심으로 ····································· 271

  1. 서언 ·· 271
  2. 빠찡코 가게- '주체사상'과 재일조선인의 삶의 괴리 ·············· 274
  3. 세대 간의 갈등과 균열의 틈새 ·· 280
  4. '민족'과 '개인'의 균열 ·· 284
  5. 결 어 ··· 289

'문예동' 희곡작가의 창작방법과 한계
　- 김자석, 서상각, 허남기의 작품을 중심으로 ················ 293
　　1. 서 언 ··· 293
　　2. 레제드라마, '주체사실주의' 창작방법의 실체 ··········· 296
　　3. '성황당식 혁명연극' 극작법 ·································· 302
　　4. 결 어 ··· 315

'조총련' 비평의 실체와 민족문학적 의의
　- '문예동'『문학예술』을 중심으로 ······························ 319
　　1. 서 언 ··· 319
　　2. 광복 후 재일조선인 문학의 전개 양상 ··················· 322
　　3. '조총련' 문학비평의 원점, 김일성 주체사상 ············ 326
　　4. 이중 언어의 질곡, 조선어에 대한 인식 ·················· 337
　　5. 결어: 민족문학적 위치 ·· 341

Ⅰ. 재일한인문학의 사적 전개

재일한인문학의 형성과 전개
1. 서언: 개념과 범주
2. 망향과 이념 갈등, 1세대 문학
3. 차별과 '재일'의 고뇌, 2세대 문학
4. 실존적 '재일', 3세대 문학

재일한인문학의 형성과 전개

1. 서언: 개념과 범주

재일동포 또는 재일교포로 흔히 불리는 '재일(在日)한인'[1]은 재일조선인,

---

[1] 이 글에서 '재일한인'은 한국 국적을 비롯하여 북한 국적, 일본 국적 등으로 일본에 거주하는 한국인(조선인)을 총칭하는 의미로 사용한다. '재일조선인'은 주로 북한이나 북한의 해외공민으로 자신의 정체성을 규정하고 있는 '조총련'계 한인들이, 그리고 '재일교포, 재일동포, 재일 한국인' 등은 한국에서 흔히 사용하고 있다. 최근 들어 자주 사용되는 '재일한국/조선인' 또는 '재일조선/한국인'은 '민단계'와 '조총련'계의 대립을 초월하여 전체를 하나의 민족으로 보려는 시각을 반영한 것이고, '재일 코리안' 역시 비슷한 의도로 만들어진 호칭이다. '뉴 카머'는 1980년대 말 해외여행 자유화 이후 한국에서 일본으로 이주 정착한 이들을 지칭하는 말인데, 1965년 한일협정 이후 한국에서 일본으로 이주 정착한 이들은 '올드 카머(old comer)'라고 부른다. '카머'란 호칭에는 일제강점기에 일본에 온 이들 및 그 후손들과는 다르다는 의미가 담겨 있다. 한편, '자이니치(ざいにち)'는 1970년대 후반 이후 재일한인 2, 3세대들이 그들의 정체성을 새롭게 모색해보는 과정에서 사용되기 시작, 현재는 재일한인의 정체성을 대변하는 기호로까지 인지되고 있는데, 사용하는 이에 따라 약간의 편차는 있지만 '현재 일본에 살고 있을 뿐 일본인도 한국인(조선인)도 아닌 경계선에 있는 재일한인'이라는 의미로

자이니치(在日, ざいにち), 재일 한국인, 뉴 카머(new comer) 등으로도 불리고 있는데, 그들의 이주 역사는 러시아나 중국으로의 이주에 비해 뒤늦은, 1910년을 전후한 시기부터 시작된다. 1910년 경술국치(庚戌國恥) 이후 수많은 농민이 급격히 몰락해가는 농촌의 빈궁한 생활에서 벗어나기 위해 일본으로 도항(渡航)하게 되는데, 그 수는 해가 지날수록 점점 늘어난다. 특히, 1939년 이후에는 일제의 식민지 정책에 의해 탄광 노동자 등으로 강제 징용당하여 일본 각지로 송출되는 조선인 노동자와 농민 수가 급증한다. 이에 따라 1945년 광복 직전에 이르면, 재일한인은 유학생을 포함하여 210만여 명에 이르게 된다. 그러나 일부 유학생을 제외한 이들 재일한인 대부분은 일본의 노동시장으로 흘러들어 토목·광산·부두의 하층 노동자로 전락, 가혹한 탄압과 차별 속에서 힘겹게 생존을 이어가게 된다. 일제강점기 식민지 지배국에서 그들과 직면하게 된 재일한인들은 피지배 민족으로서 온갖 민족적인 차별과 폭력적 핍박을 감내하며 목숨을 부지해온 것이다.

광복 후 대부분의 재일한인은 그리던 조국 '조선'으로 돌아가기 위해 귀국선에 오른다. 그러나 고향에 생활의 근거가 없어서, 또는 남북 분단과 뒤이은 한국전쟁 등 한반도 조국의 정치·사회적 혼란으로 인해 돌아갈 곳을 잃게 되어 거주하던 일본 현지에 어쩔 수 없이 잔류한 재일한인도 적지 않다. 이들은 민족적 차별과 핍박이 여전한 일본사회에서 뿌리를 내리는데, 이들과 그 후손이 오늘의 재일한인사회를 이루고 있다. 재외동포재단의 자료에 의하면, 2021년 1월 현재 82만여 명에 이르는 재일한인들이 한국이나 북한(조선) 국적을 지니고 일본에서 거주하고 있다.[2]

쓰인다. '제3국인'은 일본인들이 재일한인을 지칭하는 말인데, 순수한 일본인도 아니며 한국인도 아닌 제3유형에 속하는 사람들, 즉 경계인(marginal man)이라는 의미의 호칭이다.

[2] 재외동포재단 자료와는 달리, 불법체류자 등 통계에 잡히지 않은 거주자를 포함하

일제 강점과 이후의 남북 분단이라는 한민족의 특수한 역사사회적 배경은 근대 이후 자의 또는 타의에 의해 일본에 거주하게 된 재일한인의 삶과 정체성을 결정짓는 중요한 요소가 되어왔다. 일제강점기라는 식민지 상황, 광복 직후의 사회적 혼란과 분열, 남북 분단 고착화, 일본의 남북 등거리 외교에 따라 '민단'과 '조총련'[3] 계열로 갈라진 재일한인사회, 그리고 극심한 민족적 차별 등, 재일한인의 삶은 한반도의 정치적·역사적 상황을 그대로 반영하면서 한국과 북한·일본사회에서 모두 배척받는 일종의 '경계인'으로서의 삶을 강요받는다. 따라서 재일한인문학에 대한 논의는 무엇보다도 이와 같은 시대적 상황과 사회문화적 환경의 맥락 속에서 이해하는 것이 필요하다.

재일한인사회는 일제의 식민지 지배로 인해 형성된 특수 집단이다. 중국이나 러시아 등 다른 지역의 이주 한인들과는 달리, 재일한인, 특히 1세대 재일한인은 일본의 폐쇄적인 외국인 정책과 국적 차별로 생존권을 위협받는 열악한 현실에 직면하게 된다. 중국이나 러시아의 이주 한인들이 거주국 국적을 취득하여 거주국 국민의 자격으로 생활하고 있는 것과는 달리, 일본에서 출생한 재일한인 2세조차도 모국의 국적을 고수하는 아주 특별한 상황에서 삶을 영위해온 것이다. 광복 후 오늘에 이르기까지, 일본 정부는 특별한 역사적 배경을 가지고 있는 재일한인의 입장을 배려하기보다는 일본사회로부터 '배제'하는 정책으로 일관하고 있다. 또한, 외국인등록법이

면 150만여 명이라는 설도 있는데, 이는 확인할 수 있는 수치는 아니지만 적어도 공식 통계보다 훨씬 많은 재일한인이 일본에 거주하고 있음을 짐작할 수 있다.

[3] 재일한인사회는 이른바 북송사업(1959.12~1984) 이후 '재일본조선인거류민단'(이하 '민단') 계열의 '재일한국인'과 '재일본조선인조총련합회'(이하 '조총련') 계열의 '재일조선인'으로 구분되는데, 이 책에서는 '재일한인'으로 통칭한다. 다만 '조총련' 계열을 따로 가리키는 경우 '재일조선인'이라 지칭한다.

나 출입국관리령 같은 엄격한 규정으로 '관리'해 옴으로써 정치·사회적으로 숱한 문제들을 야기(惹起)시킨다. 물론, 최근 들어 재일한인의 지문 날인을 없애는 등 일본 정부의 정책도 약간의 변화를 보이지만, 기본 정책은 여전히 완고하다. 이런 가운데 일본에서 나고 자란 3세대의 비중이 점차 증가하면서, 재일한인사회 내부에서도 일본사회에서의 적응 방식은 물론 스스로의 정체성 문제로 심각한 진통을 겪고 있다. 따라서 재일한인사회와 그들이 축적해온 문화를 온당하게 이해하기 위해서는 재일한인이 일본 정부의 동화 압력과 차별에 대응하며 민족적 정체성을 유지해가는, 혹은 변화시켜 나갈 수밖에 없는 메커니즘이 무엇인지에 대한 치밀한 고찰이 무엇보다도 중요하다. 재일한인문학에 대한 논의 또한 예외가 아니다.

'재일한인문학'은 '일제강점기 때 일본에 이주하여 정착한 이들과 그들의 후손, 그리고 광복 후 일본에 이민한 재일한인이 산출한 문학' 모두를 총칭하는 개념으로, '재일한인'에 대한 호칭 못지않게 다양한 이름으로 불리고 있다. '재일동포(교포) 문학'을 비롯하여 '재일 조선문학' '재일조선인문학' '재일문학' '재일 한국인문학' 등이 주로 사용되고 있다. 먼저, '재일동포(교포) 문학'은 한국인으로서의 '혈연'을 중심에 둔 사고에서 나온 용어로, 재일한인문학 연구의 선편을 잡은 이한창에 의해 사용되기 시작한다.[4] 이한창은 재일한인문학에 관한 본격적인 연구 성과라고 평가할 수 있는 「재일교포 문학의 작품성향 연구」을 발표한 후, 『재일동포 문학과 디아스포라』 등을 펴내며 재일한인문학에 대한 관심과 연구의 필요성을 제고시킨다. 이후 '재일동포(교포) 문학'은 정부 지원 프로젝트로 재일한인문학을

---

[4] 이한창, 「재일교포 문학의 작품성향 연구-정치의식의 변화를 중심으로」, 중앙대 박사학위논문, 1996./ 이한창, 『재일동포 문학 연구 입문』, 제이앤씨, 2011./ 이한창 편, 『재일동포 문학과 디아스포라 1~3』, 재인앤씨, 2008.

연구한 한승옥[5] 등에 의해서 학문적인 용어로 자리매김하게 된다. 이들은 재일동포(교포) 문학을 "일본에 사는 우리 동포들에 의해 이루어진 문학"[6]으로 보고, 이 용어는 "해외에 거주하고 있는 동포에 의해 이루어지는 동포문학 전반을 의식해서"(이한창), 또는 "한국(남한), 조선(북한)이라는 국가관보다 혈연적이고 정서적인 차원을 강조"(한승옥)하기 위한 것이라고 밝힌다. 그러나 어느 쪽이든, 이 용어는 '우리' 중심의 발상에서 한반도의 어느 한쪽 또는 전체를 '본국'으로 설정하고, 재일한인을 '품어 안아야 할 그 어떤 대상'으로 여기고 있다는 인식을 드러내는데, 이것은 가볍지 않은 문제라고 지적할 수 있다.

'재일 조선문학' '재일조선인문학'은 '조총련' 계열에서 주로 사용하는 용어이다. 이들은 스스로를 북한의 '해외공민'으로 인식하고 있으며, 따라서 그들이 창작 발표하는 문학(한글문학)을 '재일 조선문학'이라고 지칭하여 국내 문학, 즉 '조선문학'(북한문학)에 속하는 것으로 설정한다. 이들은 또한 한글로 창작되지 않은 재일한인의 문학을 '재일조선인문학'으로 부르고, 이를 일본문학의 일종으로 간주한다. "무국적자, 남한 및 일본 국적 취득자들이 다 포함되는 동시에, 차별적인 언어를 통해서 반차별을 지향하려는 재일조선인들의 의지에 입각"[7]하여 이렇게 구분한다는 것이다. 이러한 차별적 용어 사용은 언어가 단순한 정보 전달수단이 아니라, 민족의 영혼과 감정이 담긴 생명 같은 것이라는 점에서 일정 부분 타당하다고 볼 수 있다. 하지만, 이 경우 1980년대 이후 일본 문단에서 재일한인의 실상과

---

[5] 한승옥, 「재일동포 한국어 문학연구 총론(1)」, 『한중인문학연구』 14, 2005.4./ 한승옥 외, 『민족문학적 성격 연구』, 국학자료원, 2007.
[6] 이한창, 「재일교포 문학의 작품성향 연구」, 7면.
[7] 정대성, 「김석범 문학을 읽는 여러 가지 시각—그 역사적인 단계와 사회적 배경」, 『일본학보』 66, 2006, 378면.

실존적 고민을 일본어로 창작 발표하는 재일한인 2, 3세대 작가들의 작품을 배제하게 된다는 점에서 적절하다고 할 수 없다.

'재일문학'은 이른바 '재일' 의식을 담은 문학, 재일한인 2세 다케다 세이지(竹田靑嗣; 한국명 姜修次)가 지적한 대로 "재일 한국·조선인에 의한 문학 전체를 의미"[8]한다. 이것은 1970년대 후반 이후 재일한인 2,3세대 작가들이 사용하기 시작한 용어인데, 우리의 경우 일본문학을 전공하는 학자 사이에서 주로 쓰이고 있다. '재일(在日)' 즉 일본어로 'ざいにち'(자이니치)는 재일한인 2,3세대 사이에서 자신들의 정체성을 대변하는 기호처럼 쓰이는 말인데, '현재 일본에 살고 있을 뿐 일본인도 아니고 한국인(또는 조선인)도 아닌, 경계 선상에 놓여 있는 재일한인'이라는 의미를 내포하고 있다. 말하자면, '재일'이란 용어에는 어떤 형태로든 식민 시기의 기억을 안고 살아가는 주체로서의 '재일한인'의 정체성과 그들의 현실적 생활공간으로서의 '일본'이라는 장소 사이에서 발생하는 긴장 관계가 함축되어있는 것이다. 따라서 일제강점기의 민족적 차별과 핍박이 기억 공간의 회상으로만 아니라 현실적 한계 상황으로 엄존하는 재일한인사회 현실에 비추어볼 때 '재일' 즉 'ざいにち'(자이니치)라는 말이 담고 있는 문제의식은 일정 부분 타당하다. 그러나 일본에 거주하고 있는 '재일 외국인' 모두 '재일한인'은 아니며, '재일 중국인'이나 '재일 필리핀인'을 두고 '재일한인'만을 '자이니치'로 부르는 것은 잘못된 것이라는 지적을 피할 수 없다.[9] 또한, 이들이 쓰고 있는 '재일'은 이미 상당 부분 일본사회와 일본인들에 동화되어 살아가는 재일한인 3, 4세대의 현실과 그들의 변화 지점을 충분히 드러내지 못하는 한계를 안고 있다. 이밖에, '재일 한국인문학'은 유숙자[10]가

---

8 다케다 세이지, 『전후사대사전』, 三省堂, 1991.
9 신명직, 『재일 코리안 3색의 경계를 넘어』, 고즈원, 2007, 7면.

그의 박사학위 논문에서 사용한 이후, 홍기삼·황봉모 등의 글[11]에서 쓰이고 있다.

이 책에서는 한국(또는 북한) 국적이든 일본 국적이든 '재일' 한인 작가들이 생산한 문학을 총칭하여 '재일한인문학'이라 지칭하고, 살펴볼 것이다. 여기서 '재일(在日)'은 사전적 의미 그대로 '일본에 살고 있음'을 뜻하며, '한인(韓人)'은 국적과 관계없이 '한민족'으로서의 일체감을 명확히 드러내기 위해 사용하는 지칭이다. 따라서 '재일한인문학'이라는 지칭은 무엇보다도 '재일동포(교포) 문학' '재일 한국인문학' 또는 '재일 조선문학' '재일조선인문학' 등이 지니는 남북 편향성을, 그리고 재일한인의 '텅 빈 삶'을 전제한 '재일문학' 등의 지칭에 내재한 문제점을 극복할 수 있을 것이다. 나아가 민족적 일체감을 강조하면서도 일본으로의 강제(또는 자발적) 이주 정착과 이후의 삶, 그리고 일본에서의 존재 조건 자체에 대한 통찰을 보여주는 데 비교적 적절할 용어라고 할 수 있다.

다음으로, 이 책에서는 재일한인이 일본어로 창작한 작품도 재일한인문학의 범주에 포함하여 연구 대상으로 삼을 것이다. 이 문제에 대해서는 두 가지 시각이 대립하고 있다. 그 하나는 김석범을 비롯한 '조총련' 작가와 연구자들의 입장으로, 이들은 일본어로 창작한 문학은 '조선적인 것'을 표현할 수 없다고 보고, 모국어인 한글로 창작한 것만을 재일조선인문학으로 다룬다. 다른 하나는 김달수와 장혁주 등의 시각으로, 이들은 일본어로 창작된 작품도 재일한인문학의 범주에 포함해야 한다고 주장하는데, 이것은 다시 두 가지 견해로 나뉜다. 일본어 창작을 재일한인문학으로 인정한다

---

[10] 유숙자, 「1945년 이후 재일 한국인 소설에 나타난 민족적 정체성 연구」, 고려대 박사학위논문, 1998./ 『재일한국인 문학연구』, 월인, 2000.
[11] 홍기삼, 『재일 한국인문학』(동국대 일본학총서2), 솔, 2001./ 황봉모, 『재일 한국인문학 연구』, 어문학사, 2011.

는 점에서는 입장을 같이하지만, 그 근거가 서로 다른 것이다. 장혁주는 재일한인이 일본에서의 실생활에서 한국어를 사용하는 경우는 점점 사라지고 대부분 일본어를 쓰고 있으며, 작가 자신이 나고 자란 곳 역시 일본이라면 일본어로 창작하는 것이 순리라고 주장한다. 이와는 달리, 김달수는 조선에 대한 일본인의 잘못된 인식을 바로잡기 위해서 불가피하게 일본어로 창작해야 한다는 견해를 고집한다. 장혁주는 실상을 반영하자는 것이고, 김달수는 '마라노(Marrano) 문학'[12]의 경우처럼 일본어 창작을 재일한인의 정치 사회적 저항과 새로운 위상 확립의 도구로 사용하자는 것이다.

재외 한인문학은 '국민'과 '민족'이라는 이중적 지위, 이중 언어에 대한 문제를 안고 있다. 흔히 고려인문학으로 불리는 CIS 한인문학을 비롯하여 재미(在美) 한인문학 등이 특히 그러한데, 재일한인문학 또한 예외가 아니다. 이러한 문제는 각 문화권에 따라 서로 다르지만, 어느 경우든 재외 한인은 그 정신의 근원을 형성하는 원형이 한민족이라는 점 때문에 혼란스러워하고 있다. 이처럼 현실적 문화와 원형적 문화가 충돌하면서 동시에 변용을 지향하는 이중적 형태가 바로 재외 한인의 문학세계이다. 국적이나 이주 목적, 사용 언어와 관계없이 한민족에 혈연적 뿌리가 닿아 있고, 문화적·의식적 차원에서 자신이 한민족이라는 의식하에 발표한 작품이라면 '한민족문학'의 범주에 포함해야 마땅한 까닭이 여기에 있다. 따라서 이 책에서는 재일한인사회에서의 일본어 사용이 불가피한 현실이라는 점을 감안, 일본어로 창작한 작품들도 재일한인문학의 범주에 넣어 다루고자 한다.

지난 세기 후반 이후, 특히 1990년대에 접어들어 재일한인 2,3세대 작가

---

[12] 마라노(Marrano)란 타인 앞에서는 기독교도처럼 행동하지만, 내적으로는 유대교 밀의를 굳건히 지켜나가는 각국의 소수민족 유대인을 말한다. 이러한 태도를 악의적으로 해석하는 시각도 있는데, 닫힌 사회에서의 내밀한 저항의 모습으로 읽기도 한다.

들의 권위 있는 일본문학상 수상[13]과 이들 작품의 번역 소개를 계기로 재일한인문학에 대한 일반 독자의 관심이 높아지고, 이에 관한 연구도 비교적 활발하게 이루어지고 있다. 재일한인문학에 대한 이제까지의 논의는 대부분 민족 정체성과 일본 내에서 차별받는 소수민족의 문학이라는 전제에서 크게 벗어나지 않는다고 하겠는데, 이것은 재일한인문학의 핵심적 특성 가운데 하나라는 점에서 일정 부분 타당하다고 할 수 있다. 그러나 이러한 시각을 전제로 재일한인문학을 다루게 되면 자칫 한국문학의 입장을 일방적으로 강조하는 위험에 빠지게 되고, 그 문학적 성과를 온당하게 파악하지 못하는 한계를 드러내게 된다. 나아가, 재일한인문학은 일본의 주변 문학으로 밀려나 하나의 특수한 문학적 현상으로 치부될 가능성이 농후해진다. 실제 일본사회에는 지극히 일본적인 논리에서 출발, 재일한인문학을 일본 내 소수민족 문학으로 파악하려는 시각이 엄존하는데, 이 또한 재일한인의 역사적 특수성과 문학적 독자성을 고려하지 않은 결과라 할 것이다. 따라서 재일한인문학 연구에서 무엇보다도 중요한 것은 그 역사적 변화 과정을 고찰하여 각 단계에서 보여주는 변화의 내재적 필연성과 문학적 특성이 무엇인지를, 그리고 재일한인문학의 총체적 양상을 밝히는 일이라고 할 수 있다.

한편, 재일한인문학의 출발을 언제부터로 볼 것인가 하는 시점 문제는 논자에 따라 견해가 서로 다르고 여전히 논란이 거듭되고 있는데, 크게

---

[13] 이를 보이면, 가 '아쿠타가와(芥川)상'은 이회성(李恢成)의 중편 「다듬이질하는 여인」(1972), 이양지(李良枝)의 중편 「유희」(1988), 유미리(柳美里)의 중편 「가족시네마」(1998) 등이, 그리고 '나오키(直木)상'은 다치하라 마사아키(立原正秋)의 『白罌粟』(1966), 츠카 고헤이(한국명 金峰雄)의 『蒲田行進曲』(1981), 이주인 시즈카(伊集院 靜)의 『受け月』(1992), 가네시로 가즈키(金城一紀)의 『고(GO)』(2000) 등이 수상한 바 있다.

다음 네 가지로 나눌 수 있다. 구한말 1883년 일본 사절단 수행원으로 도일하여 4년간 체재하면서 성경을 한문으로 번역한 이수연의 활동에서 시작되었다는 이한창의 견해[14]를 비롯하여 주요한의 「장마비 내리는 아침(五月雨の朝)」(『문예잡지』 4호, 1916.10)을 최초로 보는 시각(三田進/佐川亞紀)[15], 정연규의 『혈전의 전야(血戰の前夜)』(『예술전선신흥문학29인집』, 自然社, 1923.6)를 시초로 보는 관점(홍기삼)[16], 그리고 1945년 이후 전개된 일본 내 한인 작가의 일본어 작품으로부터 출발한다는 주장(유숙자)[17] 등이 그것이다.

  그러나 이 책에서는 재일한인문학을 일본으로의 집단 이주가 이루어진 일제강점기에 일본에 이주·정착한 이들의 문학, 그리고 그들의 후손이 현지에서 창작하여 발표한 문학으로 규정하고, 그 출발을 정노풍·김병호[18] 등이 작품을 발표한 1920년대 중반으로 보고자 한다. 물론 김동인·주요한·조명희 등의 경우처럼, 그 이전에도 유학생을 비롯한 일부 지식인계층 '조선인'이 일본 체류 기간에 작품 활동을 벌인 예가 없지는 않다. 그러나 이들의

---

14 이한창, 앞의 논문.
15 三田進/佐川亞紀 編, 『在日コリアン詩選集: 一九一六年〜二〇〇四年』, 土曜美術社出版販賣, 2005.
16 홍기삼은 任展慧의 『日本における朝鮮人の文學の歷史』(法政大學出版局, 1994)를 참조하여 1922년 6월에 발표한 「血戰の前夜」가 일본에서 조선인이 일본어로 쓴 최초의 소설이라고 주장하는데, 이 발표 일자는 오기(誤記)이다. 이인직(李人稙)의 「과부의 꿈(寡婦の夢)」(『都新聞』, 1902), 이광수의 「사랑인가(愛か)」(『白金學報』, 1909) 등의 초창기 습작소설을 제외하면, 일본어로 쓴 최초의 한인 소설은 정연규의 장편 『정처 없는 하늘가(さすらひの空)』(宣傳社, 1923.2)이다. 이에 대해서는 김태옥, 「정연규의 삶과 문학」, 『일본어문학』 27집, 2005.12, 196면 참조.
17 유숙자, 앞의 논문.
18 정노풍, 「집 일흔 아희」(『조선일보』 1929.11.15), 「돈 못 벌었네」(『동아일보』, 1929.11.5)/ 김병호, 「우리는 조선인이다(おりや一朝鮮人だ)」(『戰旗』 1929.3; 三田進/佐川亞紀 編, 앞의 책, 383면 재인용).

문학은 노동이민이 대부분인 당시 재일 '조선인'의 현실, 일본사회의 차별과 핍박을 감내할 수밖에 없는 '조선인'의 삶을 담아낸 것이 아니라 당대 식민지 조선의 문학 또는 귀국 후의 그들의 문학과 크게 다르지 않고, 이 때문에 재일한인문학으로 간주하기 어렵다. 오늘의 재일한인사회가 그들 자신의 정체성의 뿌리를 일제강점기에 일본으로 이주한 세대에서 찾고 있다는 점을 주목하고, '한민족의 이주·정착 과정의 표현'이라는 관점을 유념할 때 더욱 그러하다. 따라서 여기서는 간접적으로나마 일본에서의 '조선인'의 이주 체험을 다룬 작품들이 발표되는 1920년대 중반을 재일한인문학의 시작으로,[19] 그리고 광복 후 본격적으로 전개되어 오늘에 이른다고 보고자 한다.

광복 후 재일한인문학, 특히 재일한인 시문학은 '한일기본조약' 체결(1965)과 서울올림픽(1988)을 전환점으로 하여 일정 부분 구분되는 양상을 내보이는데, 굳이 나누자면 이주기(1920년대 중반~광복 이전), 투쟁기(광복~1960년대 중반), 정주기(1960년대 후반~1980년대 중반), 공생기(1980년대 후반~현재) 등으로 구분해볼 수는 있다.[20] 이는 광복 이전 시기

---

[19] 한민족의 '이주·정착'이라는 관점을 배제할 경우, 재일 유학생을 중심으로 활발한 문학 활동이 전개된 것은 '동경조선인유학생학우회'가 『학지광』(1914.4-1930.4)을 발간하고, 주요한의 「장마비 내리는 아침(五月雨の朝)」(『문예잡지』 4, 1916.10)이 발표된 1910년대 중반부터라고 할 수도 있다.

[20] 재일한인 시문학에 대한 시기 구분은 김학렬의 「재일조선시사」(미출판 원고; 2005)/「재일조선시문학의 근황」(『재일동포 한국어 문학의 전개 양상과 특징연구』, 국학자료원, 2007.10)을 비롯, 손지원의 『조국을 노래한 재일조선시문학 연구』(평양: 김일성종합대학출판사, 1994), 이경수의 「재일동포 한국어 시문학의 전개과정」(『한중인문학연구』 14호, 2005.4) 등을 참조할 수 있다. 이경수는 ①형성기(광복 직후~1960년대), ②발전기(1970~80년대), ③전환기(1990~2000년대)로, 김학렬은 ①초창기(광복 후~1960년대), ②발전·앙양기(1970~1980년대), ③전환기(1990~2000년대)로, 손지원은 ①공화국 창건 이후 조총련이 결성되기

까지를 포함하여 재일한인 시문학에 나타난 담당층의 변화, 객관적 변동 요인, 그리고 미약하게나마 변화를 보이는 주제 양상 등 각 시기를 특징짓는 문학 내외의 전환점에 무게를 둔 구분이며, 각각의 시기마다 뚜렷이 다른 변별성을 드러내는 것은 아니다. 따라서 이 책에서는 재일한인 작가를 이주·정착의 단계에 따라 크게 3개 세대로 구분하고, 재일한인문학의 전개 양상과 특성을 세대별·장르별로 나누어 살펴보고자 한다. 먼저 재일한인 1세대 작가는 한국에서 태어나 청·장년기에 일본에 이주한 세대를 말하고, 2세대는 한국에서 태어나 유소년기에 이주하여 일본에서 교육을 받으며 성장하고 일본문화에 익숙해진 세대, 또는 재일한인 1세대 부모에게서 태어나 일본사회의 교육과 문화 속에서 성장한 세대를 가리킨다. 끝으로 3세대는 1세대 조부모를 두고 일본에서 태어나 일본사회의 교육 문화 속에서 성장하여 한국 사회와 문화에 대한 직접적인 접촉이 없는 세대를 지칭한다.

2. 망향과 이념 갈등, 1세대 문학

광복은 재일한인사회에도 획기적인 변화를 가져온다. 재일한인의 거주 상황이 특히 그러한데, 이전까지의 한시적인 강제이주 상태에서 정주(定

이전까지의 시기(1948.9~1955.4), ②'조총련' 결성 이후 주체사상을 확고히 세워 개화기를 열어 놓은 시기(1955.5~1973), ③높은 사상예술성을 가진 작품을 활발하게 창작한 시기(1970년대 중엽 이후~1990년)로 구분하는데, 이러한 구분은 광복 이전의 재일한인 시문학은 논외로 하게 된다는 문제가 있다. 특히 손지원의 경우, 재일한인문학을 북한문학의 일환으로 간주하는 시각으로 구분, 재일한인 시문학 작품의 내적 변동 요인에 소홀한 면을 드러낸다. 김학렬과 이경수의 구분은 문학 내외의 전환점에 대한 구체적인 인식을 보여주지 못한 아쉬움을 남긴다.

住)의 상황으로 바뀌게 되고, 이에 따라 재일한인사회는 식민시대의 연장선상에서 일본 정부의 민족적 차별 정책과 맞서 극복해나가야 하는 상황에 놓인다. 더욱이 광복 직후 '조총련'과 '민단'이 결성되면서 이념 성향에 따라 둘로 나뉘어 상호 대립하는 갈등 양상을 드러내고, 1959년 시작된 이른바 '북송사업'으로 재일한인사회 내부의 분열과 혼란을 한층 심화된다. 그러나 1965년 한일협정 체결로 '한국 국적'의 취득이 가능해짐에 따라 재일한인사회는 이전 시기보다 안정된 정주권을 획득할 수 있게 된다. 이를 계기로 재일조선인 사이에서 북한의 김일성 우상화에 대한 반발 움직임이 일어나 재일한인사회 전체로 확산, 이제까지의 '친북한 반한(反韓)' 성향에 변화가 일어난다.

또한, 광복 이전부터 살아온 재일한인 1세대를 대신하여 광복 이후 세대인 2,3세대가 재일한인 사회와 문학의 핵심으로 등장하는데, 이들 세대는 '재일'의 현실을 받아들이고 안정적인 현지 정착을 위해 다양한 시도를 보이게 된다. 이러한 시도로 인해 재일한인문학도 이전 세대와의 가시적 차별성을 드러낸다. 한편, 1988년 서울올림픽을 전후하여 재일한인사회는 이른바 '한국 붐'에 편승하여 한국과의 교류를 활발히 전개하는데, 이는 재일한인의 '정체성' 같은 그들 자신의 문제를 돌이켜 보고 정립하는 계기가 된다.

재일한인 1세대 문학은 식민 시기인 이주 초기부터 광복 이후까지도 계속 자행되어 온 민족적 차별과 억압의 현실을 핍진하게 그리는 한편, 부단히 민족적 정체성을 찾기 위해 고뇌하고 저항해 나가는 모습을 담고 있는데, 이를 장르별로 살펴보면 다음과 같다.

1) 시문학: 망향, 친북적 정서

재일한인 1세대의 시문학 대부분은, 광복 전후를 막론하고, 일본의 좌익

계열 문학운동이나 일본 공산당의 활동과 깊이 관련되어 있으며, 이로 인해 1세대 작가의 작품들은 대체로 좌익 이데올로기를 내세우는 경향을 드러낸다. 이러한 경향은 물론 당대 재일한인사회와 일본사회의 정치·사회적 상황을 반영한 것이지만, 동시에 1세대 시인들의 시대의식에서 연유하는 것이라 할 수 있다.

① '귀환'을 성취하지 못한 이들의 문학

재일한인 1세대의 문학 활동은 일어판 종합지 『민주조선(民主朝鮮)』[21]과 한글판 『조선문예(朝鮮文藝)』를 중심으로 전개된다. 이 잡지들은 새 조국 건설에 대한 기대와 구상을 널리 알리고, 조선의 역사와 문화 등에 대한 일본사회의 왜곡된 인식을 바로잡아 올바르게 이해시키겠다는 『민주조선』 창간 취지에서 알 수 있듯이, 재일한인사회와 일본사회에 대한 문화 계몽을 일차적 목표로 삼아 간행된다. 이 중 한글판 『조선문예』[22]는 모국어로 창작할 수 있는 필자와 한글을 아는 독자 부족 등으로 1년여 만에 종간되지만, 『민주조선』은 다수의 좌익계열 일본인 필자의 기고에 힘입어 1950년 7월

---

[21] 광복 직후인 1946년 4월 재일한인사회에서 발간한 최초의 종합잡지로, 1950년 7월 33호를 끝으로 종간되었다. 이 잡지의 성격, 재일한인문학에 끼친 영향 등에 관한 논의로는 호테이 도시히로(布袋敏博), 「해방 후 재일한국인 문학의 형성과 전개-1945~60년대 초를 중심으로」(『서울대 인문논총』, 47집, 2002)/ 오미정, 「전후 일본의 북한문학 소개와 수용-잡지『民主朝鮮』을 중심으로」(『우리어문연구』 40집, 2011)/ 이한창, 「작품 발표의 장으로서의 『민주조선』 연구」(『일본어문학』 60집, 한국일본어문학회, 2014)/ 이한정, 「『민주조선』과 '재일문학'의 전개」(『일본학』 39호, 2014) 등이 있다.

[22] 김달수·이은직·허남기 등이 주요 작가로 활동한 『조선문예』는 1947년 10월 창간 후 1948년 11월까지 모두 6권이 간행된 것으로 알려져 있는데, 현재 전해지는 것은 창간호를 비롯하여 1947년 11월호, 1948년 2월호, 1948년 4월호 등 4권이다.

한국전쟁 직후 33호를 끝으로 폐간된다. 『민주조선』은 김달수·김석범·이회성 등 '조총련'계 편집진과 여타 집필진의 이념적 성향이 절대적 영향을 끼쳐 종간될 때까지 북한 김일성 정권에 충실한 논조를 유지한다. 이 때문에 『민주조선』을 중심으로 활동하는 재일한인 시인들은 일본어로 창작하거나, 일본 문단 진출이 금기시되는 등 여러 가지 현실적 제약을 받게 된다. 그러나 이 잡지는 광복 후 최초로 재일한인 작가의 작품 활동 무대를 제공, 재일한인문학의 전개에 크게 이바지한다.

재일한인 1세대 시인들은 유년 시절을 모국에서 보내고, 조국 국적을 유지하며 '특별 영주' 자격으로 일본에 거주하고 있고, 후천적인 학습으로 일본어를 습득했다는 점에서 다음 세대와 구별된다. 따라서 이들은 현재 일본에서 살아가고 있지만, 자신이 태어나서 유년 시절을 보낸 기억과 고국에의 그리움을 보다 강하게 간직하고 있고, 그래서 일본은 고국으로 돌아가기 전에 잠시 머무는 임시적 공간으로 인식된다. 하지만 아직 '귀환'을 성취하지 못한 이들이 바로 1세대들이다. 이들의 '귀환'할 수 없는, 혹은 '귀환'하지 못한 정신적 상흔은 재일한인 1세대 시문학의 내적 성격을 규정짓는다.

② 대타의식으로서의 민족적 정체성 획득

재일한인 1세대 시문학은 일제강점기의 체험이나 일제와의 대결 의식, 광복 후의 조국과 '재일(在日)'의 상황을 소재로 하는 한편, 한민족의 정서를 작품 전면에 강하게 표출하고 있다. '재일', 일본어로 자이니치(ざいにち)는 '재일동포'를 지칭하는 축약어로 쓰였으나, 현재는 경계선에 놓여 있는 인간 또는 경계를 넘어선 인간이라는 의미로 사용되고 있다. 바꿔 말하자면, 1세대 시문학은 조국의 정치·사회적 현실이나 일본사회에서의

핍박과 민족적 차별, 그리고 식민 시기 일제의 잔혹한 만행에 대한 고발을 통해 민족성을 회복하려는 '저항적·민족적 정체성'을 담아내는 것이다. 또한, 광복 이후에는 분단 조국의 상황을 배경으로 민족적 전통을 회복하려는 의지를 강하게 드러내기도 한다. 이런 점들은 조국의 운명이나 해방에 무관할 수 없는 작가의 현실인식과 조국 지향의 정서가 표출되는 것으로 볼 수 있다.

③ 친북적 정서의 세 모습

재일한인 1세대를 대표하는 시인으로는 1930~1940년대의 김용제·안용만·백철·김소운 등을 비롯하여 광복 후의 윤자원·김시종·최연·허남기·정인 등을 들 수 있다.

김소운(金素雲, 1908~1981)은 한국 근대시를 일본어로 번역하여 소개하는 데 크게 이바지한 시인이다. 그는 1929년 『조선민요집』(泰文館)을 시작으로, 한국 근대시 최초의 일본어 번역시집인 『젖색의 구름(乳色の雲)』(河出書房, 1940)과 『조선시집』(岩波文庫, 1954)을 내놓고, 귀국 후에도 한국 문학을 일본에 소개하는 데 노력을 아끼지 않는다.

윤자원(원명 尹德祚, 1910~?)은 일제강점기에 가집(歌集) 『월음산(月陰山)』(河北書房, 1942)을 내고, 광복 후 『민주조선』 『문예수도』 『계림(鷄林)』 등에 시와 평론을 발표하는 한편, 『38도선』(早川書房, 1950)을 출간한다. 『38도선』은 광복 직후 조선인들이 자신에게 닥친 현실에 대해 느끼는 당황과 불안을 그리고 있다. 당시 그와 함께 『민주조선』을 무대로 작품 활동을 하던 김달수·허남기 등이 북한 지지를 명확히 밝힌 데 반해, 윤자원은 특별히 북측이나 남측(미국을 포함)을 지지하지 않고 사실주의적 시각으로 한민족에게 닥친 비극을 비극 그 자체로 그려냄으로써 차별성을 내보인다.

　허남기(許南麒, 1918~1988)는 조선인학교 교장, 제8기 대의원, '재일본 조선문학예술가동맹'(이하 '문예동'으로 약칭) 초대 위원장, '조총련' 부위원장 등을 역임하면서 『열도(列島)』 편집위원으로 참여하는 등 사망할 때까지 50여 년 동안 다채로운 문학 활동을 한 시인이다. 그의 장편서사시 『화승총의 노래(火繩銃のうた)』(朝日書房, 1951)와 『거제도(巨濟島)』(理論社, 1952) 등은 한국민의 고난과 투쟁의 역사를 담고 있어 많은 주목을 받았다. 이 밖에, 고향을 그리워하는 마음과 광복 후 한국 사회의 혼란상을 비판적 시각으로 그린 『조선의 겨울 이야기』(『詩集 朝鮮冬物語』, 青木書店, 1952)를 비롯하여 『허남기 시집(許南麒詩集)』(東京書林, 1955), 『조선 해협(朝鮮海峽)』(國文社, 1959), 그리고 번역서로 『춘향전(春香伝)』(岩波文庫, 1956), 『현대조선시선(現代朝鮮詩選)』(朝鮮文化社, 1960) 등이 있다. 2003년 이지상이 곡을 붙여 우리에게도 잘 알려진 그의 시 「아이들아, 이것이 우리 학교란다」(1948)는 광복 직후부터 '우리말 강습소'라는 이름으로 일본에서의 민족교육을 시작한 재일한인사회가 일본 전역에서 '4.24 한신(阪神) 교육 투쟁'으로 불리는 투쟁을 벌여 정식으로 민족학교를 건립하게 된 기쁨을 노래하고 있다.

　강순(姜舜, 1918~1987)은 경기도 강화 출신으로, 1936년 일본에 건너가 와세다대학에서 불문학을 전공하고, 『시인부락』 동인으로 활동한 시인이다. 그는 광복 후 일본에 거주하며 교사, '조총련' 기관지 『조선신보(朝鮮新報)』 편집 기자로 일하며 작품 활동을 병행, 『강순시집(姜舜詩集)』을 출간한다. 이후 '조총련'의 좌경적인 사업에 반발하여 퇴직한 그는 김지하·신경림 등의 작품을 일본어로 번역 소개하면서 창작 활동에 몰두한다. 그의 시는 조국에 대한 그리움과 재일한인사회의 민족 정체성, 조국 통일에의

염원 등을 노래하고 있다. 한국어 시집 『강순시집』(조선신보사, 1964), 『강바람』(梨花書房, 1984), 일본어 시집 『날라리(なるなり)』(思潮社, 1970), 『斷章』(書舍かいおん, 1986) 등이 있다.

가야마 스에코(본명 金末任, 1922~1996)는 경남 진양 출신으로, 1941년 일본에 건너가 아이치(愛知)현에서 평범한 가정주부로 살다가 한센병이 발병, 1945년 군마(群馬)현의 국립요양소에 입원하여 요양하던 중 실명한다. 그는 49세 때 의사의 권유로 요양소 내 시인 단체에 입회하여 시를 짓기 시작, 조국과 가족에 대한 그리움을 노래한 작품들을 발표한다. 그의 시는 '풍부한 정감과 독특한 스타일, 통절한 아름다움'이 빛난다는 평가를 받는다. 시집으로 『쿠사츠 아리랑(草津アリラン)』(梨花書房, 1983), 『휘파람새가 우는 지옥 계곡(鶯の啼く地獄谷)』(皓星社, 1991), 『푸른 안경(青いめがね)』(皓星社, 1995), 그리고 사후 출판된 『에이프런의 노래(エプロンのうた)』(皓星社, 2002) 등이 있다.

김시종(金時鐘, 1929~)은 제주도 출신으로, 1948년 4·3 사건에 참여한 후 이듬해 일본으로 밀항, 재일 오사카시에 거주하며 이 지역 한인사회의 문화 활동에 적극적으로 참여한다. 1953년 서클 문예지 『진달래(ヂンダレ)』[23] 창간을 주도한 그는 일본어로 시를 쓰고 발표한다. 이 무렵, 그는 『지평선』(1955)과 『일본 풍토기』(1957) 두 권의 일본어 시집을 펴내는데, 그러나 그의 일본어 창작 활동은 서클 회원들로부터 '민족허무주의'라는 비판을 받는다. 1959년 김시종은 『진달래』의 극좌파 정치 운동을 반성, 정

---

[23] 1953년 2월 시인 김시종을 중심으로 창간된 서클 문예지로, 1958년 10월 20호를 끝으로 종간된다. 최근 복각본(大阪朝鮮詩人集団, 『復刻版 ヂンダレ・カリオン, 全3卷·別冊1』, 不二出版, 2008)이 출판되고, '재일에스닉잡지 연구회'에서 번역본(재일에스닉잡지 연구회 역, 오사카 재일조선인 시지 『진달래 가리온 1~5』, 지식과 교양, 2016)을 출간하였다.

인·양석일 등과 서클 동인지 『가리온(カリオン)』[24]을 창간한다. 이후 『이카이노 시집(猪飼野詩集)』(1978), 『光州詩片』(1983)을 출간하는 등 왕성하게 활동한다. 그의 작품은 시집 『원야의 시(原野の詩)』(立風書房, 1991)로 1차 집성되고 있으며, 주요 강연과 평론은 『'재일(在日)'의 모습으로(「在日」のはざまで)』(平凡社ライブラリー)에 수록되어 있다. 그의 시는 "일본어를 내부로부터 이화(異化)하는 문체"라는 평가를 받고 있어, 단순히 일본이라는 영역을 넘어, 20세기 동아시아의 역사와 기억을 되새김질하는 데 있어 놓칠 수 없는 작품이라 할 수 있다. 이후에도 신시집 『화석의 여름(化石の夏)』(海風社, 1998)을 내놓는 등 현역으로 활발한 활동을 보여주고 있다.

2) 소설문학: 민족적 자각과 이념 갈등

재일한인 1세대 작가들은 조국과 민족이 처한 현실에 민감하게 반응하면서 이를 사실적으로 드러내는 데 집중적인 관심을 기울인다. 이들은 언제나 거주국 일본보다는 조국의 현실에 관심이 쏠려 있다. 재일한인 1세대 작가들은, 재중 조선인 소설과 러시아고려인 소설이 이주 초기의 정착 과정과 의지를 드러내는 것과는 달리, 조국의 비극적인 역사 현실을 비판적으로 반영하는 데 특별한 관심을 기울인다. 재일한인 1세대 소설은 이러한 작가의식을 반영, 광복 전에는 일제의 식민 정책에 대한 저항이 주류를 이룬다. 광복 후 소설은 이데올로기의 갈등과 분단, 전쟁 등으로 혼란스러운 조국의 정치 현실을 비판적 시각으로 다루고, 일본사회의 민족적 차별을 고발하는

---

[24] 1959년 6월 창간호 이후 1963년 2월 3호까지 발간된 동인지. 제명(題名) '가리온'은 백두산에 산다는, 갈기만 검은색인 전설 속 백마를 뜻하며, 창간호에 『진달래』의 '정치주의'를 무비판적인 수용을 반성하고, '재일한인'의 정체성을 정립하고 고양해야 한다는 취지가 실려 있다.

경향을 띠고 있다. 한편, 이들 1세대 소설문학은 일본 프롤레타리아 문학 활동과의 밀접한 연관 아래 전개되는데, 이로 인해 그들의 작품 대부분은 좌익 이데올로기를 담아내 보인다. 이것은 재일한인 1세대 소설의 또 다른 특성으로 지적되는데, 이는 당대 일본의 정치·사회적 상황, 그리고 재일한인사회의 이념적 성향을 반영하는 것이라고 볼 수 있다.

① 식민지 지배에 대한 반발

재일한인 1세대 소설은 1920년대 백철을 비롯하여 한식·이북만 등 재일 유학생의 문학 활동이 그 출발점이 된다. 하지만, 이들 대부분은 일시 체류에 지나지 않고, 따라서 1930년대에 접어들어서야 비로소 본격적으로 전개된다고 볼 수 있다. 1세대 소설문학을 대표하는 작가로는 김사량을 비롯하여 장혁주·김달수·김석범·이은직·김성민·홍종우 등을 들 수 있는데, 이들은 식민지 지식인으로서 일본에 이주한 후 작품 활동을 활발히 벌임으로써 재일한인문학의 기틀을 마련한다. 대표적인 작품으로는 김사량의 「토성랑」「빛 속에서」「풀은 깊다」, 장혁주의 「아귀도」「백양목」『쫓기는 사람들』『하쿠타 농장』, 김달수의 「잡초처럼」『박달의 재판』『현해탄』『태백산맥』, 김석범의 「까마귀의 죽음」「간수 박서방」「관덕정」, 박용의 「동지」, 정우상의 「소리」 등을 들 수 있다.

장혁주(張赫宙, 1905~1998)는 일본어 소설 「아귀도(餓鬼道)」(『개조(改造)』, 1932.4)로 일본 문단에 등단한 작가로, 작품 활동을 등단하자마자 일제의 식민지 정책과 간교한 착취를 정면으로 비판한 작품들을 발표한다. 그는 「아귀도」「쫓기는 사람들」「분노하는 자」 등의 작품에서, 기아와 절망에 빠진 식민지 농촌의 실정과 농민의 모습을 통하여 일제의 제도적인 착취를 고발하고, 일제의 수탈에 대한 저항의식을 드러낸다. 특히 「아귀도」

는 도탄에 빠진 농촌을 배경으로 만주로 야반도주하는 조선 농민들의 비참한 행렬을 사실적으로 그려 일제의 제도적인 수탈과 착취를 고발하는 한편, 억압받는 농민들이 단결하여 저항하는 모습을 그려 집단 투쟁의 당위를 내보인다.「궐기하는 사람」은 일본어로 가르쳐야 하는 교사 '김철'의 갈등과 저항을 통해 피식민 사회 지식인의 고뇌를 그리고 있다. 이러한 장혁주의 초기 작품들은 당시 활발하게 논의되던 프로문학의 이념과 밀접한 관련성을 지닌다.

김사량(金史良, 1914~1950)은 1931년 도일, 교토대 재학시절 '기항지(寄港地)' '제방(堤防)' 등의 동인을 결성하고, 격월간으로 동인지 『제방』을 발간하는 등 활발한 문학 활동을 통해 재일한인 1세대 문학을 본격적인 궤도에 올려놓은 대표적 작가이다. 그는 동인지 『제방』 제12호에 단편 「토성랑」(1936)을 발표하면서 주목받기 시작하고, 1940년 「빛 속에서」가 '아쿠타가와상' 후보작에 선정되면서 일본 문단에 정식으로 데뷔한다.「토성랑」은 평양 변두리의 빈민촌을 중심으로 식민지 조선의 극단적 궁핍과 절망적 상황을 그린 작품이며,「빛 속에서」는 일본인 아버지와 조선인 어머니를 둔 혼혈아 소년의 심리 묘사로 민족적 차별과 억압 속에서 왜곡되어가는 인간의 내면을 그려낸 작품이다. 김사량은 뒤이어 발표한 「기자림」 「천마」 「풀은 깊다」 등의 작품에서도 조선 민족의 비참한 생활상과 일제의 침략 정책을 고발하는 한편, 반민족적 행위를 하는 지식인들을 비판 풍자하는 등 식민지 지배에 저항하는 문학을 지속적으로 발표한다.

② 민족적 자각과 사상적 갈등

이은직(李殷直, 1917~2016)은 전북 정읍에서 태어나 16세 때 도일하여 고학으로 니혼대(日本大) 예술학부를 졸업(1941)한 작가로, 니혼대 재학 중 단

편 「흐름」으로 '아쿠타가와상' 후보에 오르는 등 일본 문단의 주목을 받는다. 대학 졸업 후 일본 여성과 결혼한 그는 광복 직후 '조련' 결성과 도쿄의 조선중학교 창립에 주도적으로 참여하는 한편, 『민주조선』 『조련문화』[25] 등을 무대로 작품 활동을 벌인다. 광복 후 분단된 조국의 현실을 역사·사회적 모순으로 인식한 그는 당대의 혼란과 갈등을 사실적으로 그려 보이고, 재일한인 작가 최초로 한글로 쓴 작품 「승냥이」를 발표하여 민족적 자긍심을 내보인다. 작품으로 자전적 장편 『조선의 새벽을 찾아서(朝鮮の夜明けを求めて)』(明石書店, 1997)를 비롯하여 「승냥이」(『해방신문』 1948.1), 「노도의 거리」, 「끌려온 사람들」, 『탁류(濁流) 1~3』(新興書房, 1967~1968) 등이 있다.

김달수(金達壽, 1919~1997)는 도일 후 공장잡역부 등으로 일하다가 독학으로 공부하여 니혼대(日本大) 예술학부에 입학한다. 졸업 후 『가나가와신문』 『경성일보』 기자로 일하던 그는 광복 직후 '재일본조선인연맹'(이하 '조련')이 발간한 일본어 종합잡지 『민주조선』 편집을 담당하는 등 재일 1세대 한인문단에서 핵심적 역할을 하는데, 이 때문에 그는 광복 이전과 이후의 맥을 이어간 작가로 평가된다. 그는 『현해탄』 『박달의 재판』 『태백산맥』 「잡초처럼」 등의 작품을 통해 현실에 대한 비판적 시각을 드러냄으로써 진보적인 작가로서의 입지를 굳힌다. 『후예의 거리』 『현해탄』 등은 식민 통치→ 태평양 전쟁→ 한국전쟁으로 이어지는 비극적인 근대사를 배경으로 민족적 자각과 사상적 갈등을 폭넓게 다룬 작품이고, 『박달의 재판』은 무지한 조선 민중이 역사적 비극을 경험하면서 의식화되어 적극적인 행동가로 변모하는 과정을 그린 소설이다. 그는 이들 작품에서 일제강점기

---

[25] '조련' 문화부에서 1946년 4월 창간호, 1946년 10월 2호를 발행한 한글 종합잡지로, 창간호 발간사에서 조국 건설은 즉 문화 건설을 의미하며 정치와 문화는 별개의 것이 아니라고 밝혀, 향후 '조련'의 문화 예술이 견지해야 활동 방향을 제시하고 있다.

의 폭력적 탄압, 피식민 민족의 참담한 삶과 증오, 조국과 민족의 독립 등 민족의 현실을 문제 삼으면서 사회주의 이념과 행동의 당위를 강력히 피력한다. 일본인의 우월감과 위선을 고발하고 피지배 계급인 조선인의 위치를 확인한 「위치」, 자립과 향학의 뜻을 불태우던 젊은 시절의 모습을 그린 자전적인 소설 「쓰레기」 등의 작품도 같은 문맥으로 이해할 수 있다. 이와 같은 김달수의 작품세계는 식민지 현실을 경험한 재일 1세대 한인 작가들이 추구한 주제이며 작품 경향이라 하겠는데, 김달수의 현실비판과 진보적인 리얼리즘 정신은 광복 후 재일한인문학이 지향해야 할 새로운 지평을 제시한다.

김석범(金石範, 본명은 愼洋根, 1925~)은 독학으로 모국어를 습득하여 한국어로 작품 활동을 하고, 부모의 고향인 제주도의 '4.3 사건'을 지속적으로 소설화함으로써 일본 문단에서 민족적 정체성을 분명하게 정립한 작가이다. 그는 「까마귀의 죽음」 「간수 박서방」 「관덕정」, 그리고 대하소설 『火山島』(Ⅰ~Ⅶ, 文藝春秋, 1997) 등의 작품에서 좌우익의 첨예한 대립과 갈등이 빚어낸 '4.3 사건'을 고집스럽게 다루면서 그 역사적 의미를 재조명한다. 이와 함께, 그는 「어머니와 두 자식」 「할머니 추억」 「번지 없는 부락」 등의 소설에서 일본사회에서 강인한 생명력을 가지고 살아가는 재일한인의 모습을 그려 보인다. 「지존의 아들」은 대통령 양자라고 사칭하며 지방 관리 등을 상대로 사기 행각에 나선다는 내용의 작품으로, 실업자 문제, 관리의 부패, 관의 선거 개입 등 남한 사회의 전반적인 부정부패를 신랄하게 풍자하여 주목을 끈다.

③ 작가정신의 퇴조, 친일(親日)

1930년대 말에서 광복 이전까지의 재일한인 1세대 작가들은 일제의 문예정책에 부응하는 작품을 다수 발표한다. 일본 문단에서 탄압과 검거로 프로문학이 설 자리를 잃게 되고, 저항문학에 대한 억압이 강화됨에 따라 비판적 작가정신이 크게 후퇴하게 된 것인데, 장혁주는 그 대표적인 작가이다. 이 시기에 접어들어, 장혁주는 「갈보」「우수인생」「심연의 사람」 등 상업주의적인 경향의 작품을 발표하고, 「가등청정」「이와모토 일등병」 등에서 임진왜란 때 조선을 침략한 왜장을 영웅으로 미화하는가 하면, 『순례』에서는 지원병제도를 지지 선전하는 등 일제 군국주의에 영합하는 작가 의식을 드러내 일제의 식민지 정책에 적극적으로 부응하는 친일 작가로 변모한다. 광복 후 장혁주는 '노구치 미노루(野口稔)'라는 일본 이름으로 개명하고 귀화, '노구치 가쿠추(野口赫宙)'라는 필명으로 작품 활동을 한다.

요컨대, 재일한인 1세대 소설문학은 민족과 조국의 역사적 현실을 비판적으로 드러내거나, 조국의 현실을 보다 객관적인 시각으로 증언한다는 점을 그 특성으로 지적할 수 있다. 그러나 한편, 당시 정치 사회상과 민중의 삶을 그리는 데 있어서 단순화된 민족주의와 좌익 편향의 이념을 드러내기도 한다. 이러한 특성들은 이주 조선인의 간고한 이주사와 정착 의지를 핍진하게 반영해 보이는 재중 조선인 문학 또는 CIS 고려인 1세대 문학의 그것과는 사뭇 다른 점이라 할 수 있다.

3. 차별과 '재일'의 고뇌, 2세대 문학

재일한인 2세대 문학의 특성은 1960년대 후반부터 1970년 말 무렵에 발표된 작품에 드러나기 시작한다. 1964년 도쿄올림픽 이후 일본사회는 비약적인 경제 발전에 힘입어 고도성장을 이루게 되고, 미국과 소련에 이은 세계 3위의 경제 대국으로 국제사회에 복귀한다. 그리고 이 무렵부터 패전 후 일본사회에서 사라졌던 민족주의가 부활한다. 반공 우익 세력의 활동은 그 한 예이다. 이때 북한에서는 김일성의 개인숭배와 우상화 작업이 본격적으로 전개되는데, 재일한인사회는 이러한 김일성 정권의 우민화 정책에 대해 비판적 시각을 드러내며 친북 성향에서 이탈하기 시작한다. 바꿔 말하여, 이들 세대는 일본 패망 이후에도 집요하게 이어지고 있는 민족적 차별과 이로 인한 갈등 속에서 자신들의 실존, 재일한인의 생활과 사고방식 등에 대해 제 목소리를 내기 시작한 것이다. 따라서 이들은 '재일(在日)'과 '조국' 사이에서 자신의 정체성에 대하여 심각하게 고민하고, 나름대로 해법을 찾는다. 재일한인 2세대 소설에 '조국'(민족)과 '재일' 사이에 놓인 자신의 위치에 대해 갈등하고 고뇌하는 '경계인 의식'이 집중적으로 조명되는 것도 이 때문이다.

1970년대에 접어들어 재일한인 작가들은 창작의 자유를 내세우며 계간 종합지 『삼천리』[26]를 발행하는 한편, '김지하 시인 구원 운동' 'NHK 한글 방송강좌 개설 운동' 등 다양한 사회 활동을 벌인다. 이 과정에서 일본 방송 매체나 문예지와의 교류가 자연스럽게 이루어지고, 이는 재일한인 문인들이 일본 문단에 등장하는 계기가 된다.

1) 시문학: '재일(在日)'의 고뇌와 애환

---

[26] 1975년 2월 삼천리사가 도쿄에서 창간, 일본어로 발행한 종합잡지. 1987년 5월 50호를 끝으로 종간됨. 창간호에서 가깝고도 먼 이웃인 한국과 일본 사이에 실타래처럼 얽혀있는 문제들을 풀고 상호 이해와 연대를 위한 다리를 놓고자 발행한다는 발간 취지를 밝히는데, 강재언·김달수·김석범 등 7명의 편집위원은 민족단체와는 무관한 중립적인 입장을 견지하며 잡지를 펴낸다. 매호 특집으로 한일관계, 한국 및 재일조선인 관련 주제 등을 다룬 점이 특색이다.

재일한인 2세대 시인은 일제강점기에 한국에서 출생하여 어린 시절 일본으로 건너가 성장하고 일본사회와 문화에 익숙해진 세대, 또는 재일한인 1세대 부모에게서 태어나 일본사회의 교육과 문화 속에서 성장한 세대이다. 따라서 이들은 모국어로 사유하는 것은 거의 불가능하고, 문자로서의 모국어 습득 역시 의식적인 공부에 의해서만 제한적으로 이루어지고 있다는 점에서 1세대와 차별성을 갖게 된다. 이들 1세대 시인들은 일본 패망 이후 날로 강화되어가는 일본의 민족적 차별과 일본 주류 사회와의 갈등을 겪게 되고, 이로 인해 '재일'과 조국 사이에서 자신의 정체성에 대해 심각하게 고뇌하는 모습을 보여준다.

① 조국과의 유대감 상실

재일한인 2세대의 시에는 조국(민족)과 '재일(在日)'의 현실 사이에서 갈등하고 고뇌하는 모습이 그려진다. 이들의 문학은 일본 정착 과정에서 발생하는 개인의 고난사를 중심으로 부모와 자식 간의 세대 차이, 취업이나 연애·결혼 등을 둘러싼 민족적 차별과 편견, 귀화 문제 등 개인의 실존적 조건과 상황에 맞닥뜨려진 정신적 고투와 갈등을 형상화하고 있다. 재일한인 2세대 시문학은 일본사회에서 살아가는 '주변인'으로서의 정체성과 존재 양식 등에 대한 회의와 의문에서 출발하고 있는 것이다. 한국인이면서 일본어로 작품 활동을 해야 하는 작가적 고뇌는 작품 내용뿐만 아니라, 이들의 문체에도 강하게 반영되어 있다. 이와 함께, 조국을 고향으로 둔 재일한인 1세대 작가가 지닌 강한 민족적 정체성과 조국과의 유대감과는 달리, 이들은 조국과 자신 사이의 좁힐 수 없는 '거리'를 의식하면서 민족 문제를 제기하고 있다는 점도 이들 2세대 문학의 특성이라 할 수 있다. 오임준·종추월·양석일·신유인·최화국·이명숙·최현석·최일혜 등은 이들 세대를 대표하는 시인이다.

② '재일(在日)'의 다양한 모습

신유인(申有人, 1914~1994)은 전남 곡성에서 태어나 7세 때 도일한 후, 1940년 '토호(東宝) 뉴페이스'로 뽑혀 영화계에서 일하다가, 1978년 늦은 나이에 시 동인지 『코스모스(コスモス)』 동인으로 작품 활동한 시인으로, 유고 시집 『낭림기(狼林記)』(皓星社, 1995)가 있다. 작품으로는 「망향」 「장승(長丞)」 「강계(江界)」 「가면극의 발라드(仮面劇のバラード)」 「말의 외상(コトバのツケ)」 「손가락이 짧은 어머니(指の短かいオモニよ)」 등이 있는데, 그의 시는 일본에 정착한 후 재일한인으로서 겪어야 했던 애환을 이해하기 쉬운 비유를 통해 나그네의 감각으로 그려낸다는 평을 듣는다.

최화국(崔華國, 1915~1997)은 경주 출신으로, 어린 시절 도일하여 도쿄의 개성중학교를 졸업한 재일 2세대 시인으로, 1985년 일본인이 아닌 외국인으로는 최초로 'H氏賞'('일본현대시인회' 주최)을 수상하며 60여 년 동안 일본 시단에서 활동하다가 말년에 도미, 여생을 미국에서 마쳤다. 그의 시는 재일한인이 일본에 살면서 겪은 괴로움과 슬픔과 사랑을 정직하고 소박한 필치로 그려내 보편적 공감을 획득하고 있다는 평가를 받는다. 시집으로 한국어 시집 『윤회의 강』(서울: 백록출판사, 1977), 『만추』(빛남, 1997), 일본어 시집 『역마의 콧노래(驢馬の鼻歌)』(詩學社, 1980), 『고양이 설법(猫談義)』(花神社, 1985), 『피터와 G(ピーターとG)』(花神社, 1988) 등이 있다.

오임준(吳林俊, 1926~1974)은 경남 마산 출신 재일한인 2세대 시인이며 화가이다. 그는 1930년 도일하여 부모와 함께 일본 고베(神戶)에서 어린 시절을 보내고, 18세 때 일본군에 징병당해 만주 동녕현(東寧縣)에서 육군

이등병으로 복무한다. 광복 후 일본에서 민족학교 교사, '문예동' 사무국장으로 일하다가 일본 여성과의 결혼으로 실직당한 후, 시 창작과 그림에 전념한다. 시집으로는 『바다와 얼굴(海と顔)』(新興書房, 1968), 『해협』(風媒社, 1973), 『끊임없는 가교(絶えざる架橋)』(風媒社, 1973), 『전설의 군상(伝説の群像)』(同成社, 1974) 등이, 평론집으로 『조선인으로서의 일본인(朝鮮人としての日本人)』(합동출판, 1971), 『조선인 안의 '천황'(朝鮮人の中の<天皇>)』(辺境社, 1972), 『보이지 않는 조선인(見えない朝鮮人)』(합동출판, 1972) 등이 있다.

양석일(梁石日, 1936~)은 1956년 시인 김시종과 교유하며 서클 시동인지 『진달래(チンダレ)』 회원으로 참여하면서 작품 활동을 시작하는데, 1958년 무렵까지 시 창작에 몰두한다. 그는 『가리온(カリオン)』에 작품을 발표하며 하세가와 타츠오(長谷川龍生), 쿠로다 희부(黒田喜夫) 등과 친교를 나눈다. 생업을 위해 미술인쇄 사업을 하던 그는 사업이 실패하자 오사카를 떠나 전국을 떠돌다가 도쿄에서 10여 년 동안 택시기사로 일한다. 이 무렵 우연히 헨리 밀러의 『남회귀선』을 읽고 벼락 맞은 것 같은 충격을 받고 소설가를 꿈꾸며 장르를 바꾸어 창작 활동을 재개한다. 작품으로 '나오키(直木)상' 후보에 오른 『밤을 걸고(夜を賭けて)』(幻冬舎文庫´ 1997), '야마모토 슈고로(山本周五郎)상'을 수상한 『피와 뼈(血と骨)』(幻冬舎, 1998) 등이 있다.

종추월(宗秋月, 1944~2011)은 규슈(九州) 사가현(佐賀縣)에서 태어나 중학교 졸업 후 재일한인들이 집단 거주하는 오사카 이카이노(猪飼野) 지역으로 이사, 이곳에 살면서 작품 활동을 벌인 여류시인이다. 그는 소설과 수필로도 문명을 얻는데, 그의 시는 '민중을 위한 살풀이를 하는 무녀(巫女)'라는 이회성의 지적처럼, 한인사회의 다양한 인간 군상과 일상, 특히

재일한인 여성의 희로애락을 감동적인 시어로 그려 보인다는 평을 듣는다. 시집으로 『猪飼野·女·愛·노래(うた)-종추월 시집』(ブレーンセンター, 1984), 『이카이노 타령(猪飼野タリョン)』(思想の科學社, 1986), 『사랑해, 사랑합니다(サランヘ, 愛してます)』(影書房, 1987) 등이 있다.

이밖에, 이명숙(李明淑, 1932~)의 『어머니(オモニ)』(銀河書房, 1979; 創映出版, 1988), 최현석(崔賢錫, 1935~)의 『구과(毬果)』(昭森社, 1965), 최일혜(崔一惠, 1942~)의 『나의 이름(わたしの名)』(コリア評論社, 1979) 등도 주목되는 재일한인 2세대 시문학 작품이다.

2) 소설문학: 차별과 편견, 경계인 의식

재일한인 2세대 작가들은 재일한인문학이 뿌리를 내리고 토대를 마련하는 데 크게 이바지한다. 이들은 어린 시절 일본으로 이주하거나 일본에서 출생하여 1960~1970년대 일본사회의 경제 발전과 함께 성장하고, '민단'과 '조총련'의 극단적인 대립 갈등에 따른 냉전 이데올로기까지 체험한 세대이다. 또한, 이들은 1965년 '한일협정' 이후 재일한인사회에서 비영주(非永住) 의식이 사라지고 영주를 모색하려는 의식의 변화를 나타내기 시작하는 세대이자, 동시에 조국을 강하게 인식하는 세대이기도 하다. 재일한인 2세대 소설문학을 대표하는 작가로는 이회성·김학영·고사명·박중호·김재남 등을 들 수 있는데, 이들은 식민지 시대의 체험이나 광복 이후 조국이 처한 정치 사회적 상황을 문제 삼으면서 재일한인의 삶을 형상화하고 있다. 또한, 이들 작가는 민족 문제뿐만 아니라, 일본사회에서 살아가는 개인의 고난사를 중심으로 부모와 자식 간의 세대 차이, 차별과 편견, 귀화 문제 등 일상의 현실들을 담아낸다.

① 민족 정체성과 경계인 의식

재일한인 2세대 작가들은 무엇보다도 조국이 처한 현실에 각별한 관심을 기울여 민족주의적 저항과 의지를 강조한다. 이들 세대의 작품에서 주목할 것은 이들이 물리적으로 고국과 떨어져 있는 만큼 조국의 현실에 대한 보다 엄정하고 객관적인 시각을 지닐 수 있다는 점이다. 2세대 작가의 소설은 한국문학에서 간과하거나 자유롭지 못한 문제들에 대해 거시적인 관점에서 조망하고 새로운 해석과 전망을 드러내는데, 이는 곧 2세대 소설의 민족문학사적 의의라고 말할 수 있다. 말하자면, 재일한인 2세대 작가는 우리 문학이 해방 공간의 혼란 속에서 이념 갈등에 매몰되어 표류하고 있을 때, 조국의 역사적 상황을 직시하고 정면에서 비판하면서 세계사적인 역학 관계 안에서의 조망을 제시한 것이다. 고사명·양석일·박중호·김재남 등은 그 좋은 예인데, 이들은 나름의 독특한 작품세계를 통해 재일한인의 각양을 형상화하고 있다.

재일 2세대 작가들은 그들이 숙명처럼 안고 있는 '경계인' 의식과 부재 의식을 실존적인 명제로 심도 있게 그려낸다. 이회성·김학영 등은 그 좋은 예이다. 사할린에서 태어난 이회성(李恢成, 1935~)은 '군조(群像)신인문학상'(「또다시 이 길을」, 1968)을 수상하면서 본격적인 작품 활동을 시작한 2세대 작가로, '아쿠타가와상'(「다듬이질하는 여인」, 1971) 수상을 계기로 주요 작품들이 한국어로 번역 출판되어 한국에도 널리 알려진다. 그는 『금단의 땅』『백 년 동안의 나그네』 등의 작품에서, 재일한인의 민족적 정체성 문제를 단순히 '재일'이 아니라 조선인, '민족' '조국'이라는 보다 본질적인 개념에 접근시키는 방향으로 모색해 보인다. 「다듬이질하는 여인」은 '장술'이라는 여인의 삶을 통해 식민지 조선인의 험난한 삶을 조명하고 있다. 이 소설은 단순히 한 한국 여인의 비극적인 삶을 그려낸 것이 아니라 끈질

긴 생명력과 생활의지를 토속적 서정에 실어 감동적으로 형상화하는데, 민족의 정체성 문제에 대해 1세대와는 다른 접근 방법을 보여준다는 점에서 주목된다. 『백 년 동안의 나그네』는 조선인의 정체성 문제를 다룬 작품으로, 진정한 인간성을 회복하는 것이 곧 정체성을 담보하는 유일한 해법임을 말하고 있다. '민족'과 '국가' 사이에서 여전히 경계인일 수밖에 없는 재일한인으로서는 인류 보편성으로 민족적 정체성을 극복해야 한다는 것이다. 그의 소설은 재일한인의 민족 주체성과 정체성 문제를 천착, 이를 전면에 내세워 문제 삼는다는 데 그 특징이 있다. 김학영(金鶴泳, 1938~1985)의 『얼어붙은 입』「끌」 등은 개인의 내면과 소외의식을 심도 있게 성찰, 이를 바탕으로 민족의 실존적인 상황을 그려 보인 작품이다. 그는 『얼어붙은 입』에서, 말더듬이 조선인인 '나'의 이방인으로서의 소외의식을 통해 인간의 근원적인 고독을 그려 보인다. 재일한인의 민족적 정체성 문제를 고독과 소통이라는 삶의 본질적인 문제, 즉 인간의 보편적인 문제로 승화시켜 제시한 것이다.

한편, 2세대 한인 작가들은 재일한인사회에서 민감한 화두로 대두한 귀화 문제를 비롯하여 부모와 자식 간의 세대 차이 등 일상의 현실 문제를 작품에 담아낸다. 이회성은 「가야코를 위하여」에서, 재일한인이라는 사실 때문에 애인에게 버림받고 취직도 안 되는 일본사회의 차별과 편견을 고발하고, 귀화 문제를 둘러싼 세대 간의 갈등을 다루고 있다. 「반쪽발이」에서는 귀화 문제를 소재로 민족적 정체성과 거취 문제를 조명하며, 「죽은 자가 남긴 것」에서는 분단 조국의 비극과 함께 재일한인사회의 분열상을 다루고 있다. 김학영의 소설도 그러하다. 그는 「눈초리의 벽」에서는 일본인의 차별과 편견을, 「완충용액」「유리층」 등에서는 재일한인이라는 이유로 애인에게까지 거부당하는 '재일'의 현실을 드러내고 있다.

이밖에, 성 또는 젠더 문제를 제재로 하여 재일한인의 수난을 다룬 작품도 주목의 대상이다. 김창생의 「빨간 열매」「세 자매」, 원수일의 「운하」「희락원」 등이 그 한 예인데, 이들 작품은 아버지·남편·오빠 등 남성의 권위적인 억압과 폭력에 시달리는 여인들의 삶을 형상화하고 있다. 김창생(金蒼生, 1951~)의 「세 자매」는 떠나온 고향 제주도를 가슴에 안고 낯선 땅 일본에서 세상을 하직한 부모 제삿날에 만난 세 자매의 가족사를 담담하게 그린 단편으로, 세 자매의 가족사를 통해 여성의 고단한 삶은 아버지와 남편 등의 우월적 폭력에 기인하는 것임을 넌지시 암시하고 있다. 원수일(元秀一, 1950~)의 「희락원」도 크게 다르지 않다. 이들 소설은 성과 폭력, 모성이라는 여성의 본성 등을 소재로 인간의 본질적인 문제를 탐구해 보이는데, 이는 2세대 소설의 또 다른 특색으로 지적된다.

② 모국어와 정체성 확인

1970년대에 접어들어 일본사회는 좌경화 운동이 점차 퇴조하는 현상을 나타낸다. 이와 더불어 북한의 실상이 밝혀지면서 재일한인사회는, 심지어 '조총련' 계열의 재일조선인 사회조차도 북한에 대한 전면적 지지에서 비판적 지지로 바뀌는 분위기가 조성된 것이다. 재일한인 작가들은 특히 그러했다. 그들과 문학인들을 조직 안에 흡수 통제하려는 '조총련' 사이의 갈등이 점점 첨예해지고, 이에 따라 수많은 문인이 '조총련' 조직에서 이탈하게 되는데, 2세대 한인 작가들은 이러한 '조총련' 조직과의 알력과 갈등을 작품에서 다루기 시작한다. 그들은 이전 세대 김달수·김석범 등과는 달리, 조국에 대한 집착이나 통일에 대한 열정을 드러내지 않는다. 이러한 변화는 물론 일본사회에서의 좌파적 성향이 점차 퇴조해가고, 남북한 체제 고착화로 통일 조국에 대한 전망이 어두워진 데서 연유하는 것이다.

이런 변화 속에서도 '조총련' 문단에서는 한국어 소설이 활발하게 발표된다. '조총련' 계열의 작가들은, '민단' 측 소설가들이 대부분 일본어로 창작하고 '경계인' 의식이나 부재의식 등에 주목하는 것과는 달리, 한글로 창작하면서 선명한 민족의식을 강조하고 있다. 이들의 작품은 북한의 문예정책과 밀접한 관련성을 지니고 있지만, '재일조선인'으로서의 민족 정체성을 지속적으로 문제 삼는다는 점에서 주목할 만하다. '조센징'으로 차별받는 '조선인'의 현실, 민족교육을 통해 조선인으로서의 정체성을 강화하려는 '조총련'의 의지, 통일에 대한 희망과 당위성 등을 사실적으로 그려 보인다는 점에서 더욱 그러하다. 조남두의 「붕괴의 날」(1962)을 비롯하여 임경상의 「스승의 길」(1962), 김민의 「포옹」(1962), 서각상의 「첫 열매」(1976), 남상혁의 「증언」(1979), 박종상의 「동포」(1979), 소영호의 「가장 귀한 것」(1979), 박관범의 「누나와 함께」(1979) 등은 그 대표적인 작품들이다. 이들 소설은 학교와 사회에서 빈발하는 민족 차별의 심각성, 재일조선인의 삶, 민족교육 문제, 남북한의 현실인식의 차이 등을 잘 반영하고 있다.

4. 실존적 '재일', 3세대 문학

1980년대 중반까지 재일한인문학은 일본문단의 중심에서 멀리 떨어진 변방에 자리하고 있었다. 그러나 이 시기에 접어들어 자신만의 가치와 세계를 고집하는 신인 작가들이 잇달아 등장, 민족의식과 분단 이데올로기를 축으로 재일한인으로서의 민족적 정체성과 저항이라는 거대 담론을 그 중심 테마로 삼던 재일한인 1세대(2세대 일부를 포함한) 문학의 틀을 거부한다. 그리고 이들 3세대 작가들의 활동에 힘입어 재일한인문학은 일본문학의 제도권에 일정한 영역을 구축할 정도가 된다. 유미리의 '기시다 구니오(岸田國士) 희곡상'(「물고기의 축제」, 1993), '이즈미교카(泉鏡花)문학상'(『풀 하우스』, 1996), '노마분게(野間文藝) 신인상'(『풀 하우스』, 1996), '아쿠타가와상'(『가족 시네마』, 1997) 수상을 비롯하여 현월(玄月, 본명 玄峰豪)의 '아쿠타가와상'(「그늘의 집」, 2000) 수상, 가네시로 가즈키(金城一紀)의 '소설현대(小說現代) 신인상'(『레벌루션 NO.3』, 1998)과 '나오키상' 수상(『GO』, 2000) 수상, 그리고 유미리의 「생명」과 가네시로 가즈키의 『Go』 등이 2000년도 일본 문단 소설 부문 베스트 10에 선정된 것들은 일본 문단에서의 재일한인문학의 위상을 가늠케 하는 예라 할 것이다.

1) 시문학: 실존적 '재일' 인식과 변주

재일한인 3세대 시문학은 1980년대 중반 이후부터 현재까지 새롭게 등장한 시인으로, 한국에서 태어나 일본으로 건너온 부모를 두었다는 점이나 모국어를 상실하고 있는 점에서는 2세대 시인에 속한다고 할 수 있다. 그러나 이들 3세대 시인은 연령, 문단 데뷔 시기, 작품 경향 등에서 2세대와는 뚜렷이 구별되는 신세대 문인들이다. 외형적으로 볼 때 이들은 대부분 조국에 대한 기억이나 국적에 따른 소속감이 없으며, 일본인과 다름없는 존재로서 성장한 세대라고 할 수 있다. 재일한인사회에는 일본 정부의 차별 정책에서 벗어나기 위해 취직과 결혼에 즈음하여 일본 국적으로 바꾸는 일이 해마다 늘어나고 있는데, 이는 이제 3세대 재외 한인문학의 경우 국적만으로 민족성 공유 또는 한민족문학 포함 여부를 구별하기가 힘든 상황을 맞이하고 있음을 의미하는 현상이기도 하다.

① 실존적 상황으로서의 '재일' 인식

재일한인 3세대 시문학이 획득한 새로운 위상은 1, 2세대 문학의 성격을 변혁하려는 내부로부터의 다양한 모색이 빚어낸 결과적 산물이다. 모색의 큰 줄기는 민족적 정체성과 저항의 주제로부터의 탈피이다. '재일'이라는 특수한 삶의 조건을 새롭게 해석하고 대응하려는 경향 또한 그러하다. 1980년대 중반부터 등장한 이들 3세대는, 앞선 세대와 달리, 자신의 사회적 입장에 크게 얽매이지 않고 자신들의 삶을 주체적으로 일으켜가는 의지를 드러낸다. 재일한인 1, 2세대 작가들이 민족의식과 분단 이데올로기를 축으로 재일한인의 민족 정체성과 저항 등을 담론화했다면, 이들 신세대 작가들은 이를 탈피하고 재일한인사회 특유의 삶의 조건을 새롭게 해석하고 이에 대응하는 경향을 내보인다. '재일'이라는 특수한 실존적 상황에서 직면하게 되는 개인적 문제들을 이중 언어, 인간 존재의 의미, 현대인의 고독, 가족의 해체 등 보편적 문제의식으로 제기하는 것이다. 대표적인 시인으로는 정화수·이정자·유묘달·김이자·최용원·노진용·이용해·조남철·전미혜·송민호·정장 등이 있다.

이들 재일한인 3세대 시인들은 민족 또는 국가보다는 개인의 문제에 더욱 관심을 기울여 천착하고, 이를 작품에 담아낸다. 이들에게 '재일'이라는 관형어는 반드시 고발과 저항의 메시지를 수반하지는 않는다. '재일'이라는 불행하고도 고단한 삶의 조건을 자신의 문학적 성채로 삼는 것을 거부하고, 스스로가 처한 특수한 처지를 가족의 해체나 개인의 고독과 같은 보편적 주제로 녹여냄으로써 작품세계의 외연을 확장하려는 경향을 보이는 것이다. 적지 않은 재일한인의 경우, 일본사회의 근거 없는 멸시와 비하, 부당한 민족 차별에 반발하면서도 한편으로는 일본인들로부터 투사된 한국인에 대한 부정적 이미지를 자기도 모르는 사이에 내면화하여 자기비하에 익숙해지기도 한다. 비록 일부 재일한인 1, 2세대 작가에 국한되는 것이지만, 이들의 작품에서 지나치리만큼 부각하는 재일한인사회의 야만성과 폭력성은 오랜 세월에 걸쳐 이들 사회에 가해진 차별 구조의 내면화와 무관하지는 않을 것이다. '그들'이 '우리'에게서 보고자 하는 것을 '충실히' 보여주는 내부 식민지적 구도가 엿보이는 것이다. 따라서 이들 작품에서는 어느 쪽에도 온전히 '귀속되지 못한' 것을 원죄처럼 여기는 시선이 굳건히 자리 잡고 있다. 그러나 오늘에 이르러서는 '부초'처럼 어디에도 귀속되지 않는 것을 오히려 무상의 특권으로 여기는 무국적파 세대가 등장하고 있고, 이로 인해 이제까지와 같은 '재일한인문학'은 머지않은 장래에 소멸의 길을 걸을지도 모른다는 우려의 목소리도 없지 않다. 이러한 우려의 기저에는 일본명 작가, 귀화 작가, 혼혈인 작가들이 적지 않고, 한국어로 작품을 창작하는 작가보다 일본어 또는 이중 언어로 작품 활동을 하는 작가가 다수인 현실적 상황이 깔려 있다. 그러나 이와는 달리 새로운 '재일한인문학'을 지향하는 과감한 실험이 이제 시작되고 있다는 긍정적 시각 또한 적지 않다.

② 실존적 주제의 변주

유묘달(ゆ妙達, 1933~1996)은 1990년대 초 『이조추초(李朝秋草)』(檸檬社), 『이조백자』(求龍堂), 『청춘 윤무(輪舞)』(創風社出版) 등의 시집을 펴낸 시인이다. 유묘달은 조선의 도자기나 습속, 풍경·인심 등에 의탁하여 자신의 '재일' 문제를 풀어낸다. 『이조백자』에는 조선의 민속에 관한 동경이 진하게 그려져 있는데, 그러나 1세대 시인들이 보여주는 한국적 정취나 종추월의 민중적인 약동과는 사뭇 대조적으로 표현되고 있다. 현대시적인 사유와 표현 양식을 통해 부드럽고 투명한, 세련된 시공간을 보여준다는 점이 유묘달

시의 특성이라 할 수 있다.

이정자(李正子, 1947~)는 미에(三重)현에서 태어나고 자란 여류시인으로, 중·고교 시절『만엽집(万葉集)』을 읽고 단가에 심취하여 습작하기 시작, 고교 졸업 후『아사히신문(朝日新聞)』에 투고한 작품이 게재된 것을 계기로 '미래단가회(未來短歌會)'에 가입, 본격적으로 작품 활동을 하고 있다. 작품집으로『봉선화의 노래(鳳仙花のうた)』(雁書房, 1984),『나그네 타령(ナグネタリョン-永遠の旅人)』(河出書房新社, 1991)『벚꽃잎(葉櫻)』(河出書房新社, 1997) 등이 있다.『봉선화의 노래』는 가집으로서는 이례적으로 1만 부 이상 팔려 주목을 받았으며, 일본 중·고교 국어 교과서에 작품이 실린 바 있다.『나그네 타령』은 나그네에 의탁하여 일본에서 태어나고 자랐음에도 일본사회에서는 여전히 이방인일 수밖에 없는, '재일한인'일 뿐인 자신의 심정을 노래하고 있다.

조남철(趙南哲, 1955~)은 1979년 도쿄 조선대학교를 졸업하고, 연작시『바람의 조선(風の朝鮮)』(れんが書房新社, 1986)을 시작으로『이츠키의 부락(樹の部落)』(れんが書房新社, 1989),『따뜻한 물(あたたかい水)』(花神社, 1996) 등의 시집을 계속해서 발간한다.『이츠키의 부락』때까지 조남철 작품의 주제는 이국땅에 사는 가난한 조선인 마을 사람들이 겪는 삶의 애환이다. 여기서 그는 처음에는 서로 돕고 격려하며 싸워나가던 조선 사람들이 점차 일본사회에 '동화' 또는 '귀화'하는 사례가 늘어나면서 내부에서 먼저 붕괴하는 모습을 그려 보인다. 이런 문제를 해결하기 위해 '동포를 잇는 시도'로 민족교육을 하고 조직을 결성, 자신들의 권리를 스스로 지켜나가는 과정이 그 주제라 할 수 있다. 번역으로『광주의 사람들(光州の人びと)』(朝鮮青年社, 1984)이 있다.

이밖에, 김이자(金利子, 1951~)의『하얀 고무신(白いコムシン)』(石の詩

會, 1993)과 『불의 냄새(火の匂い)』(石の詩會, 1999)를 비롯하여 최용원(崔龍源, 1952~)의 시집 『우주 개화(開花)』(私家版, 1982) 『새는 노래했다(鳥はうたった)』(花神社, 1993), 노진용(盧進容, 1952~1995)의 『붉은 달(赤い月)』(學習硏究社, 1995), 전미혜(全美惠, 1955~)의 『우리 말(ウリマル)』(紫陽社, 1995), 정장(丁章, 1968~)의 『민족과 인간과 사람(民族と人間とサラム)』(新幹社, 1998) 『마음소리(マウムソリ)』(新幹社, 2001), 그리고 인권운동가이자 시인인 이용해(李龍海, 1954~)의 『서울(ソウル)』(新幹社, 1994) 『붉은 한글 강좌(赤いハングル講座)』(晨鷄社, 1998), 송민호(宋敏鎬, 1963~)의 제3회 '나카하라 쥬야(中原中也)상' 수상작 『브룩클린(ブルックリン)』(靑土社, 1997)도 주목되는 작품들이다.

2) 소설문학: 탈민족·탈국적, 보편적 삶의 추구

재일한인 3세대 작가들은 1980년대 중반 이후에 본격적으로 작품 활동을 시작하는데, 1세대 작가는 물론 2세대 작가들과도 사뭇 다른 문학적 특질을 내보인다. 일본에서 출생하고 성장한 이들 3세대 작가들은 일정 부분 앞 세대의 역사의식과 민족의식을 계승하는 모습을 보이지만, 스스로가 일본사회에서 적응하며 살아가야 하는 현실을 인정하고 문학 활동을 한다는 점에서 본질적으로 앞 세대와는 다른 문학적 지평을 열게 된다.

① '재일(在日)하다'의 의미와 선택의 문제

1990년대를 전후하여 등장한 재일한인 3세대 작가들은 '민단'과 '조총련'은 물론이고, 앞 세대가 문학 투쟁의 장으로 삼았던 『민주조선』 『삼천리』 『민도(民濤)』[27] 등과 같은 진보적 성격을 띤 잡지와도 무관한 가운데 작품 활동을 시작한다. 이런 점에서 이들은 이전 세대에 비해 문학적으로 고립되어있는 듯한 느낌을 준다. 하지만 이들 3세대 작가들은 민족적 주체의 문제에서 앞 세대보다 그만큼 자유로운 위치에 놓이게 되고, 그래서 오히려 작품의 주제나 소재의 측면에서 오히려 더욱 다양한 성향을 보여주게 된다. 이와 동시에 이들 3세대 작가들은 '일본문학'이라는 이념적 틀에서도 벗어나 오히려 그것을 재구축하려는 역동적 위치에 서게 된다. '아쿠타가와상'이나 '야마모토 슈고로상' '나오키상'을 수상하며 일본 문단에서 주목받기 시작한 유미리·현월·가네시로 가즈키 등이 특히 그러하다.

재일한인 3세대 작가들은 무엇보다도 '문화공동체론'과 같은 담론이 내포하기 쉬운 환원론적인 민족주의를 경계한다. 이들은 부모나 조부모 세대에서 이어져 온 '기억'의 유산 '고향=고국'에 일정 부분 구속받으면서도, 이런 인식으로 자신의 삶을 규정짓는 것에 대해서는 동의하지 않는 모습을 취한다. "조선이란 커다란 환영일 뿐, 우리 속에 잠재해 있는 조국으로의 회귀는 환영의 산물에 지나지 않는다."라는 양석일의 발언은 3세대 작가의 인식을 극명하게 보여 준다. 이런 인식 때문에 3세대 작가들은 자신에게 '공동체'라는 선뜻 공감하기 어려운 장소를 제공하려는 시도를, 그 의도의 선의성(善意性) 여부와는 상관없이, 오히려 '위압(威壓)'으로 받아들이게

---

27 1987년 11월 편집 대표 이회성을 비롯하여 이승옥(李丞玉)·양민기(梁民基)·종추월·김찬정(金賛汀) 등 재일한인 2세대 작가들이 창간, 1990년 3월 10호를 끝으로 종간된 계간 종합문예지. 『민도』는 창간호 「권두언」에서, 어떤 정치단체나 종교에도 속하지 않는 '자유로운 민중 문예지'를 지향하고, '재일' 한인사회의 열린 문화적 정체성, 한반도와 일본 사이에서 그들과는 다른 독자적이고 이질적인 문화 공간을 어떻게 만들어나갈 것인가를 모색해나갈 것이라고 발간 취지를 밝힌다. 『민도』는 '재일자를 위한 문예광장', 즉 재일한인 작가들이 '재일'의 현실을 작품에 담아 발표할 무대를 마련한, 재일 한일사회 최초의 문예지라고 평가되는데, 재일한인뿐만 아니라 한국과 북한, 조선족, 고려인 등의 작품도 소개했다는 점이 특이하다.

된다. 나아가 이들은 '재일(在日)'을 선포한 자신들의 문학에서 한국문학에 편입시켜야 할 성질을 찾아내려는 시도 자체를 '환원적 통일성에의 강요'로 인지하고 동의하지 않는 모습을 보인다. 3세대 작가들이 스스로를 규정할 때 사용하는 '재일하다(ざいにちする)'는 말은 이들이 자신의 문학적 지향점을 어디에 두는지를 알려주는 매우 시사적인 신조어라 할 수 있다. 이 신조어는 태어나면서부터 기정사실화된 국적을 수동적으로 수용해야만 하는 존재가 아니라 스스로 선택한 '가정적(假定的)인 삶'을 영위하는 존재로 자신을 보는 시선에서 나온 것이며, 삶의 장소에서 수시로 이루어지는 국가주의 담론을 거부하려는 매우 능동적인 자기 인식의 소산이다. 이처럼 자기 정체성조차 '선택의 문제'로 받아들이고 있다는 점에서 재일한인 3세대 작가들은 진정한 의미의 '디아스포라'에 다름 아니다.

② 이념의 쇠퇴와 보편적 삶의 추구

재일한인 3세대 작가들은 '재일' 의식에 있어 이전 세대 작가들과는 사뭇 다른 특성을 보인다. 이들은 일본에서 출생하고 성장하여 오늘에 이르렀으며, 모국어를 모르거나 스스로 습득해서 알게 된 세대이다. 이들 역시 한국과 일본 어디에도 속하지 못한 채 '경계인'으로 존재하고 있는 재일한인의 정체성에 대하여 진지하게 고민하고, 방향을 모색한다. 그러나 재일 1세대 및 2세대 작가들이 민족의식과 분단 이데올로기를 축으로 삼아 재일한인으로서의 민족적 정체성과 저항이라는 거대 담론으로 다룬 것과는 달리, 3세대 작가들은 '재일' 한인이라는 일본사회에서의 특수한 삶의 조건을 새롭게 해석하고 이에 대응하는 경향을 보인다. 이들은 '재일'을 더 이상 전체의 차원에서 인식하지 않고 특수한 실존적 상황에서 맞닥뜨리는 개인적 문제로 받아들이며, 이를 언어와 인간 존재의 의미, 현대인의 고독 등 보편적 문제의식으로 제기한다.

　일본에서 생장한 3세대 작가들에게는 일본사회에의 적응이 무엇보다 중요한 문제이다. 따라서 앞 세대들이 '재일'의 중심축으로 삼았던 '민족'이라는 이데올로기는 이들에 이르러 리얼리티를 상실해 버린다. 그리고 이 빈자리를 '일본'이라는 태어나면서 부여받은 장소와 '뿌리'로서의 조국이라는 장소 어디에서도 자신의 소속을 둘 수 없는 디아스포라로서의 실존적 인식이 차지한다. 3세대 문학에서 주위로부터 '나'를 낯설게 하거나, '나'로부터 주위를 낯설게 만드는 모습이 반복되어 나타나는 것은 이 때문이다.

　이양지(李良枝, 1955~1992)는 대표적인 재일한인 3세대를 작가 중 한 사람으로, 그의 작품 대부분이 자전적 성격을 띠고 있다는 점에서 특히 주목된다. 야마나시현(山梨縣)에서 태어난 이양지는 9세 때 부모 따라 일본에 '귀화'하고 15세 때 자신이 '조선인'이라는 사실을 알게 되는데, 와세다대학 입학(1975) 후 가야금을 배우며 한국인으로서의 정체성 갈등을 겪게 된다. 「나비 타령」(1982), 「해녀」(1983) 「유희」(1988) 등은 그의 이러한 경험적 자아를 형상화한 작품들인데, 이들 소설은 재일한인 3세대 작가들의 내면 풍경을 잘 드러내고 있다. 「나비 타령」은 조국에도 일본에도 귀속감을 느끼지 못하는 재일한인의 내면적 고통과 비극적인 가족사를 사실적으로 서술하고 있다. 그는 이 작품에서 재일한인의 비극적 삶을 조국의 전통음악과 무속 춤을 통해 민족적 정서인 한으로 승화시켜 치유해나가는 일련의 과정을 설정하고, 재일한인의 숙원으로, 나아가 가시지 않는 상흔으로 엄존해 있는 '(조국으로의) 귀환'을 새로운 양상으로 창조해낸다. 이기승(李起昇)의 「제로한(ゼロはん)」(『群像』, 1985)도 같은 문맥으로 읽히는 작품이다. '군조(群像)신인문학상' 수상작인 이 소설은 재일한인사회가 체험하고 있는 '재일'과 조국(민족)과의 거리, 한국인일 수도 없고 일본인일 수도 없

는 경계인으로서의 정체성 혼란을 다룬 작품으로, 재일한인 2세로 '부모가 밉고 한국이 미워 일본 꿈만 꾸며' 살다가 도망치듯 한국을 방문한 화자를 통해 '재일'의 의미를 새롭게 천착해 보인다.

한편, 「가족 시네마」로 '아쿠타가와(芥川)상'을 수상한 유미리(柳美里, 1968~)는 '자이니치(ざいにち)' 또는 '미혼모'로 불리며 '뿌리가 없는 무거주자'처럼 부유(浮遊)해온 작가 자신의 경험적 자아를 바탕으로 조국과 거주국 어디에서도 정주하지 못하는 재일한인 여성의 실존적 삶이나 정체성 문제들을 소설에 담아낸다. 「가족 시네마(家族シネマ)」(講談社, 1997), 『풀하우스(フルハウス)』(文藝春秋, 1996) 등이 특히 그러하다. 유미리는 자신의 디아스포라로서의 고통과 한을 서사화하던 초기 소설에서 한 걸음 더 나아가 수많은 주변적 소수자들, 인류 보편의 문제에 주목하고 탈경계의 출구를 모색하는데, 『8월의 저편(8月の果て)』(新潮社, 2004), 「비와 꿈 뒤에」(2007), 『우에노역 공원 출구(JR上野驛公園口)』(河出書房, 2014) 등은 이를 잘 드러낸 작품들이다.

현월(玄月, 1965~)의 「그늘의 집(蔭の棲みか)」(『文學界』, 1999. 11) 『나쁜 소문(惡い噂)』(文芸春秋, 2000) 등도 재일한인사회에 내재해 있는 '재일'의 현실을 소재로 인간 본연과 실존의 문제로 드러내고 있다. 「그늘의 집」은 오사카시 한인 집단촌의 다양한 인간 군상을 통해 세대 간의 단절과 가족 해체 등으로 점점 개인화, 고립화되어가는 재일한인의 삶을 형상화하고 있는데, 이를 재일한인사회에 국한된 특수 상황이 아니라 인간 사회의 보편적 현상으로 그려 '재일'의 삶을 인간 보편의 문제로 읽히게 한다. 『나쁜 소문』은 근거 없는 '나쁜 소문'을 악의적으로 양산해서 재일한인을 적대시하고 멸시하는, 일본사회에 여전히 남아 있는 식민논리의 허구성을 비판한 중편소설인데, 재일한인 '뼈다귀'의 이야기를 통해 모든 사회에 존재하

는 편견과 차별의 본질을 문제 삼고 있다는 점에서 「그늘의 집」과 동궤에 놓인다.

이 밖에, 가네시로 가즈키(金城一紀, 1968~)의 『GO』(講談社´ 2000) 『레벌루션 No.3(レヴォリューションNo. 3』(講談社, 2001) 등도 재일한인 1,2세대 작가들이 주목해온 '민족' '국적' 같은 문제에 얽매이지 않고 그 경계를 뛰어넘는, '탈민족' '탈국적'의 시각을 드러내고 있다.

요컨대, 재일한인 3세대 작가들은 디아스포라로서의 주체의 모습을 개인의 실존적 문제나 욕망의 문제, 혹은 인간의 보편적인 생존 조건으로 접근함으로써 '재일'이라는 특수한 상황을 세계사적인 보편성의 문제로 전환하여 사고한다. 이 때문에 이들 세대 작가들이 산출하는 문학은 개별적인 민족 문학의 담론을 넘어서는 가치 지향이 내재하게 된다.

□ 참고문헌

1. 기본자료

가네시로 가즈키, 김난주 역, 『GO』, 북폴리오, 2006.
강순, 『강순 시집』, 조선신보사, 1964.
김시종, 『이카이노 시집』, 동경신문출판국, 1978.
남시우, 『조국에 드리는 송가』, 문예출판사, 1982.
'문예동', 『애기별은 빛난다』, 1987.
_____ , 『재일조선시선집』, 1989.
_____ , 『종합시집 봄빛 속에서』, 1987.
양석일, 한양심 역, 『달은 어디에 떠 있나(원제: 택시 광조곡)』, 외길사, 1994.
이승순, 『나는 더 이상 기다리지 않아요』, 민음사, 2000.

이양지, 신동한 역, 『나비 타령』, 삼신각, 1988.
_____, 김유동 역, 『유희』, 삼신각, 1988.
이회성, 이호철 역, 『다듬이질하는 여인』, 정음사, 1972.
종소리편집위원회 편, 『종소리시인집』, 도쿄: 종소리시인회, 2004.11.
현월, 신은주·홍순애 역, 『나쁜 소문』, 문학동네, 2002.

2. 논저

강덕상, 홍진희 역, 『조선인의 죽음: 관동대지진과 조선인 대학살의 진상』, 동면 나라, 1995.
강신자, 송일준 역, 『두 개의 이름』, 계양출판사, 1991.
강혜림, 「재일 신세대 문학의 탈민족적 글쓰기에 관한 연구: 유미리, 현월, 가네시로 문학을 중심으로」, 동국대 석사학위 논문, 2006.
권은주, 「북한의 재일조선인 귀국 운동에 관한 연구-추진 목적을 중심으로」, 서강대 석사학위논문, 2006.
김광호, 「이양지 소설의 모국체험 갈등과 극복양상- 나비 타령, 유희, 돌의 소리를 중심으로」, 한양대 석사학위논문, 2014.
김인덕, 『식민지시대 재일조선인운동연구』, 국학자료원, 1996.
김정훈·정덕준, 「재일한인시문학 연구-재일 1세대 작품을 중심으로」, 『한국문학이론과 비평』 38집, 2008.4.
김태옥, 「정연규의 삶과 문학」, 『일본어문학』 27집, 2005.12.
김학렬 외, 『재일동포 한국어 문학의 전개 양상과 특징연구』, 국학자료원, 2007.
박죽심, 「한일 근대 여성작가의 탄생과 정체성 연구」, 『어문논집』 66집, 중앙어문학회, 2016.
박일, 전성곤 역, 『재일 한국인』, 범우, 2005.
손지원, 『조국을 노래한 재일조선 시문학 연구』, 평양: 김일성종합대학출판사, 1994.
신명직, 『재일 코리안 3색의 경계를 넘어』, 고즈윈, 2007.
오미정, 「전후 일본의 북한문학 소개와 수용-잡지『民主朝鮮』을 중심으로」, 『우리어문연구』 40집, 2011.
유숙자, 『재일한국인 문학연구』, 월인, 2000.

윤영천, 『한국의 유민시』, 실천문학사, 1987.4.
윤정화, 「재일한인작가의 디아스포라 글쓰기 연구」, 이화여대 박사학위 논문, 2010.
이경수, 「재일동포 한국어 시문학의 전개과정」, 『한중인문학연구』 14호, 2005.4.
이상갑, 「재일조선인 문학비평의 민족문학적 의미」, 『한국언어문학』 68집, 2009. 3.
이승진, 「가네시로 가즈키 『GO』 론 : 경계의 해체인가 재구성인가」, 『일본어문학』 56호, 한국일본어문학회, 2013.
이한정, 「『민주조선』과 '재일문학'의 전개」, 『일본학』 39호, 2014.
이한창 편, 『재일동포 문학과 디아스포라 1~3』, 재인앤씨, 2008.
이한창, 「재일교포 문학의 작품성향 연구-정치의식의 변화를 중심으로」, 중앙대 박사학위논문, 1996.
재일에스닉잡지 연구회 편역, 오사카 재일조선인 시지 『진달래 가리온 1~5』, 지식과 교양, 2016.
정대성, 「김석범 문학을 읽는 여러 가지 시각―그 역사적인 단계와 사회적 배경」, 『일본학보』 66, 2006.
한국문학회 편, 『일본문화 접촉과 한국문학』, 세종출판사, 2004.12.
한승옥 외, 『민족문학적 성격 연구』, 국학자료원, 2007.
한일민족문제학회 편, 『재일조선인 그들은 누구인가』, 삼인, 2003.
호테이 도시히로(布袋敏博), 「해방 후 재일 한국인 문학의 형성과 전개-1945~60년대 초를 중심으로」, 『서울대 인문논총』, 47집, 2002.
홍기삼, 『재일 한국인문학』(동국대 일본학총서2), 솔, 2001.
황봉모, 『재일 한국인 문학 연구』, 어문학사, 2011.
三田進·佐川亞紀 編, 『在日コリアン詩選集: 一九一六年～二〇〇四年』, 土曜美術社出版販賣, 2005.

Ⅱ. 재일한인 시문학

조국과 민족, 차별과 상흔의 서정
  -재일한인 1세대 시문학의 주제의식

재일한인 시문학의 변화 양상과 특성
  - 2,3세대 시인의 작품을 중심으로

조국과 민족, 차별과 상흔의 서정

- 재일한인 1세대 시문학의 주제의식

1. 서언

재일(在日) 한인의 이주 역사는 일제강점기 조선의 농민들이 급격히 몰락해가는 농촌에서 벗어나기 위해 일본으로 도항(渡航)하는 1910년대부터 시작된다. 특히, 1939년 이후 일제가 조선인 노동자·농민들을 강제 징용하여 탄광 노동자 등으로 일본 각지에 송출하면서 그 수가 급증, 1945년 광복 직전에는 유학생을 포함하여 200만여 명에 이른다. 광복 후, 대부분의 재일한인은 귀국한다. 그러나 분단과 한국전쟁 등이 빚어낸 정치·사회적 혼란과 분열, 또는 개인적 사정으로 불가피하게 현지에 잔류한 사람 또한 적지 않다. 재외동포재단의 자료에 의하면, 2021년 1월 현재 80여만 명(150만 명이라는 설도 있음)에 달하는 재일한인들이 한국이나 북한(조선) 국적을 지니고 일본에서 거주하고 있다.

재일한인은 일제의 식민지 지배로 인해 형성된 특수 집단이라 할 수 있다. 중국이나 러시아 등 다른 지역의 이주 한인들과는 달리, 재일한인은 일본의 폐쇄적인 외국인 정책과 국적 차별로 생존권을 위협받으면서도 일본에서 출생한 재일한인 2세도 모국의 국적을 고수하는, 아주 특별한 상황에서 삶을 영위해온다. 광복 이후 오늘에 이르기까지, 일본 정부는 특별한 역사적 배경을 가지고 있는 재일한인을 일본사회로부터 '배제'하는 정책으로 일관하고 있다. 이런 가운데 일본에서 나고 자란 3세대의 비중이 점차 증가하면서, 재일한인사회 내부에서도 일본사회에서의 적응 방식은 물론 그들 자신의 정체성 문제로 심각한 진통을 겪고 있다.

일제 강점과 남북 분단이라는 한민족의 특수한 역사사회적 배경은 근대 이후 자타의에 의해 일본에 거주하게 된 재일한인의 삶과 정체성을 결정짓는 중요한 인자가 된다. 일제강점기라는 식민지 상황, 광복 직후의 사회적 혼란과 분열, 분단 고착화와 일본의 남북 등거리 외교에 따라 '민단'과 '조총련'으로 갈라진 교포사회, 그리고 극심한 민족적 차별 등, 재일한인의 삶은 한반도의 정치·역사적 상황을 그대로 반영하면서 한국과 북한, 일본사회로부터 모두 배척받는 일종의 '경계인'으로서의 삶을 강요받는다. 따라서 재일한인사회와 문화를 온당하게 이해하기 위해서는 재일한인들이 일본 정부의 동화 압력과 차별에 대응하면서 민족적 정체성을 유지해가는, 혹은 변화시켜 나갈 수밖에 없는 메커니즘이 무엇인지 치밀하게 고찰할 필요가 있다. 재일한인문학에 대한 논의 또한 마찬가지다.

최근 들어 재일한인문학에 관한 연구가 비교적 활발하게 이루어지고 있다. 하지만, 기존 연구는 대체로 재일한인문학의 민족 정체성과 일본 내에서 차별받는 소수민족의 문학이라는 전제에서 크게 벗어나지는 않은 것으로 보인다. 물론 이것이 재일한인문학의 핵심적 특성 가운데 하나라는 점은 누구도 부인할 수 없다. 그러나 이러한 시각만을 전제로 하여 재일한인문학을 다루게 될 경우, 자칫 한국문학의 입장만 일방적으로 강조할 위험성을 내포하게 되고, 나아가 재일한인문학은 여전히 일본의 주변부 문학으로 밀려나거나 하나의 특수한 문학적 현상으로 치부될 가능성이 농후하다. 실제 일본사회에는 재일한인문학을 일본 내 소수민족 문학으로 파악하려는 시각이 엄존하는데, 이것은 지극히 일본적인 논리에서 출발한 것으로, 재일한인의 역사적 특수성과 문학적 독자성을 고려하지 않은 결과이다. 따라서 재일한인문학 연구에서 무엇보다도 중요한 것은 그 역사적 변화 과정을 고찰하여 각 단계에서 보여주는 변화의 내재적 필연성과 문학적 특성이 무엇인지를 밝히고, 재일한인문학의 총체적 양상을 밝히는 일이라고 할 수 있다.

이 글에서는 이러한 점들에 각별히 유념, 재일한인 1세대 시문학을 대상으로 재일한인 시문학의 역사적 형성 과정과 전개 양상 및 특징을 고찰해 보고자 한다.

2. 범주 및 개념, 시대 구분

재일한인은 '재일조선인' '재일동포(교포)' '제3국인' '자이니치(在日)' '재일 한국인' '재일 코리안' '재일 한국조선인' '뉴 카머(new comer)' 등 다양하게 불리고 있다.[1] 그리고 이들에 대한 호칭만큼이나 이들이 산출한

---

[1] '재일조선인'이라는 호칭은 주로 북한이나 북한의 해외공민으로 자신의 정체성을 규정하고 있는 '조총련'계 한인들이 주로 사용하고 있고, '재일교포·재일동포·재일 한국인' 등은 한국에서, 그리고 '제3국인'이라는 말은 순수한 일본인도 아니며 순수한 한국인도 아닌 제3유형에 속하는 사람들, 즉 경계인(marginal man)이라는 의미로 일본인들이 재일한인을 지칭하는 용어이다. '재일 한국·조선인' 또는 '재일 조선·한국인'은 최근 들어 자주 사용하는 용어로, '민단'과 '조총련'의 대립을 초월하여 전체를 하나의 민족으로 보려는 시각을 반영한 것이고, '재일 코리안' 역시 비슷한 의도로 만들어진 용어이다. '뉴 카머'는 1980년대 말 해외여

문학도 다양한 이름으로 불리는데, '재일동포(교포) 문학' '재일 조선문학/재일조선인문학' '재일문학' 등이 가장 많이 사용된다.

'재일동포(교포) 문학'은 한국인으로서의 '혈연'을 중심에 둔 사고에서 나온 용어로, 재일한인문학 연구의 선편을 잡은 이한창, 최근에 정부 지원 프로젝트로 재일한인문학을 연구한 한승옥 등에 의해서 학문적인 용어로 자리매김하게 되었다.[2] 이들은 재일동포(교포) 문학을 "일본에 사는 우리 동포들에 의해 이루어진 문학"[3]으로 보고, 이 용어의 채택 이유를 "해외에 거주하고 있는 동포에 의해 이루어지는 동포 문학 전반을 의식해서"(이한창), 또는 "한국(남한), 조선(북한)이라는 국가관보다 혈연적이고 정서적인 차원을 강조"(한승옥)하기 위한 것이라고 밝힌다. 그러나 어느 쪽이든, 이 용어는 '우리' 중심의 발상에서 한반도의 어느 한쪽 또는 전체를 '본국'으로 설정하고, 재일한인을 '품어 안아야 할 그 어떤 대상'으로 여기고 있다는 느낌을 주고, 이는 가볍지 않은 문제라고 지적된다.

'재일 조선문학' '재일조선인문학'은 '조총련' 계열에서 주로 사용하는 용어이다. 이들은 스스로를 북한의 '해외공민'으로 여기는 만큼, 그들이 산출하는 문학(한글문학)을 '재일 조선문학'이라는 명칭의 국내 문학, 즉 북한문학(조선문학)에 속하는 것으로 설정한다. 이들은 또한 한글로 창작되

행 자유화 이후 한국에서 일본으로 이주 정착한 이들을 지칭하는데, 1965년 한일협정 이후 한국에서 일본으로 이주 정착한 이들은 '올드 카머(old comer)'라고 부른다. '카머'란 호칭에는 일제강점기에 일본에 온 이들 및 그 후손들과는 다르다는 의미가 담겨 있다. 한편, 재일한인 자신들은 주로 '자이니치'라는 호칭으로 자신들의 위상을 표현하고 있다.

[2] 이한창, 「재일교포 문학의 작품성향 연구―정치의식의 변화를 중심으로」, 중앙대 박사학위논문, 1996/ 한승옥, 「재일동포 한국어 문학연구 총론(1)」, 『한중인문학연구』 14, 2005.4.

[3] 이한창, 앞의 책, 7면.

지 않은 재일한인의 문학을 '재일조선인문학'으로 부르고, 이를 일본문학의 일종으로 간주한다. "무국적자, 남한 및 일본 국적 취득자들이 다 포함되는 동시에, 차별적인 언어를 통해서 반(反)차별을 지향하려는 재일한인들의 의지에 입각"[4]하여 이와 같이 구분한다는 것이다. 이러한 차별적 용어 사용은 언어가 단순한 정보 전달수단이 아니라, 민족의 영혼과 감정이 담긴 생명 같은 것이라는 점에서 일정 부분 타당하다고 볼 수 있다. 하지만, 이 경우 1980년대 이후 일본 문단에서 재일한인의 실상과 실존적 고민을 일본어로 창작 발표하는 재일한인 2, 3세대들의 작품을 배제하게 된다는 점에서 적절하다고 할 수 없다.

'자이니치(ざいにち, 在日)'는 1970년대 후반부터 재일한인 2, 3세대들이 그들의 정체성을 새롭게 모색해보는 과정에서 사용되기 시작한 용어인데, 현재는 재일한인의 정체성을 대변하는 기호로까지 인지되고 있다. 현실적으로 이 용어는 사용하는 이에 따라 다양한 편차를 드러내는데, 대개는 '현재 일본에 살고 있을 뿐 일본인도 한국인(조선인)도 아닌, 경계선상에 있는 재일한인'이라는 의미로 쓰인다. 말하자면, '재일'이란 용어에는 어떤 형태로든 식민 시기의 기억을 안고 살아가는 주체로서의 '재일한인'의 정체성과 그들의 현실적 생활공간으로서의 '일본'이라는 장소 사이에서 발생하는 긴장 관계가 내포해 있는 것이다. 이 '재일'의 의식을 담은 문학이 '재일문학'으로, 그래서 재일한인 2세인 다케다 세이지(竹田青嗣; 한국명 姜修次)는 "재일문학이란 재일 한국·조선인에 의한 문학 전체를 의미"[5]한다고까지 주장한다. 식민 시기의 민족적 차별이 기억 공간의 회상으로만

---

[4] 정대성, 「김석범 문학을 읽는 여러 가지 시각―그 역사적인 단계와 사회적 배경」, 『일본학보』 66집, 2006.2, 378면.
[5] 다케다 세이지, 『전후사대사전』, 三省堂, 1991.

아니라 현실적 한계 상황으로 엄존하고 있는 상황을 감안하면, 이 용어가 보여주는 문제의식은 타당하다고 볼 수도 있다. 그러나 일본에 살고 있는 '재일 외국인'이 모두 '재일한인'은 아니며, 따라서 '재일 중국인'이나 '재일 필리핀인'을 두고 '재일한인'만을 '자이니치(ざいにち)'로 부르는 것은 잘못된 것이라는 지적을 받을 수 있다.[6] 또한 '재일'이라는 용어는 이미 상당 부분 일본사회와 일본인들에 동화되어 살고 있는 재일한인 3, 4세대의 실상과 그들의 변화 지점을 충분히 드러내지 못하는 한계를 안고 있다.

따라서 이 글에서는 재일한인의 문학을 '재일한인문학'으로 명명하여 다루고자 한다. 이것은 무엇보다도 '재일동포(교포) 문학' 또는 '재일 조선문학/재일조선인문학' 등이 지니고 있는 남북 편향성, 그리고 재일한인의 '텅 빈 삶'을 전제한 '재일문학' 등의 지칭에 내재한 문제점을 극복할 수 있을 것이다. 나아가 민족적 일체감을 강조하면서도 일본으로의 강제(또는 자발적) 이주·정착과 이후의 삶, 일본에서의 존재 조건 자체에 대한 통찰을 보여주는 데 비교적 적절할 용어라고 판단, 그렇게 지칭하고자 한다. 여기서의 '한인'이라는 한정어는 '한민족'으로서의 일체감을 분명히 하기 위해 사용한 것이다.

다음으로 짚어볼 문제는 재일한인이 일본어로 창작한 시 작품도 재일한인 시문학으로 간주하고 연구 대상으로 삼을 것인가 하는 범주 문제이다. 이에 대해서는 두 가지 시각이 대립하고 있다. 그 하나는 김석범을 비롯한 '조총련'계 작가와 연구자들의 입장으로, 이들은 일본어로 창작한 문학은 '조선적인 것'을 표현할 수 없다고 보고, 모국어인 한글로 창작한 것만을 재일한인문학(재일 조선문학)으로 다룬다. 다른 하나는 김달수·장혁주 등의 시각으로, 이들은 일본어로 창작된 작품도 재일한인문학의 범주에 포함해

---

[6] 신명직, 『재일 코리안 3색의 경계를 넘어』, 고즈윈, 2007, 7면.

야 한다고 주장하는데, 이것은 다시 두 가지 견해로 나뉜다. 일본어 창작을 재일한인문학으로 인정한다는 점에서는 입장을 같이하지만, 그 근거는 서로 다른 것이다. 장혁주는 재일한인들이 일본에서의 실생활에서 한국어를 사용하는 경우는 점점 사라지고 대부분 일본어를 쓰고 있으며, 작가 자신이 나고 자란 곳 역시 일본이라면 일본어로 창작하는 것이 순리라고 주장한다. 이와는 달리, 김달수는 조선에 대한 일본인의 잘못된 의식을 바로잡기 위해서 불가피하게 일본어로 창작해야 한다는 견해를 고집한다. 장혁주는 현실을 반영하자는 것이고, 김달수는 '마라노 문학'[7]의 경우처럼 일본어 창작을 재일한인의 정치·사회적 저항과 새로운 위상 확립의 도구로 사용하자는 것이다.

이 글에서는 재일한인의 일본어 사용이 어쩔 수 없는 현실이라는 점을 감안, 일본어로 창작한 시들도 재일한인 시문학의 범주에 포함시키는 입장을 취한다. 다시 말하여, 재일한인이 처한 삶의 조건에 대한 성찰을 엿볼 수 있거나 한민족으로서의 정체성 문제를 그려낸 작품이라면, 비록 일본어 창작이라 하더라도 재일한인 시문학으로 보고, 논의의 대상으로 삼고자 한다.

한편, 재일한인문학의 출발점에 대해서는 논자에 따라 견해가 서로 다르다. 그만큼 논란이 거듭되고 있는데, 다음 네 가지로 대별할 수 있다. 1883년 일본사절단 수행원으로 도일하여 4년간 체재하면서 성경을 한문으로 번역한 이수연의 활동에서 시작되었다는 견해(이한창), 주요한의 시 「장마비 내리는 아침(五月雨の朝)」(『문예잡지』 4, 1916.10)을 최초로 보는 시각

---

[7] 마라노(Marrano)란 타인 앞에서는 기독교도인 양 행동하지만, 내적으로는 유대교 밀의를 굳건히 지켜나가는 각국의 소수민족 유대인을 말한다. 이들의 태도를 악의적으로 해석하는 시각도 있지만, 닫힌 사회에서의 내밀한 저항의 모습으로 읽기도 한다.

(三田進/佐川亞紀), 정연규의 『혈전의 전야(血戰の前夜)』(『예술전선 신흥문학 29인집』, 自然社, 1923.6)가 최초라는 관점(홍기삼),[8] 그리고 1945년 이후 전개된 일본 내 한인 작가의 일본어 작품으로부터 출발한다는 주장(유숙자) 등이 그것이다. 그러나 이 글에서는 재일한인문학을 일본으로의 집단 이주가 이루어진 일제강점기에 일본에 이주정착한 이들의 문학, 그리고 그들의 후손이 정주지 일본에서 창작하여 발표한 문학으로 규정하고, 그 하위분류로 재일한인 시문학을 다루기로 한다. 이것은 무엇보다 현재의 재일한인들이 자신의 정체성의 뿌리를 일제강점기에 일본으로 이주한 세대에서 찾고 있다는 점을 존중하기 위함이다. 따라서 이 글에서는 '한민족의 이주정착 과정의 표현'이라는 관점을 염두에 두고, 간접적이나마 일반 민중의 일본에서의 이주 체험을 다룬 작품(정노풍·김병호·김희명 등의 시)들이 발표되고, 김소운에 의해 한국 근대시의 일본어 번역시집이 출간·소개되는 1920년대 중반부터 본격적인 재일한인 시문학이 시작되는 것으로 본다.[9]

---

[8] 홍기삼은 任展慧의 『日本における朝鮮人の文學の歷史』(法政大學出版局, 1994)를 참고, 1922년 6월에 발표한 「血戰の前夜」가 일본에서 조선인이 일본어로 쓴 최초의 소설이라고 주장하지만, 이 발표 일자는 오기(誤記)이다. 이인직의 「과부의 꿈(寡婦の夢)」(『都新聞』, 1902), 이광수의 「사랑인가(愛か)」(『白金學報』, 1909) 등의 초창기 습작소설을 제외한다면, 일본어로 발표한 최초의 한인 소설은 정연규의 장편 『정처 없는 하늘가(さすらひの空)』(宣傳社, 1923.2)이다. 이에 대해서는 김태옥, 「정연규의 삶과 문학」(『일본어문학』 27, 2005.12), 196면 참조.

[9] 한민족의 '이주·정착'이라는 관점을 배제한다면, 재일 유학생을 중심으로 활발한 문학 활동이 전개된 것은 '동경조선인유학생학우회'가 『학지광』(1914.4~1930.4)을 발간하고, 주요한의 「장마비 내리는 아침(五月雨の朝)」(『문예잡지』 4, 1916.10)이 발표된 1910년대 중반부터라고 할 수 있다.

3. 일제강점기 재일한인 시문학

3.1.　　1920년대 접어들어 일제의 가혹한 수탈 정책으로 식민지 조선의 농촌은 갈수록 더 피폐해지고, 이에 따라 이농민 수가 급격히 늘어난다. 이 시기의 이농민은 도시 빈민이 되거나, 간도로 불리던 중국 동북지방 또는 러시아 연해주로 이주·정착하거나, 일본으로 '노동이민'을 떠나게 된다. 일본으로의 노동이민은 일제가 정책적 이유[10]로 강행한 반강제적 징용이 대부분이다. 1차 대전 후의 '군수 붐' 때문에 일제는 저렴한 식민지 조선의 노동력이 절실히 필요했던 것인데, 이후 이러한 노동이민은 일제강점기 내내 지속적으로 이루어진다. 한때 200만여 명에 이를 정도로 급증한 이주 한인들은 일본인 노동자에 비해서 3분의 1 내지 절반밖에 안 되는 저임금에다 장시간 노동을 강요당한다. 그러나 현재까지 이들 노동자 계층의 재일한인이 산출한 문학 작품은 발견된 바 없다. 따라서 현재로서는 유학이나 사회주의 운동을 목적으로 일본에 건너온 지식인 계층에서 전개한 문학 활동으로 이 시기 재일한인 시문학의 성격을 살필 수밖에 없다. 그런데, 이들의 문학은, 주요한·황석우·정지용·임화 등에서 보듯, 식민지 현실과 관련된 정서 토로 또는 사회주의 활동과 관련된 내용의 진술이 대부분이고, 그래서 귀국 후의 활동과 관련된 전사(前史)로서의 의미를 탐색하는 한국문학 연구의 대상이 되고 있다.

따라서 본격적인 재일한인 시문학은 김희명·정노풍 등의 작품 활동에서 비롯한다고 할 수 있다. 이들의 시는 일본에 이주한 '조선인'의 현실적 삶, 고통과 애환을 그려 보이는데, 김병호·백철·안용만 등의 시 또한 이에 속하

---

[10] 김인덕, 「재일조선인의 추이(1921-1931)」, 『식민지시대 재일조선인 운동 연구』, 국학자료원, 1996.11, 31면.

는 작품들이다. 정노풍은 그 대표적인 시인으로, 그는 1920년대 중엽 이후 삶의 기반을 잃고 고향을 떠나 국외로 이주하는 유이민들에게 깊은 관심을 보이는데, 특히 동시대 일본 이주 한인들의 실상을 담은 시들을 다수 발표한다.

>지향일흔 이배마지 조와라할이
>이천지 넓다한들 그누굴런가
>외고장 쎠나본들 북간도간들
>천대박대 눈물인저 집일흔아희
>
>─「집 일흔 아희」부분[11]

이 시는 현해탄을 배경으로, 모든 것을 잃은 채 고향을 떠나 유랑하면서 가는 곳마다 학대받으며 "물결 따라 지향 없시 쎠도는" 조선 유이민의 참담한 삶을 그리고 있다. 나라를 빼앗기고 국외로 내몰린 "집 일흔 아희"에게는 '외고장(일본)'이나 북간도나 "천대박대 눈물"일 뿐, 다를 것이 없다. 이들의 삶은 내일을 기약할 수 없고, 그래서 더 비참하다. 고향에서 내쫓긴 채 정처 없이 유랑하는 동시대 유이민의 참담한 삶은 그의 다른 작품, 「애별(哀別)」(『중외일보』1927.12.4.), 「나그네」(『동아일보』1928.11.1), 「고향 그립어」(『동아일보』1929.11.5) 등에 반복적으로 드러난다. 이들 작품은 대부분 민요시 형식으로 되어 있고, 동시대 유이민들의 심정을 직접적으로 표출하고 있다는 점이 특징이다.

다음 시는 돈 벌려고 일본에 갔지만, 기대와는 달리 빈털터리로 돌아올 수밖에 없던 유이민들의 애환을 민요시 형태에 담아 내보인다.

---

11 정노풍, 「집 일흔 아희」, 『조선일보』, 1929.11.15.

>써갈째도 빈빈손 올째도빈손
>열열번 쏘펴본들 힘업는빈손
>무엇하러 외고장 내쩌낫든고
>후회한들 무어리 살려고간걸
>
>천대라니 말마소 눈물이라니
>이내힌 고이적삼 얼룽에찻네
>외거랑이 이신세로 쪼쫏겨온들
>내집인들 잇스랴 이놈의살이
>
>—「돈 못벌었네」 부분[12]

　이 작품에는 일제의 식민정책으로 삶의 터전을 상실한 조선의 농민들이 국내외를 떠돌다가 일본 상사들의 선전만을 믿고 노동이민을 떠났으나, 기대하던 돈도 못 벌고 갖은 천대만 받고 빈털터리로 다시 쫓겨나오게 된 저간의 사정이 절절히 담겨 있다. 이들 유이민은 대부분 조선총독부의 산미(産米)증식계획 실시로 하루아침에 몰락한 자영 농민들이다. 특별한 기술이 없는 그들은 잡역이나 광산·토목공사 노동판에 투입되고, 임금도 일본인 노동자의 절반 정도밖에 받지 못해 돈을 벌기는커녕 생존조차 힘들다. 여기에 "힌 고이적삼 얼룽에" 찰 정도로 눈물이 나는 민족적 차별마저 겹쳐, 귀국하는 이들에게서는 "무엇하러 외고장 내쩌낫든고" 하는 한탄만이 연신 터져 나올 뿐이다.

　3.2.　　식민지 조선의 유이민들은 일본으로의 노동이민이 한낱 꿈에 지나지 않을 수 있음을 알면서도 어쩔 수 없이 그 길을 선택할 수밖에 없고, 그래서 한사코 건너가려 한다. 다음 시는 이러한 사정을 잘 형상화하고

---

[12] 정노풍, 「돈 못벌었네」, 『동아일보』, 1929.11.5.

있다.

> 어디로 갈 곳도 없고
> 그저그저 행복하길 바라는 마음이
> 영주할 땅을 찾는 서두르는 마음이
> 오늘도 오늘도 수백의 白衣人을 태웠다
> 關釜連絡船이 뿌— 뱃고동을 울린다!
> 마지막엔 오지 탄광에서 끝을 맞이하더라도
> ―「우리는 조선인이다」 부분[13]

김병호는 이 시에서, '일조융화(日朝融和)'라는 허위 선전하에 "조상 대대로 살아온 집"과 "논밭"을 빼앗기고, 먹고 살기 위해 고향을 떠나 외국으로 떠나야 했던 조선 유이민의 현실을 고발하고 있다. 일본으로의 노동이민은 일제하 조선인의 운명 같은 것이고, 그래서 탄광에서 삶이 끝날 수 있음을 알면서도 "영주할 땅을 찾는 서두르는 마음"이 "적국"으로 가게 만든다는 이야기다.

다음 시에서도 이와 같은 절박함이 잘 드러난다.

> ―그래 여행권이다, 증찰증명서다……하고,
> 하나라도 조건이 구비되지 않으면, 고함치고, 때리고, 발로 찬다.
> (실제 저 부산부두에 서 있는 ××만큼 사람 아닌 사람은 아무도 없다)
> 하지만, 그들은 결코 그 정도로 포기하지 않는다
> (포기하기에는 그들은 너무나 굶주려 있다)
> 몇 번이고 베어도 묵묵히 무성하게 자라나는 잡초처럼
> 어떠한 방법을 써서라도 현해탄을 넘는다.

---

13 김병호, 「우리는 조선인이다(おりや一朝鮮人だ)」 부분, 『戰旗』, 1929.3. 三田進·佐川亞紀 編, 『在日コリアン詩選集: 一九一六年~二〇〇四年』, 土曜美術社出版販賣, 2005, 383면 재인용.

―「그들이라도……」부분[14]

　이 시는 온갖 모욕을 당하면서도 기어이 관부연락선을 타려는 유이민의 모습, '도항저지제(渡航沮止制)' 등으로 날로 늘어만 가는 조선 유이민의 이주를 막으려 하는 일제의 강압적인 모습을 구체적으로 형상화하고 있다. 그리고 그 근본적인 원인이 조선 농민을 "중농에서 소작농으로 그리고 자유노동자로/ 급격한 비탈길을 밟을 여유도 없이 곤두박질해 떨어"지게 한 일제의 식민지 "착취와 탄압"에 있음을 고발하고, 강제적인 추방은 엄청난 저항에 직면하게 될 것이라고 경고하고 있다. 그러나 이렇게 힘들게 온 일본 땅이지만, 이곳에서 조선 유이민은 다시 임금 착취와 민족적·계급적 차별에 직면하게 된다. 백철은 그의 시「나는 알았다 삐라의 의미를(俺ら分つたぞビラの意味が)」(『전위시인』, 1930.4)에서 이러한 문제를 고발한다. "놈은― 식민지놈! 하고 고함쳤다/ 너는 일본인과 다르다 알았느냐?/ 식민지놈이 본국인과 같은 대우를 받는다는 것은 도리가 아니다…라고/ 그리고 마구 찼다/ 마구 두들겼다 마치 짐승을 다루듯이/ 그것이 충실하게 일하는 너에게는 참기 어려운 굴욕이었다."[15] 그리고 이러한 착취와 차별은 민족 문제가 아니라 계급 문제에 기인하는 것이며, 따라서 그 해결책은 프롤레타리아 연대에서 찾아야 한다고 주장한다.
　요컨대, 김병호·백철처럼 프로문학파 시인이 이주 한인 노동자의 삶을 그린 작품들은 모두 민족 모순을 계급 모순으로 전화하여 드러내는 데 그 특징이 있다. 이들의 시는 처음에는 민족 차별로 핍박받는 이주 한인 노동

14　백철,「그들이라도……(彼等だって……)」부분,『지상낙원』, 1930.1. 박경수,「일제강점기 재일 한국인의 일어 시에 나타난 민족적 정체성」, 한국문학회 편,『일본문화 접촉과 한국문학』, 세종출판사, 2004.12, 308면 재인용.
15　박경수, 위의 글, 311면 재인용.

자들의 모습을 그리지만, 작품의 후반부에서는 "일본인은 우리들의 ×이다 / 그러나 전일본의 무산자는 우리들의 편이다"(「우리는 조선인이다」)에서 보는 것처럼, 프롤레타리아의 계급적 연대의식을 고취하는 내용으로 마무리하는 것이다.

3.3. 한편, 김희명의 「이방애수(異邦哀愁)」는 이주 한인 노동자의 슬픔을 구체적으로 형상화, 초기 이주 과정에서의 간고함을 증언하고 있어 주목을 끈다.

> 언제 학교에 갈 수 있을런지
> 아홉 살이 되어도 아직 집에 있다.
> 어머니도 없고, 친구도 없고
> 장난감도 없는 방은 참으로 암담하구나!
> 근처의 아이들과 놀기에는, 말을 할 수가 없다
> 어떤 때 아이들과 함께 섞여 놀고 있으면
> ─이 애는 벙어리야라고
> 모두가 놀려댄다.
> 아버지가 돌아와서
> 「내 아들아─」라고 불렀을 때
> 너무나 기쁨에. 조선어로 대답하면
> 아이들이
> ─「조센진」「조센진」하고
> 놀리면서 수군대고 있다.
> ─「이방애수(異邦哀愁)」 부분[16]

이 시의 화자는 아홉 살이나 되었지만, 일본학교에서 받아주지 않아 공

---

[16] 김희명, 「이방애수(異邦哀愁)」, 『문예전선』, 1926.3. 三田進/佐川亞紀 編, 앞의 책, 376면 재인용.

부도 못하고, 전차가 위험하다는 아버지의 말씀에 집 주위만 어슬렁거린다. 그는 일본어를 몰라 또래 일본 아이들에게 놀림을 받고, 장식도 없는 초라한 임대 방에서 아버지가 공장에서 돌아올 때만 하염없이 기다리는, 외롭고 답답한 삶을 살고 있다. 시인은 외로움을 달래줄 어머니도 친구도 없는 낯선 이방에 던져진 채 민족적 차별로 시달리는 어린 화자의 모습을 통해, 이 시기 이주 한인 노동자들이 감내해야 했던 경제적·민족적 고통을 사실적으로 그리고 있다.

  이와는 달리, 안용만(安龍萬, 1916~ ?)의 시 「江東의 품— 生活의 江『아라가와』여」는 생존을 위해 찾아간 낯선 땅에서 강인한 생활력으로 새로운 삶의 터전을 일구어내는 모습을 담아 보인다.

> 내가 사랑튼 地區―江東 ……『아라가와』의 물이여!
> 세살먹은간난애쩍 …… 살곳을차저 北國의 故鄕을 등지고 玄海灘에 눈물을 흘리며 家族따러 곳곳을거쳐 다은곳이 너의품이엇다.
> 누덕이『모댕』옷입고 끈힘업시『싸이렌』이 하늘을찟는 소란한거리 빠락에서
> 맨발벗고놀때『夕陽의노래』를 너는 노을의비츠로 고요히 다들어주엇다.
>
> 아빠,엄마가 그『콩구리』담속에서 나옴을 기다리며
> 나는『아라가와』의 기픈물쌀을 바라보앗다.
> 너는 내, 어린그때부터 黃昏의구슬픈 어려운 살림의 복잡한물결의 노래를 들어리주엇다.
>
> (중략)
>
> 내,『아라가와』여! 오날은 어떤동무가 가뿐숨을 쉬이며 고요히 네노래에 귀를기우릴지
> 너는 언제나 勤勞者의 가슴에서 버림밧지 안흐리라. 네어깨위를 제비가 날겠지…….

廣漠한 大陸의한모퉁이에낀 半島에도 봄이차저왓다.
『얄루』江도녹아 떼목이 흘러나린다.
江山에 뻐친 젓가슴속에 꿈을깨며 자라나는
處女地의 記錄을 따뜻한품속에안어주려고,
오! 江東이여! 나는 네回想속에 불길을 이루어간다.
—「江東의품—生活의江『아라가와』여」부분[17]

이 작품은 1935년 『조선중앙일보』 신춘현상문예 당선작으로, 이주 한인 노동자의 삶에 대한 애정과 세 살 때 떠나온 고향에 대한 그리움을 서정적으로 그리고 있다. 이 시의 주요 배경은 도쿄의 공장지대 강동으로, 화자는 이곳에서의 체험을 고향인 한반도 북쪽에서 회상조로 노래하고 있다. 화자는 세 살 때 식민 본국인 일본에 노동이민을 떠난 부모를 따라 도쿄의 강동으로 온다. 당시 강동은 이주 한인 노동자들이 집거하던 곳으로, 요란한 사이렌 소리가 끊임없이 울리고 사방이 콘크리트 담장으로 막혀 먼지와 연기가 가득한 공장지대이다. 어린 시절, 이곳에서 부모가 공장 일을 마치고 나올 때를 기다리며 누더기 '모댕' 옷을 입고 맨발로 지내던 화자는 금속공장 노동자로 성장한다. 그리고 지금, 어려울 때마다 위안을 주었던 '아라가와(荒川)'를 떠나 고향인 얄루강(압록강)에 와 있지만, 여전히 가슴속에 그곳에서의 추억이 뜨겁게 살아 있음을 이야기한다. 그에게 있어 '아라가와'는 괴로울 때 그를 달래주고 힘든 시절을 함께 이겨낸, 당당한 노동자로 우뚝 서게 해준 힘의 원천이었던 것이다.

이 시는 이주 한인 노동자의 삶과 생활을 서정적으로 형상화하고 있다. 그러나 이 시가 그려낸 화자의 정서는 단순히 추억이나 회상에 젖어 있는 감상(感傷)이 아니다. 사철 아름답게 물드는 무사시노(武藏野) 벌판보다 공

---

[17] 안용만, 「江東의품—生活의江『아라가와』여」, 『조선중앙일보』, 1935.1.1.

장 폐수가 흐르는 '아라카와'를 '어머니 품'으로 기억하는 것이나, 이것과 고향의 압록강을 잇닿는 것으로 노래하는 것들이 그러하다. 말하자면, 자연 풍광에 대한 회상이 아니라, 그곳에서의 삶에 대한 긍정을 보여주는 것이다. 이 시의 미덕은 따라서 노동시임에도 전투적인 투쟁이나 쟁의를 노래하지 않고, 이주 한인 노동자의 체험을 인상적인 장면 제시와 역동적인 리듬으로 담담하게 그려내는 데 있다고 할 수 있다. 화자가 회상하는 삶이 서정적인 색채를 잃지 않도록 일정한 거리를 유지하는 것 또한 그러하다. 특히 인용한 마지막 두 연은 아라카와 체험을 회상이 아니라 미래에 대한 희망으로 전환시켜 선취된 현실을 그리고 있는데, 이는 혁명적 로맨티시즘의 모습을 엿보게 한다. 이 시를 가리켜 "조선(朝鮮)푸로레타리아詩의 最初의 發展"이며, "眞實한 浪漫主義의 典型的一例"라는 임화의 고평[18]도 이 점을 평가한 것으로 보인다.

안용만의 「저녁의 지구(地區)」(『조선일보』, 1935.1.1) 「생활의 꽃포기」(『조광』, 1937.10) 「꽃수 놓던 요람」(『시건설』, 1939.10) 등도 현실을 충실히 반영하면서도 노동자의 계급의식에 기반한 서정성을 확보하고 있다는 점에서 맥락을 같이한다. 말하자면, 그의 시는 카프 시의 일반적 약점으로 지적되는 진정성 부족을 넘어 리얼리즘 시의 새로운 방법론을 제시한다고 하겠는데, 안용만의 시가 갖는 시사적 의의도 여기서 찾을 수 있다.

위에서 살펴본 것처럼, 일제강점기 재일한인 시문학은 1920년대까지는 일본에 노동이민을 떠난 이주 한인의 삶, 그들이 겪는 자본 착취와 민족적 차별의 문제를 고발하고 분노를 표출하는 내용이 주를 이룬다. 이러한 시각은 1930년대 중반에 와서 다소 변화되는 모습을 보인다. 안용만의 시에서 볼 수 있듯, 이러한 이중적 고통 속에서도 오히려 민족적 자긍심을 높이

---

[18] 임화, 「담천하의 시단 일년」, 『신동아』 50호, 1935.12, 176면.

세우고 당당히 살아가는 이주 한인의 모습을 형상화하는 작품들이 발표되는 것이다. 이와 같은 모습은 광복 이후의 재일한인들이 말하는 '재일'의 의미와도 상통하는 것이라 할 수 있다.

4. 광복 이후 재일한인 1세대의 시문학

4.1. 광복 후, 200여만 명에 이르는 재일한인들은 1946년 3월까지 약 130만 명이 귀국하고, 일본에 남아 있던 646,943명 중 514,035명도 귀향을 준비한다.[19] 하지만 이들은 일본에 잔류한다. 귀국 배편을 구하기 어렵고, 연합국 사령부가 재화 해외 반출을 제한하고, 여기에 미 군정하 조국이 사회·경제적으로 혼란상을 드러내는 등의 이유로 잠시 귀국을 보류할 수밖에 없었는데, 이 일시 체류가 남북 분단과 한국전쟁 등의 정치적 혼란으로 장기 체류로 이어지게 된 것이다. 더욱이 일본의 신헌법 공포 하루 전날 재일한인을 차별화하려는 '외국인등록령'(1947.5)이 시행되면서 재일한인은 '특별체류 자격을 가진 외국인(정주 외국인)'이라는 모호한 존재로 분류되고, 1952년 '외국인등록법'으로 공식화된다. 이러한 일본 정부의 재일한인 배제 정책은 미국 주도의 국제적 묵인하에 시행되는데, 한국 정부 또한 1965년 한일회담 과정에서도 특별히 문제 삼지 않는다. 말하자면, 재일한인의 법적 지위 문제는 전적으로 일본 정부의 손에 맡겨지게 된 것이다. 이 때문에 재일한인은 아무런 준비 없이 이전까지의 '이주'에서 '특별영주', 즉 '재일(在日)'의 상황에 놓이게 되고, 이후 법적인 신분보장을 받지 못한 채 일방적인 의무만 강요당하는 삶을 영위하게 된다. 이처럼 스스

---

[19] 한국문학회 편, 『일본문화 접촉과 한국문학』, 세종출판사, 2004.12, 163면.

로의 선택이 아니라 타의에 의해 '재일'하게 된 한인들의 생존 조건은 재일한인 시문학의 주요한 배경적 특성을 이룬다.

이 시기 재일한인의 한결같은 염원은 차별과 박해의 땅에서 어떻게든 성공하여 고향에 돌아가 여생을 마치는 것이었다. 이들에게 있어 일본은 고국으로 돌아가기 전에 잠시 머무는 체류지일 뿐, 영구적으로 거주할 공간이 아니다. 그러나 그들은 쉽게 귀국할 수도 없다. 그들에게 있어 고향이란 수탈로 인해 내쫓길 수밖에 없었던 아픈 기억의 땅이고, 귀향해도 발붙일 데 없는 곳이며, 그래서 그들은 서러운 망향을 품에 안고 살아갈 수밖에 없다. 이러한 '귀향'하지 못한 데서 연유하는 정신적 상흔이 이 시기 재일한인시 문학의 내면적 성격을 규정짓는다. 강순(姜舜, 1918~1987)의 다음 시는 이런 모습의 일단을 드러낸다.

> 새우라고?
> 아니다.
> 그 머리와 가위를 보라.
> 분명코 게다.
>
> (중략)
>
> 나의 이름은 가재,
> 비록 웅덩이에서 났으나
> 흉갑(胸甲)을 두른
> 가재라는 한 시민.
>
> ―「가재의 봉변」부분[20]

이 시는 광복 이후 '재일'의 상황에 내몰린 재일한인의 삶의 현장을 들여

---

[20] 강순, 「가재의 봉변」, 『강순시집』, 조선신보사, 1964, 201면.

다보고 있다. 앞에서도 언급한 것처럼, 이 시기 재일한인은 법적으로 신분이 보장된 일본인도 아니고 그렇다고 한국(조선)인이라고 할 수도 없으며, 남북한 어디에도 소속되지 못한 채 살아간다. 이것은 무엇보다도 일본 정부의 배타적 차별 정책이 빚어낸 결과적 현상이라 할 것인데, 그럼에도 불구하고 일본인들은 재일한인을 의심스러운 눈초리로 바라보고, 심지어 '사기꾼' '스파이' '기회주의자'로 대하기도 한다. 패전 이후에도 재일한인을 바라보는 일본인들의 제국주의적 시각이나 지배/피지배의 폭력적 관계는 아무것도 달라진 것이 없었던 것이다. 이 시는 이러한 재일한인의 처지, 한민족으로서의 실체를 인정받지 못하는 재일한인의 모호한 정체성을 '가재'에 빗대 은유적으로 고발한다.

이 시에서, 화자는 "나의 이름은 가재,/ 비록 웅덩이에서 났으나/ 胸甲을 두른/ 가재라는 한 시민."이라고 못 박는다. 화자는 우선 자신이 '가재'(재일한인)임을 분명히 한다. 본래의 고향인 오염되지 않은 시냇물에서 살지 못하고 웅덩이에서 태어나 살게 되었지만, 자신은 어엿한 '가재'임을 선언하는 것이다. 이때의 '흉갑'은 민족적 정체성에 대한 확신이며, 강인한 생활에의 의지이다. 이런 긍지로 그는 자신이 일본사회의 한 일원이며, 어엿한 '시민'임을 당당히 주장한다. 물론 이것은, 역설적으로 이런 선언을 새삼스럽게 해야 할 정도로 재일한인의 정착 과정과 이후의 사회적 입지의 열악함, 그로 인한 고통이 심각함을 말해주는 것이기도 하다.

강순의 다음 시도 이 시기 재일한인들이 처한 상황과 민족적 정체성에 대한 확고한 의지를 은유적으로 표현하고 있다.

> 어느 봄날 빠래 기둥에 낯선 강아지 한 마리가 사타구니에 꼬리를 끼고 얼려도 물러만 서더니만 아무도 보지 않는 새, 사발나위 밥을 단꺼번에 해재꼈다.

(중략)

꽃구경 나갔다 동네 늙은이를 찾아낸 것도 이 개였고 술치러 온 순사떼를 눈치채고 신호의 첫소리를 지른 것도 바로 이 령특한 노랑개였다.

무거운 짐을 부축해 끌기도 하였고 밀항 온 부인을 잡아가려는 형사 달구지를 물어 찢던 것도 다름 아닌 이 개가 한 통쾌사이였다.
― 「동네 개」 부분[21]

위에 보인 대로, 이 시는 일본인의 멸시와 가난에 시달리는 재일한인의 처지를 어느 날 느닷없이 마을에 흘러들어온 '노랑개'의 모습과 행동에 빗대어 형상화하고 있다. '어느 봄날' 갑자기 나타나 "사타구니에 꼬리를 끼고 얼려도 물러만 서"고, "사발나위 밥을 단꺼번에" 먹어치우는 노랑개(황구)의 모습은 언제부턴가 일본에 거주하기 시작한 재일한인들을 표상한다. 얼핏 천덕꾸러기처럼 보이는 노랑개는 길 잃은 노인을 찾아주고, '순사'들의 밀주 단속을 누구보다도 먼저 알고 경고해주는 등 동네에 없어서는 안 될 소중한 존재가 되는데, 어느 가을날 향수병에 걸려 쓸쓸히 죽게 된다. 시인은 '노랑개'를 통해 일본인의 핍박과 편견을 극복하고 자신의 자리를 확보해 나가고 있는, 그러나 가슴 속 깊이 향수를 간직한 채 귀향할 날을 기다리고 있는 재일한인의 모습을 증언한다.

4.2. 한편, 이 시기 재일한인 1세대 시문학은 재일한인이 처해 있는 상황과 이런 현실을 초래한 일본 정부에 분노하면서, 그러나 이것을 민족적 정체성 확립으로 승화시켜나가는 모습을 보여준다. 김시종(金時鐘, 1929~)의 다음 시는 그 대표적인 예이다.

---

[21] 강순, 「동네개」, 위의 책, 96면.

한번 시작했다 하면
사흘 밤낮
징소리 북소리 요란한 동네
지금도 무당이 날뛰는
원색의 동네.
활짝 열려 있고
대범한 만큼
슬픔 따윈 언제나 날려버리는 동네.
밤눈에도 또렷이 드러나
만나지 못한 이에겐 보일 리 없는
머나먼 일본의
조선 동네.

―「보이지 않는 동네」 부분[22]

광복 이후 재일한인 시단에서 가장 두드러진 창작활동을 보인 김시종은 이 시에서, 그의 제2의 고향인 오사카 이카이노에 대한 남다른 애착을 그려 보인다. 이카이노(猪飼野)는 일본 정부가 공식적으로 인정하지 않는, 따라서 지도상에서는 찾아볼 수 없는 재일한인의 집단 거주지다. 시인이 그리고 있는 이카이노의 이미지는 사흘 밤낮이나 징소리·북소리가 요란하고 무당이 날뛰는, 그래서 슬픔 따위는 언제나 날려버리는 동네이다. 이곳은 고향 마을의 문화를 그대로 간직하고 있으며, 힘든 삶이지만 서로 믿고 의지하며 굳건하게 버텨나가는 재일한인의 생활 터전인 것이다. 또한, 이카이노는 "밤눈에도 또렷이 드러나"는 곳이지만, "일본이 아니니까／ 사라져도 상관 없"다고 생각하는 일본 정부에게는 "보일 리 없는" 곳이기도 하다. 바꿔 말하여, "누구나 다 알지만／ 지도엔 없"는 이카이노는 조국으로 돌아가지도 못하고, 그렇다고 일본사회의 시민으로 정주하지도 못하는 재일한인의 초

---

22 김시종, 「보이지 않는 동네」, 『이카이노 시집』, 동경신문 출판국, 1978.

상에 다름 아닌 것이다. 시인은 이곳 이카이노를 통해 재일한인의 존재를 인정하지 않으려 하는 일본 정부의 폭력적 태도, 그럼에도 '자발적인 국외자'로서 굳건히 그 자리에 머물며 한민족 전통의 문화를 지켜나가는 재일한인들의 강인한 삶의 의지를 담담하게 그려내고 있다.

이 시기에 다수 발표된 '민족학교 건립 운동'과 관련된 시들 또한 재일한인의 정체성 문제를 담아내고 있다. 다음에 보이는 허남기(許南麒, 1918~1988)의 시는 그 한 예이다.

> 아이들아
> 이것이 우리 학교다
> 비록 교사는 빈약하고 작고
> 큼직한 미끄럼타기 그네 하나
> 달지 못해서
> 너희들 놀 곳도 없는
> 구차한 학교지마는
> 아이들아
> 이것이 단 하나
> 조국 떠나 수만리 이역에서
> 나서자란 너희들에게
> 다시 조국을 배우게 하는
> 단 하나의 우리 학교다
> 아아
> 우리 어린 동지들아.
> ─「아이들아 이것이 우리 학교란다」 부분[23]

이 시는 1947년 3월 낡은 병사(兵舍)에서 개교한 가와구치 조선초급학교

---

[23] 허남기, 「아이들아 이것이 우리 학교란다」, 1948, 재일본조선문학예술가동맹(이하 '문예동') 편, 『재일조선시선집』, 1989.

의 초대 교장 허남기 시인이 갓 설립한 이 학교에서 우리말을 배우기 시작한 아이들의 모습을 바라보며 지은 것으로, 2003년 이지상이 곡을 붙이고 안치환과 함께 불러 우리에게도 잘 알려진 시이다. 광복 후 일본에서의 민족교육은 '우리말 강습소'라는 이름으로 시작된다. 그러나 1948년 미군정하의 일본 문부성은 <조선인학교 폐쇄령>(1948)을 내려 탄압을 가하고, 이에 맞서 재일한인들은 일본 전역에서 반대 투쟁을 벌인다. 이른바 '4.24 한신(阪神) 교육 투쟁'이 그것이다. 이 투쟁에서 승리한 재일한인사회는 정식으로 민족학교를 건립하고 우리말을 가르치게 되는데, 이 시는 일본 땅에 우리말을 가르치는 학교가 설립된 데 대한 기쁨과 함께 민족적 자부심을 노래하고 있다.

　광복 후의 재일한인들은 우리말과 문화를 가르치는 민족교육에 힘을 기울인다. 그러나 이 일은 험난하기 그지없다. 이 시에 그려진 민족학교는 작은 교사에 단 하나뿐인 교실, 마음 놓고 기대지도 못할 만큼 부실한 책상, 유리창도 없는 창문, 미끄럼틀이나 그네는 물론 뛰어놀 곳도 없다. 아이들이 전에 다니던 일본학교와 비교할 수 없으리만큼 초라한 모습이다. 게다가 "1948년 춘삼월"에 몰아닥친 '조선인학교 폐쇄령'이라는 "때아닌 모진 바람" 때문에 한때 공부조차 할 수 없는 상황으로 내몰린다. 하지만, 이러한 수난에도 불구하고, 아이들은 꿋꿋하게 학교에 나와 우리말을 배우며, "일본학교보다 좋아요(日本の學教よりいいです)"라고 외친다. 시인은 이 어린이들을 "우리 어린 동지들"이라고 부르며 감격한다. 지금은 초라한 모습이지만, 일본에서 태어나 자라나는 2세들에게 조국을 배우게 하고, 일본에서 꺾이지 않고 살아갈 희망을 주고, 그리고 "서투른 조선말로 웃"을 수 있는 "단 하나의 우리 학교"를 만들고 함께 할 수 있다는 것이 시인을 감격하게 하는 것이다. 말하자면, 허남기의 이 시는 우리말 교육으로 민족 정체성을

담보하고 계승하려는 시인의 민족의식을 드러낸 작품이라 하겠는데, 이 시의 미덕은 여기에 있다. 이 시기 재일한인사회에서 우리말과 문화는 민족 정체성의 표상이라는 점에서 더욱 그러하다.

4.3. 이 시기 재일한인 시문학은 조국과 민족이 처한 현실을 그들의 시각으로 그려낸다. 이념적 갈등과 전쟁 등 조국의 혼란스러운 사회상과 정치 현실을 다루거나, 갈등과 대립 현장으로서의 조국을 부각하여 분단 상황을 극복하려는 의지를 담아내는 시들이 그것이다. 광복 이후 재일한인들은 스스로 그들의 문제가 조국, 특히 조국 통일과 밀접히 관련되어 있고, 따라서 일본에서의 생존과 함께 조국의 통일에도 일정한 역할을 담당해야 마땅하다고 인식한다. '조총련'계 조선인사회는 특히 그러하다. 물론 '재일'의 현실과 조국 통일에의 열망이라는 명제는 그들의 '재일'을 가능하게 해주는 전제 조건일 수 있고, 또한 '민족'은 '재일'이라는 실존적 조건을 규정짓는 화두일 수 있다. 따라서 조국 통일을 향한 민족적 역량의 결집은 '재일'의 상처를 극복하는 하나의 대안으로 인식될 수도 있다. 그러나 이념적 편향성이 그 기저를 이루게 되면 남북한 사회를 이분법적으로 인식하게 되고, 그 시적 형상화 또한 '북한 사회체제 미화/남한 사회체제 비판'이라는 도식성을 띠게 된다. '재일본조선문학예술가동맹'(이하 '문예동'으로 약함) 소속 시인들의 작품이 특히 그러하다.

남시우(南時雨, 1923~ ?)는 「공화국공민」에서, "만 리 이역" 일본 땅에서 "학대와 멸시"를 받던 재일한인들이 "공화국"의 '해외공민'이 된 것을 격정적인 목소리로 노래한다.

  이루었도다
  공화국―우리의 주권 밑에서

>   천지개벽을 이룩했도다
>
>   어머니조국의 따사로운 배려 밑에
>   수령님 인자하신 사랑밑에서
>   학대와 멸시 벗어던지고
>   만리 이역에서도 푸르른 청춘이 솟아났도다[24]

나아가, 이를 계기로 앞으로는 민족적 자긍심을 더욱 드높이며 살아갈 것을 다짐한다. 물론 광복 이후 재일한인 문제에 대해 외면하거나 소극적으로 대처해온 한국과는 달리, 이들의 삶에 적극적인 관심을 표명하고 경제·문화적 자립을 위해 지원을 아끼지 않은 북한의 정책을 감안할 때, 이 시는 이에 대한 자연스러운 호감의 연장선상에서 이해될 수도 있다. 그러나 이 시는 북한을 유일한 '조국'으로 인정하고 충성을 다짐하는 '조총련'계 재일조선인의 현실인식을 반영한 것에 다름 아니다. 이러한 태도는 맹목적 조국(북한) 찬양에서도 확인할 수 있는데, 김두권의 「조국의 밤」은 그 한 예이다.

>   이름도 알길 없는 사람들이지만
>   만나면 허물없이 나를 껴안아주고
>   뜨거운 가슴을 맞대이며
>   반겨줄것만 같은 마음이여……
>   ―「조국의 밤」 부분[25]

이 시는 재일조선인들이 북한이라는 "이상적인 사회주의 체제"를 직접 목도한 후의 감격을 노래한 것으로, 북한을 낯선 사람들끼리도 허물없이

---

[24] 남시우,「공화국공민」, 1966.9,『조국에 드리는 송가』, 문예출판사, 1982, 54면.
[25] 김두권,「조국의 밤」,『조국의 품에서 부르는 노래』, 문예출판사, 1983.

껴안고 반겨주는 낙원으로 그리고 있다. 이 시에서 보듯, 이 시기 재일한인 시문학에 그려진 북한의 모습은 지극히 이상적인 당위태로서의 '조국'의 이미지를 가지고 있다. 시의 화자는 대부분 '방문객' '참배단' 일원이고, 그래서 화자가 그려내는 세계 또한 사회주의 조국(북한)에 대한 찬양과 감격밖에 없다. 말하자면, 북한사회를 지극히 추상적이고 주관적인 시각으로 그려내고 있다고 할 수 있는데, 이러한 화자의 시각은 결과적으로 부정적인 측면은 물론 삶의 구체적인 현실을 담아낼 여지마저 원천적으로 배제하게 된다. '문예동' 시인의 작품들이, 다음 시 「꿈속에서」처럼, 김일성에 대한 절대적 숭배를 내보이는 까닭이 여기에 있다.

> 온 누리가 해발을 받아
> 은빛 금빛 빛을 뿌립니다
> 산에 들에 새는 우짖고
> 백화가 만발하여
> 향기를 뿜습니다.
>
> (중략)
>
> 그만 목이 메여
> 만세를 부릅니다
> ―위대한 수령 김일성 원수님 만세!
>
> ―「꿈속에서」 부분[26]

이 시에 형상화된 김일성의 모습은 신화나 전설에서 나오는 영웅의 모습이며, 그를 맞이하는 화자의 태도는 신을 모시는 신도의 모습과 흡사하다. 따라서 둘 사이에는 어떠한 현실적 문제나 갈등도 개입될 여지가 없고,

---

26 장진실, 「꿈속에서」, '문예동' 편, 『봄빛속에서』, 1987, 52~54면.

필요도 없다. 오로지 맹목적인 칭송과 숭배, 그리고 충성심이 있을 뿐이다. 이러한 시각은 한때 재일한인사회를 들끓게 한 이른바 '북송' 문제, '조총련'이 주도한 '귀국운동'(1959~1967, 1971~1984)의 동인으로 작용하기도 한다.

이와는 달리, 이 시기 재일한인시문학, 특히 '문예동' 시인들의 작품은 한국과 한국의 지배계층에 대해 비판적인 시각을 일관되게 보여준다. 김광숙의 「철이야!」는 그 대표적인 예이다,

> 철이야!
> 조국 멀리 이역땅에서도
> 너의 또래들은
> 어깨동무 나란히
> <세상에 부럼없어라> 높이 부르며
> 아버지 원수님의 초상화 모신
> 해빛 밝은 교실에서
> 원수님께서 보내주신
> 교육원조비와 장학금
> 교과서까지 거저 받으며
> 마음껏 배우는데
>
> 너는 제 고장에 살면서도
> <육성회비> 못물어
> 학교로 오가는 먼지 이는 길우에
> 노래 대신 굵은 피눈물 떨어뜨리며
> 주린 배를 그러안고
> 그 무거운 발걸음을 옮기고 있었구나[27]

---

27 김광숙, 「철이야!」, 1970, 『재일조선시선집』, 1989.6, 153면.

이 시는 한 가난한 소년의 일상을 통해 1970년대 산업화 시대 초기에 접어든 남한의 급격한 사회 변동, 그 피해를 떠안게 된 서민들의 빈곤한 삶, 여기서 비롯하는 계층적 갈등을 형상화하고 있다. 이 시는 먼저 북한에서 보내온 교육원조비와 장학금으로 "해빛 밝은 교실"에서 공부하고 있는 재일한인사회 어린이를 그려 보이고, 이에 비해 가난 때문에 육성회비를 납부하지 못해 "굵은 피눈물"을 흘리며 집으로 돌아오는 남한의 소년의 모습을 제시한다. 북한은 해외 동포에게도 따뜻한 관심을 보여주는데 반해, 남한은 자기 영토 안에 살고 있는 국민들조차도 빈부에 따라 차별하고 있다는 것이다. 말하자면, 시인은 이 시에서, 한국을 북한에 빗대 신랄하게 비판하고 있는데, 이처럼 남북한을 바라보는 양극의 이분법적 시각은 '문예동' 시인들의 작품에 반복적으로 나타난다. 고봉전의 「잃어버린 고향의 젊은이들」[28]은 그 한 예로서, 이 작품은 한국에서 벌어진 여성 근로자의 노동 쟁의를 확대 해석, "이놈들! 파쑈악당놈들!" "무참히 학살하는 살인귀" 등의 구호 같은 격렬한 표현으로 한국 사회체제를 매도한다.

이 시기 '문예동' 시인들에게서 흔히 보는 이런 시각은, 남시우의 다음 시에서 보는 것처럼, 한국사회를 부정해야 할 대상으로 인식하는 데서 기인한다.

> 분화처럼 터져오르는 목소리
> 썩어 넘어지는 역적의 무리 불사르고
> 제땅인양 활개치는 미국놈을 쫓아내고
> 찾자, 평화와 통일을, 자유와 민주를
> 휘날리게 하자, 공화국의 기발을!
> ―「남녘땅 시인이여!」 부분[29]

---

[28] '문예동', 『애기별은 빛난다』, 1987.

이 시에 그려진 한국은 미 제국주의와 매판 독재정권의 지배하에 신음하고 있는 곳이다. 그래서 화자는 "남녘땅 시인"들이 자유와 민주주의를 쟁취하기 위해 미국을 축출하고 매판 정권을 청산하는 항쟁의 대오에 나서야 한다고 촉구한다. 그리하여 "공화국의 기발"을 남한에도 휘날리게 하자는 것이다. 다시 말하여, 이 시기의 '문예동' 시인들은 한국의 사회체제나 지배계층은 민중 봉기를 통해 전복되어야 할 대상이고, 미국은 축출되어야 할 적으로 규정하고, 이를 작품에 담아내는 것이다. 이것은 물론 북한의 '대남정책'과 일맥상통하는 것으로, '문예동' 시인들이 '조총련'의 문예 정책과 창작 지침에 따라 이데올로기를 앞세우는 작품 활동을 하고 있었음을 반증한다.

위에서 본 대로, 광복 이후 재일한인 1세대 시문학은 '재일'의 상황에 놓인 재일한인의 생존 조건과 이를 강요하는 일본 정부의 민족 차별을 문제 삼으면서, 민족 정체성을 담보하려는 의지를 담아낸다. 또한, 동시대 조국과 민족이 처한 현실에 민감히 반응하면서 이를 양극의 이분법으로 해석하여 비판적으로 내보이는데, 이는 북한을 유일 조국으로 인지하는 '조총련'계 재일한인사회의 이념적 편향성에서 연유한다.

5. 결어

이 글에서는 재일한인 1세대의 시문학을 광복 이전과 이후로 나누어 살펴보았다.

---

29 남시우, 「남녘땅 시인이여!」, 1960, 『조국에 드리는 송가』, 문예출판사, 1982, 197~198면.

광복 이전 재일한인 1세대 시문학은 일본에 이주한 '조선인'의 삶과 그 애환을 그리거나, 이주 조선인 노동자의 삶을 계급 모순으로 전화하여 내보이고, 핍박과 차별 속에서도 민족적 자긍심을 높이 세우고 당당히 살아가는 이주 조선인의 모습을 서정적으로 형상화하기도 한다. 이와는 달리, 광복 이후 재일한인 1세대 시문학은 귀국하지 못하고 일본에 남은 이들의 정신적 상흔을 다루거나, '재일'의 상황에 놓인 한인사회의 생존 조건과 민족적 정체성 등을 문제 삼기도 하고, 동시대 조국과 민족이 처한 현실을 이분법적으로 해석하여 비판적으로 내보이기도 한다.

따라서 재일한인 1세대 시문학은, 이후의 2,3세대 시문학과는 달리, 민족적 정체성의 혼란을 보이지 않는다는 데 그 특징이 있다고 할 수 있다. 다음으로, 작품 대부분이 계급주의적 시각에 뿌리가 닿아 있으며, 이것이 광복 이후 친북한적 태도로 자연스럽게 이어진다는 것 또한 이들 시문학의 특징으로 지적할 수 있다. 마지막으로, 식민주의적 관점에서 탈피하지 못한 일본 정부와의 총체적 대결의식을 전경화하고 있으며, 광복 이후에는 조국 통일을 내세워 민족적 역량을 결집하려고 한다는 점도 그 특징이라 할 수 있다. 물론 이들이 주장하는 조국 통일이란 북한 중심의 통일에 다름 아닌데, 그러나 이것은 1965년 한일 수교를 계기로 점차 변화되는 모습을 보인다. 이 점에서, 재일한인 2세대 이후의 시문학과 1세대의 시문학이 어떠한 변별성을 가지고 있으며, 그 원인은 무엇인지를 살펴보는 것이 남은 과제라 하겠다.

□ 참고문헌

1. 기본자료

'문예동', 『애기별은 빛난다』, 1987.
_____ , 『재일조선시선집』, 1989.
_____ , 『종합시집 봄빛 속에서』, 1987.
강순, 『강순 시집』, 조선신보사, 1964.
김두권, 『조국의 품에서 부르는 노래』, 문예출판사, 1983.
김시종, 『이카이노 시집』, 동경신문출판국, 1978.
남시우, 『조국에 드리는 송가』, 문예출판사, 1982.

2. 논저

김인덕, 「재일조선인의 추이(1921-1931)」, 『식민지시대 재일조선인운동연구』, 국학자료원, 1996.
김태옥, 「정연규의 삶과 문학」, 『일본어문학』 27집, 2005.12.
신명직, 『재일코리안 3색의 경계를 넘어』, 고즈윈, 2007.
윤영천, 『한국의 유민시』, 실천문학사, 1987.4.
이한창, 「재일교포문학연구」, 『외국문학』, 1994 겨울.
_____ , 「재일 교포문학의 작품성향 연구-정치의식의 변화를 중심으로」, 중앙대 박사학위논문, 1996.
임화, 「담천하의 시단 일년」, 『신동아』 50호, 1935.12.
정대성, 「김석범 문학을 읽는 여러 가지 시각―그 역사적인 단계와 사회적 배경」, 『일본학보』 66, 2006.2.
한승옥, 「재일동포 한국어 문학연구 총론(1)」, 『한중인문학연구』 14집, 2005.4.
한국문학회 편, 『일본문화 접촉과 한국문학』, 세종출판사, 2004.12.
三田進/佐川亞紀 編, 『在日コリアン詩選集: 一九一六年~二〇〇四年』, 土曜美術社出版販賣, 2005.
竹田靑嗣, 『전후사대사전』, 삼성당, 1991.

재일한인 시문학의 변화 양상과 특성

― 2,3세대 시인의 작품을 중심으로

1. 서언

재일한인문학에 대한 연구는 최근 들어 비교적 활발하게 이루어지고 있다. 여기에는 이회성을 비롯하여 이양지·유미리·현월·양석일·이기승·가네시로 가츠키 등의 문학상 수상으로 일본문단에서 재일 한인작가들의 위상이 높아지고, 이에 비례하여 국내 연구자들의 관심이 증대한 것에 힘입은 바 크다. 그런데 논의를 시 분야에만 국한해 본다면 아직은 본격적인 연구가 충분히 이루어지지 못하고 있다. 이는 무엇보다 한국과의 교류가 본격화된 1980년대 중반까지는 '재일본조선인총연합회'(이하 '조총련') 산하 '재일본조선문학예술가동맹'(이하 '문예동') 소속 시인들의 친북 이데올로기를 전면화한 작품들이 대부분이고, 이로 인해 연구자들의 주목을 받지 못했던 것에 기인한다.

그러나 최근 CIS 한인문학이나 재미 한인문학 등 재외 한인문학에 대한 관심이 증대하면서 재일한인 시문학에 관한 연구도 본격화되고 있다. 이 중 통시적인 시각에서 재일한인 시문학의 변천 과정을 조망한 글로는 손지원·김학렬·이경수의 글[1]이 있다. 이 중 도쿄 조선대학교 문학부 교수인 손지원의 글은 북한문학과의 관련 하에서 '문예동' 소속 시인들의 글을 살펴본 것으로, 이데올로기적 서술에 치우쳐 내적인 다양성과 변화의 지점들을 충분히 전달해 주지 못하고 있다. 김학렬의 미출판 원고 중 「재일조선시사(在日朝鮮詩史)」는 각 시기별 시문학의 특성을 간략히 보인 것[2]이고, 「재일조선시문학의 근황」은 '문예동' 소속 시인 정화흠과 홍윤표의 시를 중심으로 1990년대 재일한인 시문학의 주제의식과 특성을 살펴본 것이다. 이런 점에서 손지원의 글과 마찬가지로 재일한인 시문학의 총체적 모습을 보여주기에는 부족한 면이 많아 보인다. 이경수의 글은 광복 직후부터 1980년대에 이르는 시기의 재일한인 시문학의 전개 양상을 살펴 보여 재일한인 시문학을 연구하는 이들에게 많은 참고가 되지만, '조총련' 계열 시인들의 작품을 주로 살피고 있다는 점에서 '민단'계를 포함한 전체 재일한인 시문학의 변모를 살피기에는 다소 아쉬운 점이 있다. 일제강점기에 전개된 재일한인 시문학이나 최근에 활발한 활동을 전개하고 있는 재일한인 2,3세대 시인들의 작품 경향을 충분히 보여주지 못하는 것이다. 선행 연구 검토에서 드러난 이러한 문제점에 주목하여 필자는 앞서 일제강점기에서 한일 수교가 이루어진 1965년까지의 재일한인 1세대 시문학을 대상으로 그 전개 과정과 문학적 특성을 살펴본 바 있다.[3] 이 글은 그 연장선상에서, 재일한인

---

[1] 손지원, 『조국을 노래한 재일조선 시문학 연구』, 평양: 김일성종합대학출판사, 1994. / 김학렬, 「재일조선시사」(미출판 원고, 2005), 「재일조선시문학의 근황」, 『재일동포 한국어문학의 전개 양상과 특징연구』, 국학자료원, 2007./ 이경수, 「재일동포 한국어 시문학의 전개과정」, 『한중인문학연구』 14호, 2005.4.
[2] 이 중 발표된 1부 「재일조선인 조선어 시문학 개요」(『숭실어문』 21집, 2005)는 광복 이후부터 1960년대를 대상으로 하여 허남기·강순·남시우 등 '조총련'계 시인의 작품을 소개하고 있다.
[3] 김정훈·정덕준, 「재일한인 시문학 연구—재일 1세대 작품을 중심으로」, 『한국문학

시문학의 역사적 특수성과 문학적 독자성은 무엇인지를 파악하기 위하여 재일한인 1세대와는 달리 정체성의 혼란을 겪고 있는 2, 3세대의 작품을 중심으로 이들의 작품이 동시대 재일한인의 정착 과정과 어떤 연관을 보여주고 있는지, 이전 시대의 작품과의 차별성은 무엇인지, 어떤 지향점을 지니고 있는지 등을 살펴보고자 한다.

이 글에서 다루고자 하는 '재일한인 시문학'은 일제강점기 때부터 일본에 이주하여 정착한 이들과 이들의 후손, 그리고 광복 후 일본에 이민한 이들이 산출한 개별적 시문학을 모두 포함한 것이다. 재일한인 시문학은 광복과 1965년 한일협정 체결, 1988년 서울올림픽을 전환점으로 하여 크게 구분되는 모습을 보여준다. 따라서 이를 기준으로 이들의 시문학을 살펴보면, 다음과 같이 나눠볼 수 있다.[4]

① 이주기: 1920년대 중반~광복 이전
② 투쟁기: 광복~1960년대 중반

이론과비평』 38집, 한국문학이론과 비평학회, 2008.4.
4 이경수는 ①형성기(광복 직후~1960년대) ②발전기(1970~80년대) ③전환기(1990~2000년대)로, 손지원은 ①공화국 창건 이후 총련 결성 이전까지의 시기(1948.9~1955.4) ②총련 결성 이후 주체사상을 확고히 세워 개화기를 열어 놓은 시기(1955.5~1973) ③높은 사상예술성을 가진 작품을 활발하게 창작한 시기(1970년대 중엽 이후~1990년)로, 김학렬은 ①초창기(광복 후~1960년대) ②발전·앙양기(1970~1980년대) ③전환기(1990~2000년대)로 시기 구분을 하고 있다. 그러나 이러한 시기 구분은 광복 이전의 재일한인 시문학은 논외로 하게 된다는 문제가 있다. 게다가 손지원의 시기 구분은 북한문학의 일환으로 재일한인문학을 보는 시각에서 이루어진 것으로, 재일한인 시문학의 내적인 변동 요인에 대해서는 다소 소홀한 느낌을 준다. 김학렬과 이경수의 시기 구분은 동일한 것으로, 문학 내외의 전환점에 대한 구체적인 인식을 보여주지 못하여 아쉬움을 남긴다. 이 글의 시기 구분은 광복 이전 시기까지를 포함하여 재일한인 시문학에 나타난 주제 양상의 변화, 담당층의 변화, 객관적 변동 요인 등 각 시기를 특징짓는 문학 내외의 전환점을 염두에 둔 것이다.

③ 정주기: 1960년대 후반~1980년대 중반
④ 공생기: 1980년대 후반~현재

광복은 재일한인의 거주 상황을 이전까지의 (강제) 이주 상태에서 정주 상황으로 전환하는 분기점이 된다. 그리고 이러한 전환이 별다른 선택의 여지 없이 급작스럽게 이루어지면서 식민시대의 연장선상에서 일본 정부의 차별 정책과 맞서 싸워나가야만 하는 상황에 봉착하게 된다. 1965년 한일협정 체결로 인해 '한국 국적' 취득이 가능해지면서 이전보다 안정된 정주권을 획득할 수 있게 되고, 이 무렵부터 전개된 북한에서의 김일성 우상화에 대한 반발이 재일한인사회에 확산되어 이제까지의 '친북한 반한(反韓)' 성향에 변화가 일어난다. 한편, 광복 이전부터 이어온 1세대를 대신하여 광복 이후 세대인 2세대와 3세대가 재일한인사회와 한인문학의 핵심으로 등장하면서 '재일'의 현실을 인정하고 정착에 대한 다양한 시도를 보이게 된다. 이러한 시도로 인해 시문학에서도 이전 세대와의 차별성이 가시화된다. 특히 1988년 서울올림픽은 재일한인사회가 소위 '한국 붐'을 맞아 한국과의 교류를 본격적으로 전개하면서 스스로의 문제를 돌이켜 보게 되고, 이후 '재일한인'으로서의 자신의 모습을 그대로 인정하고 일본사회 내에서 일본인들과 공생의 길을 모색하게 되었다는 점에서 중대한 전환점이 된다. 이 글에서는 이 중 1960년대 후반부터 시작된 정주기와 공생기를 중심으로, 각각 시기의 시문학의 주제적 특성을 전면화하는 방식으로 재일한인 시문학의 전개 과정을 개관하고, 아울러 이 시기 재일한인 시문학이 보여주는 새로운 특성을 살펴보고자 한다.

2. 정주기: '귀화'와 정체성, 민족의식 강화

일본의 고도 경제성장이 본격화된 1960년대 후반 들어 일본사회의 좌경화 퇴조 현상과 더불어 북한의 실상이 점차 밝혀지면서 재일한인사회도 북한에 대한 전면적 지지에서 비판적 지지로 그 분위기가 전환되기 시작한다. 이 과정에서 북한에 대한 비판적 지지를 요구하는 문인들과 여전히 이들을 조직 안에 흡수 통제하려는 '조총련'의 갈등이 노출되면서 많은 문인이 조직에서 이탈하기 시작한다.[5]

이런 가운데, 1965년 한일협정이 체결된 이후 '한국 국적'의 취득이 가능해지고, 이에 따라 보다 안정된 정주권을 획득할 수 있게 되고, 고향으로의 자유로운 왕래가 가능해지면서 재일한인사회에서는 이전의 '자발적인 국외자'로서의 의식이 점진적으로 쇠퇴하고 일본에서의 영주(永住)를 모색하려는 의식의 전환이 나타나기 시작한다. 이런 변화는 재일한인 1세대를 대신하여 2세대가 점차 재일한인 시문학을 담당해나가는 모습을 보이면서 더욱 가속화된다. 새롭게 등장하게 된 재일한인 2세대는 일본에서 태어나 일본어로 교육을 받은 세대로, 앞세대와는 달리 민족의식을 자신의 체험에 의해서가 아니라 선험적으로 부여받은 세대이기도 하다. 때문에, 이들은 '재일'의 현실과 선험적으로 주어진 조국에 대한 관념 사이에서 끊임없이 자신의 정체성에 대하여 심각하게 고뇌하는 '경계인'으로서의 재일한인의

---

[5] '조총련'은 1970년대 중반까지 '재일본조선인련합회'(이하 '조련') 시기에 있었던 문학인들의 서클을 분파활동으로 간주하여 금한다. 또한, 개인의 다양성, 특히 일본어 사용을 '허무주의' '패배주의' 등으로 낙인찍어 단죄한다. 이는 제3세계의 민족회복 운동과 북한의 유일지도체제 강론에 발맞춘 것인데, 그 방침은 작가들과 대중들을 조직에서 이탈시킴으로써 오히려 조직을 약화시키는 결과를 초래하는 내적 요인이 된다.

모습을 작품으로 형상화하고 있다.

> 그런데 세상 사람 우리 보고
> 어떻게 부르니
> 어떤 사람 《조선》이라 하는데
> 또 어떤 사람 《한국》이라 하지
>
> 우리는 하나인데
> 어째서 이름은 두개냐
> 그건 나쁜놈 탓이야
>
> ― 최영진, 「우리 이름」 부분[6]

이 시의 화자는 자신이 '조선인'인지 '한국인'인지 정체성의 혼란에 빠져 있다. 사실 문답 형식을 취하고 있는 이 시의 상황은 다소 작위적이라 할 수 있다. 더욱이 자신의 상황을 다른 이들에게 드러내려고 하는 의도가 지나쳐 우스꽝스러움마저 엿보인다. 이 당시 재일한인의 신분은 언제나 불확정적이었다. 이들 대부분이 선택하고 있던 '조선적(朝鮮籍)'은 현실적으로는 실제 권리를 인정받지 못하는 것이었고, '한국'이라는 국적은 아직 낯선 상태이다. 화자가 겪고 있는 정체성의 혼란은 분명 재일한인 자신의 잘못에서 기인하는 것은 아니지만, 삶의 터전을 일본에 두고 있는 한 이러한 갈등이 한 개인의 삶을 뿌리부터 왜곡시키는 것 또한 사실이다. 그렇다고 단순히 '나쁜 놈 탓'으로만 돌린다고 문제가 해결되지는 않는다는 점에 본질적인 고민이 있다. 이처럼 이 시기에 발표된 시에는 조국(민족)과 '재일(在日)'의 현실 사이에서 갈등하고 고뇌하는 재일한인 2세대의 모습이 흔히 형상화되고 있다. 즉, 이 시기의 재일한인 시문학은 일본 속에서 살아가는

---

[6] '문예동' 효고지부 문학부 편, 『예!』, 1984.

'경계인'으로서의 정체성과 존재 양식에 관한 의문에서 출발하는 것이다.

또한, 투쟁기의 재일한인 시문학이 보여주던 강한 민족적 정체성과 조국과의 유대감과는 달리, 조국과 자신 사이의 간극을 의식하면서 민족 문제를 제기하고 있다는 점도 이 시기 재일한인 시문학의 특성이라 할 수 있다. 다음 시는 광복 직후의 투쟁기부터 계속 활동해 왔던 김시종의 시로, '재일'의 현실로 인해 조국의 아픔에 실질적인 동참을 하지 못하는 안타까움을 노래하고 있다.

> 거기엔 늘 내가 없다.
> 있어도 아무런 지장 없을 만큼만
> 나를 에워싼 주변은 평온하다.
> 사건은 으레 내가 없는 사이 터지고
> 나는 진정 나일 수 있는 때를 헛되이 놓치고만 있다.
>
> (중략)
>
> 남겨진 채
> 놓쳐버린 채
> 흔들리는 눈을 껌벅거리며
> 빤히 응시하는 건 나다.
> — 김시종, 「스러지는 시간 속에서」 부분[7]

1980년 광주민주화운동을 소재로 한 이 시에서 조국의 민주화운동에 직접 참여하지 못하고 멀리서 마음속으로만 성원을 보낼 수밖에 없는 자신의 처지에 대해 한탄하는 모습을 보인다. 함께 하고자 하는 열망이 강하면 강할수록 서로의 거리는 더욱 멀게 인식된다. 시인은 이런 상황을 통해

---

[7] 김시종, 『광주시편』, 복무서점, 1983.

재일의 현실과 조국과의 거리를 새삼 느끼게 되며, 나아가 일본과 조국, 양측에서 모두 버림받은 (또는 어느 한 곳에도 소속되지 못한) '재일'의 상황에 내포되어있는 이중적 소외의 문제를 재차 확인하고 있다. 이 시에서 시인은 끊임없이 조국의 현실에 관심의 끈을 놓치지 않고 있으며, 나아가 이럴 때만이 "나는 진정 나일 수 있는 때"라고 선언하고 있다. 시인의 의식은 언제나 멀리 있는 '고국의 현실'로 향하며, 그곳에 함께 하지 못함을 안타까워하고 있다. 한편, 자신이 현재 살고 있는 곳은 구체적인 실상을 보여주지 않은 채, 다만 이러한 '갈망을 방해하는 장애물'로만 상기되고 있다. 이러한 점은 시인을 비롯한 재일한인이 일본 땅에 현재 살고 있으면서도 여전히 앞 시기에서와 마찬가지로 그것을 의식적으로 거부하고 있는 '부정(不定)'의 태도를 견지하고 있음을 보여준다.

이런 문제 인식은 다음 시에서도 반복적으로 나타난다.

> 같은 5월에 살면서
> 같은 위치에 있지 않음을
> 함께 죽을 수 없는 삶이 부끄러웠다.
>
> (중략)
>
> 목격하기 위해
> 태어난 것 같은
> 나의 在日의 삶, 그러나
> ― 종추월, 「나의 윤회의 5월(我が輪廻の五月)」 부분[8]

이 시 역시 앞서 살펴본 김시종의 시와 마찬가지로, 광주민주화운동을

---

[8] 종추월, 『猪飼野·女·愛·うた―宗秋月詩集』, プレーンセンタ, 1984.

소재로 하여 재일의 처지를 새삼 인식하는 내용으로 되어 있다. 한국에서 일어난 엄청난 비극을 듣고도 막상 함께할 수 없는, '재일'로 표현되는 존재의 무기력함이 이 시의 주조를 이루고 있다. 북한과 김일성에 대해 보여주는 그리움과 숭배의 모습과는 달리 한국 정부의 매판성 및 반(反)인민성을 비판 질타하는 것들이 이 시기 재일한인 시문학의 기본적인 성격이지만, 그런 가운데서도 '재일'의 현실에 대한 성찰과 고민을 놓치지 않고 그리고 있는 것 또한 이 시기 재일한인 시문학의 특성이라고 할 수 있다.

  이 시기의 재일한인 시문학에서 가장 많이 다뤄지는 것은 민족교육 문제와 통일 문제라 할 수 있다. 이 중 민족교육 문제는 일본 정부의 전통적인 동화정책과 그로 인해 발생하는 재일한인에 대한 뿌리 깊은 집단 차별에 대해 희생당해 온 재일한인이 자신의 민족적 정체성을 지키기 위한 최소한의 방책으로 제시된다. 다음 시를 보자.

    방긋 웃었어요, 애랑 동무가
    처음으로 웃었어요, 편입생 동무가
    <오이, 아이, 이마, 우유…>
    다 읽을 수 있었다고
    우리말 공부가 재미난다고

    (중략)

    애랑동무 하는 소리
    <아니에요, 아니에요. 기뻐서 울어요…>
    일본학교에선
    <죠-센>소리에 고개를 숙였다고
    마음껏 한번도 웃어본적 없었다고
                                — 류계선, 「아무도 몰랐어요」 부분[9]

이 시는 일본학교를 선택해 다니다가 민족차별을 견디다 못해 조선학교로 전학해 온 학생이 우리말 학습 체험을 하면서 자신의 정체성을 깨닫고 기쁨의 눈물을 흘리는 장면을 보여준다. 일본학교에서 또래 학생들의 집단 차별로 인해 상처받았던 아이가 우리말 학습을 하고, 그의 성취를 격려하고 함께 기뻐해 주는 동무들을 통해 상처를 치유해나가게 된다는 이야기다. 우리말 공부를 하며 눈물을 흘리는 애랑이의 모습은 "일본학교보다 좋아요(日本の學教よりいいです)"[10]를 외치던 초기 조선학교 학생들의 모습과 동일하다. 이것은 세월이 많이 흘렀어도 '재일'의 현실은 여전하다는 고발인 동시에, 우리에게 광복 후에도 여러 가지 사정으로 인하여 귀국하지 못하고 식민 본국인 일본 땅에 남아 핍박과 설움을 받던 재일한인에게 우리말과 문화를 가르치는 민족교육 문제가 어떤 의미를 지니는지를 여실히 보여주는 것이기도 하다.

이 시기에 들어 '북한의 해외공민'으로서의 자의식이 약화되면서, 여전히 북한 편향적인 시가 다수 발표되는 가운데 일부이긴 하지만, 남북한 전체를 긍정적 시야로 바라보며 통일을 이야기하는 일군의 작품이 등장한다. 이전 시기와는 달리 좌익 성향의 퇴조와 더불어 남북의 대치 상태가 고착화되어 통일의 전망이 어두워졌다는 실망스러운 정치 현실로 인해 이런 작품들에서조차 전체적으로 좌익 성향의 퇴조가 두드러지고, 조국에 대한 집념이나 통일에 대한 강렬한 열기가 느껴지지 않는다. 다음 시는 대표적인 예라 할 수 있다.

---

9 『재일조선시인시집 따르는 한마음』, 문예출판사, 1992.
10 허남기, 「아이들아 이것이 우리 학교란다」(1948), '문예동', 『재일조선시선집』, 1989.

<통일맛이라니 무슨 말이요?>
그 말에 비밀이나 속삭이듯이
<북반부의 명태와 남반부의 풋고추가
그 속에 들었어요, <통일>이 들었어요>

선물로 받았다는 명태와 풋고추
북에 간 형님 생각 한숟가락
남에 계실 삼촌 생각 또 한숟가락
눈물인지 땀인지 훔치며 맛보네

— 로진용, 「된장국」 부분[11]

 이 시는 밥상에 놓인 된장국을 보며 돌아가신 어머니 생각에 눈시울 붉히던 화자는 북한을 대표하는 명태와 남한에서 온 풋고추를 함께 넣어 끓인 '통일 된장국'이라는 아내의 말에 새삼 감격하고, 남북한으로 흩어져 사는 가족들을 만날 날이 빨리 오기를 고대하며 통일의 그 날을 간절하게 바라는 내용이다. 상당히 과장된 가정적 반응을 담고 있으나, 이데올로기에 입각한 직접적인 선언이 아니라 일상생활에서 모티브를 잡아 통일에의 염원을 그리고 있다는 점에서 이전 시대와는 사뭇 다른 느낌을 준다.
 다음 시도 이런 점에서 유사한 태도를 보인다.

《개찰원이 되렵니다! 선생님》

(중략)

동무들아, 나는 이제 평양행차표를
끊어간단다
분계선 철조망을 끊어간단다.

— 최영진, 「개찰원이 된단다」 부분[12]

---

[11] '문예동' 편, 『종합시집 봄빛속에서』. 1987.

이 시에서 화자는 학급에서 장래 희망이 무엇인지를 발표하는 시간에 개인적 욕망을 표출하는 다른 동무들과는 달리 "개찰원이 되겠다"는 다소 엉뚱한 희망을 말한다. 의아해하며 이유를 물어보는 선생님과 동무들에게, 화자는 개찰원이 되어 남과 북을 나누고 있는 분계선 철조망을 끊는 '통일 역군' 노릇을 하고 싶다는 포부를 밝히는 내용이다. 이 시에서 보듯이, 감정의 가장(假裝)과 과잉이라는 문제가 상존하는 중에도 이 시기에 들어와 새롭게 통일 문제를 다루는 방식이 나타난다. 즉, 투쟁기의 통일 소재 시들이 정치·경제적 사안을 중심으로 남북한의 상황을 극단적인 대립의식하에 그리던 것과는 달리, 보편적이면서도 원초적인 차원의 정서를 표면에 내세우고 통일의 당위성을 간접적인 방식으로 제시하여 독자들의 자연스러운 호응을 획득하는 방식으로 전환되는 새로운 모습을 보이는 것이다.

이런 새로운 시도와 궤를 같이하여, 조국애에 대한 표출 역시 이전 시기에 주조를 이루었던 일제의 폭력성과 일본 패망 이후에도 지속된 민족적 차별 등에 대한 폭로와 이를 통한 저항적·민족적 정체성의 확보라는 도식에서 벗어나, 일상생활 속에서 발견하는 자연스러운 다짐과 결의의 형태로 제시된다. 다음 시를 보자.

> 이번이 벌써 열한번째라지
> 하나 더 보태면 한 다스가 되겠네
> 정말 대단해 놀라워
> (중략)
> 美帝는 삼억
> 일본은 일억
> 중국은 칠억만 명인데
> 조선은 고작 사천만이야

---

12 최영진, 「개찰원이 된단다」, 『문학예술』 65호, 1977.12.

> 우리집 자식이 하나 늘어도
> 어째 이리도 적은거냐
> 아무리 낳고 또 낳아도
> 농업 공업 일손 부족한 조선인데
> 너는 뭐가 부끄러운 게냐
> (중략)
> 재옥이 아줌마의 배에
> 조선의 숨결이 깃들었어요
> 아마 틀림없이.
>
> — 종추월, 「재옥이 아줌마」 부분[13]

  이 시는 일면 '부정적 인물(또는 상황) 제시→반전→교훈적 결론'이라는 투쟁기 '문예동' 시의 일반적 형식을 충실히 따르고 있는 것으로 보인다. 자식을 10명이나 낳아 큰딸이 17살이나 된 재옥이 아줌마가 또 임신하자 주변에서는 "하나 더 보태면 한 다스"라며 놀리고, 이에 큰딸 명선이도 부끄럽다며 그만 낳자고 투덜댄다. 이에 대해 재옥이 아줌마는 아이를 가능한 한 많이 낳는 것이 애국이라며 큰딸을 나무란다. 이웃과 딸 명선이도 이러한 재옥이 아줌마의 말을 듣고 뱃속 아이에게 "조선의 숨결"을 느낀다며 공감을 표시한다. 특별한 위기 없이 갈등이 너무나 쉽게 해소되며, 개인의 행복 추구보다 집단과 공공의 가치를 우선시하고 있다는 점에서 여전히 도식성을 벗어나지 못하고 있다. 다만, 이전 시기에 보였던 날카로운 민족적 적대의식을 드러내지 않고 구체적인 사례를 들어 설득하고 있다는 점에서 이전 시기보다 다소 진전된 모습을 확인할 수 있다.

---

[13] 종추월, 『이카이노·여자·사랑·노래』, プレーンセンタ, 1984.

3. 공생기: 이념 탈피와 공존, 순수서정의 시대

  1980년대 후반부터 재일한인 시문학은 새로운 변화를 맞이한다. 이는 남북을 둘러싼 주변국의 정치·사회적 여건의 변화와 남북 화해 분위기, 남한 경제력의 급격한 성장, '조총련'계 재일조선인에 대한 한국 정부나 민간단체의 포용 정책 등에서 기인한다. 특히 1988년 서울올림픽은 재일한인사회가 소위 '한국 붐'을 맞아 한국과의 교류를 본격적으로 전개하면서 스스로의 문제를 돌이켜보게 하는 계기가 되고, 이후 '재일한인'으로서의 자신의 모습을 그대로 인정하고 일본사회에서 일본인들과 공생의 길을 모색하게 되었다는 점에서 중대한 전환점이 된다.

  이 시대 재일한인 시문학에는 3세대의 진출이 두드러진다. 이들은 한국에서 태어나 일본으로 건너온 부모를 두었다는 점이나 모국어를 상실하고 있는 점에서는 2세대에 속하지만, 연령이나 등단 시기, 작품 경향 등이 2세대 작가와 뚜렷이 구별되는 신세대 작가들이다. 외형적으로 볼 때 이들은 대부분 조국에 대한 기억이나 국적으로 인한 소속감이 없으며, 일본인과 다름없는 존재로 성장한 세대라고 할 수 있다. 일본 정부의 차별 정책으로 매년 취직과 결혼에 즈음하여 일본 국적으로 바꾸는 이들이 늘고 있는데, 이것은 이제 3세대 한인문학에 있어 국적만으로 민족성의 공유 및 한민족 문학 포함 여부를 구별하기가 매우 힘든 상황을 맞이하고 있음을 의미한다. 이처럼 재일한인문학은 '재일' 세대의 교체, 이에 따른 '재일' 인식의 변화와 더불어 새로운 문학세계를 전개해 나가고 있다. 새로운 재일한인문학의 출현은 기존의 재일한인 작가가 일궈놓은 문학적 풍토 위에서 다양성으로 축적되어간다. 그러한 세대별 혹은 개인적 차이로 성립된 두터운 문학층은 이제 상당한 수준에 이르는 성과를 보여주게 되었다.

1980년대 중반까지 재일한인문학은 어디까지나 일본문단의 중심에서 멀리 떨어진 변방에 자리하고 있었다. 그러나 이 시기에 접어들면서 민족의식과 분단 이데올로기를 축으로 재일한인으로서의 민족적 정체성과 저항이라는 거대 담론을 그 중심 테마로 삼고 있던 이전 세대 문학의 틀을 거부하고, 자신만의 개성을 주장하는 신인 작가들이 잇달아 등장하면서 재일한인문학은 일본문학의 제도권에 들어가 일정한 영역을 구축하게 된다. 특히 대중적인 인기를 얻은 작품에 주는 '야마모토 슈고로(山本周五郞)상'을 양석일(1998)과 현월(2000)이 수상하고, 가네시로 가즈키(金城一紀)가 '나오키상'을 수상(2000)한 것 등은 재일한인문학이 이제 그들만의 문학이 아니라 일본문학에 정식으로 편입되었음을 의미한다.

　이 시기의 재일한인 시문학은 민족적 정체성과 저항이라는 주제에서 탈피하여 '재일'이라는 특수한 삶의 조건을 새롭게 해석하고 대응하려는 경향을 뚜렷하게 드러낸다. 이들은 앞선 세대와 달리 자신의 사회적 입장에 크게 얽매이지 않고 자신들의 삶을 주체적으로 일으켜가는 의지를 강하게 다루고 있다. 이로 인해 본격적인 일본 정주 과정에서 발생하는 개인의 고난사를 중심으로 부모와 자식 간의 세대 차이, 취업·연애·결혼 등을 둘러싼 차별과 편견, 귀화 문제 등 개인의 실존적 조건과 상황에 맞닥뜨려진 정신적 고투와 갈등이 시의 소재로 채택된다.

　　외상(外傷)은 버얼써 아물엇고
　　설움도 다 증발됐다
　　우리는 사죄도 치료비도 거절했다

　　그러나
　　우리 아이 가슴속 깊고 깊게 멍든 상흔(傷痕)
　　사죄를

> 치료비를
> 받은들 받아낸들
> 언제 아물 것인가
>
> — 이승순, 「사죄」 부분[14]

　이 시의 화자는 같은 반 일본인 학생에게 폭행당한 재일한인 학생의 엄마로 설정되어 있다. 별다른 이유 없이 같은 반 급우를 잔인하게 폭행하는 아이의 학급 동료나 그에 대해 진심 어린 사과를 할 줄 모르는 그들의 부모에게서 '통석(痛惜)'이라는 모호한 말로 일제의 조선 침략과 한국인 학대에 대한 직접적인 사과를 회피하고만 있는 일왕과 일본 총리의 모습을 중첩하여 보면서, 화자는 가슴 속에 지울 수 없는 상흔을 간직하게 된다. 그런데 이런 상처로 인한 분노가, 이전 세대의 재일한인 시문학에서 흔히 볼 수 있는 것처럼 일본사람 전체를 대상으로 발산되는 모습은 보이지 않는다. 오히려 화자는 더 이상의 폭행을 말려준 이름 모를 사람, 흉기로 인한 사건임을 증언해 준 공정한 젊은 의사 등을 떠올리며 일본인 중에서도 함께 할 사람과 그렇지 않은 이가 공존함을 말하고 있다. 그리고 자기의 아이에게 폭행을 가한 아이와 진정한 사과를 회피하는 그 아이의 부모에 대한 화자의 대응은 "사죄도 치료비도 거절"하는 이성적인 분노로 나타난다. 이전 세대가 보였음 직한 무차별적인 격렬한 분노는 더 이상 드러나지 않는 것이다.

　이상에서 보듯, 이주기와 투쟁기, 정주기의 1,2세대 시인들이 민족의식과 분단 이데올로기를 축으로 재일한인으로서의 민족적 정체성과 저항이라는 거대 담론을 그 중심 테마로 삼고 있다면, 1980년대 후반부터 시작된 공생기에 접어든 재일한인 시인들은 이를 탈피하고 재일한인이라는 일본

---

[14] 이승순, 『나는 더 이상 기다리지 않아요』, 민음사, 2000, 34면.

내의 특수한 삶의 조건을 새롭게 해석하고 이에 대응하는 경향을 보이고 있다. 즉, '재일'이라는 특수한 실존적 상황에서 직면하게 되는 개인적 문제를 언어와 인간 존재의 의미, 현대인의 고독, 가족의 해체 등 보편적 문제의식으로 제기하는 것이다. 이런 과정에서 이들은 이전 시기의 재일한인 시인들에게는 여전히 무겁고 사상적인 의미를 내포하고 있는 '국적'의 문제 역시 이 시기에 와서는 좀 더 탄력적이고 실용적으로 수용하고 있다. 이것은 '아무런 고민도 없이'라는 의미가 아니라, '국적' 문제로부터 자신을 해방시키고 자유로운 존재가 될 수 있기를 갈망하는 것이다. 이러한 변화된 의식을 보여주는 좋은 예가 1998년 김석범과 이회성 사이에 벌어졌던 '국적 논쟁'이다. 이 논쟁은 이회성의 '조선적' 포기와 '한국적' 취득에서 발단된 것으로, 이를 두고 "고난 없는 안온한 길을 택했다"고 비판한 김석범에 대해 이회성이 "소수로 전락한 무국적자는 교포사회에서 전위적 역할을 못하고 통일을 주도한다는 것도 환상에 불과하기 때문에 국적을 취득함으로써 자기 존재를 분명히 하고 정치적 힘을 가질 필요가 있다"라고 자신이 선택한 길에 정당성을 부여한다. 이회성의 이런 입장은 '재일'의 적극적이고 능동적인 의미를 살려 나가야 한다는 김시종의 의견과도 상통하는 지점이 있다.

 이러한 인식의 변화는 이 시기 재일한인 시문학 작품들에서 쉽게 확인할 수 있다. 이 시기에는 1980년대 이후의 남북한 화해 무드를 배경으로 이데올로기를 배제한 채 통일에 대한 적극적인 기대를 담고 있는 시가 다수 발표되는 것이다. 다음 시는 이런 변화를 극명하게 보여준다.

  달 밝은 하늘가를
  하나의 큰 날개모양으로
  량켠으로 줄을 지어

멀리 날아가는 기러기떼

그 어떤 리상향을
함께 찾아가련만
길 없는 하늘을
그렇게도 드팀없이 가다니

한두마리로는 갈수 없는 길
한폭의 그림인양
서로 믿고 깃과 깃을 이어
바람을 차고 가는 철새의 떼

— 정화수,「기러기떼」전문[15]

　이 시는 남북정상회담(2000.6) 이후 고취된 통일에의 기대를 한껏 담고 있는 작품이다. '통일'이라는 민족의 과제를 해결하기 위해 합심하여 나아가는 남북의 모습을 기러기떼로 형상화하여 보여주고 있다는 점에서 일정한 시적 성취를 보여주고 있다. 이전 시기까지 정화수는 "원쑤들의 침략으로 조국땅이 불탔을 때"(「해산없는 대회장에서」), "괴뢰군에 끌려가는 아들" "최루탄도 총탄도 맞받아가면서/ 노도처럼 밀고가자/ 팔깍지를 놓지말고/ 바리케트 너머에서/ 놈들의 숨길이 멎을 때까지"(「하루에도 몇번」), "백년도 전부터/ 해적선을 끌고온 귀축들의 후예들"(「련천아, 원한을 품은 땅아!」) 등 한국과 미국에 대해 극단적인 증오감을 숨기지 않고 드러낸 대표적인 '조총련'계 시인인데, 공생기에 보여준 이러한 시적 변화는 실로 놀라울 정도라고 아니 할 수 없다. 이 시에서 정화수는 하나의 큰 날개 모양으로 줄을 지어 날아가는 기러기떼를 빗대어 남과 북이 "서로 믿고

---

[15] 종소리편집위원회 편,『종소리시인집』, 종소리시인회, 2004.11, 241면.

깃과 깃을 이어" 나갈 때만이 '통일'을 이룰 수 있음을 이야기하고 있다.

> 에이… 이왕이면 하나로 섞어서 통일주로 마셔보자
> 비로소 자리를 같이 한 남북소주
> 마시고마셔 보니 천하의 꿀맛이라
> 배속에서 서로 만난 남북소주
> 얼싸안고 감돌며 춤추며 신세타령
> — 한명석, 「통일소주」 부분[16]

이 시의 화자는 남북한에서 온 소주를 섞어 마시고 기쁨에 춤을 춘다. 두 가지 소주의 닮음은 핏줄의 동질성을 의미한다. 술의 취기는 남과 북, 그리고 재일한인들이 이데올로기적 대립을 벗어던지고 함께 얼싸안게 만든다. 남북 간의 직접 대화로 인해 이제까지의 적대 감정을 버리고 민족통합의 가능성을 확인하게 되는 것이다. 이 시에서 보여주는 것은 이전까지의 대립적인 시각과는 다른, 혈연과 문화공동체로서의 민족의 재발견이다. 남과 북이 하나가 되었을 때 민족의 고통이 사라질 수 있으리라는 염원이 이 시에 담겨 있다.

이제까지 재일한인 시문학에서 쉽게 찾아볼 수 없었던 순수 서정시의 모습이 나타나기 시작하는 것도 이 시기에 와서이다. 다음 시를 보자.

> 올여름도 피였을가
> 노란 달맞이꽃
> 소꿉시절 그 강언덕에 피던
> 달맞이꽃 달맞이꽃
>
> 네살아래 녀동생 손을 이끌고

---

16 한명석, 『나그네의 한생』, 동북공업주식회사, 2002.

성인학교선생님 우리 어머니
공부마치고 돌아오시기를
마중가던 그 길에
살랑 사알랑
언제나 반겨주던 달맞이꽃

― 강명숙,「달맞이꽃 설레면」부분[17]

이 시의 화자는 고향의 뚝방길에서 동생과 함께 어머니를 기다리던 어린 시절의 행복했던 추억을 떠올리며, 돌아가신 어머니를 생각하고 있다. 이 시에 그려진 추억의 공간에는 이데올로기적 표상이 드러나지 않는다. 오직 핏줄의 뜨거움을 생각하는 한 가족의 모습만이 세련된 감수성으로 표현되어 있을 뿐이다. 또한, 이때의 '고향'은 가야만 할, 그러나 쉽게 갈 수 없는 고국의 땅이 아니라 자신이 낳고 자란 일본 땅의 그곳이다. 비로소 자기가 살고 있는 곳에 대한 그리움과 애정을 보이는 것이다. 더 이상 언젠가 떠나야 할 '차별과 박해의 땅'이 아니라, 자기가 태어나고 앞으로도 살아가야 할 '고향'이다.

이런 흐름 가운데, 박산운의 「어머니나라」(『내가 사는 나라』, 문학예술종합출판사, 1992) 등에서 보듯, 남한의 고향을 그릴 경우에도 역시 아무런 이데올로기적 고려 없이 노래하는 작품도 발표된다. 즉, 재일한인의 시에서 이데올로기에 선행하는 핏줄로서의 민족의 모습이 등장하기 시작하는 것이다. 어머니가 살고 있는 남녘 고향은 더 이상 '해방'시켜야 할 고향이 아니라, 돌아가 '안기고 싶은' 곳으로 설정되어 있다. 분단된 민족 상황을 무엇보다도 핏줄로서의 동질감 확인으로 극복해 보고자 하는 모습이 이 시에는 담겨 있다.

---

[17] 김명숙 외, 『재일녀류3인시집 봄향기』, 문학예술종합출판사, 1998.

4. 결 어

1965년 한일기본조약 체결을 계기로 하여 정주기로 접어든 재일한인 시문학은 경계인으로서의 민족적 정체성 확립에 대한 고민을 다양한 모습으로 보여준다. 이들은 '재일'의 현실과 선험적으로 주어진 조국에 대한 관념 사이에서 끊임없이 자신의 정체성에 대하여 심각하게 고뇌하는 '경계인'으로서의 재일한인의 모습을 작품으로 형상화하고 있다. 본격적인 일본 정착 과정에서 발생하는 개인의 고난사를 중심으로 부모와 자식 간의 세대 차이, 취업·연애·결혼 등을 둘러싼 차별과 편견, 귀화 문제 등 개인의 실존적 조건과 상황에 맞닥뜨려진 정신적 고투와 갈등이 시의 소재로 채택된다. 또한, 투쟁기의 재일한인 작가들이 보여주었던 강한 민족적 정체성과 조국과의 유대감과는 달리, 조국과 자신 사이의 간극을 의식하면서 민족 문제를 제기하고 있다는 점도 이 시기 재일한인 시문학의 특성이라 할 수 있다.

1988년 서울올림픽을 전후하여 공생기로 전환된 재일한인 시문학은 '재일한인'으로서의 자신의 모습을 그대로 인정하고 일본사회 내에서 일본인들과 공생의 길을 모색하는 변모를 보이게 된다. 따라서 이 시기의 재일한인 시문학은 민족적 정체성과 저항이라는 주제에서 탈피, '재일'이라는 특수한 삶의 조건을 새롭게 해석하고 대응하려는 경향을 뚜렷하게 드러낸다. '재일'이라는 특수한 실존적 상황에서 맞닥뜨리는 개인적 문제를 언어와 인간 존재의 의미, 현대인의 고독, 가족의 해체 등 보편적 문제의식으로 제기하는 것이다. 이런 과정에서 이들은 재일한인 1,2세대에게는 여전히 무겁고 사상적인 의미를 내포하고 있는 '국적'의 문제 역시 이 시기에 와서는 좀 더 가볍고 실용적으로 수용하고 있다.

재일한인 시문학은 공생기로 접어들어 '재일'의 상황과 민족적 정체성의 문제를 모두 인정하면서, 일본사회에서 자신의 삶을 주체적으로 선택하려는 새로운 '재일'의 방법들을 전개하고 있다. 따라서 시 부문에서도 아직 두드러지지는 않지만, '재일'이라는 특수한 실존적 상황에서 직면하는 개인의 문제를 현대사회와 인간 존재의 의미, 현대인의 고독과 소외 문제, 현대의 병리적 현상 등 오늘날 인류가 직면한 보편적인 문제의식으로 이해하려 한다. 이것은 재일한인 시문학이 민족을 내포하면서 동시에 초월하기 시작하고 있음을 의미하는 것으로, 한국문학의 세계화를 위해서도 이러한 시도는 귀중한 참고자료가 될 수 있을 것이다. 우리가 재일한인 시문학의 변화를 주목해야 할 까닭이 여기 있다.

□ 참고문헌

1. 기본자료

'문예동' 효고지부 문학부, 『예!』, 1984.
'문예동', 『종합시집 봄빛 속에서』, 1987.
_____ , 『재일조선시선집』, 1989.
『재일조선시인시집 따르는 한마음』, 문예출판사, 1992.
『제일녀류3인시집 봄향기』, 문학예술종합출판사, 1998.
김시종, 『광주시편』, 복무서점, 1983.
손지원, 『어머니생각』, 도쿄: 재일본조선문학예술가동맹, 2003.
이승순, 『나는 더 이상 기다리지 않아요』, 민음사, 2000.
종소리편집위원회 편, 『종소리시인집』, 도쿄: 종소리시인회, 2004.11.
종추월, 『猪飼野·女·愛·うた―宗秋月詩集』, ブレーンセンタ-, 1984.
한명석, 『나그네의 한생』, 동북공업주식회사, 2002.

三田進·佐川亞紀 編, 『在日コリアン詩選集: 一九一六年~二〇〇四年』, 東京: 土曜美術社出版販賣, 2005..

2. 논저

김정훈·정덕준, 「재일한인시문학 연구—재일 1세대 작품을 중심으로」, 『한국문학이론과비평』 38집, 2008.4.
김학렬, 「재일조선시사」(미출판원고), 2005.
_____, 「재일조선인 조선어 시문학 개요」, 『숭실어문』 21집, 2005.6.
김학렬 외, 『재일동포 한국어문학의 전개 양상과 특징연구』, 국학자료원, 2007.10.
손지원, 『조국을 노래한 재일조선 시문학 연구』, 평양: 김일성종합대학출판사, 1994.
이경수, 「재일동포 한국어 시문학의 전개 과정」, 『한중인문학연구』 14호, 2005.4.
磯貝治良, 『在日文學論』, 東京: 新幹社, 2004.

Ⅲ. '조국' '민족' '탈경계', 재일한인의 정체성

재일한인사회의 해방 인식
― 김달수의 『태백산맥』을 중심으로

강요된 타자, 정체성 갈등과 승화
― 김학영과 이양지의 소설을 중심으로

제노사이드 기억, 재일한인의 정체성
― 이양지 소설을 중심으로

소문적 정체성과 그 서사적 응전
― 양석일과 현월의 소설을 중심으로

재일한인 여성의 존재 방식과 정체성
― 이양지와 유미리를 중심으로

탈경계, 재일한인 신세대 작가의 지향
― 가네시로 가즈키(金城一紀)의 작품을 중심으로

재일한인사회의 해방 인식
– 김달수의 『태백산맥』을 중심으로 –

1. 서 언

이 글은 김달수[1]의 장편소설 『태백산맥』[2]이 내보이는 해방의 의미를 구

---

[1] 김달수(金達壽, 1919~1997)는 경남 창녕에서 태어나 1930년 도일, 편입한 소학교를 자퇴하고 공장잡역부 등으로 일하다가 독학으로 공부하여 니혼대(日本大) 예술학부에 입학한다. 졸업 후 3년 동안(1942~1944) 『가나가와 신문』『경성일보』 기자로 일하던 그는 광복 직후 '재일본조선인연맹'(이하 '조련')이 발간한 일본어 종합잡지 『민주조선』 편집을 담당하는 등 재일 1세대 한인문단에서 핵심적 역할을 하는데, 이 때문에 그는 광복 이전과 이후의 맥을 이어간 작가로 평가된다. 1940년 첫 작품 「위치」를 발표한 그는 광복 후 『민주조선』에 장편 『후예의 거리』를 연재하며 본격적인 작품 활동을 시작한다. 이후 『현해탄』, 『박달의 재판』, 『태백산맥』, 「잡초처럼」 등의 작품을 발표하여 진보적인 작가로서의 입지를 굳힌다. 그의 작품 세계는 '조선적인 것' '민족적인 것'이 축을 이루는데, 그의 현실비판과 진보적인 리얼리즘 정신은 광복 후 재일한인문학이 지향해야 할 지평을 제시한 것으로 평가된다.

[2] 작가 스스로 『현해탄』(1954)의 후속작이라고 밝힌 『太白山脈』은 1964년 9월부터 1968년 9월까지 『문화평론(文化評論)』에 연재된 후, 1969년 단행본(『太白山脈』, 筑摩書房)으로 출판되었다. 이 글에서는 한국어판 『태백산맥』(임규찬 역, 연구사,

체적으로 살피는 데 목적이 있다. 김달수는 재일한인문학[3]의 효시로 거론되고 있는 작가로, 그의 장편 『태백산맥』은 그의 마지막 작품이자 미완의 소설이기도 하다. 『태백산맥』은 1945년 8월 15일 광복으로부터 1년 2개월 뒤인 1946년 10월 1일 대구 봉기까지,[4] 광복 이후의 한반도를 작품의 시간적·공간적 배경으로 삼는다. 이 작품은 해방 후 친일파나 독립운동가·국군, 이승만과 정권의 실세들, 언론인과 농민·공산주의자, 그리고 오키나와(沖繩) 사람을 포함하는 다양한 인물의 관점과 그들의 욕망을 보여주는 방법으로 해방 직후 한반도의 역사가 갖는 의미를 다각화·입체화하고자 시도한다.

특히 작가는 작중인물에게 해방이 저마다 다른 의미를 지니고 있었으며, 그 의미가 왜곡되어 진정한 해방에 대한 억압으로 작용했다는 점을 이승만 정권하의 위정자들과 군인들의 태도를 통해 보여준다. 이 작품은 이승만 정권의 오류나, 친일파와 미군정(美軍政)에 대해 비판적인 시각을 견지하면서도, 특정한 관념이나 이론에 기대어 진행되지 않는다. 김달수는 좌익과 우익에 대한 선택의 기로에 놓여 있던 당시의 작가·지식인의 위치에서 그는 일정 부분 자유로웠다. 작가는 재일한인이라는 경계인의 정체성으로 자

   1988)을 텍스트로 삼는다.
[3] 이 글에서는 한국(또는 북한) 국적이든 일본 국적이든 '재일' 한인 작가들이 생산한 문학을 총칭하여 '재일한인문학'이라 지칭한다.
[4] 이와 같은 시간적 배경은 이은직의 『탁류』와 일치한다. 이정석은 『태백산맥』과 『탁류』의 시간적 배경이 일치한다는 점, 해방공간을 식민지배체제 연장선상에 있는 미 군사정부가 친일적 지배세력과 결탁하여 봉건적 구조를 온전시킴으로써 자주적 독립과 민중의 삶이 억압받고 있는 상태라고 파악한다는 점이 동일하다고 지적한다(이정석, 「재일조선인 문학이 바라본 해방정국」, 『재일조선인 문학의 존재 양상』, 인터북스, 2009). 그러나 『탁류』가 하부구조의 반봉건성에 무게중심을 두고 있다면, 『태백산맥』은 상부구조의 식민성, 즉 미군정청을 정점으로 하는 국가권력의 식민지성에 좀더 초점을 두고 있다고 할 것이다.

주독립과 통일 민족[5]국가 건설은 좌절시키는 민족 내부의 모순과 갈등에 주목한다. 이 소설의 화자는 이승만 정권뿐만 아니라, 김일성 북한 정권과 공산주의 세력에 대해서도 일정 부분 거리를 두고 비판적 관찰자의 위치에 머무는 것을 선택한다.

2. 미완의 해방

이 소설은 해방 후의 한반도 정세를 정치·경제적 문제에서 접근한다. 해방 후의 한반도는 좌익과 우익이 첨예하게 대립하고, 지주와 농민이 대립하는 정치적인 혼동 속에서 경제 또한 식민지 시대보다도 더 침체된다. 해방 이후의 물가는 불과 일 년 만에 4.5배나 뛰어오르고, 변덕스러운 경제정책으로 쌀을 포함한 생필품의 유통이 원활하지 못하다.[6] 경제적 문제의 기본 원인은 한반도에 단일한 정부가 성립되지 못했다는 데에서 기인한다. 작중 인물들은 1945년 8월 15일의 '해방'을 사실상 식민통치의 지속 상태로 인식한다. 이 소설의 주요 인물들은 조선인으로서의 정체성을 갖고 있다. 그들이 빼앗겼다고 생각하는 것은 '조선'[7]이며, 되찾아야 하는 것 또한 '조선'

---

[5] 이 글에서는 '민족'의 개념을 다음과 같이 한정한다. 민족(民族)은 인종적·지역적 기원이 같고, 문화적 전통과 역사적 운명을 같이하는 사람의 집단을 가리키며, '민족국가'는 일정한 민족을 기초로 하여 구성된 국가를 의미한다.

[6] "8.15 이후 지금까지 물가는 거의 매일같이 하늘 높은 줄 모르고 뛰어올랐다. 성냥조차 한 갑에 10원씩 판매될 정도였다. 자유 판매제였다가 다시 통제되기 시작한 쌀값도 한 말에 무려 1천원이 넘었다. 작년과 비교해서 4.5배나 뛰어오른 것이다." 김달수, 임규찬 역, 『태백산맥』下, 1988, 260면.

[7] 이 글에서 '조선'의 개념은 다음과 같이 한정한다. 조선은 1910년 일본으로부터 국권을 강탈당한 후 다시 회복하지 못함으로써 역사에서 사라졌다. 그러나 국권

이다. 여기에서 '조선'이란 왕정을 기반으로 한 봉건시대의 조선을 의미하는 것이 아니라, 한반도의 통일된 민족국가를 의미한다. 그러나 '조선'의 회복은 미국의 개입으로 실현되지 못한다. 그들은 '조선'을 빼앗겼는데 아직도 되찾지 못한 것이다. 아래의 인용문은 미군이 9월 8일 한반도에 상륙해서 한반도 이남에 대한 점령을 선언하는 장면이다.

> "일본국 천황과 정부 및 대본영을 대표하여 서명한 항복문서의 조항에 따 라 본관 휘하의 전승군은 오늘 북도 38도 이남의 조선지역을 점령한다"는 미군 포고 제1호의 맨 앞부분을 보고서 백성오는 머리를 세게 얻어맞은 듯한 충격을 받았다. (중략)
> '이것이 바로 식민지라는 것이야.' 백성오는 마음을 가라앉히고 새삼 '식민지'라는 말을 곱씹어 보지 않을 수 없었다.[8]

8월 15일의 해방 이후 식민지 시대가 종식되었던 것으로 믿고 있던 이들에게 미군정의 시작은 또 다른 식민지 상태를 의미한다. 해방 이후 독립된 정부를 세우고, 정치 기구를 만들 틈도 없이 미국이라는 또 다른 강국이 그 가능성마저 박탈해간 것이다. 대지주의 아들인 백성오는 식민지 시기를 거치면서, 자신의 집안이 쌓아 올린 부와 명예가 일본 제국주의에 충성한 대가라는 것을 인식하고 그의 아버지를 비판한다. 그는 8.15해방 이후에 부정하게 모은 땅과 재물을 소작인들에게 나누어주기로 작정한다. 그런 행

  침탈 이후에도 명명되고 있는 '조선'은 지도상에 존재하지는 않지만, 의식에는 분명히 존재하고 있는 민족국가이다. 따라서 이 글에서 지칭하는 '조선'은 이미 지도상에서 사라진, 하나의 상상적 민족 통일국가를 의미한다. 같은 맥락에서 조선인은 '조선'이라는 민족 통일국가의 일원으로서의 정체성을 체화한 사람들을 의미하며, '조총련'계 재일한인을 따로 지칭할 경우 '조선인'으로 칭한다.
[8] 김달수, 임규찬 역, 『태백산맥』上, 연구사, 1988, 148~149면. 이하 『태백산맥』上, 『태백산맥』下로 약함.

위를 통해서 식민지 시대의 부당한 부의 축적을 갚을 수 있다고 믿기 때문이다. 그러나 한 달도 되지 않아 시작된 미군정 통치는 일제강점기 대지주들의 부와 사회적 지위 등 모든 권한을 철저히 보호하는 형식으로 자리매김한다. 백성오의 시각으로는 그저 일본 제국주의의 협력자인 그의 아버지가 일본에 부역한 죄로 처벌되기는커녕 미 군정의 고문이 되는 상황이 벌어진다.

그가 미군정을 비판하는 이유는 그것이 식민지 상태의 지속을 의미하기 때문만은 아니다. 미군정이 조선인의 투쟁 역사를 일시에 소거하고, 자신들이 조선인을 '해방'시킨다는 시혜적인 태도를 취하기 때문이다. 백성오는 해방 후 미군의 개입을 "의병항쟁에서부터 시작된 투쟁의 물줄기"를 부정하고, 독립을 위해 운동한 수많은 이들의 "뼈를 깎는 고통"을 무화하는 장애로 인식한다.

> 1930년대만 보더라도 연평균 검거자 수는 4만 명에서 5만 명에 달했으며, 1936년의 소위 '간도(間道) 공산당사건' 때는 하루에 18명씩 사형이 집행되었다.
> 조선 인민은 도대체 무엇을 위하여 이처럼 엄청난 뼈를 깎는 고통을 거듭해야 했던가? 그것을 조금이라도 알고 있는 사람이라면 "조선을 자유 독립국가로 재건설하고…"하며 마치 은혜라도 베푸는 투의 말은 결코 내뱉지 못했을 것이다. 그들로서도 차마 "독립 국가로 건설하고…"라고는 말하지 못했다. 그것은 바로 '재건설'인 것이다. '건설'도 아니거니와 '건국'은 더욱 아닌 것이다.9

백성오는 새 나라를 '건국'하겠다는 미군정하의 이승만 정권을 비판한다. 독립 국가를 건국하겠다는 것은 기존에 독립 국가가 없었다는 것을

---

9 『태백산맥』上, 248면.

전제하는 생각이다. 그러나 조선은 단지 잠깐의 일본 식민지 시대를 거쳤을 뿐, 그 이전부터 독립 국가였다. 독립 국가를 재건설하겠다는 것도 아니라, 건국하겠다는 것은 조선이 절대로 자립할 수 없는 국가라는 일본 제국주의의 논리와 같은 맥락이다. 그러나 조선은 동학농민운동부터 자생적으로 반봉건적 투쟁을 지속했고, 독립을 성취하기 위해서 적극적인 운동을 전개했다. 그런 운동은 추상적이고 관념적인 수준이 아니라, 한 해에 3만 명에서 4만 명이 목숨을 잃는 현실적 투쟁이었다. 조선이 자립할 수 없으므로 대리통치하겠다는 미국 측의 의견은 그저 약소국가에 대한 지배를 정당화하기 위한 속임수에 불과한 것이다. 그런 의미에서 백성오는 미군정하의 현실을 또 하나의 식민지 상태로 인식하고, 그런 현실을 타개하기 위해서 농촌운동에 투신하게 된다.

3. 폭력 모방으로서의 거짓 해방

이 작품은 일본 식민지 시대가 조선인의 농토나 자유뿐만 아니라, 조선인의 정체성 그 자체를 앗아가고 왜곡, 오염시켰다는 점에 주목한다.[10] 이 작품의 인물들은 조선인으로서의 정체성이 왜곡되는 경험을 한다. '본국' 출신인 일본사람만이 시민으로 인정받고, 피식민지 출신의 사람들은 서자(庶子) 내지는 경멸의 대상이 되는 열등한 존재로 대우받았기 때문이다.

---

[10] 함석헌은 조선민족의 최대 결점이 '자기 상실'에 있다고 주장했다. 일제의 지배에서 해방되었을 때 나라가 메마르고 기술은 부족하고 국가 사상의 결핍과 사상의 빈곤이 현저했다. 함석헌은 이런 상황이 민족의 정신적 파산을 의미한다고 말한다. 함석헌, 『뜻으로 본 한국역사』, 한길사, 2003.

이런 상황에서 조선인으로서의 정체성은 부정적으로 구성된다. 피식민지의 등장인물들은 조선인으로서의 정체성을 부정하거나 감추는 방법으로 식민지 시대를 통과하면서 자기 비하나 열등감을 체화하게 된다.

이 소설의 대표적인 친일파로 그려지는 이승원에게 해방은 그의 내적 조국[11]인 일본을 상실하는 경험이다. 그는 일본의 식민지 상태를 주어진 현실로 받아들이고, 그들의 제국주의 논리를 전면 수용하고 내면화하여 조선을 자신의 정체성 구성에서 배제한다. 그에게 조선의 독립은 고국의 상실이자 낯선 자신을 대면하는 하나의 사건이다. 그는 자신의 이름은 물론이고 자기 자식들에게도 일본 이름을 지어주고, 직장이나 집안에서도 일본어로만 대화하는 인물로 그려지는데, 해방 이후에 조선어를 사용해야 하는 상황도 그에게는 어색한 외국어를 사용해야 하는 혼란에 지나지 않는다. 그는 일본으로 돌아가는 일본인들에게 일말의 배신감을 느끼는데,[12] 그것은 자신이 일본인들과 결코 같은 조국을 소유하지 않았다는 자각에서부터 나오는 절망이다. 식민지 사회에 철저히 동화하고 적응하면서 그는 자신의 조국을 의식적으로 배척하고 멀리했지만, 결국 자신의 부정했던 조국에 '남겨져야 한다는 것'을 비관한 것이다. 그는 결국 친일파를 포용한 미군정을 지지하고 그로부터 부와 명예를 획득해서 다시금 피식민의 상태로 예속, 고착화되는 것을 택한다. 그에게 강대국으로부터 지배당하지 않는 조국이

---

[11] 이 글에서는 '조국'의 의미를 조상 때부터 살던 나라이자 자기(自己)가 태어난 나라, 또는 외국에 있으면서 자기 나라를 가리키는 의미로 한정한다. 이승원이 일본을 '조국'이라고 믿고, 해방을 조국 상실이라고 여기는 것은 그가 자기가 태어난 나라를 일본으로, 자신의 조상을 일본인으로 인식하기 때문이다.

[12] "네놈들에게는 돌아갈 조국이라도 있어. 조국으로 돌아가면 그것으로 끝일지 모르지만 이쪽은, 우리들은 이 조선 말고는 돌아갈 조국 같은 건 없어. 나는 아주 옛날에 그걸 네놈들에게 팔아버렸어."(『태백산맥』上, 29면)

란 불완전하고 불안한 혼동일 뿐이다.

> "조국······"
> 이승원은 혼자 허공을 멍하니 바라보면서 다시 한번 똑같은 말을 중얼거렸다. 이번에는 눈물까지 글썽이고 있었다. 그것은 말하자면 유다의 눈물 같은 것이었다. 그 역시 지금까지 '조국'이라든가 '우리나라'라는 말조차 잃어버린 채 살아온 식민지인이었다. 어떻게 해서든 출세하고 싶다, 그래서 자신도 식 민지 지배자들처럼 살고 싶다고 꿈꾸게 된 것도 바로 식민지인이었기 때문이다.
> 이승원과 같은 사람도 만약 그런 식민지인이 아니었다면 어쩌면 지금 그와 같은 길을 다시 걸어야 할 필요가 없었을지도 모른다. 그렇지만 이제 그는 그 '조국'을 손에 넣은 것이다.[13]

서술자는 이승원에 대해 어떠한 가치판단도 하지 않은 채 오로지 그의 생각만을 객관적으로 서술한다. 이런 객관적 서술은 해방 이후에도 처벌받지 않고 오히려 부를 획득해가는 친일파들의 현실인식에 대해 비판적으로 독해할 수 있는 가능성을 열어놓는다. '친일파는 도덕적으로 나쁜 인물'이라는 단순한 접근이 아니라, 그들이 왜 반역사적인 선택을 했으며, 자신들의 행위에 대한 의식이 과연 분명했는가를 보여주는 것이다. 위의 인용문에서 보듯, 사실 이승원에게는 '조국'이라는 것이 처음부터 존재하지 않았다. 그런 의미에서 그는 조국을 부정하는 것이 아니라, 빈 공간으로 남겨져 있는 조국의 공간에 가짜 조국으로서의 일본을 이식한 것이다. 그것은 오로지 "출세하고 싶다"는 개인적인 욕망에서 비롯되었으며, 따라서 그런 개인적 욕망은 조국에 대한 배신이라는 일말의 양심적 고통과 충돌하지 않는다. 그는 그들의 고국을 소유한 일본인들을 동경하는데, 이는 단지 "자신도 식

---

[13] 『태백산맥』下, 46면.

민지 지배자들처럼 살고 싶다"라는 욕구에서 기인한다. 그가 '조국'을 말하며 "유다의 눈물"을 흘리는 이유는 잃었던 조국을 회복했다는 기쁨이 아니라, 자신이 식민지 지배자들과 그나마 동등한 위치에 오를 수 있다는 사실 때문이다. 그에게 식민지 시대는 오로지 조국 없는 인간으로서의 열등감과 수치심을 심어준 개인적으로 불편한 경험이었을 뿐이다. 그에게 미군정은 제약 없이 출세할 수 있는 배경이고, 서류상의 해방은 그런 출세에 도움을 주는 사건이다.

한편, 국군 김상녕은 조선의 부강함을 위해서는 오로지 일본만큼의 군사적 힘이 있어야 한다는 것을 주장한다. 조선에 대한 그의 관점은 일견 이승원과 일치한다. 이승원과 마찬가지로 김상녕 또한 열패의식에 젖어있으며, 일본 제국주의를 선망하고 따라가고자 한다. 그러나 이승원이 일본 제국주의에 대한 대안으로 미군정을 적극적으로 수용한 것과 다르게 김상녕은 일본 제국주의를 똑같이 모방하는 것을 대안으로 제시한다.

> 그리고 또 지금까지 저질러온 일본 제국주의의 만행에 대해선데요, 이 경우에도 한 민족이 다른 민족을 지배한다는 것은 확실히 도덕적으로 잘못된 것임에는 틀림이 없지만 저는 그렇게 지배당한다는 것, 이 또한 똑같이 잘못된 게 아닌가 생각해요. 그렇기 때문에 그것은 어느 쪽이 나쁘고 어느 쪽이 좋다는 그런 도덕적인 문제는 아니라고 봐요. 일본은 강했기 때문에 지배한 것이고 조선은 약했기 때문에 지배당했어요.[14]
>
> 그렇지만 김상녕은 자신을 '약한 자', '뒤떨어진 자'라고 인정하기가 싫었다. 그런데 이 사실이 그로 하여금 그 '약함'이라는 것을 더욱더 인정하지 않을 수 없도록 만들었다. 그래서 그의 머리속에는 이런 논리가 생겨나게 되었다. 지배당한다는 것, 결국 약하다는 것은 악이라고.[15]

---

14 『태백산맥』上, 111면.
15 『태백산맥』上, 212면.

그에게 있어서도 일본 제국주의의 경험은 불쾌한 것이지만, 그 불쾌함의 근본 원인은 '약한 자의 수치심'이다. 그는 일본의 만행을 도덕적으로 비난할 수는 없다고 생각하면서 일본 제국주의를 하나의 이상향으로 설정한다. 그는 일본 제국주의의 만행은 일본만의 잘못이 아니며, 침략당할 수밖에 없었던 조선인들의 무능함에 그 원인이 있다고 본 것이다. 그에게 강함은 곧 선이며, 약함은 악이다. 그의 관점에서 보면, 나 자신이 살아남기 위해서 약한 이들에게 힘을 휘두르는 것은 정당한 권력 행위이다. 그에게 과거의 조선은 인정하기 싫은 부정적인 이미지로 구성되어 있다. 그는 약한 것을 혐오하고, 침략당할 수밖에 없었던 조선의 '무능함'을 조선 문화 전체에 적용하여 조선 문화를 하등한 것, 부정해야 하는 것으로 인식한다. 그에게 조선의 과거는 결코 현재와 함께 공존할 수 없는 열등한 것이며 제거해야 하는 치부이다.

> "나는 여자들 옷은 그래도 좋다 치더라도 남자들이 입는 한복을 보면 갑자기 속이 메슥거려요. 과학과는 지독하게 인연이 먼 그런 꼴로 도대체 뭘 할 수 있단 말입니까? 나는 우리가 독립한다면 먼저 그 한복을 폐지시키고 남자란 남자는 모조리 군대에 가게 해서 철저하게 훈련시킬 필요가 있다고 생각해요. 강력한 군사국가까지는 되지 않더라도 그렇게 하지 않고서는 저 허벌렁한 이조식은 도저히 없어지지 않을 거라고 생각되거든요. 어쨌든 '미련하게' 보이는 한복만이라도 하루빨리 그만 입게 해야 해요."[16]

위의 인용문에서 김상녕은 한복을 단지 "과학과는 지독하게 인연이 먼" 처분해야 할 대상으로 격하한다. 비과학적이라는 이유로 한복을 폐지해야 한다고 주장하지만, 그가 느끼는 불편함은 "속이 메슥거"리는 감정적 혐오

---

16 『태백산맥』上, 58면.

에 더 가깝다. 그의 내면에는 제국주의 국가에 대한 동경과 일본으로부터 교육받은 조선인의 열등함에 대한 분노가 공존하기 때문이다.

이승원과 김상녕은 식민지 상태로부터 해방되었다는 현실을 정확히 알고 있으면서도 마음속으로는 여전히 식민지 상태에 붙들려 있는 인물들로 묘사된다. 그들은 일본 제국주의와 비슷하거나, 혹은 일본 제국주의를 완전히 모방하는 방식으로 미래를 모색한다. 현실 정치로서의 식민주의가 사라졌다고 하더라도, 그러한 식민주의적 욕망을 그대로 답습하고 모방하려는 인물들의 태도는 결과적으로 조선의 해방을 지연시키는 데 큰 역할을 한다. 여기서 조선의 해방이란 1945년 8월 15일의 공식적 식민 해방 상태에 그치는 것이 아니라, 일본 식민주의가 세뇌했던 조선인의 열등함, 힘 있는 국가는 그보다 약한 국가에 폭력을 행사해도 무방하다는 사고방식에서 벗어나는 것을 의미한다. 그런 의미에서 이승원과 김상녕은 스스로 피식민지 상태에 계속 예속되고 싶다는 욕망을 버리지 못하는 피식민자들이다. 내면적 제국주의를 떨쳐버리지 못하고, 힘으로 남을 억누르려는 욕망마저 모방하려는 태도는 민중들에 대한 또 다른 억압으로 기능한다.

이 소설에서 일본의 식민주의에 대응하는 작중인물들은 일본인과 한반도 조선인, 재일한인으로만 제한되어 있지 않다. 작가는 오키나와 출신의 오미치의 고뇌를 통해 조선인이 아닌 일본의 피식민지 출신의 목소리를 추가한다. 오미치는 엄밀하게 말해 일본인이 아니다. 일본 내지인들이 오키나와 출신을 공적·사적으로 공공연하게 차별하기 때문이다. 오미치는 단지 오키나와 출신이라는 이유로 구직 원서를 제출하지도 못한다. "단, 오키나와인과 조선인은 제외한다"[17]라는 구인광고의 문구가 그의 구직활동을 완전히 제한한 것이다. 그는 사회주의운동을 하면서도 사회주의자 사이에서

---

17 『태백산맥』下, 200면.

조차 민족적인 차별이 존재한다는 사실을 깨닫고 좌절한다.

> 그 뒤 함께 이 조선으로 건너왔는데 그때는 나도 여기서 누군가를 짓밟고 출세를 해볼 생각이었습니다. 어쩌면 일본에서 받아온 그 지긋지긋한 차별에서 어떻게든 벗어나고 싶었기 때문인지도 모릅니다. (중략) 하지만 모두가 미숙했던 탓인지는 모르지만, 사회주의운동을 한다는 동료들 사이에서조차 그런 차별의식이 없어지질 않더군요. 그중 네기시만은 예외였지만 아무튼 그래서 나는 그와 함께 조선으로 왔어요. 말하자면 나도 당당한 일본인으로서 누군가를 멸시하면서 살고 싶었던 겁니다.[18]

위의 인용문에서 오미치는 자신이 겪었던 차별의 경험이 "누군가를 멸시하면서 살고 싶"은 욕망으로 굴절되어 나타났음을 고백한다. 오미치는 출신으로 인한 인종 차별의 불합리성과 그로 인한 상처를 잘 알고 있는 인물이다. 그런 인물이 자신이 겪었던 차별을 그대로 모방하고자 하는 모습은 일본 제국주의의 체화가 얼마나 위험하고 벗어나기 어려운 일인지를 단적으로 보여준다. 그의 모습에서 억압하는 집단에 대한 분노나 저항은 찾아보기 어렵다. 그는 강한 이들을 비판하고 맞설 용기가 없어서, 자신보다 약한 집단인 조선인들에게 자신의 열등감과 공포를 투사한다. 그에게 있어 '당당하게 산다는 것'은 곧 "당당한 일본인"으로서의 정체성을 획득하는 것이고, "당당한 일본인"이 되기 위해서는 "누군가를 멸시"해야 한다.

일본 식민시대에서 개인이 존재하는 방식은 누군가를 억압하는 자이거나 억압받는 자로 양분된다. 그러한 존재 상황에서는 억압에서 벗어나고자 하는 개인의 간절한 열망이 곧 누군가를 억압하고자 하는 욕망으로 이동한다. 이런 역사적 맥락에서 이승원과 김상녕, 그리고 한때의 오미치의 욕망은 가짜 해방을 지향한다. 이 소설은 해방 후에도 권력을 이어가는 친일파

---

18 『태백산맥』下, 201면.

나 이승만 비호세력에 대해 피상적인 비판을 가하는 대신에 그들의 내면 분석을 통해 굴절된 욕망과 왜곡된 정체성을 보여줌으로써 독자들의 비판적 독해를 유도하고 있다.

4. 자기회복으로서의 참 해방

자신의 정체성 찾기는 『태백산맥』의 주요 등장인물들의 주요한 과제이다. 그들은 조선인으로서의 정체성이 오염되고 왜곡된 식민지 시대를 거치면서 자신의 정체성 균열을 인지한다. 특히 재일한인에게 민족적 정체성은 자연스럽게 부여받은 것이 아니라, 능동적으로 탐구하여 구성해야만 하는 사유의 대상이다.

재일한인 1세대 인물인 서경태는 조선인이라는 자신의 정체성을 열등하고 부끄러운 것으로 내면화한 인물이다. 어린 시절에 일본으로 건너가 성공적으로 일본사회에 편입한 그는 외관상으로는 완벽한 일본인이다. 일본사회에서 그는 자신의 정체성이 드러나는 것을 극도로 두려워한다. 그는 일본사회에서 생존하기 위해 조선인으로서의 정체성을 숨긴다고 생각하지만, 그러나 정체성 문제는 그렇게 간단한 것이 아니다. 그는 사랑하는 여인 기미꼬와의 만남을 통해 자신의 진짜 두려움과 대면 하게 된다.

> 기미꼬는 서경태가 조선인이라는 사실을 모른 채 그를 사랑했다. 이 때문에 그는 여러 가지로 고민하다가 마침내 어느 날 그녀에게 그 사실을 '고백'해버렸다. 그때 일을 생각하면 서경태는 지금도 마치 무슨 죄라도 진 사람처럼 얼 굴이 달아올랐다. 도대체 조선인이 조선인이라는 것을 '고백'한다는 게 말이나 될 수 있는 일인가![19]

그가 기미꼬에게 자신이 조선인이라는 사실을 이야기하는 것은 단순히 국적을 언급하는 것이 아니라, 가려야만 하는 부끄러움에 대한 '고백'의 형식을 취하고 있다. 가장 사적인 관계에서조차 국적으로 인한 치욕을 느낀 서경태는 조선인이라는 정체성을 숨기려는 자기 태도 이면에 조선과 조선인에 대한 부정적인 판단이 자리 잡고 있음을 느낀다. 일본 제국주의가 부정적으로 규정하는 조선인에 대한 정체성을 자신도 모르는 사이에 흡수해온 것이다.[20] 그는 그제야 자신이 조선인이라는 이유만으로 내적으로 "만신창이"가 되어가고 있었으며 그러는 사이에 자신도 모르게 "자신과 자신 민족을 멸시하는 버릇"을 갖추고 있었음을 자각한다. 서술자는 "서경태라는 인간은 이처럼 갈가리 찢기고 있었다"라는 서술을 통해서 자기 비하와 멸시를 내면화한 그의 고통을 말한다. 즉, 그의 고뇌는 나라를 잃었다는 슬픔, 멸시받는다는 것에 대한 분노가 아니라, 자신의 정체성마저도 부끄럽고 치욕스러운 것으로 받아들이는 자기모순에 기인한다.

> 기미꼬는 그의 '고백'을 받아들였다. 그리고 별로 놀라는 기색도 없이 이렇게 말했다.
> "괜찮아요. 조선 사람도 지금은 일본사람이니까요." (중략)
> 그녀는 그를 포용하려고 했다. 그랬기 때문에 '조센징'이라고 하지 않고 위로하듯이 '조선사람'이라고 말한 것이다. 그러나 이것이 오히려 그녀의 속마음과는 달리 그로 하여금 견디기 어려운 민족적 차별감을 느끼게 했다. 동정했기 때문에 그렇게 말했을 거라는 생각 때문에 그는 더욱 참

---

19 『태백산맥』上, 284면.
20 윤건차는 재일한인이 인간답게 살고자 할 때는 반드시 민족이란 회로를 거치지 않으면 안 되었고, 민족적 주체성의 확립 내지는 민족적 자각을 갖는 것이 필연적이었다고 주장한다. 재일한인이 스스로의 민족에 대한 잘못된 인식을 강요받는 것에 의해 인간다움이 손상되었기 때문이라는 것이다. 윤건차, 박진우 외 역, 『교착된 사상의 현대사』, 창비, 2009, 219면.

을 수 없었다.[21]

기미꼬가 그의 '고백'을 수용하는 방식은 치부에 대한 암묵적 '용서'로 볼 수 있다. 그녀가 그의 고백을 '괜찮다'라고 수용하는 것은 서경태가 조선인이라는 사실 자체가 괜찮다는 것이 아니라, 조선인은 결국 일본사람이기 때문에 용납할 수가 있다는 논리하에서만 가능하다. 결국, 그녀는 조선인으로서의 서경태를 받아들인 것이 아니라, 그가 일본인이라는 것을 전제로 그의 '열등한' 정체성을 용서한 것이다. 서경태는 받아들일 수 있지만, 일본인이 아닌 서경태는 받아들일 수 없다는 사실은 기미꼬 자신도 의식하지 못한다. 그녀의 의식에는 일본 제국의 시민/피식민자의 이분법이 내재해 있다. 그녀는 서경태를 "조센징"이라고 멸시하지는 않지만, '당신이 일본인이라면'이라는 전제를 포기하지 않는다. 그녀의 의식 자장에서 일본인이 아닌 다른 이들은 사랑의 대상이 될 수 없다.

> "물론 그렇다고 해서 그녀가 민족적 차별의식 같은 걸 가지고 있었다는 말입니다. 그녀는 정말 순진한, 그야말로 독립적인 인간이었습니다. 그러나 그녀가 그러면 그럴수록 나는 더욱더 힘이 들었어요. 왜냐하면, 식민지 민족으로서 그들 속에 편입되어있는 나로서는 그러한 독립이 있을 수 없었기 때문입니다."[22]

서경태에게 민족의 문제를 제거한 근대적 개인[23]은 존립할 수 없는 개념

---

21 『태백산맥』上, 284면.
22 『태백산맥』上, 191면.
23 봉건시대의 개인이 사회-장 속에서의 그 위치에 따라 살아가는 이름-자리로서의 인간이라면, 근대적 개인의 한 측면은 사회로부터의 절개(切開), 사회-장에 균열을 내는 빈칸으로서의 인간이다. 근대적 개인은 자신의 이익에 따라 타자들과 임기응변식으로 계열화해 나가는 존재이지, 세계 전체를 사유하고 거시적인 가

이다. 기미꼬는 "그야말로 독립적인 인간"이지만, 그것은 그녀가 독립 국가의 시민이기 때문에 가능한 일이다. 그가 아무리 자신의 정체성을 은폐하고, 일본사회에 소속되어 살아간다고 하더라도 그는 '독립적인 인간'이 될 수 없다. 서경태는 그녀가 자신을 '용납'하는 방식에서 자신보다 못한 이를 '동정'하는 반응을 발견하고, 기미꼬를 떠난다. 기미꼬가 조선인으로서의 서경태를 받아들이지 않는 이상, 서경태는 그녀와의 관계를 유지할 수 없기 때문이다. 서경태에게 조선인이라는 정체성은 필요에 의해 수용하거나 거부할 수 있는 잉여가 아니다.

이 소설에서 서경태가 조선인으로서 느끼는 부끄러움은 크게 두 가지로 나뉜다. 첫째는, 앞서 설명한 일본사회에서의 열등감이다. 둘째는 자신이 진정한 의미의 조선인으로서 미달이라는 자각과 조국에 대해서도 제대로 알지 못한다는 자괴감이다. 기미꼬를 떠나서 조선으로 온 서경태는 "경성일보라는 일본어 신문이 조선총독부의 기관지"라는 사실을 알지도 못하고, "총독부라는 게 어떤 기관인지도" 모르는 자신의 무지를 발견한다.

> "그러면 어떻게 되나? 자네도 이제부터는 그 조선인민보 쪽으로 가게 되나?"
> 백성오가 서경태에게 물었다.
> "아니, 나는 곤란해. 나는 일본에서 온 반편이어서 조선어로는 아직 기사조차 제대로 쓰지 못하는 형편이라네. 그러니 나는……"
> 그렇게 말하고 서경태는 고개를 떨구고 말았다. 부끄러움과 슬픔이 한꺼번에 북받쳐 올라온 것이다.[24]

치를 추구하는 존재가 아니다. 근대적 개인의 가치는 사익(私益)이다. 이정우 외, 「근대적 개인의 탄생」, 『시대와 철학』, 17권 4호, 2006.
24 『태백산맥』上, 77면.

여기서 주목해야 할 점은 이와 같은 '부끄러움'을 자각한 서경태의 대응 방법이다. 김상녕이 조선에 대한 열등의식을 일본 제국주의의 모방을 통해 극복하려고 했던 것과는 정반대로 서경태는 조선인으로서의 정체성 찾기에 골몰한다.[25] 서경태는 멸시와 비하로 구성된 정체성을 새롭게 재구성하기 위하여 조선과 조선인에 대한 연구를 시도한다. 그는 조선과 조선인을 아는 것을 곧 자신을 아는 것으로 여기며, 조선의 해방을 곧 자신의 해방과 동일시한다. 한반도 내 조선인들에게 조선인으로서의 정체성이 저절로 주어지는 것이었다면, 일본사회에서 일본사람들에게 동화되어 살아온 그에게 조선인의 정체성은 배워야 하는 것, 따져 물어가며 발견해야 하는 객관적인 대상이다.[26]

그는 해방 후의 혼란에 대한 단정적인 판단이나 감정적인 대응을 최대한 경계하며 조선의 역사와 일본 제국주의자들에 대한 비판적인 연구를 시도한다. 그에게 가장 급박한 현실은 잃어버린 자기 자신을 되찾고, 조선 사람

---

[25] 윤건차는 재일한인에 있어서 자신을 응시하면서 내면에 자리잡은 '황국신민'의 잔재와 맞서 조선인으로 다시 태어나는 것은 그들에게 가장 지난한 과업이었다고 밝힌다. 그는 천황을 정점으로 하는 일본의 권위적인 질서를 내면화해온 조선인에게 해방이 어떤 매개도 자기변혁도 없이 맞이한 정치적인 사변이었다고 주장한다. '일본인에 동화되었다가 조선인으로서 바로 서는 것은 내 생애에서 일대 전환점이었다. 모국어를 몰랐다'와 같은 진술이 재일한인의 일반적인 술회라는 것이다. 윤건차, 앞의 책.

[26] 윤건차는 8.15를 계기로 재일한인이 독립 민족의 일원으로 소생하기 위하여 '해방'과 동시에 실제로 동포 조직을 만들어 '일본인'에서 조선인으로 저항하려고 했다고 본다. 그러나 조선의 역사도 말도 잘 모르고, 게다가 내면 깊숙이 자리잡고 있던 '황국신민'의 잔재가 거대했으며, 비록 '노예적 존재'라는 것을 알면서도 일단은 '일본인'으로 살고자 했던 조선인들에게는 자신을 직시하고 폭로하며 조선인으로서의 내실을 획득한다는 것이 너무나 어려운 일이었다고 주장한다. 윤건차, 하종문·이애숙 역, 『일본, 그 국가·민족·국민』, 일월서각, 1997.

들이 회복하고자 하는 고국에 대한 이해이기 때문이다. 이 소설의 백미는 서경태가 조선의 역사와 문화·예술을 접하면서 그것의 우수성과 아름다움에 진심으로 감화받는 과정에 있다. 그는 무엇보다도 부정한 힘 앞에서 나약하게 굴종하는 수동적인 조선인의 이미지가 일본 식민주의로부터 조작되어 만들어진 것임을 확인한다. 반봉건·반식민 투쟁을 위해 목숨을 버린 수십만 명의 역사를 접하며 그는 조선인이 "자립할 수 없는 민족"이라는 제국주의적 명제가 거짓이라는 사실을 깨닫는다. 조선인으로서의 열패의식이 일본 제국주의로부터 주입된 허상이었다는 것을 깨닫는 순간, 그는 자신의 내면을 끝없이 억압해오던 식민주의적 발상에서 해방된다.

> "그는 조선의 역사, 무엇보다 일본 제국주의에 대한 저항의 역사를 알고 나서부터 마치 다시 태어난 듯한 자신의 존재를 의식했다. 그런 저항의 역사를 앎으로써 그는 이제 일본을 대신해서 새로 들어온 미국과 조선의 역사적 관계, 그리고 미국의 조선에 대한 태도까지 알 수 있었다. 그로서는 옛날 같았으면 생각조차 하지 못했을 놀라운 변화였다. <이제 겨우> 하고 그는 생각했다.
> <나는 내 자신을 다시 찾게 된 거야.> 아무리 생각해보아도 지나칠 수 없는 생각들이었다. 그에게 있어서 그것은 삶을 다시 부여받은 것이나 다름없었다."[27]

그는 조선을 더 이상 수치나 치욕이 아니라, 부정한 힘들에 끊임없이 저항한 능동적인 민족으로 의미화한다. 민족과 자기 정체성을 동일시하는 그에게 조선에 대한 긍정적 인식은 곧바로 잃어버렸던 자신을 회복하는 계기가 된다. 그가 조선을 발견하고 조선인으로서의 긍지를 찾게 된 계기는 결코 조선이 부유하고 강한 민족이기 때문이 아니다. 약한 것은 악이고

---

27 『태백산맥』上, 287면.

강한 것이 선이라는 제국주의적 이데올로기 틀로 본다면, 조선은 김상녕이 느끼는 혐오의 대상이 될 수밖에 없다. 그가 조선인으로서의 긍지를 발견한 것은 강함과 약함, 지배와 피지배라는 제국주의의 이데올로기를 더 이상 받아들이지 않는 순간과 일치한다. 억압에 대해 굴종적으로 순종하는 것이 아니라, 생명을 포기하면서까지도 잘못된 것을 바로잡고자 하는 능동적인 힘에서 그는 조선인으로서의 자긍심을 발견한 것이다.

> 도대체 우리들이 조선인으로서, 조선 민족으로서, 아니 한 사람 한 사람의 인간으로서 각기 긍지를 가지고 있다면 그것은 무엇 때문일까? 그것은 이런 사람들 때문은 아닐까? 누가 강요해서 그런 것도 아니야. 명리(名利) 때문도 아니었네. 다만 그들은 자신의 목숨을 걸고 다른 사람들을 위해, 민족을 위해 싸웠던 거야. 그것을 우리가 잊어서는 안 된다고 생각했다네.[28]

『태백산맥』은 일본 제국주의의 정치·경제적 영향을 작품의 주요 주제로 설정하지만, 한편으로는 제국주의의 억압이 외부에서만 진행되는 것이 아니라 개인의 정체성을 파괴하는 방식으로 진행되었다는 것을 보여주면서 해방을 위해 싸워야 할 적이 바로 조선인 내부에도 존재해 있다는 것을 말한다. 작가는 제국주의의 만행을 일본인 개개인에 대한 분노로 치환하지 않는다. 이 소설의 독특한 관점은 자칫 선과 악의 구도로 흐를 수 있는 일본과 조선의 대립 구도를 허물고, 제국주의 이데올로기를 받아들이고 수용하는 자와 거부하는 자, 그것을 분석하고 연구하는 자 등 다양한 성격의 인물들을 보여주는 데 있다. 가령, 제국주의에 대한 염증으로 군사 대국을 만들어서 일본을 모방하고자 하는 김상녕이라는 조선인이 있다면, 일본사

---

28 『태백산맥』上, 93면.

람이면서도 계속 조선에 남아 조선의 독립과 혁명을 위해 일하고자 하는 오미치와 같은 일본인이 있다. 오미치는 당당한 일본인이 되기 위해 조선을 멸시하고자 했던 인물이다. 그러나 그는 조선과 조선인의 고통을 생생히 목도하고 기존의 입장을 철회한다. 작가는 오미치의 발언을 통해 조선인들 또한 일본인에 대한 멸시를 거두어야 한다는 다소 파격적인 제안을 한다.[29] 일본이 저지른 역사적 만행을 잊지 않고 내면으로부터 제국주의를 극복해야 하는 것과는 별개로, 개개의 일본인에 대한 태도는 인격적인 존중에 기반해야 한다고 보는 것이다. 작가의 관점에서 일본인이 조선인들을 멸시하는 것을 그대로 모방하는 것은 가짜 해방을 위한 지향에 가깝다.

한편, 오미치는 오키나와인으로서 잔존하는 제국주의에 투쟁하기 위해서 조선인들과의 연대를 주장한다. 그의 이런 발상은 식민주의 해방의 주체가 조선인에 한정되지 않으며, 조선의 해방이 곧 오키나와의 해방을, 제국주의적 욕망을 품고 사는 숱한 조선인과 일본인에게까지 영향을 미칠 수 있으리라는 이상적 전망을 담고 있다. 작가는 일본 식민주의를 통해 굴절되고 왜곡된 정체성을 깨닫고, 진정한 자기회복을 통해 일본 제국주의로부터 진정한 의미에서 해방된 서경태의 모습을 그림으로써 자기 해방만이 완전한 민족 해방의 길임을 밝힌다. 또한, 조선인을 멸시함으로써 일본인으로서의 당당한 정체성을 확보하고자 했던 오미치가 그러한 억압 욕망의 허구성을 깨닫고 반성하는 장면은 식민주의의 주체가 결코 일본인 개인 문제로 치환될 수 없음을 보여준다.

---

[29] "그렇지만 그것은 당신들에게 일방적인 차별만은 아니었어요. 거꾸로 바로 당신들 조선 사람들도 우리 일본사람들에 대해 강한 차별의식을 갖고 있더군요. 난 조선말을 배우고 나서 알게 됐지만, 당신들은 지금도 우리를 '왜놈'이라거나 '쪽바리'라고 부릅니다. 그냥 일본사람이라고 부르는 사람은 거의 없어요." 『태백산맥』下, 202면.

5. 결어

앞에서 김달수 장편소설 『태백산맥』에 나타난 해방의 의미를 작중인물의 정체성 형성과정을 중심으로 살펴보았다. 김달수는 재일한인 1세대 작가로서 근본적으로 민족 정체성의 문제에 천착할 수밖에 없었다. 재일한인은 실재의 세계에서는 이미 사라지고, 기호로만 존재하는 '조선'을 그들의 조국으로 삼는다. 그런 의미에서 김달수는 대한민국의 국적자도 아니고 일본인도 아닌 경계인의 정체성을 갖고 있다. 그런 경계인의 시각에서 해방 후의 조선은 해방되지 않은 불완전한 분단국가에 불과하다. 김달수의 『태백산맥』은 '미완의 해방'에 대한 소설이다. 이 소설의 인물들은 의식적·무의식적으로 한반도의 해방이 지연되고 있다는 것을 깨달으며 식민지 상태의 지속에 대한 불안을 겪는다.

이 글에서 다룬 등장인물들은 크게 두 부류로 나뉜다. 첫째는 해방 후에도 식민지 일본에 대한 의존심과 모방 욕구가 남아 있는 인물들로 이승원과 김상녕이 있다. 그들은 조선인으로서의 정체성을 부정하거나 열등한 것으로 취급하며 일본의 제국주의를 학습·모방하고자 한다. 둘째는 피식민지 시민으로서의 정체성에 부끄러움과 모멸감을 느끼지만, 그러한 열등의식이 기실 일본에 의해 만들어진 허구라는 것을 깨닫고 자신의 정체성 찾기에 도전하는 인물들이다. 재일한인 서경태와 오키나와인 오미치가 대표적 인물이다. 서경태가 조선을 이해하기 위해 조선의 역사와 문화·예술을 탐구하는 한편으로 오미치는 해방 후의 조선인들을 돕고자 한다. 이들은 일본의 식민통치가 해방 뒤에도 개개인의 의식 속에 잔존해 있다는 것을 비판적으로 인식하며, 그러한 의식을 깨뜨리고 개개인의 긍정적 정체성 발견을 통해 새로운 저항의 가능성을 모색하고자 한다. 김달수는 두 번째 인물들이 자신의 정체성을 찾아가는 과정을 통해 내재화된 식민화를 거부하고자 하는 확고한 의지를 확인시킨다.

이 소설에서 '해방'은 단기간에 확립되거나 누군가로부터 부여받는 대상이 아니다. 김달수가 소설의 전반에 걸쳐 조선의 해방이 사실상 허구에 불과했다는 점을 비판한다. 이 소설은 해방을 향한 조선의 저항을 동학농민운동부터 시작되었다고 전제하면서, 숱한 희생과 투쟁의 역사가 해방을 맞이하는 것은 역사적 당위라는 점을 기본 관점으로 제시한다. 즉, 조선의 해방은 조선인으로부터 투쟁 역사의 결과로 성취되어야 하며, 무엇보다도 투쟁의 정신을 잇는 맥락에서 성립되어야 한다. 그러나 일본 식민통치로부터의 해방은 일본의 패전 결과로 '주어진 것'이 되었고, 미군은 조선에게 '독립을 주겠다'는 시혜적인 태도를 보인다. 명목상의 해방을 부여받은 인물들은 식민지 시대의 모순이 그대로 잔존하는 상황을 '미완의 해방'으로 인식한다. 이런 배경에서 인물들은 해방을 위해 나름의 방편을 선택하는데, 이 중에서도 작가 김달수는 단기적인 투쟁이나 분노의 표출보다도 조선인의 정체성을 건강하게 재구성하려는 시도를 긍정적으로 그려낸다. 조선을 부강한 나라로 만들겠다면서 일본의 제국주의를 그대로 모방하거나, 일본 제국주의를 염오(厭惡)하면서도 조선인과 조선문화에 대한 열등감을 느끼는 모순은 이 소설 곳곳에서 비판적으로 그려진다. 해방을 위한 첫 번째 단계는 우선 일본 제국주의가 조선인들에게 세뇌시킨 열등의식을 극복하는 것에서 출발한다. 두 번째로는 부정한 것들을 향한 투쟁의 역사를 이해하고 받아들이는 단계이다. 그때 비로소 제국주의·식민주의에 대한 분명한 비판과 저항이 가능하게 된다. 김달수가 그리고자 했던 해방은 이런 과정을 통해서만 다다를 수 있는 어려운 숙제로 제시된다.

미국의 개입뿐만 아니라, 좌익과 우익의 대립, 지식인 내부의 갈등은 결과적으로 단일정부 수립의 실패를 초래할 뿐만 아니라, 진정한 의미의 해방을 가로막는다. 이 소설의 다양한 등장인물들은 기본적으로 8월 15일의 해방이 진정한 해방이 아니었다는 점에는 각자의 방식으로 동의한다. 이들에게 해방이란 단순히 일본의 직접적인 지배에서 벗어나는 좁은 의미의 개념이 아니다. 이들에게 해방은 과거 봉건질서와의 완전한 단절을 의미하며, 일본 제국주의에 대한 끊임없는 투쟁을 의미한다. 한편으로 이 인물들에게 해방은 과거와 단절된 '미래의 어떤 것'이 아니라 부정한 것들을 비판하고 저항하던 과거의 유산을 기억하고 현실에 적용해서 얻어야 할 목표이기도 하다.

□ **참고문헌**

1. 기본자료

김달수, 임규찬 역, 『태백산맥』, 연구사, 1988.

2. 논저

김학동, 『재일조선인 문학과 민족: 김사량·김달수·김석범의 작품세계』, 국학자료원, 2009.
김환기, 『재일 디아스포라 문학』, 새미, 2006.
윤건차, 하종문·이애숙 역, 『일본, 그 국가·민족·국민』, 일월서각, 1997.
_____, 박진우 외 역, 『교착된 사상의 현대사』, 창비, 2009.
이정석 외, 『재일조선인 문학의 존재 양상』, 인터북스, 2009.
이정우 외, 「근대적 개인의 탄생」, 『시대와 철학』 17권 4호. 2006.

이한창 외, 『재일동포 문학과 디아스포라』, 제이앤씨, 2008.
함석헌, 『뜻으로 본 한국역사』, 한길사, 2003.

강요된 타자, 정체성 갈등과 승화
― 김학영과 이양지의 소설을 중심으로

1. 서언

재일(在日) 한인[1]의 이주는 일제 강점과 그 역사를 같이한다. 1910년을 전후하여, 우리 민족은 급격히 몰락해가는 농촌생활을 벗어나기 위하여 러시아·중국·일본 등으로 이주한다. 특히, 일본으로의 이주는 1939년 이후 급증하는데, 일제의 강제징용으로 송출된 노동자·농민이 주를 이룬다. 이들은 일본의 노동시장에서 토목·광산·부두의 하층 노동자로 전락, 민족적인 차별과 가혹한 핍박을 감내하며 생존해온다.

1945년 광복 당시 200만여 명에 이르는 재일한인 중 140만 명은 귀국선에 오르지만, 고향에서의 근거를 상실한 사람들을 비롯하여 남북 분단·한국전쟁 등 국내의 정치·사회적 혼란으로 현지에 잔류한 사람 역시 적지

---

[1] 이 글에서 '재일한인'은 한국 국적을 비롯하여 일본 국적, 조선 국적(남북 분단 이전), 북한 국적 등으로 일본에 거주하는 한국인(조선인)을 총칭하는 의미로 사용한다. 다만, 북한 국적 재일한인을 특정하여 지칭할 경우 '재일조선인'으로 칭한다.

않았다. 패전 후, 일본 정부는 재일한인을 외국인으로 간주하여 일본의 제반 법제도에서 축출하는 조치를 취하고, 외국인 등록과 등록증 소지를 의무화하는데, 1947년 말 외국인 등록을 마친 재일한인은 약 60만 명으로 알려져 있다. 이후, 일본 정부는 재일한인을 일본사회로부터 배제하려는 정책으로 일관, 직장·공직·참정권 등 갖가지 차별을 강요한다. 오늘날 재일한인사회가 안고 있는 문제들, 일본인과 결혼하여 귀화하는 2,3세들의 증가와 민족교육 약화 등으로 인해 일본사회와 문화로 급속히 동화하는 것은 이러한 일본 정부의 차별 정책에서 연유하는 결과적 현상에 다름 아니다.²

재일한인문학은 이주 초기부터 현재까지 계속되어온 이러한 차별과 억압의 현실을 핍진하게 담아 내보이는 한편, 민족적 정체성을 찾기 위해 고뇌하고 저항해 나가는 모습을 그리고 있다. 재일한인문학의 토대 마련에 크게 이바지한 2세대 작가들이 특히 그러하다. 이들은 6, 70년대 일본사회의 경제 발전과 냉전 이데올로기를 체험한 세대로, 영주(永住)를 모색하는 의식의 변화와 함께 조국을 강하게 인식하는 세대이기도 하다. 그래서 이들 세대는 일본 패망 이후 지속되어온 민족적 차별과 이로 인한 갈등 속에서 자신들의 실존, 재일한인으로서의 생활과 사고방식 등에 대해 제 목소리를 내기 시작한다. 이들의 소설에 '조국'(민족)과 '재일' 사이에 놓인 자신의 위치, 정체성에 대해 갈등하고 고뇌하는 '경계인 의식'이 집중적으로 조명되는 것도 이 때문이다. 이회성·김학영·종추월 등은 그 대표적 작가인데, 이회성·이양지·유미리·현월 등이 일본의 권위 있는 문학상인 '아쿠타가와

---

2 이에 대해서는 윤건차, 「식민 지배와 남북 분단이 가져다준 분열의 노래」, 한일민족문제학회 편, 『재일조선인 그들은 누구인가』, 삼인, 2003, 14~15면/ 김광열, 「재일조선인은 어떻게 형성되었나」, 한일민족문제학회 편, 앞의 책, 71~73면/ 최영호, 「재일동포의 슬픈 현실」, 한일관계사학회, 『한국과 일본, 왜곡과 콤플렉스의 역사1』, 자작나무, 1998, 270면 참조.

상'을 수상하고, 일본 문단에서 재일한인문학을 주목하기 시작한 것도 2,3세대 작가의 문학적 성과와 무관하지 않다.

재일한인 2세대 작가들은, 1세대 작가들이 그러했던 것처럼, 민족의식과 분단 이데올로기를 축으로 재일한인으로서의 민족적 정체성과 저항이라는 거대 담론을 그 중심 테마로 삼고 있다. 이와는 달리, 3세대 작가들은 이를 탈피하고 재일한인이라는 일본 내의 특수한 삶의 조건을 새롭게 해석하고 이에 대응하는 성향을 드러낸다. '재일'을 민족의 차원에서 보는 것이 아니라 실존적 상황에서 맞닥뜨리는 개인적 문제, 인간 존재의 의미와 현대인의 고독 등 보편적 문제의식으로 제기하는 경향이 그것이다. 그러나 그럼에도 불구하고, 3세대 작가들은 '재일'이라는 특수한 현실은 '민족'의 문제에서 결코 자유로울 수 없다는 점을 새삼 확인한다. 재일한인으로서 겪을 수밖에 없는 정체성의 갈등을 주목, 이를 작품으로 형상화하는 이양지는 그 한 예이다.[3]

김학영을 비롯한 2세대 작가들, 그리고 이양지 문학에서 정신 병리의 징후가 강하게 나타나는 것은 재일한인사회의 세대적 특성과 관련된다. 이들은 조국(한국)과 거주국(일본) 사이에서 정체성의 갈등을 겪을 수밖에 없는 재일한인 2세를 주인공으로 내세운다. 이들 주인공은 일본인처럼 성장하고 교육받은, 일본인 같은 재일한인들이다. 그러나 일본인들은 이들 주인공을 각양의 방법으로 차별을 하고, 민족콤플렉스를 자극한다. 이 때문에 이들 주인공은 갈등하고 스트레스에 빠져든다. 우울증에 시달리고 말을 더듬거나 자살 충동을 느끼는 것은 물론, 일본인으로부터 살해당하는 피해

---

[3] 이 때문에 이양지를 2세대 작가로 보기도 한다. 김환기는 이양지를 2세대 작가지만 3세대와 동일한 문학성을 추구한 작가로 평가한다. 김환기, 「이양지의 『유희』론」, 『일어일문학연구』 41집, 한국일어일문학회, 2002.5, 233~234면.

망상, 일본인을 죽이고 싶은 살해 충동에 빠지는 등 정신분열증마저 나타낸다. 이러한 심리 기제는 프란츠 파농이 지적[4]한 바와 같이 이들 주인공의 민족적 열등감에서 연유한다. 바꿔 말하여, 김학영과 이양지의 소설에 나타나는 정신 병리는 그들이 일본에서 출생하여 자라고 교육받았음에도 불구하고 일본인이 아니라 일본사회의 차별받는 타자라는 존재감, 즉 재일한인에 대한 경멸적 표현인 '조센징(조선인)'이라는 민족콤플렉스에서 비롯되는 것이다. 일본사회의 일원으로 살아가는 데 있어 '조센징'이라는 존재 자체가 정상이 아니라 비정상으로 취급되는 준거이며, 근원적 외상(trauma)이기 때문이다. 이 글에서 재일한인 소설에 재현된 정신병리 현상에 특히 주목하는 까닭이 여기에 있다.

따라서 이 글에서는 재일한인사회 2세대들이 겪는 정체성 갈등과 좌절, 광복 후 재일한인에게 나타나는 포스트 식민주의의 본질을 정신병리적 측면에서 다층적으로 드러내고 있는 김학영의 『얼어붙은 입』과 3세대 작가 이양지의 「나비 타령」을 탈식민주의 정신분석비평 방법으로 접근, 이들 작품이 내보이는 소설적 진실과 주제적 특성, 그 문학적 성과를 밝혀보고자 한다.

---

[4] 프란츠 파농(Frantz Fanon)은 백인사회에서 식민주의에 길들여진 흑인의 정상과 비정상을 분별하는 준거는 백인인가 아닌가에 있다고 말한다. 그에 의하면, 정상적인 가정에서 정상적으로 성장한 흑인 아이라 하더라도 백인사회와의 피상적인 접촉만으로도 비정상적인 아이로 변해버린다. 흑인의 열등감은 백인의 가면을 쓰고 백인처럼 살아가다가 자신의 진정한 정체를 확인하게 될 때 형성된다는 것이다. 프란츠 파농, 『검은 피부, 하얀 가면』, 인간사랑, 1998, 181면.

2. 민족콤플렉스와 말더듬, 『얼어붙은 입』

1) 말더듬과 우울증

김학영(金鶴泳, 1938~1985)은 재일한인문학 2세대를 대표하는 작가 중 한 사람으로, 1966년 첫 작품 「도상(途上)」을 발표한 후, 『얼어붙은 입』으로 문예상을 수상한다. 그의 작품은 1973년부터 수차례 '아쿠타가와상' 후보에 오른 바 있다.[5] 그의 소설은 '반쪽발이'로 살아가는 '재일'의 어려움을 문제 삼는 데 그 특성이 있다. 그러나 그는 갖가지 차별 속에서 살아가야 하는 '재일'의 어려움을 그리는 데 국한하지 않고, 재일한인사회 내부에 눈을 돌려 민족의 이념에 동화하지도 못하고 일본사회에 적극적으로 안주하지도 못하는 2세대 한인들의 고뇌와 갈등을 담아내기도 한다.[6] 한편, 그의 문학의 주 모티브는 자신의 말더듬, 민족문제, 정체성의 혼란, 아버지의 폭력, 연애의 파탄, 조모의 죽음 등이며, 이는 데뷔작에서 유고작에 이르기까지 일관하고 있다.[7]

『얼어붙은 입』은 작가 자신의 말더듬이 장애를 집요하게 분석한 작품이다. 1인칭 주인공이자 화자인 최규식은 서술 시점의 현재 동경대학 공업화학과 대학원생이다. 그는 연구회에서 3개월마다 실험 결과를 보고해야 하

---

[5] 1938년 군마현에서 재일한인 2세로 태어남. 본적은 경남. 아버지가 12세 때 할아버지와 함께 도일하고, 할머니는 일본에서 자살함. 도쿄대학 입학 전까지 야마다(山田)라는 일본명을 사용하다가, 입학 후 본성(本姓)인 '김(金)'을 사용함. 동경대학 이과에서 공업화학을 전공, 학사·석사에 이어 박사과정까지 입학하지만 중퇴한다. 이에 대해서는 김학영, 하유상 역, 『얼어붙은 입』(『한국문학』 1977.9. 별책 부록)의 '연보' 참조.
[6] 이한창, 「재일교포문학연구」, 『외국문학』 1994년 겨울호, 93~94면.
[7] 유숙자, 「김학영론」, 『재일한국인문학』, 월인, 2000, 234~252면.

는데, 이때가 되면 말더듬도 심해지고 신경이 극도로 쇠약해진다. 그의 말더듬의 강약의 주기적인 커브는 연구회의 발표 주기와 관계가 있다.

> 요즈음 또 묘한 숨 가쁨으로 괴로움을 당하고 있다. 온종일 무엇인가에 두려워 떨고 있는 것과 같은 상태이었다. 끊임없이 무엇인가에 쫓기어, 그리고 어딘가에 휘몰리는 것과 같은 상태의 기분이었다. '말더듬이의 골짜기' 때문일까?
> 요 근래 또 몹시 말을 더듬고 있었다. 소리가 막힌다. 스스로도 이상하리만치 말이 안 나온다. 그와 같은 시기가 있다. 그리고 그와 같은 시기가 주기적으로 닥쳐온다.[8]

화자 최규식은 자신의 말더듬에 대한 스트레스로 인해 심계항진(心悸亢進, palpitations) 같은 불안 증세를 보이는가 하면, 불안을 넘어서서 공포마저 느낀다. 하지만 그는 말더듬 그 자체보다는 그로 인한 정신적 충격과 굴욕을 두려워하고 있다. 그는 자신의 말더듬을 고치기 위해 5년 전부터 매일 30분씩 교정 연습을 하지만, 효과가 없다. 그의 말더듬은 기능적인 장애가 아니라 정서적 심리적인 장애와 관련되어 있기 때문이다. 그는 혼자서 낭독을 할 때는 말을 더듬거리지 않는다. 그보다 말더듬이 심했던 일본인 이소가이와 말할 때도 전혀 말을 더듬거리지 않고 오히려 달변이다. 또한, 영어나 독일어·프랑스어를 읽을 때도 전혀 더듬거리지 않는다. 다만 그는 연구실의 일본인 동료들 앞에서 일본어로 발표할 때는 말더듬도 심해지고, 정체불명의 불안감에 시달린다. 생각이 제때 말이 되어 발화되지 못하고, 이로 인해 이방인 의식을 느끼며 심리적 긴장과 갈등에 휩싸이게 되는 것이다.

---

[8] 김학영, 『얼어붙은 입』, 15면. 이하 본문에서의 인용은 면수 밝히지 않고 " "로 표시함.

그러나 연구실에 있을 때 매일 같이 나를 습격하는 정체불명의 숨 가쁨은 여전하였다. 그것은 눈에는 보이지 않는다. 또 딴 사람의 눈에는, 이유는 전혀 없다. 그러나 연구실에 있을 때 나는 웬일인지 숨 가빠져서 견딜 수가 없다.[9]

일본인들 앞에서 일본어로 말을 해야 하는 특정한 상황에서만 일어나는 그의 말더듬이는 일종의 사회공포증이다. 사회공포증이란 특정한 대인관계나 사회적 상황에서 남을 의식하여 불안이 생기는 것으로, 이것은 불안장애의 일종이다. 그의 경우, 남 앞에 나가 발표할 때 겪는 장애이므로 연단(演壇) 공포증이라고 부를 수 있다. 그렇다고 해서 일본인 동료들이 그를 따돌리거나 괴롭히는 것은 아니다. 실험실의 분위기에 융화되지 못하는 것은 그 자신이며, 그 스스로 이방인 의식에 사로잡혀 있다. 말이 제대로 발화되지 못하니 타자의식에 사로잡혀 소외감을 겪는 것은 당연한 일일 것이다. 그는 "사람과 사람의 관계를 매개하는 것은 말이다. 사람과 만날 때마다 교환되는 것은 말이며, 그것이 거의 전부"라고까지 생각한다. 그런데 말더듬으로 인한 의사소통 장애가 주는 불편함은 말할 필요가 없거니와, 남에게 이해받지 못하는 인간적인 소통의 장애는 그로 하여금 불편을 넘어서서 깊은 슬픔을 느끼게 한다. 그리고 그 슬픔이 심각한 우울증을 유발한다.

실제 그것은 뭐라고 할 무게일까! 이런 때는 유별나게 모든 것이 울적하고, 모든 일이 매우 귀찮게 느껴진다. 걷는 것도 울적하고, 밥을 먹는 것도 울적하고, 전차를 타고 연구실에 가는 것도 울적하고, 의욕도 없는 실험에 체력과 신경을 닳게 하는 것 등은 더구나 울적하고, 호흡하는 것조차도 울적하다는 느낌이다.[10]

---

[9] 위의 작품, 18면.
[10] 위의 작품, 45면.

우울증은 스트레스에 의해 발생하는 심리적 결과로, 전문 용어로는 조울정신병(mannic-depressive psychosis)이라는 정신장애이다. 우울증의 가장 심각한 증세는 자살인데, 이 작품에서는 주인공 및 작가의 분신이기도 한 이소가이를 통해서 나타나고 있다. 1985년 48세의 나이에 생을 마감한 김학영의 죽음 또한 자택에서의 자살로 알려져 있다.

2) 민족콤플렉스가 유발한 분노와 무력감

『얼어붙은 입』의 주인공 최규식은 일본에서 태어나 자라고 교육받았지만, 그는 일본인이 될 수 없다. 뿐만 아니라, 그는 한국인으로서의 뚜렷한 정체성도 없고, 재일한인 1세대처럼 확고한 민족의식도 없다. 그의 "한국인 의식은 항상 관념으로서의 민족의식이지 실감으로서의 그것이 아니다." 그는 "일본에서 태어나 그리고 유치원에서 대학까지 쭉 일본"에서 다녔으며, "한국에서 떨어진 곳에서, 또는 격절된 곳에서 자라"왔기 때문이다. 자연히 그는 "한국의 일에 소홀하고 또 민족의식도 희박"할 수밖에 없다. 그는 희박해진 민족의식을 학습을 통해서 회복, 아니 각성시키려 한다. 그가 회복하려는 민족의식이란 "나 자신이 한국인이고 일본인이 아니란 것을, 아무리 일본인처럼 행세하고 일본인과 같은 기분으로 살고 있어도 결코 일본인이 아니란 것을 자각"하는 것이다. 그런데 그가 "한국사, 해방투쟁사, 남북한의 시사 문제에 관한 잡지" 등을 읽으며 한국에 대해 의식적으로 알려고 노력하면 할수록 그의 의식은 묘하게 우울하고 기분이 무거워진다. 한국에 관해 알면 알수록 과거 한국의 비참한 역사와 그 연장선상에 있는 현재 자신의 존재를 자각하게 되기 때문이다. 그가 일본인 앞에서만 말을 더듬고, 타자의식을 느끼고, 이방인 의식을 느끼는 까닭이 여기에 있다.

그런데 전차 속에서 책을 읽을 때마다 나는 매일처럼 나 자신이 한국인이란 것이 새삼스럽게 느껴져 생각하게 한다. 그리고 묘하게 우울해지고 기분이 무거워진다.
왜 그럴까? - 그것은 그 한국 관계의 책이란 것이 꼭 한국 민족의 비참한 역사에 붓을 대고 한국인 동포 문제가 극히 가까운 과거까지 억압되고 학대의 상황 속에서 살아와 오늘날 현재도 아직 비참과 고뇌 속에 살고 있다는 것, 그리고 나 자신이란 존재가 실은 그런 상황의 위에 서 있다는 것, 과거에 그들이 체험하고 지금도 아직 체험하고 있는 것은 자신과 무관계한 나라 사람의 체험이 아니고, 도리어 자신과 대단히 밀접한 관계에 있는(또는 밀접한 관계에 있어야 할 동포의 사실이란 것, 그런 것들을 나는 새삼스레 알게 되어 충격을 받고 생각게 되었기 때문이다.[11]

그는 독서를 통하여 포스트 식민의 현재와 식민 과거의 실상을 알게 된다. 재일한인들은 '외국인등록증'을 소지하지 않았다는 것만으로도 범죄가 성립되는 차별을 받고 있다. 재일한인이 받는 차별은 법적 차별만이 아니다. 재일한인에게 세금은 일본인 이상으로 엄격히 부과되지만 생활보호의 할당은 적으며, 공영주택의 입주도 허락되지 않고, 주택공단자금도 대출받지 못한다. 건강보험·실업보험 등 각종 사회보장제도로부터도 차별받고 소외당한다. 일본인으로 살아갈 수 없도록 각종 사회적 차별을 가하면서도 정작 일본은 재일한인에 대한 한국의 민족교육을 금지하고, 국적선택의 자유도 빼앗으며, 조국에의 왕래도 규제한다. 재일한인이 겪고 있는 각종 차별과 억압을 독서를 통해서 명확하게 인식하게 된 것이다. 그래서 그는 이러한 차별이 지난날 한국을 침략하여 착취한 데 대한 보상인가 반문한다. 그리고 "조용한 그러나 뿌리 깊은 곳에서 솟아 나오는 분노"를 느끼게 된다. 그의 이방인 의식은 그가 일본인이 아니라는 타자의식에서 연유하는

---

[11] 위의 작품, 51~52면.

것만은 아니다. 과거 일제강점기 일본의 만행과 현재 일본인의 민족적 편견과 불가시적인 차별에 대한 분노, 그리고 그릇된 우월감을 가진 일본인을 설득할 수 없다는 무력감 등 민족콤플렉스가 총체적으로 작용하여 신체적 장애로 나타나게 된 것이다.[12] 다시 말하여, 그의 한국인으로서의 민족의식이 그를 정체성 갈등에 휘말리게 하고, 우울증에 빠져들게 하고, 말더듬을 유발한 것인데, 이것은 재일한인의 피할 수 없는 근원적 외상이며, 거대한 좌절에 다름 아니다.

주인공은 말더듬의 괴로움을 이소가이 여동생 미찌꼬와의 성애를 통해 잊고자 하지만, 자기 구원에 실패한다. 미찌꼬는 그의 말더듬으로 인한 고통을 알지 못하며, 그는 미찌꼬가 아는 것 자체를 굴욕이라고 생각한다. 일본인인 미찌꼬가 재일한인으로서 겪을 수밖에 없는 정체성 갈등과 그로부터 유발되는 말더듬의 고통을 결코 이해할 리 없기 때문이다. 그만큼 그는 고독하다.[13] 하지만 그의 고독은 결코 보편적 인간으로서 겪는 고독이 아니며, 일본 사소설의 전통을 계승한 것도 아니다. 작가 자신이 "말더듬이를 따지고 들어가면, 왜 한국인이면서 일본으로 흘러들어와 살게 되었느냐는 문제에 봉착하게 되고, 그 근원을 찾다 보면 민족문제에 이르게 된다."고 밝힌 것처럼,[14] 그것은 법적·사회적 차별과 불가시적 편견 속에서 2세대 한인들이 겪어야 하는 민족적 고독이고 고통이다.

---

[12] 이것은 전환(conversion)의 일종인데, 전환이란 심리적 갈등이 신체 감각기관과 수의근육계의 증세로 표출되는 것을 말한다. 이무석, 『정신분석에로의 초대』, 이유, 2003, 201면 참조.
[13] 이를 두고, 이 작품은 인간 존재의 고독과 쓸쓸함은 개인의 영역에 머무르지 않고 인간 보편의 삶의 고독과 쓸쓸함으로 표출하였으며, 이 점에서 일본 근대문학의 독특한 장르인 사소설의 전통과 잇닿아 있다고 말하기도 한다. 유숙자, 「김학영론」, 『비교문학』 24집, 한국비교문학회, 1999, 234~252면.
[14] 김학영, 하유상 역, 『소설집-얼어붙은 입』, 화동출판사, 1992, 205면.

3) 자살과 가정 폭력의 의미

『얼어붙은 입』에서, 주인공은 이소가이의 자살에 대해 동일시 감정을 강하게 느낀다. 그는 영어 시간에도 이소가이가 제대로 읽지 못하고 더듬거리자, 자신이 더듬고 있는 것처럼 부끄러움을 느끼며 대신 읽어주고 싶어 할 정도로 동일시 감정을 느꼈었다. 이소가이가 같은 말더듬이인 탓도 있지만, 한국인인 그를 편견 없이 대해 주기 때문이다. 이소가이 역시 주인공을 유일한 친구로 여긴다. 이소가이는 유서 한 장 남기지 않지만, 주인공 앞으로 대학노트에 쓴 일기를 남긴다. 노트에서, 이소가이는 이미 두 차례나 자살을 시도한 적이 있다고 밝힌다. 그는 말더듬 때문에 자신을 남에게 이해시키는 일은 불가능하며, 이해시킬 필요도 없다고 생각하는 자폐적 상태의 대인공포증에 빠져 있었다(이 점에서 최규식과 이소가이는 닮았다). 그런 그가 주인공에게 노트를 남기며, 그에게 관심 가지게 된 것은 주인공이 '최'씨 성을 가진 한국인 남자이기 때문이다. '최'가인 이 남자는 이소가이에게 한국인에 대한 좋은 인상을 각인시킨 인물이다. 자살한 어머니와 관련된 남자가 '최'였던 것이다. 아버지의 가정 폭력에 시달리던 어머니는 아버지 동료였던 '최'의 친절과 다정함에 마음을 주고 있었고, 그 때문에 아버지는 '최'를 폭행하고, 어머니는 자살하고 만다. 하지만 이소가이는 어머니를 죽인 것은 아버지의 폭력이라고 생각한다. 이소가이는 어머니에게 폭력을 행사하는 아버지(할아버지)를 증오, 살부(殺父) 충동을 느끼는 오이디푸스 콤플렉스를 가지고 있었다.

> 나의 아버지는 거의 학문이 없네. 할아버지가 주태배기라 그 술값 때문에 어렸을 때 아버지는 늘 가난하고 학교에도 만족하게 가지 못한 거야. 아버지는 불학무식하고 우매하지만 그 책임의 태반은, 그러니까 할아버

지에게 있다고 할 수 있을지도 모르지. 그렇다면 어머니를 죽게 한 것은 아버지의 우매함에 있었다면 그 아버지의 우매함에 책임이 있는 할아버지는 어머니의 죽음에도 책임이 있는 것이 되겠지. 나는 그렇게 생각하고 있어. 그러니까 나는 아버지와 더불어 할아버지도 격렬하게 증오하고 있다네.[15]

자기혐오와 아버지(할아버지)에 대한 증오심에 빠진 이소가이는 성병과 결핵을 치료하지 않은 채로 방치, 병이 위중해지자 어머니 명일(命日)을 택해 자살한다. 과거 두 차례는 어머니의 슬픔 때문에 죽으려 했지만, 이번에는 자신의 쓸쓸함 때문에 죽는다고 노트에서 적고 있다. 오이디푸스 콤플렉스를 극복하지 못한 이소가이는 아버지에 대한 살해 충동을 실행할 수 없어 자기 자신을 살해한 것이다. 자살이란 타인에 대한 살해 충동을 자기 자신에게 향하게 만드는 '자기에로의 전향'(turning against self)의 가장 극단적인 형태이다. 자기에로의 전향이란 공격적인 충동이 다른 사람이 아닌 자기에게로 향하는 것을 말한다.[16]

『얼어붙은 입』에서 작가는 주인공과 이소가이를 말더듬이로 설정, 이소가이를 동일시(identification)하는 주인공의 심리를 통해 자살에 대한 감추어진 내적 욕망을 간접적으로 드러낸다. "작가 자신의 말더듬과 관련한 내면세계를 '나'와 이소가이로 양분해서 형상화한 것으로 볼 수 있다."[17]는 지적처럼, 주인공과 이소가이는 서로가 분신이며, 동전의 양면처럼 닮아있다. 주인공은 말더듬을 벗어나기 위해 노력하지만 실패하고, 이소가이는 자살한다. 주인공도 무의식의 심층에서 자살을 동경하지만, 말더듬을 벗어나는 '망아의 경지'를 꿈꾼다. "망아(忘我)의 경지-내게 있어서 그 망아의

---

[15] 위의 책, 126-127면.
[16] 이무석, 『정신분석에의 초대』, 이유, 2003, 175면.
[17] 김환기, 「김학영의 <얼어붙은 입>론」, 『일어일문학연구』 39집, 2001, 11, 273면.

경지란 결국 말더듬거림을 잊고 있을 때"이고, 그것은 이소가이가 자살로써 오이디푸스 콤플렉스로부터 자유로워진 것처럼 나를 잊고 "참된 나 자신에 되돌아"오는 경지이다. 말하자면, 주인공에게도 자살은 말더듬이라는 굴욕적 현실에서 벗어나는 유일한 통로인 셈이다. 이 작품 서두는 이를 넌지시 내보이고 있다. 휘황찬란하게 빛나는 금빛 광선이 원추형으로 그를 둘러싸고 있고, 그 속에서 신이나 이소가이처럼 생각되는 정체불명의 존재가 보드라운 광선으로 그를 에워싸고 고무하는 듯해서 눈물이 뚝뚝 떨어지는, 작품 서두의 꿈에 감추어진 의미는 바로 주인공의 자살에 대한 잠재된 욕망인 것이다.

프란츠 파농에 의하면, 가족의 구조와 국가의 구조는 상동성을 가진다. 또한, 한 국가 내의 군국화와 중앙집권적 권위는 아버지의 권위를 자동적으로 출현시킨다. 비단 유럽뿐만 아니라 다른 모든 나라에서도 문명화되었거나 문명화되고 있는 가족이라는 개념은 국가의 축소판으로 작동한다.[18] 따라서 이소가이의 자살을 불러일으킨 폭력적 아버지는 재일한인사회를 핍박하는 폭력적 일본과 상동성을 띤다고 할 수 있다. 이 작품에서의 가정폭력은 일본이 한국인에 가한 국가적 폭력의 전치에 다름 아닌 것이다. 어떤 생각이나 감정 등을 표현해도 덜 위험한 대상에게 옮기는 것을 전치(displacement)라고 말하는데.[19] 『얼어붙은 입』에서의 아버지의 폭력은 따라서 재일한인에 대해 폭력적인 일본과 일본사회에 대한 알레고리라 할 수 있다. 작가가 「도상」「유리층」「알콜 램프」 등에서 아버지의 폭력 문제를 다루고 있는 것도 여기서 연유한다.

---

[18] 프란츠 파농, 앞의 책, 180면.
[19] 이무석, 앞의 책, 175-176면.

3. 정체성 갈등과 승화, 「나비 타령」

1) 정체성 갈등과 피해망상

이양지(1955~1992)는 3세대 재일한인문학을 대표하는 작가 가운데 한 사람으로, 「나비 타령」을 비롯하여 「유희」 「해녀」 등 그의 작품 대부분이 자전적 성격을 띠고 있다는 점에서 특히 주목된다. 1955년 야마나시현에서 태어난 그녀는 9세 때 일본에 귀화한 부모를 따라 귀화한다. 1975년 와세다 대학 입학한 후 재일한인학생 서클 '한국문화연구회'에 가입하여 활동하면서 가야금을 배우고, 대학 중퇴 후 가야금을 본격적으로 배우기 위해 1980년 한국에 유학, 1981년 서울대 국문학과에 입학한다. 서울대 졸업 후, 이화여대 대학원 무용과에 입학하여 한국무용을 배우는 등 한국인으로서의 자신의 정체성을 온몸으로 파악하는 데 열정을 쏟는다.[20] 데뷔작 「나비 타령」(1982)은 발표되자마자 '아쿠타가와상' 후보로 올랐으며, 「유희」(1989)로 '아쿠타가와상'을 수상한다. 1992년 「돌의 소리」(미완 유고작) 집필 도중 일시 귀국한 일본에서 짧은 생애를 마친다.

「나비 타령」은 작가의 자전적 소설로, 두 가지 갈등을 중심으로 서사가 전개된다. 부모의 불화와 이혼소송에 따른 갈등이 그 하나요, 다른 하나는 자신이 한국인이라는 데서 비롯하는 정체성 갈등이다. 물론 이들 갈등은 이양지의 경험적 자아가 가졌던 갈등과 일치한다.

주인공 김애자(일본명 아이꼬)는 부모의 불화 때문에 고등학교를 중퇴하고 가출한다. 그녀와 그녀의 형제들은 부모 양편으로 갈리고, 어머니와 아버지가 내뿜는 자력에 끼여 균형을 잡지 못한 채 일그러지고 위축되어가던

---

20 이양지, 「모국 유학을 결심했을 때까지」, 『한국논단』 16권, 1990.12, 214-231면.

그녀가 할 수 있는 일은 '몸을 잡아 뽑듯이' 집에서 뛰쳐나가는 일밖에 없었던 것이다. 차라리 남남이라면 좋았을 그런 부모와 함께 살아야 하는 집은 '가정'이 아니라 '구제받지 못할 집'이었고, 그래서 그녀는 몇 차례 자살을 시도한다. 하지만 그녀는 부모의 이혼소송에 휘말려 재판에 참고인으로 출두, 증오심으로 가득 찬 부모 양측으로부터 서로에 대한 비방을 들어줘야 한다. 재판은 '지루한 시간'이었고, '별거·이혼·위자료·재산 분배·친권자' 같은 것들은 그녀와는 무관한 부모의 문제일 뿐이다.

> 아버지와 어머니가 내뿜는 생명력, 이들 두 개의 커다란 자력에 끼여 균형을 잡지 못한 채 나는 엎드려 아버지와 어머니를 쳐다볼 수밖에 없었다. 조그마한 자존심과 자기주장이 죄어오는 자력 사이에서 일그러지고 위축되어간다. 나는 몸을 잡아 뽑듯이 집에서 뛰쳐나왔다. 크게 구멍이 뚫린 종업원실의 천장, 습기 찬 이불……[21]

증인으로 출두한 법정에서, 그녀는 모든 것을 파괴하고 싶은 충동에 사로잡힌다. 어머니에게 패소판결을 내리기까지 5년이나 걸린 이혼소송은 그녀를 더욱 피폐하게 만든 것이다. 별거나 재판 같은 절차 없이 하루라도 빨리 헤어지면 그만인 부모의 이혼소송, 그래서 그녀는 "배우처럼 증인석에서 주어진 배역을 연기할 뿐"이다. 부모와 자식이며 혈연·골육 같은 것들은 관심이 없다.

가출 후, 주인공은 교토의 어느 여관 종업원으로 취업하는데, 이곳에서도 그녀는 "여전히 엎드린 채 쥐가 떨어져 내리는 검은 천장을 겁먹은 눈으로 쳐다"보면서 전전긍긍한다. 부모의 자력에서는 벗어났지만, '조센징'이

---

[21] 이양지, 「나비 타령」, 『유희』, 삼신각, 1989, 295면. 이하 본문에서의 인용은 면수 밝히지 않고 " "로 표시함.

라는 혈통적 콤플렉스는 족쇄처럼 옭아매고 있었던 것이다. 끊임없이 엄습해오는 신분 노출에 대한 두려움, 비록 여관을 그만둔다고 하더라도 "조센징이라는 것은 어디를 가나 따라다니는" 현실, 이것은 재일한인들이 겪어야 했고 감내해야 했던 통과제의에 다름 아니다. 자신의 신분이 알려지자, 그녀는 여관을 그만두고 '집'으로 돌아온다. 이 족쇄, 조선인의 혈통은 그것이 비록 일본인에 대한 일종의 열등감에서 연유하는 것이라 하더라도, 그리고 비록 결코 '구제받지 못할 집'이라 하더라도 '집 안'에서 그녀 스스로 제거해야 하는 문제로 받아들인 것이다. 그녀는 "귀화해도 조센징은 조센징"일 수밖에 없는 사회, 일본인과 결혼해서 일본인으로 사고하고 살아간다고 "그렇게 간단하게 니혼징(日本人)이 될 순 없"는 사회를 객관적으로 인식, 자신의 정체성을 더 깊이 있게 성찰한다. 민족 정체성이란 단지 국적의 문제만은 아니며, 따라서 귀화를 했든 그것을 거부했든 달라질 것이 없는 보다 근원적인 문제라는 인식이 그것이다.

그녀가 가야금에 깊이 빠져드는 것 또한 이러한 인식의 전환에서 비롯한다. 그녀는 가야금을 통해 말만의 우리나라가 아니라 진정한 우리나라와 만난다. 가야금을 가르치는 한 선생 댁의 "방안에서 풍기고 있는 어렴풋한 마늘 내음, 김치 빛깔" 그것은 조국이고 민족이고, 그래서 "가야금을 바라보면서 끊임없는 장단(리듬)에 빠져"든다. 조국 또는 민족이란 관념적·추상적인 것이 아니라, 감각적·문화적인 것으로 인식, 마늘 냄새·김치·가야금 등을 통해서 혈통적 일체감을 느끼게 된다.

한 선생 댁의 한정된 공간에서 느끼는 편안함, 그리고 가야금이 주는 일체감과 감동은 길거리로 나오면 곧 사라지고, 일본의 집요한 압박과 간섭에 숨이 막힌다. 일본 국적을 가진, 일본에서 생활하는 생활인으로서의 정체성이 그를 더욱 옥죄어오기 때문이다. 그 압박감은 급기야 일본인에게 피살당하는 피해망상과 환각으로까지 발전하는데, 이러한 그녀의 망상과 환각은 일본인을 죽이고 싶은 내면적 동기에서 비롯한다. 바꿔 말하여, 그녀의 내면에 잠재되어있는 일본인 살해 욕구가 일본인을 향해 투사(投射),[22] 일본인이 자신을 죽일지도 모른다는 피해망상에 빠져든 것이다.

> 니혼징(日本人)에게 피살당한다. 그런 환각이 시작된 것은 그날부터였다. 만원 전차를 탔을 때는 한 역씩 폼에 내려 상처가 없음을 확인하고 다시 전차를 탔다. 홍수 같은 사람의 무리에 밀리며 역 층계를 내려갔다. 여기서 피살되어 나는 피투성이가 된 채 객사하는 것이다. 겨우 무사히 내려갈 수 있다고 해도 다시 층계를 올라가지 않으면 안 된다. 뒤에서 달려 올라오는 인파. 내가 층계를 하나 오르는 순간, 아래 있던 누군가가 내 아킬레스건을 끊는다. 나는 니혼징들에게 깔려 질식당한다. 어두운 영화관도 공포였다. 좌석에서 불쑥 나온 후두부가 날붙이에 찔려 머리가 잘린다고 느껴져 제대로 영화도 보지 못한 채 밖으로 뛰어나온다.[23]

일본인에게 피살당하는 공포심과 환각은 일본인 살해 충동으로 바뀌어 주인공의 심리를 압박한다. 그녀의 이러한 양가적 심리는 '민족(한국)'과 '국적(일본)' 사이에서 갈등하는 2세대 재일한인의 정체성 혼란을 드러낸 것으로, 경계인 의식에 다름 아니다. 그녀는 병적일 정도로 심화된 피해망상에서 벗어나기 위해 연상의 유부남 마쓰모또와의 성애에 집착한다. 하지

---

[22] 피해망상이란 타인이 자기를 해치려는 음모를 꾸미고 있다고 믿는 편집증의 일종으로, 타인을 적대하려는 자신의 내면적 동기로 발전하여 이를 세상 사람들에게 투사하는 이른바 투사(projection)의 극단적 형태이며, 투사란 불안과 스트레스를 덜 느끼기 위하여 무의식적으로 사용하는 일종의 심리적인 방어 메카니즘이다. 이에 대해서는 Kagan & Havemann, 김유진 외 공역, 『심리학개론』, 형설출판사, 1983, 394면 참조.
[23] 이양지, 「나비타령」, 312면.

만 마쓰모또와의 성애 또한 "니혼(日本) 남자를 범하고" 싶은 왜곡된 의도가 작용하는 일본인 살해 충동의 변형에 지나지 않으며, 그래서 그녀는 성애에도 몰입할 수가 없다. 그녀는 "소심하지 않다는 것을 또 하나의 나에게 보이려는 듯이" 강박적으로 애무를 반복하지만, 오히려 "머리끝까지 꿰뚫는 수치심"만 엄습한다. 그녀에게 가야금과 가야금 선율은 민족이고 민족 정체성의 표상이지만, 성애의 대상인 마쓰모또라는 일본 남자에게는 그녀의 '살결'에 지나지 않은 것처럼, 일본에서의 그녀는 '김애지'가 아니라 '아이꼬'일 뿐이다. 그녀가 한국행을 결심하게 된 것은 '김애자'이고 싶은 갈망 때문이다. 이혼소송 중인 부모, 식물인간이 되어버린 둘째오빠, 아버지에 대한 증오심 등에서 벗어나기 위해 일본인 유부남의 애인을 자청하고 그와의 성애에 집착하지만, 일본에서 '아이꼬'로 존재하는 한 그녀는 결코 '김애자'가 될 수 없다고 자각한 것이다. "한국에 안 가면 죽어버릴 것" 같고, "이젠 모두가 넌더리가 나"는 일본에서 도망치듯 결행하는 그녀의 한국행은 따라서 정체성 혼란을 극복하려는 민족적 자각의 소산이라 할 수 있다.

그러나 그녀는 한국에서 또 다른 벽에 부딪친다. "안 가면 죽어버릴 것" 같아 찾아간 한국이지만, 얄궂은 발음을 하는 재일동포인 그녀가 "마음 편하게 가야금을 타고 노래를 부를 수" 있는 곳은 어디에도 없는 현실이 그것이다. '우리말'인 한국어를 잘하고 싶고, '우리나라' 한국에 다가가고 싶지만, 그녀는 이미 일본어에 익숙해졌을 뿐만 아니라 일본식 습관과 사고방식이 일상생활 속에서 몸에 배어 있고, 오히려 한국어와 한국 사회에 이질감을 느끼는 '재일동포' 2세대인 것이다. 그래서 그녀는 "'일본'에도 겁내고 '우리나라'에도 겁나서 당혹하고" 있다. 좋아서 이런 얄궂은 발음이 된 것도 아니고, 일본에서 태어나 25년 동안 살아온 것 또한 그녀 스스로 선택한

일은 아니지만, 그녀는 한국인처럼 말하고 생각하고 행동할 수 없다는 사실이 "얼굴에서 불이 나듯" 부끄럽기만 하다. 한국에서 재일동포라는 '이방인'으로서는 도저히 뛰어넘을 수 없는 벽을 확인한 것이다. "어디로 가나 비(非)거주자-찌그러진 몸을 이끌고 부유하는 생물"로 인식하며 갈등에 휩싸이는 것도 이 때문이다. 말하자면, 그녀의 근원적 갈등은 일본에서는 일본인이 될 수 없다는 이질감을, 한국에서는 한국인이 될 수 없다는 타자의식에서 벗어날 수 없는 경계인 의식에서 기인하는 것으로, 이것이 곧 2세대 재일한인이 겪고 있는 민족정체성 혼란의 연원이다.

2) 판소리, 가야금, 살풀이춤으로의 승화

「나비 타령」에서, 주인공은 살풀이춤을 보고 숨 쉴 수 없는 몰입과 일체감을 느낀다. 그리고 살풀이춤을 추게 되었을 때, 그녀는 마치 몸 안에 이미 있던 장단이 자연히 끌려 나오는 것처럼, 기다리고 있던 무엇이, 애타게 기다리며 숨어 있던 무엇인가가 춤출 때를 고대하고 있었던 것처럼 일체감을 느낀다. 마침내 그녀는 한국인의 집단무의식으로 존재하던 민족적 장단을 체험한 것이다. 이후 그녀는 판소리에서 득음의 경지를 경험하고, 가야금 연주에서도 좋은 음을 찾아낼 수 있을 것 같은 느낌을 받는다. 민족의 가락과 일체감을 느끼는 황홀함에 젖어 있던 그녀는 둘째오빠 사망 소식을 듣고, 하숙집 지붕에 올라가 살풀이춤을 춘다. "살풀이의 살(煞)은 한(恨)이고, 풀이는 그것을 푼다."는 살풀이춤을 통해 가족들로부터 받은 개인적 한과 재일한인으로서 자신이 겪은 민족적 한을 모두 풀어내고자 한 것이다.

> 가야금이 선율을 연주하기 시작했다. 하얀 나비가 날기 시작한다. 나비를 눈으로 따르면서 나는 살풀이춤을 추었다. 끊임없이 가야금은 율동하고

불어대는 바람 속에 수건이 날아올랐다.[24]

환상 속에서 춤을 추는 나비는 그녀 자신이다. 그녀의 "춤사위는 애절하면서 무아의 경계를 넘나드는 절박함에서 오는 자유이며 평온"이고, 그녀의 춤은 "죽은 자를 위로해줄 수 있고 자신의 의식마저 편안하게 어루만질 수 있는 세계로 다가서"는[25] 해원(解冤)의 춤이다. 그 후, 그녀는 마쓰모또에게 이별의 편지를 보내고, 주위를 의식하지 않고 판소리「사랑가」를 부른다. 그녀는 '얄궂은 발음'으로 말하는 이방인 '재일동포'가 아니라, 살풀이 춤사위와 장단을 몸으로 익힌 일본 국적의 한국인으로 거듭난 까닭이다. 그녀는 더 이상 일본인도 아니고 한국인도 아닌 경계인이 아니다. 얼었던 양손에 힘이 솟고 어깨가 들먹거려지는 것도 이 때문이다. 오랜 세월 동안 국적과 민족 사이에서 정체성 혼란으로 방황하던 그녀는 마침내 자신의 정체성을 스스로 자리매김하게 된 것이다. 다시 말하여, 그녀는 피해망상과 살해 충동이라는 정신병의 경계에서 벗어나서 판소리·가야금·살풀이춤이라는 새로운 대상리비도를 통해서 승화(sublimation)를 이룬 것이다. 승화란 본능적 욕구나 참기 어려운 충동 에너지를 사회가 용납할 수 있는 형태로 바꾸어 사용하는, 건전하고 건설적인 방어기제이다. 승화는 다른 방어기제와는 달리 이드(id)를 반대하지 않으며, 자아의 억압이 없고 충동 에너지를 그대로 유용하게 전용하는 것이 특징이다. 따라서 비정상적으로 리비도를 집중시켰던 유부남 마쓰모또와의 이별은 당연한 귀결이다.

「나비 타령」에서, 주인공이 겪는 피해망상과 환각, 그리고 일본인 살해 충동은 민족콤플렉스에서 연유하는 정신병리라고 할 수 있다. 그리고 그것

---

[24] 위의 작품, 349면.
[25] 김환기, 「이양지 문학론-현세대의 '무의식'과 '자아' 찾기」, 『일어일문학연구』 43집, 2002.11, 306면.

은 그녀가 모국에 와서 판소리·가야금·살풀이춤 등을 배우면서 민족 정체성을 복원, 한국인으로 '재생'하면서 치유된다. 예술을 통한 승화와 카타르시스가 이루어진 것이다. 작가 이양지는 「나비 타령」을 통해 소설가로도 데뷔, 다시 한번 승화를 추구한다.

4. 결어

이 글은 김학영의 『얼어붙은 입』과 이양지의 「나비 타령」에 나타난 정신병리에 주목, 이것이 재일한인 2세대로서 겪는 정체성 갈등과 어떻게 연관되는지를 분석하였다.

『얼어붙은 입』은 말더듬·우울증·자살 충동에 시달리는 재일한인 2세를 주인공을 통해 민족과 국가 사이에서 갈등하는 2세대 재일한인의 정체성 혼란을 내보이고 있다. 말더듬은 과거 일본의 만행과 현재 일본의 민족적 차별에 대한 억압된 분노, 일본인의 왜곡된 우월감이 빚어낸 무력감 등 민족콤플렉스에서 비롯하는 신체적 장애로, 일종의 전환이다. 또한, 주인공의 자살에 대한 내적 욕망은 우울증의 극단적 형태이다.

「나비 타령」은 이양지의 자전적 소설로, 부모의 이혼소송과 '조센징'이라는 혈통적 콤플렉스로 정체성 혼란에 시달리는 젊은 여성을 그려 보인다. 주인공은 피해망상과 환각, 일본인 살해 충동에 사로잡힌 정신병리를 판소리·가야금·살풀이춤 같은 민족예술을 통해 치유, 민족적·개인적 한을 모두 풀어낸다. 민족예술을 통해 승화와 카타르시스가 이루어지고, 한국인으로서의 정체성을 복원한 것이다.

이들 작품은 정신병리로 시달리는 주인공을 통해 재일한인 2세대의 정체성 혼란을 다루고 있는데, 『얼어붙은 입』은 끝내 말더듬·우울증을 극복하지 못하는 인물을, 「나비 타령」은 민족예술을 통한 승화로 민족 정체성을 복원하는 인물을 그려낸다는 점에서 차이가 있다. 그러나 이들 작품은 주인공의 정신병리는 일본의 폭압적 차별과 여기서 비롯하는 민족콤플렉스의 결과적 현상이며, 민족 정체성 문제와 밀접한 관련이 있음을 증언하고 있다는 점에서 동궤의 문맥이며, 이들 작품의 문학적 성과 또한 여기서 찾을 수 있다.

□ 참고문헌

1. 기본자료

김학영, 하유상 역, 『얼어붙은 입』(『한국문학』 1977.9. 별책 부록), 한국문학사, 1977.
이양지, 김유동 역, 『유희』, 삼신각, 1989.

2. 논저

고부응, 『초민족시대의 민족정체성』, 문학과지성사, 2002.
김영하, 「엷어지는 민족의식」, 『문학과 비평』 18집, 문학과비평사, 1991.6.
김원우, 「주변문학으로서의 망향·열등감·소외」, 『일본학』 19집, 동국대 일본학연구소, 2000.12.
김종회 편, 『한민족문화권의 문학』, 국학자료원, 2003.
김환기, 「김학영 문학과 '벽'」, 『일본학』 19집, 동국대 일본학연구소, 2000.12.
＿＿＿, 「김학영의 <얼어붙은 입>론」, 『일어일문학연구』 39집, 한국일어일문학회, 2001.11.

, 「이양지 문학론-현세대의 '무의식'과 '자아'찾기」, 『일어일문학연구』 43집, 2002.11.
변화영, 「문학교육과 디아스포라-재일한국인 이양지 소설을 중심으로」, 『한국문학이론과 비평』 32집, 한국문학이론과 비평학회, 2006.9.
신은주, 「서울의 이방인, 그 주변」, 『일본근대문학-연구와 비평』 3집, 한국일본근대문학회, 2004.
심원섭, 「<유희> 이후의 이양지-수행으로서의 글쓰기」, 『일본학』 19집, 동국대 일본학연구소, 2000.12.
　　　　, 「재일 조선어문학연구 현황과 금후의 연구방향」, 『현대문학의 연구』 29집, 한국문학연구학회, 2006.7.
유숙자, 『재일한국인문학』, 월인, 2000.
　　　　, 「김학영론」, 『비교문학』 24집, 한국비교문학회, 1999.
윤상인, 「전환기 재일한국인 문학」, 『일본학』 19집, 2000.
이무석, 『정신분석에로의 초대』, 이유, 2003.
이양지, 「모국유학을 결심했을 때까지」, 『한국논단』 16호, 1990.12.
이한창, 「재일교포문학연구」, 『외국문학』 1994년 겨울호, 1994.12.
　　　　, 「재일동포문학에 나타난 부자간의 갈등과 화해」, 『일어일문학연구』 60집, 2007.2.
　　　　, 「재일교포문학의 주제 연구」, 『일본학보』 29집, 한국일본학회, 1992.
태혜숙, 『탈식민주의 페미니즘』, 여이연, 2001.
한일관계사학회, 『한국과 일본, 왜곡과 콤플렉스의 역사』, 자작나무, 1998.
한일민족문제학회 엮음, 『재일조선인 그들은 누구인가』, 삼인, 2003.
황봉모, 「이양지론-한국에서 작품을 쓴 재일한국인」, 『일어교육』 32집, 한국일본어교육학회, 2005.
Bart Moore-Gilbert, 이경원 역, 『탈식민주의! 저항에서 유희로』, 한길사, 2001.
Frantz Fanon, 이석호 역, 『검은 피부, 하얀 가면』, 인간사랑, 1998.
Kagan & Havemann, 김유진 외 공역, 『심리학개론』, 형설출판사, 1983.
Leela Gandhi, 이영욱 역, 『포스트식민주의란 무엇인가』, 현실문화연구, 2000.

제노사이드 기억, 재일한인의 정체성
- 이양지 소설을 중심으로

1. 서언: 제노사이드 기억

　제노사이드(genocide)란 '통상적이고 일반적으로 국제법학자들이 제노사이드의 번역어로 사용하는 집단살해'이지만, 일각에서는 더 협소하게 "인종학살", 혹은 "종족학살"로 이해한다.[1] 이는 제노사이드의 라틴어 어원인 인종을 의미하는 그리스어 'geno'와 학살을 의미하는 'cide'의 합성어에 주목한 정의이다. 그러나 최근에는 제노사이드를 "집단 성원들에 대한 집단학살과 같은 물리적인 파괴만을 지시하는 것이 아니라 삶의 방식과 사회적 연결망, 제도, 공동체의 가치에 대한 절멸을 목적으로 한다."[2]고 규정한다. 이 글 또한 이러한 연구자들의 정의[3]에 의한 제노사이드에 대한 이해를

---

[1] 강성현, 「제노사이드와 한국현대사-제노사이드의 정의와 적용을 중심으로」, 『역사연구』 18호, 2008. 96면.
[2] 강성현, 위의 글, 96면.
[3] 강성현은 용어 정의와 범위, 어원에서부터 학자들의 제노사이드 규정을 통시적으로 정리하고 있다. 이러한 정의는 실제 이 신조어를 만든 라파엘 렘킨(Raphaael Lemkin), 허버트 허쉬 모두 규정하고 있는 것이기도 하다. 강성현, 위의 글 참조.

기반으로 논의를 시작한다. 한반도에서 중요하게 논의되고 있는 제노사이드 기억에 관한 서사 연구는 주로 제주 4.3사건과 5.18 광주 민주화 항쟁에 집중되어 있다고 할 수 있다.

재일한인에 대한 제노사이드란 '관동대학살'[4]을 말한다. '관동대학살'은 재일한인에 대한 학살이었으며 일본이 대지진이라는 국가의 위기를 타자인 재일한국인에게 책임을 전가하여 학살함으로써 일본 국민의 공포를 타개하려는 데에 있는 전형적인 제노사이드이다. 이 명칭에는 '관동대지진 조선인 대학살'[5]에서의 조선인이라는 대상이 삭제되어 있다. 이렇게 삭제된 지칭어와 이 학살에 대한 담론이 충분히 다루어지지 않았다는 사실 자체가 학살 대상인 재일한인의 타자적 위치를 대변해주는 것이라 할 수 있다.

어느 제노사이드에 대한 저서에서도 '관동대학살'에 대한 논의는 적거나 소수에 불과하다. 재일한인은 '관동대학살'이라는 제노사이드의 생존자이면서도 이러한 기억의 담론에서 배제되어 있다. 사실 제 노사이드 사건의 기억에서 가장 설득력이 있는 서술 주체는 이러한 생존자이다. 제노사이드 연구자 최호근에 따르면 '제노사이드나 민간인 학살과 같은 극단적인 역사적 사건에 대한 연구에서는 주관적인 경험이나 기억이 오히려 객관적인 자료보다 더 설득력 있는 해석을 제시할 수'[6] 있는데도 말이다.

생존자의 집단적 기억 속에서 정체성이 형성되는 것에 대한 논의는 타

---

[4] 이에 대해서는 강덕상, 홍진희 역, 『조선인의 죽음: 관동대지진과 조선인 대학살의 진상』, 동면나라, 1995./ 강덕상, 김동수·박수철 역, 『학살의 기억, 관동대지진』, 역사 비평사, 2005./ 야마다 쇼지(山田昭次), 이진희 역, 『(관동대지진) 조선인학살에 대한 일본 국가와 민중의 책임』, 논형, 2008 참조.

[5] 재일한인 역사학자 강덕상의 명칭.

[6] 최호림, 「서평」(최호근, 『제노사이드: 학살과 은폐의 역사』), 『민주주의와 인권』 5권 2호, 2005, 270면.

논문에서도 다루어진 바 있다.[7] 그러나 이는 주로 생존자와의 인터뷰를 통한 조사와 정리 작업으로 이루어지는 것이고, 제노사이드 기억을 문학적으로 어떻게 형상화하고 있는지에 대한 연구는 극히 드물다. 특히 재일한인의 기억 속에서 형상화된 집단학살과 생존의 기억과의 연관성에 관한 연구는 거의 전무하다.

제노사이드의 역사에서 살아남은 그 자체로 주목받아 마땅함에도 불구하고 재일한인은 특히 제노사이드의 연구대상에서 제외되어 있다. 학살의 생존자인 재일한인조차 학살의 기억을 재현할 엄두를 못 내서인지 작품에서 제노사이드에 대해 형상화된 부분을 찾기란 쉽지 않다. 담론화되지 않는 기억은 이미 삭제 진행 중인 기억이며 서사에서 제 위치를 차지하지 못한다.

이런 점에서 이양지가 작품에서 학살의 기억을 서술하고 있는 것은 재일한인의 정체성을 규명하는 데에 또 하나의 단서로 기능할 수 있다고 할 수 있다. 이양지의 작품에서는 지금까지 연구대상에서 별로 많이 다루어지지 않고 있는 '관동대지진 조선인학살'의 기억을 구체적으로 형상화하고 있기 때문이다. 이양지의 작품에서 나타나는 집단학살 기억의 형상화와 그 치열함의 정도는 작품의 극적 집중도와 전개 과정에 있어서 타 작가와의 차별성을 획득하고 있다. 그러므로 제노사이드 기억과 재일한인의 문학작품에서의 서술양상을 연구하는 것은 '거대 구조에 맞서는 피지배 집단의 역사적 경험'[8]의 구체적인 모습을 재현하는 장이 될 것이고, 담론을 통해

---

[7] 재클린 아미요 후세인, 여국현 역, 「생존의 서사들: 중국 남서부 무슬림은 1873년의 학살을 어떻게 기억하는가」, 『흔적』 2호, 문화과학사, 2001, 295면. 이 논문은 특수한 인종 청소의 경험이 후손들에게 어떻게 기억되는지에 초점을 맞춰 살펴보고, 특히 여성에게 가하는 야만성과 성폭력이 개인적 수치의 근원이 아니라 집단적 기억과 정체성을 형성하는 데에 영향을 미치는 과정을 추적하고자 했다.

공유 기억을 생산하고 타자로서의 재일한인의 정체성을 규명하는 논의가 될 것이다.

이러한 논의는 재일한인이라는 소수자가 희생되고 전멸되는 무기력한 존재라 아니라, 자신을 둘러싼 환경과 정체성의 구성을 해석할 수 있고, 그 역사를 기억하고, 저항의 글쓰기 전략을 고안하는 실천적 주체로 재규정 될 수 있다는 가능성을 열어줄 것이다.

2. 기억의 재현

1) 지진의 기억, 고통의 순간

학살의 기억 서사 연구가 단지 현상학적인 설명과 제시에서 그치지 않으려면 이양지가 특히 학살에 대한 공포의 기억을 어떻게 작품에서 형상화하고 있으며 이러한 기억의 추동이 그의 작품의 서사구조에서 어떤 영향력으로 서사를 전개하는 동인이 되고 있는지를 살펴보는 것이 우선적으로 이루어져야 할 것이다. 주류 사회에서는 소수자들의 제노사이드 또는 학살의 역사를 조작하거나 은폐하려 하기 때문이다.

재일한인의 기억 서사는 오카 마리가 말한 바 있는 '플래시 백의 서사'이다. 기억에 매개된 폭력적인 사건이 지금 현재형으로 일어나고 있는 바로 그 장소에 자기 자신이 그 당시 마음과 신체로 느꼈던 모든 감정, 감각과

---

8 조안 스코트, 「경험」, 수잔 브라이슨, 여성주의 번역 모임 '고픈' 역, 『이야기해, 그리고 다시 살아나』, 인향, 2003, 77-79면./ 조윤미, 「서파푸아분쟁과 국가 폭력에 대한 제노사이드 담론의 구조와 함정」, 『민주주의와 인권』 7권 1호, 2007. 62면.

함께 내팽개친 채로 그 폭력에 노출되는 경험[9]으로 작품에 형상화되는 것이다. '기억과 망각은 어떤 의미로는 삶이나 죽음 같은 관계를 유지하고 있는 것이다.'[10] 기억을 변형하고, 조작하거나 망각한 것을 기억해내는 것, 그 순간의 지각에 자신의 정체성을 설명할 수 있는 지점이 있다.[11]

  기억을 망각하지 않는 것은 지금의 타자로서의 자신을 잊지 않는 방법이다. 재일한인으로서의 자신을 응시하게 추동하는 것은 고통의 기억이고 재일한인 작가 이양지[12]의 경우에 있어서 이 지점이란 바로 학살에 대해 기억해내는 순간이다. 그러나 대부분의 시간 동안 기억은 아득히 먼 것으로 잡히지 않는 '표정'일 뿐이었다. 기억을 하지 않는 노력도 망각이라는 기제를 통해 자신의 보호하려는 생존의 본능이다. 그러나 일본사회에서 한인은 소수자로서 초조와 증오의 표정으로 살게 된다는 것을 이양지는 놓치지 않고 재현한다. 이양지는 재일한인이라는 자신의 정체성을 역사 속에 배치하고자 사건의 기록을 서사를 통해 개인의 시간에 삽입한다. 기억, 특히 학살의 기억은 물과 접촉한 상태에서 몸이 가장 예민한 순간에 작동된다.

---

[9] 오카 마리, 김병구 역, 『기억 서사』, 소명출판, 2005, 51면.
[10] 막 오제, 김수경 역, 『망각의 형태』, 동문선, 2003, 17면.
[11] 막 오제, 위의 책, 25면. "망각은 기억의 살아 있는 힘이며, 추억은 그것으로부터 나오는 산물인 것이다."
[12] 이 글에서 인용한 이양지의 작품 예문은 『나비 타령』(신동한 역, 삼신각, 1988), 『유희』(김유동 역, 삼신각, 1988), 『돌의 소리』(신동한 역, 범우사, 2005)를 텍스트로 하였다. 일본에서의 각 작품의 초판 발행연도와 출간잡지는 다음과 같다. 「나비 타령」(『群像』, 1982년 11월호), 「해녀」(『群像』, 1983년 4월호), 「오빠」(『群像』, 1983년 12월호), 「刻」(『群像』, 1984년 8월호-『刻』, 1985년, 講談社), 「그림자 저쪽」(『群像』, 1985년 5월호), 「갈색의 오후」(『群像』, 1985년 11월호), 「Y의 초상」(『群像』, 1986년 5월호), 「청색의 바람」(『群像』, 1986년 12월호), 「유희」(『群像』, 1988년 11월호)」, 『유희』(단행본, 1989, 제100회 '아쿠다가와상' 수상), 『돌의 소리』(1992, 미완성, 유고작).

물속에서 재일한인인 '언니'는 제주의 해녀가 되어 조선인 여자의 기억을 체감한다.

> 1) 기억은 분명 옛날의 자기 목소리, 초조, 증오 등의 표정을 떠올린다. 그러나 그것은 마치 남이 일과 같이 멀다. 꿈속을 더듬는 것 같은 느낌조차 들었다. (「갈색의 오후」, 『나비 타령』, 230면)
> 2) 그날 밤, 그녀는 목욕을 하고 있었습니다. …… 그녀가 욕조에 두 손을 얹은 채 타일 바닥에 축 늘어져 있는 것이었습니다. 현기증을 일으킨 것으로만 생각하고 안아 일으키자, 그녀는 붉게 충혈된 눈으로 멍하니 나를 바라다보다가 갑자기 정신이 돌아온 듯 (중략)
> '아까 지진이 일어났었죠?' '그러고 보니까, 조금 흔들린 것 같기도 한데' '또다시 간또오(關東大地震 같은 큰 지진이 일어난다면, 한국인들은 학살당하게 될지 모르겠죠?'(「해녀」, 『나비 타령』, 252면)
> 3) 이 나라고 하는 일개의 신체에 역사를 부여하고, 지금 바로 이 시각에 전 존재를 아로새겨준다. (「각」, 『나비 타령』, 330면)

'관동대지진 조선인학살'에 대해 가장 구체적인 언급이 나타난 것은 「해녀」에서 '언니'가 일본에서 흔히 일어나는 지진을 재일한인이 학살된 사건의 지진으로 인식하는 부분이다. 물속에서 감지된 '지진'이라는 기록의 사건은 그녀의 몸을 통해 역사가 아닌 현재의 사건이 되는 것이다. 이 기억의 순간 감각은 모두 고통으로 기록된다. 역사적 몸으로 거듭나는 재탄생의 고통이 수반되는 순간이기 때문이다. 이양지는 피해자와 생존자로서의 제노사이드 기억을 소설 속 인물의 감각을 통해 재현되는 기록적 제노사이드로 구성한다. 제노사이드의 기억을 개인적 감각[13]으로 재현하는 이유는 그

---

13 "관찰자들은, 동시대적이든 역사적이든 간에, 실제 그 사건들을 다르게 인지하는데, 왜냐하면 그들은 서로 다르게 경험했을 수도 있기 때문이다. 사건을 경험하는 방식은 사람이 느끼는 감정과 감각에 영향을 받으며(Rapaport, 1971, 113-114면), 자신이 소속돼 있거나 자신의 일부로 느끼거나 혹은 그 순간 자기와 동일시

녀가 관동대지진의 생존자의 후예이며 재일한인이라는 이유로 제노사이드 담론의 외부에 위치하고 있기 때문이다. 재일한인 작가들의 작품 속에서 이 사건의 재현이 많지 않다는 것은 집단학살의 기억이 여전히 은폐되고 공유되지 못하고 있다는 것을 증명하는 것이다. 따라서 이양지가 학살의 기억을 작품에서 감각적으로 서사화하는 것은 망각으로 인해 삭제되는 기억을 기록하는 행위이다. 이양지 소설의 인물은 이러한 사건의 기억을 몸으로 확인하는 순간 개인의 육체에서 재일한인이라는 역사적인 육체로 역사의 기록 속에 배치된다.

　제노사이드 기억은 기억이 작동되는 순간 고통을 준다. 이양지는 재일한인이 과거 사건 속 경험한 고통을 소설의 서사 속에서 인물의 겪는 고통으로 재현함으로써 그 당시의 폭력적 상황을 전달하려 한다.

> 1) 어떤 기억이 가슴속을 찌르기 시작했다. (「Y의 초상」, 『유희』, 139면)
> 2) 기억이 몸 안을 구르기 시작한다. 어제 아침부터 위스키를 마시기 시작한 것이다. 방 네 구석에 재떨이를 놓고 화장실 안에서 외에는 끊임없이 걷지 않으면 안 된다고 내게 말했다. 병 하나가 비고 두 개째의 뚜껑을 열었다.…… 그리고 나는 의식을 잃었다. 왼쪽 손등이 아프다. 보니까 정맥이 마주치는 부분이 타 있었다. 담배를 눌러 끈 것이다, 라고 생각하자 갑자기 기억이 선명해졌다. (「나비 타령」, 『나비 타령』, 34면)
> 3) 쇼오꼬는 얼굴을 묻고 베개 양끝을 누르며 귀를 막는다. 그래도 아이들의 소리는 사라지지 않는다. 조각난 종이 쪼가리처럼 놀이터의 광경이 흘러간다. 소름이 끼치고 온몸이 덜덜 떨린다. −죽음의 소리다. 죽음의 소리가 떼 지어 울리고 있다.……
> 이겨낼 수는 없었다. 소리는 선회를 지속하며 쇼오꼬의 몸을 침식하기

하는 사회집단에 영향을 받는다. 라파포트는 이러한 요인을 '선택력'이라고 불렀다." 허버트 허쉬, 강성현 역, 『제노사이드와 기억의 정치−삶을 위한 죽음의 연구』, 책세상, 2008, 36-37면.

시작한다. 혈관을 타고 폐부와 오장을 움켜쥐어 허공에 매어 단다. (「그림자 저쪽」, 『나비 타령』, 204면)

이양지 소설에서 인물의 기억은 개인적인 신체감각에 각인된 학살의 기억과 공포로 인해 작동된다. 이는 곧 다수에 의한 기억의 삭제에 저항하는 담론이 된다. 기억이 작동된다는 것은 공포와 두려움이 온몸을 '침식'하는 것이며, 그 기억은 몸에 고통을 가하여 역사를 새긴다. 그러므로 제노사이드를 기억한다는 것은 고통에 정면으로 대응한다는 점에서 이미 저항적이다. 고통을 감수하고 기억을 선명하게 서사화하고자 한 것이 이를 증명한다.

2) 차별적 징표의 기억, 발음

제노사이드의 가해자 집단은 피해자 집단, 즉 집단학살의 목적적 집단을 규정해야 하는데 사실 일본인과 한국인은 그 차이를 규정하여 학살할 기준을 만드는 과정에서 외모에 있어서 큰 차이를 기준화할 수 없었다. '관동대지진 조선인학살사건' 때 조선인과 일본인을 구별하기 위한 차별의 징표는 '발음'이었다.

사실 인종과 민족을 구별하는 그 기준에 대한 객관적인 지표란 어차피 존재하지 않는 것이다. 공포를 조장하고 학살을 할 피해자 집단을 규정하는 데 있어 의도와 주관적 기준은 이미 설정되어 있는 기준이며, 그 기준이라는 것은 표적을 만들기 위한 도구일 뿐인 것이다. 그러나 발성기관의 차이, 그것은 지문과 마찬가지로 차별의 징표로 기능하므로 이양지의 작품에서는 그 발음의 차이로 인한 거부감이 전체에 나타난다. 이 또한 바로 학살의 기억에서 비롯된 공포이다. '관동대지진 조선인학살사건'에서 조선인이라는 민족적 징표는 발음이었기 때문이다. 조선인이 할 수 없는 발음을 시켜 보고 확인한 다음 '죽창'으로 찔렀다는 이야기는 현재적 시점에서도 '발화'되는 순간 '차별의 공포'로 인물을 긴장시킨다. 이러한 차별의 공포는 이양지 소설의 인물을 모국에서조차 외부인으로 배치되는 경험으로 몰아넣게 된다. 발음에 대한 지적을 당하는 순간 모국은 안온한 공간이 아닌 공포의 기억을 발동하는 학살의 공간이 되는 것이다. 이와 같이 그녀가 모국에서 겪게 되고 거부하게 되는 발음의 공포는 이것이 '관동대지진 조선인학살사건' 때 차별의 징표로 기능했기 때문이다.

> 1) 기억은 얼굴보다도 목소리 면이 먼저 떠오른다. (「푸른 바람」, 『유희』, 209면)
> 2) 이찌엥 고짓셍(一圓五十錢)이라고 말해 보라면서, 마구 죽창으로 찔러 댈까요? 하지만 이번에는 그런 일은 안 일어나겠죠?... (중략) 아니에요. 이번엔 절대로 학살 같은 건 안 당할 거예요...... 나는 쫓기면서 이리저리 달아나는 거예요. 그 뒤를 광란한 일본인들이 죽창과 일본도를 가지고 쫓아와요. 나는 도망가다가 결국 잡혀 등을 꽉 찔리고, 가슴도 찔려 피투성이가 된 채 몸부림치며 나뒹구는 거예요. (「해녀」, 『나비 타령』, 252면)
> 3) '아가씨, 외국에 오래 있었지요, 말씨가 이상해요.'
> '......'
> '일본사람인가?'
> '......'
> '미안합니다. 일본 아가씨였군요. 아무리 보아도 얼굴이 그래요. 그런데 일본 아가씨가 어째서 난지도 같은데 볼일이 있는 거지요'
> '......' (「갈색의 오후」, 『나비 타령』, 247면)
> 4) 나는 내가 중얼거리는 소리를 들었다. 그 목소리의 뒷면에서 내가 나를 조소하고 있었다. (「각」, 『나비 타령』, 259면)
> 5) 유희의 목소리를 기억해 내어, 그 발음을 흉내 내듯이 나는 중얼거렸다. '위' 소리를 강조하며 유독히 정확하게 발음하려 하던 유희의, 오히려 어색하게 들리던 그 목소리가 되살아났다. (「유희」, 『유희』, 9면)

억압적으로 작용하게 되는 발음에의 강박은 「유희」의 '유희'를 지배한다. '유희'에게 모국의 공간은 매운 '최루탄'으로 눈물을 흘리게 하는 장소이다. 또한 「각」에서 주인공 '순이' 또한 일본인 애인에게 쓰는 편지에서 "한국어는 소음"(「각」, 『나비 타령』, 143면)이라고 말하고 있다. 이러한 경험은 작중인물을 통해서 서사화되고 있을 뿐만 아니라 작가 이양지가 자신의 에세이 「나에게 있어서의 모국과 일본」에서 '모어, 즉 어렸을 때부터 어머니한테 듣고 배운 언어는 폭력적이라고 할 수 있다.'라고 술회하고 있다.[14] 일본에서도 한국에 서도 차별의 징표로 기능하는 발음은 그에게 폭력을 가할 뿐인 차별의 징표가 되고 '유희'라는 인물을 괴롭히는 모든 것은 '목소리'로 간주되고 있음을 다음의 예문에서 확인할 수 있다.

> 행위가 싫은 게 아니에요.…… 하지만 그 사람의 목소리가 싫어지는 거예요. 몸짓이라는 목소리, 시선이라는 목소리, 표정이라는 목소리, 몸이라는 목소리,……참을 수 없게 되고 마치 최루탄 냄새를 맡은 것처럼 괴로워져요. (「유희」, 『유희』, 69면)

3) 침묵의 기억, 삭제된 소수자의 목소리

이양지의 소설에서 인물은 기억을 구성하는 '목소리'를 듣는 순간 극에 달한 공포를 경험한다. 그러나 정작 자신의 '목소리'는 발화하자마자 타자로 지정되어 배제되는 징표로 작동된다. 그 공포의 순간을 피하고자 인물은 자신의 목소리를 삭제하고 침묵을 선택한다. 이는 이양지의 대부분의 작품에서 재일한인이 직접 자신의 기억을 말하는 1인칭 서술방식을 선택하는 대신 상대적 다수자인 일본인, 남성, 한국인이 재일한인인 '그'나 '그녀'에

---

14 이양지, 「나에게 있어서의 모국과 일본」, 『돌의 소리』, 삼신각, 1992.

대해 말하도록 하는 3인칭 서술방식을 선택한 것과도 관계가 있다. '관동대지진 조선인학살'을 경험한 기억의 주체로서 구성되는 재일한인은 발화하는 순간 존재를 드러내게 되고 차별당하게 되므로 이들은 침묵을 자신의 발화방식으로 선택한 것이다.

제노사이드 기억은 형체가 있는 얼굴이 아니라 형체 없는 목소리로 구현된다. 역사는 다수자에 의해 관리되고 말해진다. 소수자인 재일한인의 기억은 직접 자신의 입을 통해 말하는 것이 아니며, 윤색되고 포장되고 관리되어 전해진다. 그런 의미에서 '말할 수 없는 소수자'인 재일한인작가 이양지는 자신의 정체성의 중요한 부분을 차지하는 이 학살의 기억을 '제노사이드에 대한 기억과 두려움'으로 형상화함에 있어 '침묵'이라는 장치를 택했다. 그런데 이 '목소리' 마저도 자신의 목소리로 작동되지도 전해지지 않는다. 이양지의 기억 서사에서 집단학살의 기억에 고통당하는 당사자 목소리는 직접 전달되지 못한다. 이양지 작품 전체에서 기억의 주체인 재일한인의 목소리는 삭제된 침묵의 상태로 재현될 뿐이다.

이양지의 소설에서 재일한인의 기억은 목소리를 지닌 다수자들이 전달할 수 있다.

작 품	누가 말하는가	누구에 대해 말하는가
「나비 타령」	아이꼬(귀화한 재일한인)	가족(재일한인)
「해녀」	게이꼬(의붓동생)	의붓언니(재일한인)
「오빠」	다미꼬(귀화한 재일한인)	히데오 오빠/언니
「각」	나, 순이	나, 순이(재일한인)
「그림자 저쪽」	전지적 화자	쇼오꼬
「갈색의 오후」	전지적 화자	경자(재일한인)
「Y의 초상」	도모히로(남성화자)	Y
「청색의 바람」	전지적 화자	다카꼬(폭력가정의 어린이)
「유희」	한국인 언니 '나'	유희(재일한인)

이양지는 서술자의 치환을 통해 작가가 이야기하고자 하는 대상인 차별과 학살의 기억을 원경에 배치한다. 이를 통해 재일한인은 화자로서 등장할 수 없는 인물로서 반어적으로 부각된다. 다수자의 시선으로 응시되는 사건의 외부에 위치하고 있는 타자인 소수, 이러한 거리 조정으로 재일한인은 타자로서의 입장이 더욱 역설적으로 전경화된다.

예를 들면, 제노사이드 기억은 1인칭 화자인 '나'(일본인 여동생 게이꼬)가 재일한인 언니에 대한 죽음을 서술함으로써 구체적으로 재현되고 있다. 작품「해녀」에서 언니의 죽음을 통보받은 후 언니의 그간의 사정을 알게 되는 일본인 의붓동생은 언니가 학살의 공포에 시달리고 있었다는 것을 언니의 남자친구 목소리를 통해 알게 된다. 이러한 장치로 재일한인의 학살의 기억은 주관적인 기억의 조작이라는 혐의에서 벗어나 객관적이고 역사적인 서사가 되는 것이다. 기록되는 역사적 기억이 됨으로써 경험은 공유화가 가능해진다. 또 한 다수자인 '나'로 인해 서술되는 제노사이드 기억의 당사자는 목소리가 박탈당하여 침묵할 수밖에 없는 타자임이 더욱 극명하게 드러나게 된다. 이는 '조센징'의 말은 근거 없는 소문이며 조작된 기억일 뿐이라는, 다수자의 역사 기록에 대항하기 위해 고안한 전략적 장치라고 할 수 있겠다.

제노사이드 생존자들의 발언은 발화되는 그 순간 '국가 폭력 그 자체가 아니라 정치적 폭력에 대한 루머나 그 폭력에 대한 난민들의 다양한 내러티브 등 주관적 경험으로서의 폭력으로 수렴되었던 과거'[15]가 있다. 제노사이드의 생존자들은 여러 가지 다양한 방법의 폭력으로 인해 침묵하게 되었

---

[15] Kirsch, Stuart, "Rumour and Other Narratives of Political Violence in West Papua", in Critique of Antropology Vol. 22(1), 2002, pp.53-79. 조윤미,「서파푸아 분쟁과 국가 폭력에 대한 제노사이드 담론의 구조와 함정」,『민주주의와 인권』7권 1호, 2006, 62-67면, "폭력이라는 단어는 이미 가치 중립적인 용어가 아니다."

다. 이에는 제노사이드의 대상자나 생존자들을 비하하여 호칭하거나 규정하는 언어폭력 또한 크게 작용했다[16]고 한다.

타자의 존재성은 그것이 인종이든 계급, 민족의 차이든 피해자 집단과 그 성원됨이라는 것이 결국 가해자에 의해 정의된다.[17] 즉 가해자는 학살의 정당성을 마련하고자 피해자 집단을 타자로 인식하고 규정한다. '조센징'이라는 타자로 규정된 관동대학살은 '조센징'의 차별적 호명과 함께 민족적 차별로 민족의 위계를 하위에 위치하는 갖가지 열등한 정체성을 유포한다. 부정적 타자로 규정함과 동시에 이들의 징표를 본능적으로 거부하도록 감각적으로 호칭한다. 냄새, 불결, 저능한 지적 수준 등으로 규정되는 '조센징'은 처음엔 차이의 민족적 호명에서 차별적 호명으로 열등한 이미지를 함의한 채 유포된다.[18]

학살에는 학살의 이데올로기가 존재하여 그것을 행하는 자에게 학살의 동기를 제공하고, 학살을 수행하는 사람에게는 양심을 마비시키거나 위안을 줌으로써 학살에 가담하도록 돕는다고 최호근은 말하고 있다.[19] 또한 '사건 외부의 시점에서 과거 폭력적인 사건을 재현하려는 리얼리즘적 욕망

---

16 "언어폭력을 사용하여 삶의 의지를 좌절시키거나 미래를 말살시키는 방법도 시행되었었다. 분리주의자, 폭도, 좌경, 바보, 후진, 식인종, 술주정뱅이 등 (중략) 원주민들의 자존을 훼손하고 삶의 의욕을 말살시킨다." 조윤미, 위의 글, 70면.
17 "이러한 제노사이드의 체험 속에서 피해자들은 가해자에 의해 그전에는 거의 존재하지 않았던 집합적 정체성을 고취시킨다는 것이다. 유대인의 공동체적 정체성은 이전보다 홀로코스트 이후에 더욱 강력해졌다." 강성현, 앞의 글, 134면.
18 "혹시 인길이는 이름을 불리는 것을, 아니 자신의 이름 자체를 혐오하고 있는지도 모른다. 한국 이름이든, 일본 이름이든, 이름의 소리, 이름의 소리에 담긴 기억, 출생을 포함한 과거와 현재의 자신에게 생각이 미치지 않을 수 없는 울림…… 인길은 생명을 받고, 이름이 주어진 것 자체에 혐오를 느끼고 있는지도 모른다. 이름……인가." 이양지, 신동한 역,『돌의 소리』, 범우사, 2005, 200면.
19 최호근,『제노사이드: 학살과 은폐의 역사』, 책세상, 2005, 389면.

에 기초한 여러 문화상품'[20]은 망각의 폭력과 조장과 은폐의 서사로 소수자의 과거 기억을 가린다. 지금까지 유포된 집단학살에 대한 기만적인 서사로부터 벗어나는 방법은 희생에서 생존한 서술자들이 자신의 기억으로 각인된 사건을 서사화하는 그 지점에 있다. 그런데 희생자와 생존자들은 여전히 다수의 사회에서 사건 외부의 타자로서 목소리를 봉쇄당하고 있다. 이렇게 외부에 위치한 제노사이드 기억의 주체를 재현할 수 있는 방법은 목소리를 낼 수 있는 자들에게 기억으로 고통당하고 있는 재일한인을 표상하도록 해야 하는 것이라고 할 수 있다.

4) 제노사이드 기억의 현재적 증언, 자해와 자살

「해녀」에서 죽은 언니는 학살에 대한 구체적인 장면을 남자친구 '모리모또'에게 이야기하던[21] 도중 스스로 자신을 자해한다. 그러면서 이전에도 부엌칼로 가슴 언저리와 손목에 상처를 냈다는 이야기며 그리고 쇠망치로 다리를 때려 봤다는 등의 이야기를 하며 고통을 선체험한 이야기를 한다. 죽은 언니는 폭풍우 소리에 '고문의 환각을 되풀이하여 실신'을 하게 되는데, 여기에서 죽은 언니의 현재적 시간은 언제나 과거의 학살 기억에 지배당하고 있었음을 알 수 있다.[22]

1) 옆구리에 나이프가 박혀 있다. 옆구리를 만져 보았다. 칼은 없었다. 아무런 상처 자국도 없었다. 니혼징에게 피살당한다. 여기서 피살되어

---

20 오카 마리, 앞의 책, 5면.
21 이양지, 「해녀」, 『유희』, 삼신각, 1988, 273면.
22 윤정화, 「재일한인작가의 디아스포라 글쓰기 연구」, 이화여대 박사학위 논문, 2010, 158면.

나는 피투성이가 된 채 객사하는 것이다. (중략) 나는 니혼징들에게 깔려 질식당한다. 어두운 영화관도 공포였다. 좌석에서 불쑥 나온 후두부에다 날붙이에 찔려 머리가 잘린다고 느껴져 제대로 영화도 보지 못한 채 밖으로 뛰어나온다. (「나비 타령」, 『유희』, 312면)
2) 그 애가 한국인이라는 소리를 그때 처음으로 듣게 되었는데, 그 애의 말에 의하면 한국인 환자가 찾아오면 아주 교묘한 방법으로 살해해버리자고 일본인 의사들끼리 미리 짜놓은 약속이 있다는 거예요. 내과가 되었건, 외과가 되었 건 말이에요. 특히 산부인과는 자궁이나 난소를 떼어버림으로써 한국인이 늘어나지 않도록 하고 있을 것이라고요.
　……(중략)……'난 언제 죽어도 좋아요. 죽는 것은 할 수 없는 일이니까. 하지만 그런 식으로 살해되는 것은 싫어요. 도저히 용납할 수 없어요.'
(「해녀」, 『유희』, 267면)

　이양지의 작품에서 재일한인들은 언제나 자신이 살해당할지도 모른다는 환상에 시달리다가 결국 모국으로 향하게 되는데 이는 이상향이기 때문에 가는 것이 아니라 폭력에 대한 공포로 인해 이동하는 것이다. 그렇다면 이러한 이동을 하는 배경에는 강제적이면서도 폭력적인 억압의 원인이 개입하고 있었다는 것이고, 이로써 이들의 이동은 강제적 디아스포라의 성격을 띠게 된다. '이렇게 살해의 공포에서 또는 배제되고 멸시당하는 곳에서 다른 곳으로 이동한다는 것은 선택적 이동이 아니라 추방이 되는 것이다. 추방당한 자가 영주할 곳은 부재한다. 이들이 상상하게 되는 죽음은 살해당하거나 길에서 객사하는 것이다.'[23]

　이양지의 작중인물인 재일한인은 집단학살의 기억으로 고통받으며 그 기억을 공론화하기 위해 살아가지만, 그 고통의 정도를 증언하는 방법으로 자살을 선택하기도 한다. 스스로의 공포로 인해 자신을 죽음으로 몰아넣어 스스로 희생자가 되는 제의의식을 통해 생존자에게 남아 있는 학살의 공포

---

[23] 윤정화, 위의 글, 158-159면.

를 재현하는 이러한 선택적 자살은 프리모 레비의 선례를 떠오르게 한다. 집단학살에서 생존하여 서사를 기록하는 의무 수행 후 자살을 선택한 프레모 레비의 일생과 「해녀」에서의 '언니'의 죽음은 많은 공통점이 있다. '언니'의 존재가 죽음이라는 극단적 선택을 통해서 의붓동생 '게이꼬'에 의해 재구성되고 서사화될 수 있었다는 점이 그것이다.

언니가 자살하지 않고 죽지 않았다면 언니의 폭력과 고통의 기억은 은폐되고 조작된 채로 소문으로 떠돌아 유포되기를 반복했을 것이다. 언니에게 가해진 신체적 폭력의 기억은 말해지지 않은 침묵의 폭력으로 더 심화된다.[24] 죽음에 강요된 침묵이 그것을 증명한다. 가려진 기억과 말해지지 않은 기억은 침묵 강요와 기억 삭제의 다른 표현이기 때문이다.

> 코를 찌르는 스스로의 인간의 악취.
> 몸뚱이가 우지직 소리를 내면서 균열하는 것을 느꼈다. 균열은 목구멍을 뚫고, 머리를 갈랐다. (중략)
> '인간의 악취. 인간의……'
> 그녀는 옷을 벗기 시작했다. 그리고 알몸이 된 채 욕실의 문을 열었다. 졸졸 소리를 내면서 수돗물이 욕조에서 넘쳐 흐르고 있었다.
> '들어가라, 물속으로 들어가라'
> 머리속 깊은 곳에서 나지막한 신음소리가 되살아났다. 그 소리에 쫓기듯 그녀는 욕조 속에 몸을 가라앉히고, 머리를 가라앉혔다. (「해녀」, 『유희』, 275면)

「해녀」에서 '언니'는 '인간'에 대한 근원적인 회의를 가지고 자멸한다. 집단학살을 행하는 인간이란 것이 자신과 같은 인간이라는 인식에 도달한

---

[24] 김백영·김민환, 「학살과 내전, 공간적 재현과 담론적 재현의 간극: 거창사건 추모공원의 공간분석」, 『사회와 역사』 78집, 한국사회사학회, 2008, 8면. "신체적 폭력의 역사는 담론적 폭력을 통해 반복된다."

그녀는 스스로가 인간이라는 것에 환멸을 느끼고 '악취'를 맡는다. 이러한 인간 전체의 집단적 환멸로 그녀는 인간인 그녀를 심판하는 증언으로 자살을 선택하게 된 것이다.

3. 기억의 글쓰기, 반복의 저항성

「유희」에 이르기까지 역사에 기입되지 못하고 흔적에 머물고 있던 타자의 기억[25]은 미완성에 머문 유고작 『돌의 소리』에서 적극적으로 기록되어야 할 것으로 묘사된다. 『돌의 소리』는 주인공인 재일한인 '주일'의 회상으로 시작되는 일인칭 소설로, 인간의 본질에 접근하려는 내면 탐구의 주제를 담고 있다. 주인공 '나(주일)'는 친구 '가나'를 부모와 조국에서 버려진 존재 바리공주와 등가적으로 배치하며 재일한인의 유기된 정체성을 부각하는 한편 자신 또한 재일한인으로서 누구에게도 말하지 않는 내밀한 작업인 시를 쓰는 일을 통해[26] 자신의 기억을 구원하려는 노력을 한다.

친구인 '가나'는 「나비 타령」에서의 '아이꼬', 「각」에서의 '순이'와 등가적인 인물이다. 이들 모두는 춤을 통해 자신을 찾으려는 재일한인 작가 이양지의 재현이며 자신을 외부에 전시하는 것이라고도 할 수 있는데, 이는 이제까지의 이양지 소설에 나타난 인물 유형과 같다. 그런데 화자인 '나'(주일)는 '올바름을 지향하여 – 태어'[27]나기 위하여 서울에 온 후 거의 2년

---

[25] 오카 마리는 내셔널리즘의 희생자인 타자가 명징하게 표현하지 못하고 흔적에 머물어있는 타자의 기억을 그려내기 위해서 그들의 '난민'적 위치에 서야 할 것을 역설했다. 오카 마리, 앞의 책, 6-7면.
[26] "시를 쓴다는 것은 나에게 있어서는 누구에게도 그 행위를 밝힐 수 없는 비밀의식이라 할 수 있었다." 이양지, 『돌의 소리』, 67면.

동안 매일 아침 기억을 기록하는 의식을 다음의 예문에서 볼 수 있듯이 마치 주술인 양 반복적으로 수행한다.

> 이윽고 천천히 기억 속에서 솟아 나오듯 낱말이 떠오른다. 그것은 어김없이라고 할 만큼 떠올라 온다. (중략) 낱말들은 명확하게, 확실하게 떠올라 온다.
> 꿈을 생각해 내고, 어제의 일을 돌이켜 생각해 나가는 동안에 어휘는 나타난다. 어제로부터 오늘 아침잠에서 깨어나기까지 하루의 기억은 과거로 연이어져 있다. 먼 과거로부터 이어지는 연속된 시간의 뜻밖의 틈새에서 어휘는 모습을 나타낸다. 스며 나온다. 마치 숨을 쉬듯 들이마셨다가는 내뱉는 기억의 넘실거림이 낱말을 의식의 표면으로 밀어낸다. 습관이 된 의식과도 비슷한 것이다. (「돌의 소리」, 『돌의 소리』, 11-13면)

주인공의 습관적 글쓰기는 무엇보다도 기억을 기록하는 행위를 통해 자신이 정화되고 단련되고 다시 구성된다는 느낌에서 연유한 것이다.[28] '주일'은 인간에 대한 환멸로 자신을 살해하는 선택적 자살이라는 저항의 방법을 선택했던 이제까지의 인물 유형에서 벗어난 인물이다. 자신의 기억을 노트에 기입하여 스스로를 '어둠'의 타자에서 '아침'의 세계에 위치하고자 하는 욕망[29]이 나타나 있는 「돌의 소리」는 기억의 기록이란 이와같이 끊임

---

[27] 이양지, 『돌의 소리』, 44면.
[28] "나와 언어의 관계처럼 포착하고 포착되고, 때로는 끄집어내고 끄집어 내어지는 과정 속에서 쓰는 일은 스스로를 정화하고 단련하며 다시 만들어져 간다는 느낌이 든다." 이양지, 「돌의 소리」, 17면.
[29] "인간이라는 개념. 개념만 있는 건지도 모른다. 인간이라는 개념을 계속 인간이라고 부르고, 인간이라 믿고 있는 것은 아닐까."(「돌의 소리」, 19면) "깨어났을 때 체험하는 2,30분 동안의 일을 나는 '뿌리의 광망(光茫)'이라 불렀다. 그리고 이 노트를 '아침의 나무'라 이름하였다."(「돌의 소리」, 21면) "역시 이들의 언어도 오늘 아침처럼 과거에서부터 이어지는 기억의 연결 속에서 스며 나오고 솟아 나오는 듯이 나타나는 것이었다."(「돌의 소리」, 23면)

없는 반복적 수행을 통해서 이루어져야 함을 강조하고 있다.

> 아침에는 바하이다. 바하 말고는 들을 수가 없다.
> 이것도 아침 의식을 시작함에 따라 의식적으로 아침을 지내기 시작하게 된 뒤부터의 습관이라 할 수 있었다. 반복하는 소리, 그리고 반복하는 테마……, 바하의 여러 곡으로부터 전하 여지는 반복이라는 이미지는 단순히 수법, 또는 단순히 바하 음악의 특징이라는 식으로만은 볼 수 없는 무엇이 있었다. 바하를 들음으로써 나는 용기가 났다. 의식은 반복한다. 그리고 반복함으로써 의식은 의식으로서의 의미를 지니며, 의미를 새롭게 만들어 가기도 한다. 더욱 중요한 것은, 반복은 반복을 원한다. (「돌의 소리」, 41~42면)

반복적으로 자신의 기억을 기록함으로써 그는 그 자신이 '틀림없이 새로운 단계로 비약할 수 있을 것'(「돌의 소리」, 41-42면)이라고 믿는다. 이양지는 작중인물을 통해 의식의 반복, 의도적인 반복적인 의식행위, 기억의 반추를 통해 자신이 새롭게 재정의되고 정체성을 발견할 수 있다는 기대를 하게 된 것이다.[30] 기억하기의 반복적 행위는 매일 아침의 의식이 되고 거듭나기 위한 제의적 행위가 된다. 기억하기는 기억을 기록하기이고 그리고

---

30 찰스 마이어, "A Surfeit of Memory? Reflections on History, Melancholy and Denial", History & Representation of the past 5.2(fall/winter 1993), p.144. 재클린 아미요 후세인, 여국현 역, 앞의 논문, 320면에서 재인용. 홀로코스트에 관한 자신의 저작에서, 찰스 마이어는 기억들을 상기시키는 지점에서 제의가 처러지는 이유가 무엇인지 설명하고 있다. "상기되기는 바라지만 설명되기는 원치 않는 충동들로 인해 집단적 기억은 일종의 제의적 충동을 요구함이 분명하다. 인과적인 귀결이 아니라 생생하면서도 강렬한 과거의 경험들을 불러오는 것을 목표로 하기 때문에 집단적 기억들은 한 인종적 집단의 긴 역사에 초점을 맞추는 것이 아니라 그들이 경험했던 가장 고통스러웠던 희생에 초점을 맞추는 것이다.…… 각자 다 자기 기억이 있다.-초월적인 희생자로서- 이 순간을 되찾아 다시 살아내는 것이 그 집단의 선택인 것이다."

그것을 반복하기라는 제의를 통하여 자신을 새롭게 재구성하는 작업을 진행하던 중 이양지는 37살의 나이로 사망한다. 이양지는 기록하고 기억하지 않으면 역사는커녕 있었던 일의 흔적조차 사라질 것이라는 점을 서사 작업을 하는 동안 깨달은 것이다.[31]

4. 결어: 제노사이드, 재일한인의 기억하기

제노사이드와 기억의 관계를 연구해온 허버트 허쉬는 "하나의 주제 혹은 하나의 역사적 사건이나 시기가 어떻게 연구되는가 하는 것은 그것이 기억되는 방식에 영향을 끼친다."[32]고 했다. 또한, M. T. Isenberg에 따르면 "역사는 이야기되고 행해진 것들에 대한 기억"[33]이다. 우리가 과거에 대해 말하는 것은 현재 시점에서 과거를 어떻게 보는지를 결정할 뿐만 아니라 미래의 행위에도 영향을 미치기 때문이다.

다수자의 기억은 역사로 기록된다. 그러나 과거 타자로서의 기억은 서사화되지 못하고 흔적으로 남게 된다. 당연히 소수자는 이런 제한된 기억으로만 자신의 정체성을 수립할 수 있다. 또한, 이러한 불완전하고 흐릿한 기억이 타자의 정체성을 말해줄 또 하나의 징표가 되었다고도 할 수 있다. 타자를 구별하는 것은 한편으로는 그들을 타자로서의 집단적 호칭으로 묶어

---

[31] "의식적으로 그 순간을 자기 내부에 새기지 않으면 아무리 인상적인 일과 만났다 하여도 애매한 것으로밖에는 기억에 남지 않는 것이다. 있었던 일의 윤곽조차 어딘가로 사라져 버리는 일도 있다." 「돌의 소리」, 86면.
[32] 허버트 허쉬, 강성현 역, 앞의 책, 31면.
[33] 수잔 브라이슨, 여성주의 번역 모임 '고픈' 역, 『이야기해 그리고 다시 살아나』, 인향, 2003, 77-79면. 재인용.

차별적인 위치에 배치하게 되는 것이기 때문이다.

물론 정체성은 차이를 인식함으로써 형성되고 자각되는 것이다. 이 제노사이드의 기억 속에서 타자는 고통당하고 침묵하고 죽음으로써 서사적으로 생존한다. 이렇게 고통스럽게 생존하고 있는 타자를 타자로 직시하게 하는 기억이 제노사이드 기억이다. 재일한인은 이러한 절멸의 기억을 국가적 민족적 차이의 기표로서 자신의 정체성을 재구성하도록 하는 생존의 기억으로 전환하여 전언해야 한다. 홀로코스트 연구자인 라울 힐베르크는 "피해자의 행위들 역시 가해자의 행위들에 영향을 끼친다."[34]고 했다. 재일한인의 제노사이드 기억을 집단적으로 공유하거나, 담론을 활성화하는 행위는 분명히 가해자들의 역사 은폐 조작행위에 적절한 영향을 미칠 수 있을 것이다.

집단학살에 대한 기억을 구성하는 이러한 서사적 경험 속에서 재일한인은 개인에서 집단으로 재구성된다. 그러므로 앞으로의 재일한인의 정체성 연구에서 집단적 학살이라는 제노사이드의 기억은 간과되어서는 안 될 것이다. 이 글에서는 이양지 소설에서 발견되는 공포의 기록과 불편한 침묵을 제노사이드 기억과의 관련성 아래에서 고찰해야 함을 강조하고자 했다. 재일한인의 정체성을 더 깊이 파악하고 정리하기 위해서는 이러한 기억의 형성과 그 재현의 방식 또한 간과해서는 안 되기 때문이다. 이러한 측면에서 서사적으로 재현하고 있는 집단적 학살 경험에 대한 연구는 이양지의 소설에서뿐만 아니라 다른 재일한인 작가의 소설에서도 이루어져야 한다. 이때에서야 비로소 '관동대지진 조선인학살'이라는 제노사이드의 기억이 재일한인의 문학적 특수성을 이루는 서사적 요소로 확장될 것이기 때문이다. 이는 차후의 연구과제로 남긴다.

---

[34] 강성현, 앞의 글, 130면.

□ 참고문헌

1. 기본자료

이양지, 「나에게 있어서의 모국과 일본」, 『돌의 소리』, 삼신각, 1992.
_____, 신동한 역, 『나비 타령』, 삼신각, 1988.
_____, 김유동 역, 『유희』, 삼신각, 1988.
_____, 신동한 역, 『돌의 소리』, 범우사, 2005.

2. 논저

강덕상, 홍진희 역, 『조선인의 죽음: 관동대지진과 조선인 대학살의 진상』, 동면나라, 1995.
_____, 김동수·박수철 역, 『학살의 기억, 관동대지진』, 역사비평사, 2005.
강성현, 「제노사이드와 한국현대사-제노사이드의 정의와 적용을 중심으로」, 『역사연구 18호』, 2008.
김경학, 「캐나다 시크 디아스포라의 기억의 정치」, 『민주주의와 인권』 9권 3호, 2009. 12.
김백영·김민환, 「학살과 내전, 공간적 재현과 담론적 재현의 간극: 거창사건 추모공원의 공간분석」, 『사회와 역사』 78집, 한국사회사학회, 2008.
김상기, 『제노사이드 속 폭력의 법칙』, 선인, 2008.
막 오제, 김수경 역, 『망각의 형태』, 동문선, 2003.
야마다 쇼지(山田昭次), 이진희 역, 『(관동대지진) 조선인학살에 대한 일본 국가와 민중의 책임』, 논형, 2008.
오카 마리, 김병구 역, 『기억 서사』, 소명출판, 2005.
윤정화, 「재일한인작가의 디아스포라 글쓰기 연구」, 이화여대 박사학위 논문, 2010.
조안 스코트, 「경험」(1992), 수잔 브라이슨, 여성주의 번역 모임-'고픈' 역, 『이야기해, 그리고 다시 살아나』, 인향, 2003.
조윤미, 「서파푸아분쟁과 국가 폭력에 대한 제노사이드 담론의 구조와 함정」, 『민주주의와 인권』, 7권 1호, 2007.4.

재클린 아미요 후세인, 여국현 역, 「생존의 서사들: 중국 남서부 무슬림은 1873년의 학살을 어떻게 기억하는가」, 『흔적』 2호, 문화과학사, 2001.

제프리 K. 올릭 편, 최호근·민유기·윤영휘 역, 『국가와 기억—국민국가적 관점에서 본 집단 기억의 연속·갈등·변화』, 오름, 2006면.

최호근, 『제노사이드: 학살과 은폐의 역사』, 책세상, 2005.

최호림, 「서평(『제노사이드: 학살과 은폐의 역사』)」, 『민주주의와 인권』, 5권 2호, 2005, 10.

허버트 허쉬, 강성현 역, 『제노사이드와 기억의 정치—삶을 위한 죽음의 연구』, 책세상, 2008.

Kirsch, Stuart, "Rumour and Other Narratives of Political Violence in West Papua", in Critique of Antropology Vol. 22(1), 2002.

소문적 정체성과 그 서사적 응전

– 양석일과 현월의 소설을 중심으로

1. 소문의 대상으로 살기

바야흐로 소문의 시대다. 이제 소문이 일상이 되었다. 공식적인 자리이건 사적인 자리이건 자신의 이야기보다 소문을 향유한다. 소문은 그 자체적 힘으로 매체가 되고 발전, 확장, 과장된다. 진실성을 늘 의심받음에도 소문은 꽤 설득력이 있는 미디어라고 평가받는다. 사람들이 생각하는 진정성을 자극하기 때문이다. 소문은 특성상 의혹의 정체성을 지니고 부유하는 것이며, 형체가 없는 매체임에도 불구하고 지금의 대중은 소문을 포획하여 고정된 사실로 확정짓는다. 과학기술이 발전한 이 시대에도 소문은 사라지지 않고 오히려 더 많은 사람이 소문에 설득당하고 소문을 발화한다.

소문의 시대가 역사적으로 존재했고 소문이 종교가 되는 시대도 있었다. 지금까지 소문의 대상은 주로 소수자, 즉, 여성 특히 신여성[1] 이방인, 다른 취향의 사람들이었다. 소문은 특히 소수자와 주변부의 타자에게 가혹하게

---

[1] 김연숙, 「사적 공간의 미시권력, 소문」, 『한국의 식민지 근대와 여성 공간』, 여이연, 2004, 239면.

작동한다. 소문을 생산하는 것이 꼭 지배 권력만은 아니다. 그러나 주로 지배 권력이 소문을 장악하여 자신들의 취향에 맞게 조율한다.

제2차 세계대전 중에 루머 클리닉이라는 소문 연구를 한 고든 앨 포트에 따르면, "소문은 발생하여 동질적인 사회적 매체 내부에서 순환한다. 소문에 참여한 사람들의 강한 이해관계가 소문의 추동력이 된다."[2]고 한다. 소문에 참여한 자들의 이해관계는 증오라는 감정에 정당성을 부여한다. 소문의 힘은 가공할 만한 것이어서 소문의 결과로 많은 사람들이 인종 전체의 대학살, 제노사이드에 관련되는 비극을 저지르기도 한다.[3] '소문'이라는 개념 자체의 어원에 소식, 비명, 평판이라는 의미뿐만 아니라 카오스, 대참사, 범죄 등의 의미가 있는 것[4]이 우연이 아닌 것으로 사유되는 지점이다.

경계 밖에 위치한 재일한인은 소문 속에 위치한 서사로서 정체성이 규정되어 왔다. 재일한인의 정체성은 아직도 유동적이며 불확실하기에 소문 속의 존재로 위치되어 왔다. 실제로 일본이라는 정주지에서 소수자 재일한인은 다수의 소문과 괴담 속에 위치되어 온 역사를 가지고 있다.

1923년, 관동대지진 조선인학살이라는 제노사이드를 자행하기 전에 지배집단은 학살 후 자책감을 제거하기 위해 학살의 대상인 타자(他者)에 대한 괴담을 유포한다. 학살 전에 일본인은 '조선인이 우물에 독을 풀었다' '방화

---

[2] 한스 노이바우어, 박동자·황승환 역, 『소문의 역사』, 세종서적, 2001, 281면-282면. "이러한 이해관계의 막강한 영향은 소문이 합리화하는 수단으로 사용하는 데 작용한다. 부연하자면, 이해관계는 해명하고 정당화하고 관여된 감정에 의미를 부여한다. 종종 이해관계와 소문 간의 관계는 너무나 밀접해서, 우리는 소문을 한마디로 말해서 투사, 즉 철저하게 감정적인 조건들의 투사라고 설명할 수 있을 정도이다."
[3] 윤정화, 「제노사이드 기억의 재현방식과 재일한인의 정체성」, 『현대소설연구』 46집, 한국현대소설학회, 2011. 225-250면.
[4] 한스 노이바우어, 위의 책, 278면.

하고 있다' 등의 소문을 유포하여 재일한인을 살해자와 학살자로 범죄 집단화했다. 소문은 불안한 시대일수록 급격히 과장되어 확산된다. 6천 명~1만 명의 재일한인이 관동대지진학살에서 살해되었다. 학살 후에야 일본 정부는 소문이 유언비어라고 공식 발표했다. 일본 정부는 지진으로 인한 민심의 불안과 혼동을 타자의 책임으로 전가한 것이다. 이는 파시즘의 전형적인 '희생양 만들기이다.[5] 불안을 국민통합의 감성으로 이용하는 일본 파시즘은 소문이라는 기제를 이용하여 재일한인의 정체성을 윤색하고 각색한다.

이 글에서는 재일한인에 대한 소문의 내용과 소문이 대상에 작동하는 기제[6]를 살펴보고자 한다. 이를 통해 소문의 생산자와 유포자/전달자, 그리고 소문에 대응하는 소수자의 수행적 태도를 밝혀내는 것이 목적이다.

재일한인 3세대 작가는 여전히 유포되고 있는 자신들에 대한 악의적 소문에 대항하여 소문을 조롱하고 희롱하는 적극적 생존의 방식으로 대응한다. 양석일(梁石日, 1936~)과 현월(玄月, 1965~)은 그 대표적인 작가이다. 이들의 작품 속에는 특히 소문에 대한 재일 3세대 작가의 대응방식을 구조적으로 살펴볼 징후가 산포(散布)되어 있다. 양석일과 현월은 종족 절멸이라는 괴담으로 공포에 떨며 살았던 이전 세대와는 달리, 자신들의 정체성을

---

[5] 로버트 팩스턴, 송명희·최희영 역, 『파시즘: 열정과 광기의 정치혁명』, 교양인, 2005, 9면.

[6] 소문이 구조화되는 방식과 '소문'을 통해 생성되는 의미를 고찰한 논의로는 김승민, 김종옥의 글이 있다. 김승민은 염상섭 소설에 나타나는 '소문'의 기능에 대해, 김종옥은 이무영의 「농민」 연작에 나타난 소문의 정치적 의미를 다룬 것이다. 김승민, 「염상섭 소설에 나타난 '소문'의 기능과 의미화 방식에 대한 고찰」, 『한국현대문학연구』 33집, 한국현대문학회, 2011, 152-161면/ 김종옥, 「이무영의 <농민> 연작에 나타난 소문의 의미」, 『현대소설연구』 26집, 한국현대소설학회, 2005, 175-191면. 그러나 재일한인에 대한 소문의 의미와 대응양상을 다룬 논문은 아직은 없다.

왜곡되어 유포하는 소문을 새롭게 해석하고 전유한다. 이들은 다수 지배층의 악의적인 포섭전략에 굴복하지 않는다.

2. '소문'적 존재 되기

1) '피와 뼈'가 되기, 양석일

> 그의 이유를 들어보면 한국 사람은 교활하고 불결하고 교양이 없기 때문에 싫어한다고 한다. "허어, 한국 사람이 그렇게 교활하고 불결하고 교양이 없나? 나하고 만날 때까지 호소 자네는 한국 사람을 한 사람도 몰랐을 텐데 어떻게 한국 사람이 교활하고 불결하고 교양이 없다는 것을 알지?" "그건 옛날부터 모두가 그렇게 얘기해 왔어. 고향에 사는 아버지나 어머니나 친척들이 모두 그렇게 말하고 있었으니까 말이야. 그러니까 틀림없을 거야."[7]

위의 인용문은 양석일의 첫 소설 『달은 어디에 떠 있나(원제: 택시 狂躁曲)』에서 주인공 양씨에게 일본인 '호소가와'가 한 말이다. 일본인들은 한국인에 대해 오랫동안 위의 소문을 기정사실화하여 유포해 왔다. 그 소문의 내용은 대체로 한국인은 더럽고 불결하며 비윤리적인 사람이라는 것이다. 이러한 이유로 작중인물 '호소가와'는 한국 사람을 싫어하게 되었다고 말한다. 그에게 소문을 전달한 자는 가족이다. 소문의 전달자가 가족이므로 소문을 신뢰할 수 있다는 것이다. 재일한인을 만나 본 적도 없음에도 불구하고 재일한인에 대한 소문의 유포자가 가족이라는 내부의 집단이기 때문

---

[7] 양석일, 한양심 역, 『달은 어디에 떠 있나(원제: 택시 狂躁曲)』, 외길사, 1994, 81면. 이하 『택시 狂躁曲』의 예문은 면수만 밝힘.

에 소문의 신뢰도는 무조건적으로 획득되고 있다는 것을 알 수 있다.

그렇다면 가족들은 누구로부터 이 소문을 들었을까. 소문의 출처는 확인되지 않는다. 또한, 소문의 사실성 여부에 대해 어느 누구도 증명하거나 이의를 제기하지 않는다. 그것은 실체가 없기 때문이다. 사실인지 아닌지의 확인과정도 거치지 않은 채 소문은 세대를 거쳐 반복적으로 세대 간에 공유되고 진실일 가능성을 향하여 정교화된다. 이러한 반복의 재정교화 과정을 거쳐 소문은 권력의 언어 구성물로 소문의 대상에 대한 영향력을 확보한다.[8]

호미 바바는 "일반적으로 식민적 지배 관계는 피지배 주체를 어떻게 지배할 수 있는 대상으로 만드는가가 중요하기 때문에, 식민 담론은 피지배 주체를 열등한 정형으로 표현하여 식민 지배의 필요성을 주장한다."[9]고 했다. 그러므로 피지배 주체에 대한 소문은 열등성을 기표화한다. 재일한인에 대한 소문의 내용 또한 이와 다를 바 없다. 양석일의 첫 소설 『달은 어디에 떠 있나』는 '매일 죽음을 눈앞에 두고 있는데도 무엇 하나 보장되어 있는 것이 없'[10]는 택시기사로 살아가는 재일한인의 이야기를 다루고 있다. 택시기사라는 직업은 고향도 집도 없이 끝없이 떠돌아다녀야 하는 재일한인의 운명을 표상한다. 그뿐만 아니라, 이 유랑의 운명은 위험한 상황이라는 절

---

[8] "사회학자 타모추 시부타니는 '소문은 결코 확산되는 개인의 창조물이 아니라, 여러 사람들의 공동작업으로 생겨나는 집단적인 편성이다.'라고 말한 바 있다. 소문이 사실성을 날조하는지의 여부는 부차적인 문제이다. 중요한 것은 소문이 상징적인 현실성을 구성하고 있다는 점이다. 소문은 전이로써, 또한 환유적으로 작업한다. (중략) 아마도 소문은 집단적 환상과 유사한 어떤 것이리라." 한스 노이바우어, 위의 책, 284면.
[9] 이상미, 「호미 바바의 혼종성과 자아 정체성의 문제」, 이화여대 석사학위논문, 2002. 17면.
[10] 양석일, 앞의 책, 15면.

박성도 함의하고 있다. 심야에 유흥가를 도는 택시기사라는 직업은 범죄적 상황에 노출되어 있다. 택시기사 양씨는 죽음 가까이의 폭력과 늘 함께한다. 재일한인이 가질 수 있는 직업의 범위는 안정성과는 원거리에 위치하고 있다. 이 소설에서 제시한 택시기사라는 직업은 사회 외부인인 재일한인이 위험을 무릅써야 생계가 유지되는 직업을 택할 수밖에 없다는 것을 알려주는 곤경을 비유한다.

택시기사 양씨는 매번 다양한 군의 직업과 인간을 손님으로 맞이한다. 손님은 택시에 있는 기사의 한자 이름을 보고 질문하기도 한 다. 그런데 택시기사인 그의 존재감은 없다.

> "참 드문 이름이군요. 뭐라고 읽습니까?" 하고 호기심을 띈 표정으로 질문을 해왔다. 그들은 으레 '중국인입니까?'하고 묻는다. 결코 '한국인입니까?'하고는 묻지 않는다. 재일외국인의 구성비율에서 추측해보면 한국인일 가능성이 절대다수를 차지하고 있는데도 불구하고 한국인이라는 이미지는 일본인들의 마음속에 그리는 풍경 속에서 그만한 구멍이 뻥 뚫린 종유동처럼 완전히 공간을 이루고 있다. "한국인입니다." 하고 내가 대답하자 승객은 의외라는 듯이 내 얼굴을 뚫어지게 쳐다보았다. [11]

재일한인은 일본이라는 사회를 구성하는 존재이지만 비어있는 공간이다. 존재하나 존재하지 않는 존재인 것이다. 비어있는 구멍, 존재하나 존재하지 않는 것으로 간주되고 있는 재일한인의 정체성은 소문의 특징과 상응한다. 소문이란 "사건을 구성하는 여러 가지 사실들과 이 사실들 사이의 틈을 메우는 상상력(허구성)에 의해 구성된다는 것"[12]이기 때문이다.

그런데 지배 주체들이 구성하는 허구적 상상력은 소문의 대상을 열등한

---

11 양석일, 앞의 책, 38-39면.
12 清水幾太郎, 이효성 역, 『유언비어의 사회학』, 청람, 1977, 29-31면.

위치에 배치하는 것으로 진행된다. 지배 주체 자신들과 피지배 주체와의 차별적 지표를 강화하기 위해서이다. 비어있는 구멍이라는 존재에 기입되어 있는 상상적 서사의 틈은 소문의 대상인 피지배 계층을 야만적이며 규율되지 않는 동물적 존재라는 소문으로 메워진다.

그렇다면 왜 사실이 아닌 소문인가. 그리고 유포되는 재일한인에 대한 소문은 왜 '더럽고 음흉하고 교활한' 야만과 괴물성의 날것으로 표상되는가. 내부 인간의 대척점에 외부 존재를 배치하는 폭력적 상상력은 오랜 역사를 가지고 있다. 외부인을 비인간, 즉 동물로 규정하는 서사는 피와 살점의 서사이다. 동물은 위험하고 모호한 정체로서 타자에 배치된다.[13] 재일한인은 내부인들이 구성한 소문의 상상력 속에서 비인간, 야만, 동물의 존재로 규정되고, 법적 규율의 체계에서 이러한 동물성은 범죄자의 속성으로 형상화된다. 그리하여 재일한인은 '범죄의 대상으로 간주'되어 한층 더 위험하고 모호해진 정체성을 부여받는다. 재일한인을 범죄자로 간주한다는 것은 상시적으로 신분을 확인해야 한다는 불시검문의 상황에 배치한다는 것이다. 이러한 취급은 '일상에서 흔히 있을 수 있는 일로 범죄자 취급'[14]을 당한다는 것을 의미한다. 내부인에게는 부주의나 실수라는 것으로 배려받을 수 있는 일이 재일한인에게는 범죄가 된다는 것, 이러한 차별적 구획의 상시성은 재일한인을 비일상적 존재로 간주 하고 있다는 것을 증명하는 것이며, 이 때문에 다수의 재일한인들이 이러한 상황에 대해 목숨을 걸고 투쟁을 해온 것이다.[15]

---

[13] 리처드 커니, 이지영 역, 『이방인, 신, 괴물』, 개마고원, 2004, 80-81면 참조. 이하 밑줄 필자.
[14] 양석일, 『택시 광조곡』, 67면.
[15] 박병윤, 「재일교포들은 왜 지문을 거부하는가」, 『해외동포』 18, 해외교포문제연구소, 1985, 19-25면./ 재일대한기독교회 지문거부실행위원회 엮음, 『재일한국

"소문은 심층에 깔린 집단적 기억에서 비롯되었다. 말하자면 소문은 아주 오랫동안 지속되어온 어떤 구조에 바탕하고 있었다."[16] 그러므로 한번 구조적으로 구성된 소문은 망각되기가 어렵고 "소문은 낙인"[17]이 된다. 일본인은 재일한인에 대한 낙인을 찍기 위하여 차별화를 시도한다. 차별의 시작은 열등화의 위계를 위한 구별이다. 그런데 일본인의 타자인 재일한인은 일본인과 같은 표면을 갖고 있는 거울과 같다. '조센징'은 일본인과 구별되는 외면이 부재하고, 마치 거울과 같이 일본인 자신을 반영한다. 자신과 똑같은 외면을 지닌 재일한인이라는 존재는 차별의 외피를 갖지 않고 있다는 점만으로 일본인에게 증오를 불러일으킨다. 양석일은 일본인의 이러한 혼돈스러운 증오의 연원에 대해 기술하고 있다.

> 호소가와가 나와 만나지 않았더라면 한국 사람이 어떤 인간이라는 것을 평생 모르고 지냈을 것이다. 생활도 습관도 언어도 다른 미개의 인종, 그리고 그의 상상 속에서 날조한 색다른 용모를 가진 한국 사람-일본이 조선을 식민지로서 조선인을 혹사하고 있던 그 시대에 나와 만났더라면 그의 허상은 충분히 그를 만족시켰음에 틀림 없다.
> 그러나 나와 그는 머리 꼭대기에서부터 발끝까지 조금도 다를 바 없다. 그것이 언짢은 것이다. 피부색이 검으면 백인처럼 신의 율법에 따라서 흑인을 정면에 대고 모욕할 수도 있지만, 피부색도 똑같은 것이다. 일본인이 조선인을 경멸하는 것은 어떤 의미에서는 양쪽에 날이 달린 양날 검과도 같은 것이다. 거울 앞에서 자신을 모욕하는 것과 다를 바 없다.[18]

인 지문거부운동(법정진술모음)』, 정암사, 1987. 참조.
[16] "허위 소식과 마찬가지로 … 소문 역시 '집단의식'은 '자신의 고유한 얼굴을 비춰보는 거울'이다." 한스 노이바우어, 앞의 책, 162면-180면.
[17] "소문이 반유대주의적 원칙을 따른 것이 아니라 그것이 반유대주의 그 자체이기도 했다. 아도르노는 '반유대주의는 유대인에 대한 소문이다'라고 말했다. 허구를 만들어내는 소문의 힘, 즉 가공의 시문학은 감염의 위험이 있다." 한스 노이바우어, 앞의 책, 186면-187면.

일본인은 재일한인이 주는 불쾌한 모욕감을 제거하고 싶어 한다. 그러한 이유로 지배 주체인 일본인은 '재일한인'이라는 종족을 절멸할 수 있는 유언비어를 유포한다. 절멸하고도 잔존한 피지배 주체에게는 누명을 씌우고 왜곡된 정체성을 소문으로 유포하게 되는 것이다.

같은 외모를 지닌 조선인과 동일시되는 것을 일본인은 스스로를 모욕하는 것으로 간주한다. 일본인은 자신의 외모와 동일한 외부 타자의 열등성[19]을 약호화한다. 자신의 내적인 부분에서 자신으로 간 주하고 싶지 않은 것들을 타자에 투사하는 비체화를 약속의 언어로 형성하는 것이다. 비체화의 대부분은 감각의 영역에 기의하고 대체로 후각이라는 감각으로 표현된다. 소문은 통합적인 시각의 감각[20]과는 다른, 휘발적이며 순간적인 후각을 선택하는 것이다. 이러한 소문의 후각적 서사는 소문의 비가시성이 감각화된 것이다. 비체의 감각은 '더럽다, 냄새난다'의 후각으로 재현된다.[21]

---

[18] 양석일, 「공동생활」, 『달은 어디에 떠 있는가』, 88면. 밑줄은 필자, 이하 같음.
[19] "줄리아 크리스테바는 『공포의 권력』에서 정신분석학적인 통찰에 바탕하여 타자를 비체와 연결시킨다. 비체는 주체가 견딜 수 없어서 바깥으로 솎아내려는 어떤 것이다. 그것은 젖, 눈물, 콧물, 고름, 똥과 같이 주체 안에 있다가 바깥으로 축출되는 것이다. 주체는 이들을 바깥으로 쫓아내야만 '나'라는 단단한 자신의 경계를 세울 수 있다. 자아와 타자가 미분화된 상태에서 '나'는 주체로 형성될 수 없다. 크리스테바에 의하면, 주체는 자기 안에 있는 것을 바깥으로 축출한 다음 그것을 비천한 것으로 만들어 타자화한다. 그래야만 주체의 나르시시즘이 위협받지 않기 때문이다." 임옥희, 『채식주의자 뱀파이어-폭력의 시대, 타자와 공존하기』, 여이연, 2010, 216면.
[20] 엘리자베스 그로츠, 임옥희 역, 『뫼비우스 띠로서 몸』, 여이연, 2001, 210면-211면.
[21] 모든 차별은 니그로, 쪽발이 등과 같이 신체를 은유하여 발생한다. 백인과 흑인이 그렇고, 황인종이란 말이 그러하듯이, 돼지족발처럼 생긴 지카다비를 신은 일본인에게 우리가 '쪽발이'라고 하는 것도 신체에 대한 차별이다. 어쩔 수 없이 일본에서 태어난 재일조선인들을 '반쪽발이'라고 '왕따'하는 것도 신체적 차별이다.

끌려간 경찰서에서 경찰에게 부당한 취급을 당한 택시기사 '양'의 친구 '한성형'은 '똥에는 똥으로' 대응한다. '조센징'을 더럽고 불결한 동물적 존재로 취급하는 태도에 대한 '한성형'의 대응은 식민주체가 혐오하는 동일한 꼴의 비천함을 전시하는 것이다. 자신들과 같은 외모로 더러운 짓을 하는 거울의 자신을 드러내 보여주는, 즉 소문이 만든 소문적 존재가 되어 그들과의 구별적 경계를 파괴하고 위협한다.

> 지금까지 큰 소리로 대 연설을 하고 있던 한성형이 갑자기 말없이 앉아 있었다. 바로 그때 주위에 이상한 냄새가 풍기고 있었다. "뭐야, 이 냄새는?"……(중략)…… 놀라서 아연실색해 있는 경찰들 앞에서 입술에 대답한 미소를 띠운 한성형이 그 똥덩어리를 자신의 몸과 얼굴에 바르기 시작했다.[22]

양석일은 식민주체인 일본인이 유포한 소문의 내용, 더럽고 야만적인 괴물이라는 위협적 존재를 서사적으로 재현한다. 양석일의 주요 화제작 『피와 뼈』[23]의 '김준평'은 내부자의 폭력성을 '모방'[24]하여 현 식민주체와

'일본인의 몸에서는 오줌 냄새가 난다', '조선인의 피는 더럽다', '지나인(중국인)의 몸은 더럽다'라는 표현은 모두 신체를 이용한 차별어다. 이러한 차별은 결정적인 순간에 국가적 폭력으로 발전한다. 거대한 권력의 폭력은 모든 사회에 스며들어 폭력을 행사하고, 그 폭력은 질서라는 이름으로 합리화된다. 바로 이러한 시각에서 출발하는 것이 양석일의 소설이다. 이러한 차별을 양석일은 '아시아적 신체'라고 표현한다. 김응교, 「36만원의 아시아 신체」, 『기독교 사상』, Vol. 616, 한국기독교사회, 2010, 170면 참조.
22 양석일, 「신주쿠에서」, 『달은 어디에 떠 있나』, 70-71면.
23 양석일의 『피와 뼈』는 '피는 어머니한테 받고, 뼈는 아버지한테 받는다.'라는 제주도 무가의 한 구절을 제목으로 삼았으며, 일본 오사카를 무대로 1920년대부터 1980년대에 걸친 굴절된 현대사의 물결에 우롱당하는 재일한인들의 모습을 짜맞추면서, 김준평이라는 한 인물의 격렬한 삶과 기구한 운명을 그리고 있다. 양

닮은꼴로 그 차이의 경계를 흐리고 위협하는 존재이다.[25] 김준평은 "피지배 주체는 지배와 훈육의 대상이 되어야 한다."[26]는 식민전략을 전복하는 위험한 존재이다. '김준평'은 야만적인 괴물, 인간을 현전하는 것이 아니라 '피와 뼈'의 세계에 기거하는 날것 그 자체이다. 그는 인간의 윤리적 경계를 넘어 날것들의 법칙, 생존을 위한 폭력, 당한 대로 갚는 '눈에는 눈'이라는 법을 따른다. '김준평'의 단죄는 인간의 기준을 따르지 않는다. 이런 '김준평'은 "자연적인 신체로서는 존재하지만 정치적 신체로서 나타날 수 없는, 호모 사케르, 즉 날것의 생명"[27]인 것이다.

> 김준평의 피투성이 입에 물어뜯긴 귀의 절반이 물려있었다. 그 살토막을 김준평은 어금니로 잘근잘근 씹어서 삼켜버렸다. 믿을 수 없는 광경이었다. 어스름 속에서 벌어지고 있는 이 전대미문의 사건을 이웃사람들은 그늘 속에서 조심조심 엿보고 있었다. 대문을 닫아걸고 이층 창문으로 지켜보고 있던 쌀집 주인은 제 눈을 의심했다. 상대가 아무리 폭력배라고는 하지만, 귀를 물어뜯어 먹어버리다니, 인간이 할 짓인가. 김씨는 귀신이 아닐까.[28]

석일, 김석희 역, 『피와 뼈』, 자유포럼, 1998, 「옮긴이의 말」, 291-292면.
24 "'김준평'은 피식민자적 주체로서 식민주의 모방을 조롱하기 위해 설정한 존재이다. 이러한 불완전한 모방의 틈새가 드러나는 것에서 피식민자들이 식민지의 문화, 행위, 매너 그리고 가치를 모방하는 것은 '조롱'과 '위협'이라는 요소를 동시에 소유하게 된다." 윤정화, 『재일한인작가의 디아스포라 글쓰기』, 혜안, 251면.
25 구재진, 「제국의 타자와 재일의 괴물 남성성: 양석일의 『피와 뼈』 연구」, 『민족문화사연구』 43호, 고려대 민족문화연구원, 2010, 367-392면.
26 호미 바바, 나병철 역, 『문화의 위치』, 소명출판, 2002, 79면.
27 구재진, 위의 논문, 378면. 이밖에 재일한인 디아스포라의 호모 사케르적 성격에 대해서는 구재진, 「국가의 외부와 호모 사케르로서의 디아스포라-현월의 『그늘의 집』 연구」, 비평문학 제32호, 한국비평문학회, 2009, 7-26면 참고.
28 양석일, 『피와 뼈』, 167면.

인육을 먹는, 인간이 아닌 '귀신' '김준평'은 지배자에 의해 양산되고 유포되고 있는 부정적인 '재일한인'의 이미지가 응축되어있는 존재이다. 그는 폭력적이고 위험하고 더러운 인간으로 재현되고 있다. 그렇지만 이는 '생존력'과 '힘'의 상징으로서의 존재를 표상하고 있는 것이기도 하다. '김준평'은 누구도 범접할 수 없는 공포의 괴력을 소유하고 있으며 이런 이유로 내부자와 외부자 모두에게 두려우면서도 위협적인 동시에 선망의 대상이 된다. '김준평'은 인간과 동물의 경계를 흐리면서 내부와 외부의 탈경계적 주체로 재현된다. 그는 식민지의 폭력을 모방[29]하여 식민자와 피식민자의 매끄러운 경계에 균열을 내고 있다.

'김준평'은 지배 주체의 피지배 주체에 대한 절멸의 기획인 소문에 대해 비체가 되는 전시를 함으로써 저항적 재현을 하는 것뿐만 아니라, 『피와 뼈』의 결말에서 북조선으로 '떠남'으로써 패배를 인정하지 않는 괴물이자 풍문으로 존재하는 불사신의 전설이 된다. 그는 소문 속에서 신화적 존재가 된다. "진정한 신화란 피와 살점의 문제인 것"[30]이라는 것을 증명이나 하듯 '김준평'은 지배 주체의 소문을 조롱으로 전유한다. 양석일은 소문을 괴물성으로 전유하여 비체적 소문이 된다. 양석일이 소문에 대응하여 구축하는 서사는 어브젝트, 비체의 저항인 것이다.

2) '나쁜 소문' 되거나 사라지기, 현월

현월의 『나쁜 소문』은 '나, 료이치'의 삼촌 '뼈다귀'의 기이한 소문에 대한 사람들의 호기심을 언급하는 것으로 시작한다. '뼈다귀'는 양석일의

---

[29] 윤정화, 앞의 책, 249면.
[30] 리처드 커니, 앞의 책, 81면.

'김준평'처럼 괴력의 사나이며, '김준평'보다 더 불가해한 존재로 이름도 알려져 있지 않다. 그의 호칭은 인간이 아닌 '뼈다귀'이다. 닭의 뼈를 씹어 먹는다는 것이 이상해서 붙여진 이름인 '뼈다귀'는 이처럼 일본이라는 내부에 존재하나 에스닉한 이질적 존재이다. 그의 집은 마을의 경계 지역 밖이다. 그는 자신의 공간, 집에서 사람들이 유포하는 소문을 부정하지도 긍정하지도 않은 채 살아가고 있다. '뼈다귀'의 무심한 태도는 소문의 의구심을 더욱 증폭시킨다.

> 그 남자는 동네 사람들로부터 '뼈다귀'라고 불렸고 나쁜 소문이 많기로 유명했다.[31]

> 그 집에는 지금도 뼈다귀와 그의 여동생이 살고 있는데, 사건 이후 뼈다귀의 모습을 본 사람은 거의 없다. (중략) 그들은 가게 손님이나 거래처 사람들에게 뼈다귀 이야기를 할 때, 그는 여전히 살아있는데 아직 죽기에는 이른 것같아 보이더라. 빼빼 말랐지만 얼굴은 묘하게 윤기가 나더라. 어쨌든 지지리도 오래 사는구먼, 이라는 말을 이구동성으로 입에 담았다. (12면)

만나지 못했으니 사실을 확인할 수도 없는데, 사람들은 '뼈다귀'에 대한 소문이 사실인지 아닌지는 중요하게 생각하지도 확인하려 들지도 않는다. 재일한인의 재현인 소문적 존재 '뼈다귀'는 애초 누가 소문의 발생자인지, 그런 소문의 유무나 진위 여부와 상관없이 그저 존재한다. 왜곡된 사실, 소문은 소문의 특성상 나쁠수록, 내용이 위험할수록 고정적이고 확정적이다. '뼈다귀'는 나쁜 소문이 된다. 사람들이 이구동성, 모두 함께 구전으로

---

[31] 현월, 신은주·홍순애 역, 『나쁜 소문』, 문학동네, 2002, 10면. 이하 인용문은 면수만 밝힘.

전하는 '뼈다귀'에 대한 말은 소문 바로 그것이다.

'뼈다귀'의 모습을 본 사람은 거의 '없다', 그리고 그에 대한 이야기는 모두 '~더라'라는 인용으로 전달된다. '뼈다귀'라는 존재를 본 적도 없으면서 사람들의 인용에 의한 정체성을 사실로 인지하고 있 다. 소수자인 재일한인작가들은 자신들을 대상으로 하는 소문을 자신의 글쓰기에 적극적으로 기입하여[32] 역(逆)으로 소문의 생산자와 유포자들에게 경고한다. 떠도는 소문을 자신의 소설에 인용하고 독자는 소문의 인용을 인용하여 소문 발생자들의 귀에 소문을 전달할 것이다. 인용의 인용이라는 기법으로 소문을 생산자에게 다시 회귀하도록 하는 적극적 형태의 소문이라는 서사적 규약은 소문의 생 산자에게서 소문의 대상에게로 권력을 이양한다. 즉, 소문을 서사적으로 기입함으로써 재일한인은 자신에 대한 소문을 전복할 권력을 획득하게 되는 것이다.

소문의 내용은 주로 열등한 신체성과 두려움을 함의한 것이다. 소문적 존재가 사는 공간은 '주변부'이며, 신체 또한 그 주변적 위치를 상징하는 열등적 기호로 신체의 일부에 표기된다. 신체적 크기의 차이는 여기서 우열을 증거하는 신체적 기호로 작동한다. 재일한인을 온전한 신체 기호로 재현하지 않는 것은 현월의 인물들뿐만 아니라 다수의 재일한인들의 작품에서도 반복되는 은유이다. 김학영의 '말더듬이', 양석일의 '반쪽발이'라는 자조적 표현, 이기승의 「제로한(50CC의 오토바이)」, 현월의 『그늘의 집』의 '한쪽 팔만 제대로 사용하는 서방 노인' 등의 메타포로 재일한인은 스스로 혹은 외부의 시선으로 자신들을 재현한다. 이러한 표현들은 소문의 내용을 신체 기호로 표현한 것이라 할 수 있다.

재일한인은 알튀세르의 '호명'[33]에서도 언급되었듯이 존재하기 이전에

---

[32] 한스 노이바우어, 앞의 책, 17면.

이미 소문이라는 담론 속에 선규정되었던 자이다. 재일한인은 만남이라는 체험 이전에 이미 소문 속 존재로서 편견 속에 배치되는 존재인 것이다. 재일한인은 소문이다. 현월의 『나쁜 소문』에서 '뼈다귀'는 양석일의 『피와 뼈』의 '김준평'과 유사한, '나쁜 소문' 그 자체이다.

현월의 『나쁜 소문』에서 삼촌은 "유령적인 위치"[34]로서 규정된다. '뼈다귀'는 소문의 사실 확인에 개입하지 않고 소문을 방치함으로써 자신에 대한 두려움을 고정한다. 사람인지 아닌지, 이상한 존재인지 아닌지의 불가해한 존재, 이러한 탈경계적 존재성을 함의한 소문이 '뼈다귀'의 생존을 연장한다. 그러나 이 소문의 가공성(可恐性)으로 인해 재일한인의 정체성에 대한 사실의 진위 여부는 확인이 되지 않고, 그 이유로 이들의 존재는 더욱 불가해한 것으로 귀결된다.

그런데 현월의 『나쁜 소문』은 '뼈다귀'에 대한 소문보다 더 중요한 지점을 제시한다. '뼈다귀'라는 존재에게 어느 날 나타난 '나, 료이치'라는 새로운 소문적 존재의 등장이다. '료이치'는 미성년이다. 관찰자인 '료이치'는 처음에 아버지 지배하에 있다가 삼촌의 영향력 아래 흡수된다. '나'는 지금까지의 '나쁜 소문'인 '뼈다귀'의 소문성과는 다른 양상으로 진화하는 과정을 체현한 존재이다. '나, 료이치'가 이전세대의 소문을 내면화하여 새로운 소문이 되어가는 과정이 더 문제적이다. '나'는 삼촌 '뼈다귀'가 소문적 존

---

[33] "알튀세르에 의하면 '나'란 호출되고 지칭되며 설명 요청을 받음으로써만 비로소 생겨날 수 있으며, 이러한 담론적 구성은 '나'라는 존재가 존재하기 이전에 이미 발생되는 것이다. 다시 말해 그것은 '나'를 이행적으로 불러내는 것이다. (중략) 역설적이게도 사회적 인식의 담론적인 조건은 주체의 구성에 앞서서 주체를 조건 짓는 것이다." 주디스 버틀러, 김윤상 역, 『의미 체현으로서의 육체』, 인간사랑, 2003, 420면.
[34] Vijay Agnew, *Diaspora, Memory and Identity-A search for Home*, University of Toronto press, toronto Buffalo London, 2005, p.13.

재가 되어가는 과정을 학습하여 내면화하고, 자신의 방식으로 새롭게 진화한다. 소수자로서 다수의 멸시에 대응하며 살아가는 방법은 곧 '강한 자'로의 변신이라는 것을 깨닫게 되는 것이다.

양석일의 『피와 뼈』의 '김준평'이 식민주체의 폭력성을 모방하여 괴물적 존재로 자신을 전시한 것과 다르게, 현월의 '나'는 재일한인 내부자를 모방하여 '나쁜 소문'이 틀렸음을 서사적으로 증명하는 계기를 제공한다. 현월이 제시하고 있는 재일한인에 대한 '나쁜 소문'은 식민지 폭력성을 체현한 양석일의 『피와 뼈』가 불러일으킬 수 있는 왜곡된 해석을 수정할 여지를 제공한다.

'료이치'는 『나쁜 소문』의 결말에 '도쿄'에 정착했다는 소문으로 전해진다. '료이치'는 내부의 중심에 잠입해 존재하는 재일세대의 새로운 전형을 표상한다.[35] '나, 료이치'는 스스로 소문적 존재가 되기로 결심하고 사라진다. 소문은 바로 그 대상의 공간적 부재에 기반을 둔다. "소문은 항상 현재 존재하고 있지 않은 사람들을 인용"[36]한다. '료이치'는 떠남으로써 실체가 없는 모호한 '소문' 그 자체가 되는데, 양석일의 『피와 뼈』의 '김준평'이 북조선이라는 외부의 세계로 떠나는 것과는 다르게 도쿄라는 내부에 잠입한 소문이 되어 더 위험한 존재로 인식된다는 것이 차이점이다. '료이치'는 '김준평'보다 한층 더 진화된 형태의 소문적 존재가 된다.

"소문과 풍문을 접한 사람은 해석의 과정에 동참하게 된다. 소문을 인용하는 것은 이미 소문의 집단적 의미 생성에 동참했던 실천방법들이다. 소문은 집단의 유희처럼 작용한다. 거의 모두가 거기에 참여할 수 있고, 모두 다 소문의 규칙들을 알고 있는 것이다."[37] '료이치'는 '사라짐'으로 인해

---

[35] 윤정화, 앞의 책, 262면-263면.
[36] 한스 노이바우어, 앞의 책, 59면.

소문을 생산하고 소문을 해석한 자들을 조롱하고 희롱한다. '사라짐'은 가장 원초적이고 근본적인 놀이의 한 속성[38]이기 때문이다. '사라짐'으로 인해 '료이치'는 수수께끼적 존재가 되고, 풀 수 없는 수수께끼는 술래인 지배 주체를 더욱 곤란하게 만든다. '료이치'라는 존재는 소문의 모호성, 소문의 불멸성을 포획하여 더욱 두려운 존재가 된다.

> 료이치는 동네에서 사라진 지 반년 후 한국계 은행의 뼈다귀 구좌에 팔만 오천 엔을 송금했다. 그것을 한 은행직원이 이야깃거리로 동네에 흘렸다. 사람들은 아직 중학생이니 신문 배달이라도 한 거겠지, 알다가도 모를 애였는데 기특한 일이라며, 의심보다는 동정하는 목소리가 더 많았다. 그러나 날짜나 금액이 한 번도 틀리지 않고 매달 송금돼 오자, 점점 무서운 느낌이 들기 시작했다. 송금을 하는 곳은 처음 몇 년 동안은 전국에 흩어져 있었지만, 이윽고 도쿄로 정착하게 되었고, 최근 십 년 동안은 한 은행의 지점에서만 송금되어왔다. (14-15면)

공포의 존재였던 '뼈다귀'를 넘어 '료이치'는 반신반의함의 모호한 대상에서 동정의 대상으로, 다시 의문의 대상으로, 그리고 결국은 더욱 강력한 두려움의 대상이 된다. 재일한인의 세대교체에서 '소문'은 전수되고, 그 '소문'의 가공성은 존재의 정체성에 전복적으로 기입된다. '료이치'와 '뼈다귀'는 존재의 모호성, 불멸성으로 인해 내부자들에게 '나쁜' 소문이 된다. 이들은 타자이기 때문이다. 작고 힘이 약한 불완전한 신체, 더럽고 경멸스런 존재라고 이들을 하위주체화한 내부자들은 이제 이들이 가공할 소문적 존재가 되었으므로 더 이상 규율할 수 없다. 타자는 관리할 수 없는 모호한 타자가 됨으로써 내부자들에겐 '나쁜' 존재, 『나쁜 소문』이 된 것이다.

---

[37] 한스 노이바우어, 같은 책, 220면.
[38] 진중권, 『놀이와 예술, 그리고 상상력』, 휴머니스트, 2005, 255면.

3. 소문 만들기-새로운 저항의 서사

소문은 이처럼 생산자와 수용자의 힘에 따라 더 넓은 지역으로 유포되긴 하지만, 소문의 모호성이라는 특성상 불확실하게 저장되어 변형하거나 더 큰 파급력을 가지고 불안한 시대에 재등장한다. 소문은 절멸하지 않고 잠시 은신할 뿐이다. 소문은 불멸이다. 전도되는 소문의 서사구조[39]는 그 힘의 저항성을 근원적으로 함의한다. 두 작가의 작품에 나타난 소문적 존재에 대한 호명은 -'괴물, 귀신, 김준평'(양석일), '뼈다귀'(현월)- 타자의 공포적 표상을 상징한다. 양석일과 현월은 자신들의 소문적 정체성을 서사화함으로써 소문의 실체를 파헤친다. 이 작업을 통해 두 작가는 사실 진위 여부를 떠나 재일한인을 타자화하고 있는 내부자들의 식민논리의 허구성을 비판하고 있다. 재일한인은 스스로 소문적 존재가 되는 서사적 대응을 선택한 것이다. 재일한인의 서사는 유포되고 포획되는 소문적 정체성을 내용으로 한다. 본질적으로 저항성을 함의하는 대항 담론인 것이다.

소문의 기제를 파악한다는 것은 외부인의 존재 양태와 정체성 규명이라는 작업과 일맥상통한다. 그러므로 재일한인의 소문에 대한 서사적 대응뿐만 아니라 그 외의 정주지에 거주하고 있는 재외한인 들을 타자화하고 배제하기 위해 구축하는 소문의 서사에도 주목해 볼 필요가 있다. 각각의 공간에서 유포되고 있는 소문의 내용과 그에 대한 재외한인들의 대응양상은 모두 차이가 있기 때문이다. 그리고 생존이라는 대항 서사를 위해 내부자들이 생산하는 소문뿐만이 아니라 소수자들이 적극적으로 내부적으로 생산된 소문을 재생산하기도 하는 등의 새로운 양상이 발견되고 있기 때문

---

[39] 김승민, 「염상섭 소설에 나타난 '소문'의 의미와 서사화 방식에 대한 고찰」, 『한국현대문학연구』 33집, 2011, 177-205면.

이다. 이와 같이 소문에 대한 재외한인의 대응양상은 현재 한국이나 일본에서의 소문의 발생과 유포와는 맥락이 같지 않고 매우 다양하다. 그 다름에 주목해 봐야 할 것이다.

　본 연구자는 타자에 대한 소문이 어떤 사회적 배경과 역사적 맥락에서 발생하고 또 어떤 경로를 통해 확산되는지, 또한 소문은 어떻게 수용되고 변환되는지를 살펴봄을 통해서 디아스포라인의 정체성을 더 깊이 있게 설명할 수 있게 될 것이라고 기대하고 있다. 재일한인뿐만 아니라 재미 한인 등의 이주 한인이 자신에 대한 소문을 서사적으로 수용하고 처리하는 방식을 그들의 작품 속에서 밝혀내어 각각의 정주지에서 어떻게 위치하며 살아가고 있는지를 연구하는 것은 다음의 연구 작업으로 기약하고자 한다.

□ 참고문헌

1. 기본 자료

양석일, 한양심 역, 『달은 어디에 떠 있나(원제: 택시 광조곡)』, 외길사, 1994.
　　　, 김석희 역, 『피와 뼈』, 자유포럼, 1998.
현월, 신은주·홍순애 역, 『나쁜 소문』, 문학동네, 2002.

2. 논저

구재진, 「제국의 타자와 재일의 괴물 남성성: 양석일의 『피와 뼈』연구」, 『민족문화사연구』 43호, 고려대학교 민족문화연구원, 2010.
　　　, 「국가의 외부와 호모 사케르로서의 디아스포라-현월의 『그늘의 집』 연구」, 『비평문학』 32호, 한국비평문학회, 2009.

김승민, 「염상섭 소설에 나타난 '소문'의 기능과 의미화 방식에 대한 고찰」, 『한국현대문학연구』 33집, 한국현대문학회, 2011.
김연숙, 『한국의 식민지 근대와 여성공간』, 여이연, 2004.
김응교, 「36만원의 아시아 신체」, 『기독교 사상』, Vol. 616, 한국기독교사회, 2010.
김종옥, 「이무영의 <농민> 연작에 나타난 소문의 의미」, 『현대소설연구』 26집, 한국현대소설학회, 2005.
박병윤, 「재일교포들은 왜 지문을 거부하는가」, 『해외동포』 18, 해외교포문제연구소, 1985.
윤정화, 「제노사이드 기억의 재현방식과 재일한인의 정체성」, 『현대소설연구』 46집, 한국현대소설학회, 2011.
_____, 『재일한인작가의 디아스포라 글쓰기』, 혜안, 2012.
이상미, 「호미 바바의 혼종성과 자아 정체성의 문제」, 이화여대 석사학위논문, 2002.
임옥희, 『채식주의자 뱀파이어-폭력의 시대, 타자와 공존하기』, 여이연, 2010.
재일대한기독교회 지문거부실행위원회 편, 『재일한국인 지문거부운동(법정진술 모음)』, 정암사, 1987.
진중권, 『놀이와 예술, 그리고 상상력』, 휴머니스트, 2005.
로버트 팩스턴, 송명희·최희영 역, 『파시즘: 열정과 광기의 정치혁명』, 교양인, 2005.
리처드 커니, 이지영 역, 『이방인, 신, 괴물』, 개마고원, 2004.
엘리자베스 그로츠, 임옥희 역, 『뫼비우스 띠로서 몸』, 여이연, 2001.
주디스 버틀러, 김윤상 역, 『의미 체현으로서의 육체』, 인간사랑, 2003.
한스 노이바우어, 박동자·황승환 역, 『소문의 역사』, 세종서적, 2001.
호미 바바, 나병철 역, 문화의 위치, 소명출판, 2002.
淸水幾太郎, 이효성 역, 『유언비어의 사회학』, 청람, 1977.
Vijay Agnew, *Diaspora, Memory, and Identity-A search for Home*, University of Toronto press, toronto Buffalo London, 2005.

재일한인 여성의 존재 방식과 정체성

– 이양지와 유미리를 중심으로

1. 서언

 이 글은 재일한인사회에서 여성작가[1] 최초로 일본의 대표적 문학상 '아쿠타가와(芥川)상'을 수상한 이양지와 유미리[2]의 작품을 중심으로 재일한인 여성의 존재 방식, 정체성을 밝히는 데 목적이 있다.
 '재일한인 여성의 존재 방식(정체성)'은 어느 한두 가지로 수렴되지 않는다. 젠더를 비롯하여 인종, 계급 등의 요소들이 착종(錯綜)되어 있어 한 문화 안에서도 여성의 정체성은 젠더 이상의 정치적 요소[3]에 대한 고려가

---

[1] 이 글에서 재일한인은 한국 국적을 비롯하여 일본 국적, 조선 국적(남북 분단 이전), 북한 국적 등으로 일본에 거주하는 한인을 총칭하는 의미로 사용한다.
[2] 일본의 대표적 문학상 '아쿠타가와상'은 1972년 이회성(李恢成)이 중편 「다듬이 질하는 여인」으로 재일한인 작가 최초로 수상하고, 이양지(1955년 일본 산이현 출생)는 1988년 중편 「유희」로, 유미리(1968년 일본 가나가와현 출생)는 1998년 중편 「가족 시네마」로 수상한다.
[3] 일레인 쇼월터 편, 신경숙(외) 역, 『페미니스트 비평과 여성문학』, 이화여대 출판부, 2004, 6면.

필요하다. '아쿠타가와상' 후보에 이름을 올린 재일한인 남성작가 작품에는 민족과 자신을 동일시한 측면이 나타나는 데 반해, 이양지와 유미리의 작품에는 작가의 자전적 경험을 바탕으로 재일한인 여성의 실존적 삶의 문제가 두드러진다. '여성'과 '남성'이라는 생물학적 조건은 한 개인의 존재 방식에 깊숙이 관여한다. '재일한인 여성작가'라는 정체성(존재 방식)에는 '재일'(민족) '조선인'(인종) '여성'(젠더) '작가'(계급)라는 중층 요소들이 다층적으로 개입되어 있다. 여기에 '모어'와 '모국어'의 불일치로 인한 갈등과 일본 국적의 취득 여부(귀화)에 따른 가족 문제가 더해진다. 이양지와 유미리는 이러한 문제의 한가운데에서 작품 활동을 한 작가이다.

이양지와 유미리의 그들의 문학에 관한 선행연구는 1990년대 후반 디아스포라에 관한 관심이 높아지면서 시작되는데, 주제론적 연구와 개별 작품론이 주를 이룬다. 이양지의 경우 경계인의 시각과 정체성, 디아스포라의 측면에서, 그리고 유미리는 '가족'에 대한 논의가 주를 이루는 가운데 경계인, 탈민족주의적 시각의 연구가 이루어진다. 그러나 이들 두 작가의 개별 연구는 일정한 성과를 내고 있지만, 두 작가를 비교 분석한 논의는 드물다. 유숙자[4]는 1945년 이후 문단에 데뷔한 작가를 민족 정체성의 측면에서 1, 2, 3세대로 구분하고, 이양지와 유미리를 3세대로 분류하여 민족 정체성 문제를 다루고 있는데, 이 때문에 재일한인 여성 작가의 정체성에 대한 논의는 밀려나 있다. 엄미옥[5]은 김학영·이양지·유미리 작품에 나타난 언어 경험 양상을 살피고, 모어(母語)와 모국어가 다른 디아스포라를 배제하는 근대국민국가에 의문을 제기한다. 하지만 이 연구 역시 이 글에서 다루고자

---

[4] 유숙자, 「1945년 이후 在日 한국인 소설에 나타난 민족적 정체성 연구」, 고려대 박사학위논문, 1998.
[5] 엄미옥, 「재일 디아스포라 문학에 나타난 언어 경험 양상-김학영, 이양지, 유미리 작품을 중심으로」, 『한민족문화연구』 41집, 한민족문화학회, 2012.

하는 '재일한인 여성 작가 정체성'과는 거리가 있다.

　이 글은 이양지의 「나비 타령」과 「유희」, 유미리의 『돌에서 헤엄치는 물고기』와 에세이를 분석대상으로 삼았다. 이들 작품에는 재일한인 여성 작가의 정체성을 비교 분석할 수 있는 요소들이 잘 나타나 있다. 따라서 두 작가의 데뷔 작품 「나비 타령」과 『돌에서 헤엄치는 물고기』에서는 재일한인 가정의 가부장제에서 비롯하는 여러 문제를, 이양지의 「유희」와 유미리의 『돌에서 헤엄치는 물고기』 및 에세이에서는 '언어'를 둘러싼 내외적 갈등을 살펴보고자 한다. '가족'과 '언어'는 인간이 성장하는 데 있어서 가장 본질적이고 원초적 요소로, 개인의 정체성을 밝히는데 핵심적 역할을 한다. 특히 '재일한인'인 두 작가에게 이 문제는 '민족' '인종' '귀화' '성' 등 다른 문제로 확대된다는 측면에서 무엇보다 중요한 문제라고 볼 수 있다.

　두 작가의 작품은 세대적인 측면에서 문제의식이 뚜렷하게 구별된다. 또한, 식민지적 무의식이 내면화되어 있어 본국에 대한 부정적 인식도 드러나 있는데, 이 글에서는 먼저 두 작가의 '아쿠타가와상' 수상이 갖는 의미를 살펴볼 것이다. 나아가, '가부장제'와 '언어'를 중심으로 근대국민국가가 태생적으로 안고 있는 국민과 비국민의 구별 짓기, 남성 우위의 서열화와 가부장제 문제, 모어와 모국어의 불일치로 인한 정체성의 혼란 등 재일한인사회 가정이 안고 있는 문제 등을 비교 분석하여 재일한인 여성 작가의 존재 방식(정체성)을 밝혀보고자 한다.

2. 재일한인 여성작가의 '아쿠타가와상' 수상과 의미

우리의 근대 여성문학은 김명순·나혜석·김일엽 등에 의해 시작된다. 20세기 벽두에 도일(度日)한 그들은 근대교육의 수혜를 입고, 근대 일본 여성작가의 궤적을 밟으며 '근대여성문학'을 개척한다. 김명순은 1917년 『청춘』의 현상소설 공모에 단편 「의심의 소녀」(『청춘』, 1917.11.)가 당선되어 문단에 데뷔하고, 나혜석은 단편 「경희」(『여자계』, 1918.3.)를 발표하는데, 이들의 문학 활동은 이광수의 첫 단편 「어린 벗에게」(『청춘』, 1917.11.)와 발표 시기가 같다는 점에서 선구적이라 할 것이다. 특히 근대교육의 수혜를 입은 여성이 절대적으로 열세였던 당시 사회상황으로 미루어볼 때 더욱 그러하다. 당시 여성작가들이 정치·경제 등 다른 분야보다 소설 분야에서 남성작가와 어깨를 나란히 할 수 있었던 것은 '소설'이라는 장르가 가진 특수성 때문이다. 근대의 산물인 소설은 축적된 전통이 없는 새로운 형태의 문학 장르로, 여성에게 적합한 양식이라 할 수 있다. "여성작가들이 처음으로 그리고 가장 성공적으로 그들만의 전통을 확립할 수 있었던 문학 형식"[6]인 소설은 "여성의 감수성이 어떤 점에서는 개인적 관계들의 복잡한 면들을 드러내기에 남성보다 더 나은 자질을 갖추고 있으며, 따라서 소설의 영역에서 실제 이점을 지니고 있었다."[7] 여성이라는 공통분모를 가진 한일 근대 여성작가들은 가부장제 문화 속에서 '여성해방'을 주창하지만, 과정과 결과는 달랐다.[8]

재일한인 여성작가들은 한일 양국 어느 쪽으로부터도 여성문학이 이룬

---

6 팸 모리스, 강희원 역, 『문학과 페미니즘』, 문예출판사, 1999, 77면.
7 이안 와트, 전철민 역, 『소설의 발생』, 열린책들, 1988, 387면.
8 한국의 1기 근대 여성작가는 일본 근대 여성작가 2기에 해당하는 '청탑' 동인의 직접적 영향을 받으며 여성을 위한 잡지를 발간하고 여성해방을 주창하지만, '신여성'에 대한 조선 사회의 이중적 시선과 조선의 현실을 바로 보지 못하고 너무 앞선 탓에 이들의 행보는 의미 있는 실패로 끝난다. 박죽심, 「한일 근대 여성작가의 탄생과 정체성 연구」, 『어문논집』 66집, 중앙어문학회, 2016, 146~151면.

유산을 물려받을 수 없었다. '재일한인 여성'이라는 실존적 존재 자체가 없고, 여기에 민족·젠더·계급·가부장제 등 여러 문제가 복합적으로 얽혀 여성작가의 출현은 재일한인사회에서 여성 교육이 무르익을 때까지 기다려야 했다. 재일한인 남성작가의 경우, 장혁주 등 재일한인 1세대 작가 이후 일본어로 문학 활동을 한 이력을 오랜 기간 축적해왔다. 장혁주를 비롯하여 김사량·김달수·김석범·이회성·김학영 등은 그 대표적인 예인데,[9] 그러나 여성작가의 경우 이러한 전통이 부재했던 것이다. 또한, 남성작가는 일제강점기부터 해방과 남북 분단, 군사독재체제를 거치는 동안 민족주의 서사와 자신들을 동일시할 수 있었지만, 이 과정에서 여성은 '배제'되었다. '재일'의 역사에서 여성 자신의 문제는 '민족문제'와 재일한인에 대한 차별로 생존 자체가 위협받는 문제 앞에서 부차적인 것으로 취급되었다.

이양지와 유미리는 여성의 언어로 여성 자신의 문제를 '최초'로 공론화한다. 물론, 그 이전에도 재일한인 여성의 개인사 기록이나 재일한인 문단 내에서 여성의 문학 활동은 없지는 않지만, 재일한인사회를 넘어 일본과 한국에 '문학 언어'로 재일한인 여성의 삶을 형상화한 것은 이양지와 유미리가 최초라 할 수 있다. 이 두 여성 작가의 등장은 재일한인 여성의 사회적 위상 변화를 보여주는 시발점이자 척도라 하는 까닭이 여기에 있다.

재일한인 1세대와 2세대 여성은 남성에 비해 문맹률이 높았다. 19세기 후반부터 의무교육이 시행되어 남녀 모두에게 동등한 교육 기회가 부여되던 일본과 달리, 조선은 취학률이 매우 낮았다. 1930년 무렵부터 조선인의 취학률이 높아지지만, 이는 남자에 국한되고, 여자의 경우 큰 증가세를 보

---

[9] 조선에서 태어난 후 일제강점기에 도일, 광복 전에 작품 활동을 시작한 장혁주(1905~1998), 김사량(1914~1950), 김달수(1919~1997) 등은 재일한인 1세대 작가로, 일본에서 태어나 1960년대 전후 데뷔한 이회성(1935~), 김학영(1938~1985) 등은 재일한인 2세대 작가로 분류된다.

이지 않는다.[10] 모국에서 태어나 도일한 1세대 재일한인 여성이 여기에 해당한다.

> 재일조선인, 특히 1세대 여성은 자신들의 체험을 역사에 새길 수 없었다. 그들 대부분이 글을 모르는 데다 전후에도 황국신민화를 강요한 '제국'의 차별로 고통을 당했으며, 결정적으로 생존권 자체가 위협받는 일상을 살았기 때문이다.[11]

'문맹'은 관계의 회로가 절연되었음을 뜻한다. 글을 읽고 쓰지 못한다는 것은 단순히 문자를 해독하는 것만을 의미하지 않는다. 가정의 범위를 넘어선 사회적 활동이 불가능할 뿐 아니라, 경제적으로 자립할 가능성 또한 막혀있음을 의미한다. 이것은 가부장제에서 또 하나의 억압 기제로 작용한다. 특히 재일한인사회는 여성의 고등교육에 대한 경계의 시선이 강하고, 재일한인 여성의 고등교육 진학률은 일본 여성의 5분의 1 수준에 불과하다. 본국보다도 유교사상이 지배적인 재일한인사회에서 "딸이 고등교육을 받는다는 것은 제주도 4.3사건이나 북한 귀환과 같은 정치에 말려들 위험요소"[12]가 있어 이를 더욱 우려한다. 이처럼 유교적 규범이 재일한인사회에 뿌리 깊게 남아 있는 상황은 남성 우위의 젠더적 규범이 작동되고 있음을 보여준다. 버지니아 울프는 "여성이 픽션을 쓰고자 한다면 돈과 자신만의 방을 가져"[13]야 한다고 지적한 바 있는데, 이것이 가능하기 위해서는 교육

---

[10] 김부자, 「식민지 시기 조선 보통학교 취학동기와 일본어: 1930년대를 중심으로」, 『사회와 역사』 77집, 한국사회사학회, 2008, 40면.
[11] 송연옥, 「식민주의에 대한 저항: 재일 한국인(조선인) 여성이 창조하는 아이덴티티」, 『황해문화』 겨울호, 2007, 151면.
[12] 위의 논문, 169면.
[13] 버지니아 울프, 이소연 역, 『자기만의 방』, 펭귄 북스, 2012, 38면.

의 기회가 전제되어야 한다. 따라서 이양지와 유미리의 등장은 재일한인사회에서 여성 교육이 전 세대보다 보편화되었음을 보여준다. 또한, 일본 주류문단에서 문학상을 받았다는 것은 재일한인 여성문학 언어가 일정한 성취에 도달했음을 시사하며, 일본 문단에서 독자적 영역을 확보했음을 의미한다.[14] 일본 내 소수인종에 속하는 재일한인 여성작가인 이들의 문학 활동은 단순한 "유희가 아니라 자신의 삶을 찾으려는 노력"이며 "자신들의 진정성 발견에 대한 시도"[15]이다. 이양지와 유미리 이전에도 작품 활동을 한 재일한인 여성 작가들이 없지는 않지만, 재일한인문단을 중심으로 작품 활동을 하였기에 소수인종 문학의 특징을 보여주기에는 한계가 있다.

두 작가는 '모국어'와 '모어'가 불일치한 세대의 정체성을 보여준다. 이것은 공적 영역에서 지속적으로 활동한 재일한인 남성작가 언어와는 태생적으로 성격이 다르다. 이양지와 유미리는 그들 세대의 정체성을 재일한인 여성의 언어로 고백하며 등장한다. 두 작가 작품의 경우 '사실'과 '허구'의 경계를 구분 짓는 것이 무의미하다는 측면에서도 주목된다.[16] 즉, 작가의

---

[14] 재일한인 여성작가를 출생연대로 나눠 보이면 다음과 같다. 1940년대 출생: 후쿠자와 카이(시), 이미자(시), 종추월(시, 소설), 이정자(시)/ 1950년대 출생: 김이자(시), 김미혜(시), 이양지(소설)/ 1960년대 출생: 김 마스미(소설), 사기사와 메구무(소설), 유미리(소설)

[15] 이영옥, 『젠더의 역사』, 태학사, 2005, 23면.

[16] 가야트리 스피박, 태혜숙 역, 「하위주체의 문학적 재현: 제3세계 여성 텍스트」, 『다른 세상에서』, 여이연, 2004, 484면. 가야트리 스피박은 이 글에서, 제3세계 여성작가 작품을 읽을 때의 유의할 점을 다음과 같이 제시한다. "문학과 역사의 차이란 대상으로서의 하위주체가 문학의 경우에는 상상된 것이고, 역사의 경우에는 현실이라는 것이다. 여기서 나는 둘 다 약간씩 상상과 현실이라고 시사한다." 이것은 하위주체인 여성이 언어를 다루는 방식을 의미한다. 하위주체인 여성에 의해 재현된 허구인 소설은 허구 그 자체일 수 없는 '현실'을 의미한다. 또한, '사실'에 근거한 역사서술이라 하더라도 서술자의 주관에 의해 상상되고

자전적 요소가 짙게 반영되어 있어 허구의 산물로 인식되는 소설이 단순히 허구의 영역에만 머물러 있지 않다는 것이다.

 우리는 싫든 좋든 정전(正典)의 세례를 받으며 모국어가 가진 언어의 무의식에 접속한다. 정전은 담론 투쟁의 공간이며, 이데올로기 격전장이 되기도 한다. 이 안에서 우리는 정체성을 형성한다. 그러나 정전은 남성 주류의 언어이며, 권력에 의해 선택되고 배제되기도 한다. 그런 점에서 순수하지 않다. 팸 모리스는 여성은 "남성의 꿈을 통해 꿈을 꾸고 있다."[17]고 했는데, 이는 언어라는 것 자체가 남성의 언어임을 말해주는 것이다. 재일한인 여성인 이양지와 유미리는 자신들의 의지와 무관하게 이 장(場)에서 벗어나 있다. 두 여성작가는 태생적으로 '모국어'와 '모어'의 불일치로 인한 세계와의 불화를 안고 있다. 세계를 '아(我)'와 '비아(非我)'의 싸움으로 정의할 때, 일본어는 모어이지만 '비아'의 언어이며 '적(敵)'의 언어이기도 하다. 때문에, 모어인 일본어 텍스트는 두 작가에게 익히고 따라야 할 정전의 대상이 될 수 없다. 모국어 역시 마찬가지다. 일본사회에 적응하고 살아가야 할 세대에게 모국어인 한글은 의식적으로 배제된다. 어떤 언어에도 거처할 수 없는 '공간'이 재일한인 여성작가의 언어적 공간이다. 고정되지 않고 불안정한 그 공간이야말로 재일한인 여성 작가의 문학 언어가 탄생하는 지점이다.

3. 가부장제와 여성상 변화, 2,3세대 여성 정체성

 재구성된다는 점에서 '허구'와 '사실'의 경계가 크지 않다는 점을 상기시키며, 여성작가 작품의 사실성을 강조한다.
17 팸 모리스, 강희원 역, 『문학과 페미니즘』, 문예출판사, 1999, 35면.

이양지와 유미리의 문학세계에서 '재일한인'의 정체성은 작품의 출발점이 된다. 이때 정체성은 인종·민족·가부장제·젠더 등 겹겹의 문제가 겹쳐있음을 의미한다. 벨 훅스에 의하면, 피식민지국 여성은 지배국에 의해, 반식민 민족주의를 내건 같은 종족의 남성에 의해 이중으로 식민화된다.[18] 재일한인 여성은 여기에 인종 차별과 이중 언어로 인한 식민지적 무의식의 문제까지 더해진다.

두 작가의 데뷔작에 해당하는 「나비 타령」과 『돌에서 헤엄치는 물고기』[19]에는 재일한인 여성이 자아 형성과정에서 필연적으로 마주하게 되는 모국·이중언어·가족·성(性)의 문제가 공통으로 나타난다. 이들 작품에서 '재일조선인'이라는 '기호'는 화자의 정체성에 가장 큰 위치를 차지한다. '여성'이라는 성별 주체는 일본사회에서, 재일한인사회에서, 가정 내부에서 위계화되어 있다. 우리는 자아 형성기에 '국민'이라는 귀속의식을 통해 공동체의 가치에 자신을 동일시하며 가장 기초적인 정체성을 획득하게 되는데, '재일한인'은 그 통로가 차단되어 있다. 한국과 일본 어디에서도 완전한 '국민'의 일원이 될 수 없는 화자는 상상 속의 모국에 대한 동경(「나비타령」)과 반감(『돌에서 헤엄치는 물고기』)을 드러내며 자신의 위치를 탐색한다. 이양지의 「나비 타령」에서는 귀화 문제가, 유미리의 『돌에서 헤엄치는 물고기』에서는 가족 문제가 표면적인 이유로 제시되는데, 이들 작품의 핵심인 귀화와 가족 문제의 배면에는 가부장제가 깔려 있다.

「나비 타령」은 재일한인 아이꼬(애자)가 가출한 지 2년 만에 교토로 돌아오는 장면으로 시작한다. 10년 동안 계속된 부모의 이혼소송으로 가족들

---

18 일레인 김·최정무 편저, 박은미 역, 『위험한 여성』, 삼인, 2001, 30면.
19 이양지의 「나비 타령」(『群像』, 1982)은 발표한 해에 '아쿠타가와상' 후보에 오르고, 희곡(「물속의 친구에게」, 1988)으로 데뷔한 유미리는 1992년 희곡 「물고기의 축제」로 '기시다 구니오(岸田國士)희곡상'을 수상한다.

은 뿔뿔이 흩어지게 되었고, 아이꼬는 퇴학·자퇴·자살 시도 등으로 아버지와 극심한 갈등을 겪는다. 이러한 갈등의 핵심은 '귀화'다. 우리는 타자(他者)와 동일시 혹은 반(反)동일시를 통해 '주체'를 형성하게 되는데, 동일시할 대상이 마땅치 않은 재일한인에게 '귀화'는 매우 중요하면서도 어려운 문제다. 특히 「나비 타령」의 시대적 배경이 되는 1970년대 중반의 재일한인사회나 또래 집단에서 '귀화'는 갈등과 반목의 직접적 요인이 된다. 이양지는 '한문연'(한국문화연구회)에 가입하기 위해 와세다(早稻田)대학에 진학하지만, 편 가르기를 하는 학생들에 실망해 탈퇴하고 만다. 당시 일본의 대학사회는 학생운동이 퇴조하는 분위기였지만, 정치적 문제에 대한 학생들의 관심은 여전히 높은 시기이다.

> 1970년 미시마 유키오의 할복 사건이 일어난 그해, 일본 이름 야마무라 마사아키(山村政明, 梁政明)라는 조대생(早大生)이 문학부 정면 앞에 있는 신사에서 자살한 사건은, 나를 진감시켰다. 미시마의 화려한 죽음과는 너무나도 대조적인 쓸쓸하면서도 고독한 죽음이었다. (중략) 야마무라 청년은 몇 번인가 한문연의 문을 두드린 적이 있었다고 한다. 그러나 그는 이미 '귀화'해서 '일본인'이 되어 있었다. 일본 국적이었기 때문에 한문연의 일원이 될 수 없었던 것이다. 그가 그의 태생에 대해 고뇌하고, '일본인'도 '한국인'도 아닌 불우한 자신의 처지를 저주하게 되었다고 해도 결코 이상한 일이 아니다. 나, 또한, 그와 마찬가지로 '자아찾기'에 몹시 지쳐 있었으니까. 다만 나는 죽음을 선택하지 않았을 뿐이다.[20]

이양지가 대학에 입학할 무렵, 와세다대 '한문연'의 분위기를 엿볼 수 있는 대목이다. 아버지의 '귀화'로 이양지 역시 '한문연' 가입은 불허되었을 것이고, 야마무라 마사아키(한국명 梁政明) 자살 사건은 작가에게 충격

---

[20] 강상중, 고정애 역, 『재일 姜尙中』, 삶과 꿈, 2004, 86면.

으로 다가왔을 것이다. 「나비 타령」의 주인공 아이꼬의 직접적 가출 원인은 가족의 불화지만, 그 중심에는 '귀화'를 택한 일본 지향적이고 가부장적인 아버지와 십여 년 이어져 온 양친의 이혼문제가 겹쳐있다.

> 「아버지, 왜 귀화 같은 걸 했죠?」
> 혀가 돌아가지 않는 소리로 나는 다그쳤다.
> 「아이꼬, 여자가 그게 무슨 말버릇이냐?」
> 「농담이 아냐. 여자 말버릇이라니, 그게 무슨 소리야. 아버지, 왜 일본 같은 데 귀화했느냐 말야」
> 「너희들의 행복을 위해서 그런 거야.」
> 「뭐? 행복? 뭐가 행복이야. 도대체 누가 행복하게 됐어?」
> 「아이꼬, 이제 돌아가라. 여자가 그게 무슨 짓이냐?」
> 아버지는 나를 때리고 싶은 것이다. 하지만 아버지는 방구석에서 서류를 들추면서 나를 돌아보려고도 하지 않았다.
> 「아버지, 그렇게도 일본이 좋아? 일본 여자가 좋아? 일본 여자가 좋아서 귀화한 거야?」
> 아버지는 낙담한 모습이었다. 방안에는 여자 냄새는 없었다. 술기운이 문득 사라지고 눈이 뜨였다. 콧물과 눈물이 범벅이 되어 입안으로 흘러 든다. 나는 일어서서 눈물 섞인 울음소리를 눈치 채이지 않게 천천히 말했다.
> 「아버지, 취하지 않았을 때 다시 올게」
> 「네 엄마는 뭘 하고 있나? 딸이 술이 그렇게 퍼먹어도 가만히 있나?」
> 「엄마와는 관계가 없어, 엉터리야. 생사람 잡지 말아요. 아버지, 당신도 관계없어……」
> 「뭐라구!」[21]

아이꼬가 유치원생일 때, 아버지는 '귀화'한다. 가족들의 반대에도 '귀화'한 아버지는 이혼 과정에서 일본인 변호사를 선임한다. 장남인 뎃짱도

---

21 이양지, 김유동 역, 「나비 타령」, 『由熙』, 삼신각, 1982, 281면.

'귀화'는 민족에 대한 배신이라며 만류하지만, 아버지를 말리지 못한다. 아버지가 '귀화'한 표면적인 이유는 "너희들의 행복"을 위해서라고 하지만, 여기에는 일본인이 되고자 하는 심리적 기제가 깔려 있다.

아버지에게는 일본인 여성이 있으며, 어머니에 대한 아버지의 태도는 일본인 변호사의 입장과 동일하다. 일본인 변호사는 일본이 조선인을 주변화하고 억압한 식민주의자의 논리를 대변하는 인물이다. 문제는 재일한인 1세대인 아버지가 일본의 식민주 논리를 내면화하고 있다는 점이다. 서구가 자신들을 문명의 주체로 세우기 위해 동양과 비(非)서구를 여성으로 타자화한 것처럼, 식민종주국인 일본 역시 조선을 젠더화하여 차별하는데,[22] 아버지는 이 논리를 동일하게 어머니에게 행사하고 있다. "당신들 나라의 여성이란 저렇게 많은 사람들 앞에서도 저토록 사납게 울부짖는"다는 일본인 변호사와 "남자를 남자로 생각"하지 않는다는 아버지의 시각은 식민종주국의 입장에서 피식민 지배자를 바라보는 시각으로, 이 과정에서 여성은 이중으로 식민화된다. 또한, 일본인과 조선인 남성 일반에 내재된 가부장적 시각을 보여주고 있다. '아버지'는 '일본인 변호사'의 식민주의 논리를 아무런 비판도 없이 수용하며, 그것이 마치 자신의 논리인 양 식민지적 가치를 내면화하고 있다.

「나비 타령」에서 어머니는 전통적인 한국의 어머니상인 현모양처에서 벗어나 있다. 이회성의 「다듬이질하는 여인」에서 보이는 순종적인 아내상과 다른 면모를 보인다.[23] 안면신경통을 앓고 있는 어머니는 경제적 자립

---

[22] 일레인 김·최정무 편저, 앞의 책, 31면.
[23] 한국에서 '축첩(畜妾)' 제도는 근대 시기에 조선의 발전을 가로막는 가족제도의 가장 큰 병폐로 지적되었을 정도로 오랜 역사를 가지며, 근대 조선에 넓게 퍼져 있었다. 남성의 외도 역시 당연한 것으로 인식되었다. 여성은 이런 불합리한 문제를 숙명처럼 받아들이며 순응해야 했다. 「나비 타령」과 『돌에서 헤엄치는 물고

능력도 없다. 아이꼬는 귀화한 일본 지향적인 아버지에게 반감을 표시하지만, 어머니의 태도를 지지하는 것도 아니다. 양친의 세계는 일본에서 태어나 일본 교육을 받으며 성장한 화자와는 본질적으로 다른 세계인 것이다.

일본인에게 '공포와 살의'라는 양가적 감정을 느끼는 '아이꼬'는 스무 살 연상의 유부남 '마스모또'와 사귀고 있다. 이런 아이꼬의 태도는 모순적이다. 일본 국적을 택한 아버지를 증오하고, 화풍여관의 여자주인에게 '조센징'이라는 이유로 멸시를 당하면서도, 일본인 남자 "마쓰모또 앞에 있을 때만은 나는 솔직한 자신으로 있을 수 있다."(318면)라고 고백한다. 이러한 아이꼬의 태도는 피식민주의자의 양가적 태도를 보여주는 것이다. 파농은 식민 지배의 경험이 있는 흑인 여성이 백인 남성을 사랑할 때, 그 백인은 신과 같은 존재라고 했다. 아무것도 묻지 않고 요구하지 않는다. 단지 그가 '백인'이기 때문이다.24 아이꼬 역시 아버지와 마찬가지로 식민 지배자 세계로의 입성을 꿈꾸는 것이 아닐까. 이것은 일본사회가 재일조선인에게 주입시킨 차별의 논리를 내면화하여 스스로를 '소외'시킨 결과다. 어디에도 자신을 동일시할 수 없는 데서 오는 불안함과 자신의 의지와 상관없이 주어진 '조센징'이라는 기호는 스스로를 모순적인 감정에 휩싸이게 한다. 아이꼬의 모국 방문은 이러한 과정에서 이루어진다.

이양지에 이어 재일한인 여성작가로는 두 번째로 '아쿠타가와상'을 수상한 유미리는 여러 가지로 이양지와 비교된다. 유미리는 이양지와 달리 귀화하지 않고 한국 이름 그대로 작품 활동을 하고 있다. 첫 소설 『돌에서 헤엄치는 물고기』는 자전적 요소가 강하다. 이 작품에 이은 『풀하우스』『가족

기』에 등장하는 '어머니'는 남편의 외도에 대해 종래의 작품에서 보이는 '순응형'이 아닌 '이혼'과 '별거'로 맞서며 새로운 '여성상'을 보여준다.
24 프란츠 파농, 이석호 역, 『검은 피부, 하얀 가면』, 인간사랑, 1998, 55~78면.

시네마』는 연작소설 성격을 띠고 있다고 해도 무방할 정도로 가족 이야기가 변주 형태로 계속된다. 유미리에게 '가족'은 문학적 자양분이자 작품 활동의 모체다.

『돌에서 헤엄치는 물고기』 또한 「나비 타령」과 마찬가지로 주인공의 정체성에 대한 고민이 주를 이루며 친연성을 드러낸다. 『돌에서 헤엄치는 물고기』에서 극작가 '히라카'의 정체성 확인에 중요한 모티프는 모국과 가족, 그리고 성(性)이다. 이 세 요소는 서로 중첩되어 있으며, 이어져 있다. 소설은 히라카의 현재 일상과 유년시절을 비롯한 가족사가 교차되며 전개된다. 이 작품은 작가의 성장소설로도 읽히는데, 재일한인 가족이 안고 있는 가부장적 분위기, 청소년 시기에 자아찾기 과정에서 보이는 자퇴와 자살 미수 등이 「나비 타령」과 마찬가지로 반복된다.[25]

「나비 타령」과 『돌에서 헤엄치는 물고기』 모두 주인공의 모국 방문이 실현되는데, 방문 목적은 다르나 모국에 대한 인상은 동일하다. 「나비 타령」에서 아이꼬의 한국행은 가족과 연애문제로부터의 도피임과 동시에 상상 속 조국을 확인하려는 것이 목적이다. '조센징'이라는 이유로, 귀화했다는 이유로 차별받은 상처가 깊을수록 '조국'에 대한 상상은 더욱 부풀려진

---

[25] 이양지의 「나비 타령」의 주인공 아이꼬(애자)는 고등학교를 중퇴하고 여러 차례 가출과 자살을 시도한다. 반면, 유미리는 실제로 자살 시도와 가출을 하고, 고등학교 1학년 때 중퇴한다. 두 작가의 다르면서도 유사한 경험은 재일한인의 간단치 않은 청소년기를 가늠하게 한다. 유미리는 따돌림의 이유를 개인적인 문제로 보고 있지만, 개인적인 문제는 곧 사회적인 문제이기도 하다. "나는 줄곧 괴롭힘만 당했다. 여러 가지 요소가 얽혀 있겠지만, 집단에 대한 배타적 의식이 남들보다 한층 강했던 탓이라고 생각한다. 지금도 일 대 일이면 곧잘 얘기를 하지만 서너 명이 같은 테이블에 앉아 있으면 대화가 어렵다. 내 무의식 속의 집단에 대한 혐오감을 유치원 아이들까지 민감하게 감지하고 있었던 것이다." 유미리, 김난주 역, 『물가의 요람』, 고려원, 1998, 34면.

다. 아이꼬의 모국 방문은 민족과의 동일시를 통해 자신의 정체성을 확인받으려는 의도가 잠재되어 있다.

반면, 『돌에서 헤엄치는 물고기』에서 극작가 히라카는 모국에 특별한 기대도 없이 자신의 작품을 번역한 김지해의 모국 방문 주선에 수동적으로 응한다. 이것은 변화된 정치·사회적 상황을 보여준다. 유미리가 작품 활동을 하는 90년대 초반의 재일한인사회에서 '귀화'는 더 이상 갈등의 요인이 되지 않을 뿐만 아니라 '민족'에 대한 인식 역시 전 세대와는 다른, '재일'이라는 제3의 길이 새로운 세대의 삶의 방식으로 받아들여진 측면이 강하다.

「나비 타령」의 아이꼬는 고등학교를 자퇴하고 가출과 자살 시도를 하며 극심한 혼란을 겪는다. 『돌에서 헤엄치는 물고기』에서 히라카 역시 고등학교를 퇴학당하고, 여동생은 자퇴한다. 반면에 남자 형제들은 정상적인 학교 교육을 받는데, 이것은 일본사회와 재일한인사회에 젠더적 시각이 개입돼 있음을 말해준다. 「나비 타령」에서 어머니는 아버지에 의해 규정되고 수동적으로 그려진다. 그리고 남편에게 순종적이지 않지만, 자식에 한해서는 모성애를 보이는 전통적 어머니상에 가깝다. 반면, 『돌에서 헤엄치는 물고기』의 '엄마'는 자신의 '욕망'에 충실한 모습을 보인다. 이것이 가능할 수 있었던 것은 일본에서 교육을 받아 일본의 사고방식을 체화했기 때문으로 보인다. 물론, 자신의 욕망에 충실하기 이전인 "십 년 전 엄마가 집을 버린" 원인은 아버지에게 있다. 아버지는 빠찡코 회사에 다니면서 적지 않은 월급을 받지만, 경마에 빠져 엄마에게 생활비를 주지 않는다. '엄마'는 '아빠'에게 폭행당해 귀가 잘 들리지 않고, 나는 벌거벗은 채로 집 밖에 버려진다.

> 어느 땐가 전화를 받은 엄마는 잠자코 수화기를 아버지에게 건넸다. 우리들은 늦은 아침을 먹고 있었다. 아버지가 일어서는 것 같더니 밥상을

뒤집어엎고 전화선을 가위로 잘라버렸다. 아버지는 엄마의 머리채를 움켜쥐고 한국말 욕지거리를 퍼부으면서 엄마의 머리를 거울에 내팽개쳤다. 몇 번씩이나 몇 번씩이나. 거울은 깨지고 엄마의 눈과 귀에서 피가 흘렀다. 엄마의 입에서 비명과 함께 쥐어짜듯 터져 나오는 말도 한국말이었다.[26]

'나'는 가족에게 폭력을 행사한 아버지(한국), 집을 버린 어머니(일본) 양쪽 어디에도 선뜻 손을 내밀지 않는 제3자적 자세를 유지한다. 이런 글쓰기 방식은 독자로 하여금 작품에 감정이입을 하는 대신 작품을 보다 객관적으로 바라보게 한다. 전근대적인 사회에서도 가정 내에서의 폭력은 일반적이지 않을 뿐만 아니라 문제적이다. 하지만 재일한인사회에 대한 일본정부의 차별 정책과 일상에서 재일한인을 대하는 일본인의 미묘한 시선은 가장의 가부장적 행위와 폭력을 묵인하게 하는 계기가 된다. 『돌에서 헤엄치는 물고기』에서 가족들이 가장의 폭력에 대응하는 방식은, 「나비 타령」과 달리, 아버지를 '소외'시키는 방식으로 표출된다. "생활비를 벌기 위해 엄마는 집에서 담근 김치를 다리 옆에 들고 나가 팔"기도 하고, "카바레 '帝'의 호스티스"가 되었을 뿐만 아니라, "아버지의 바람을 목격"하고 "카바레에서 알게 된 남자와 차례차례 육체관계"를 가졌으며, 그중 한 사람인 기타야마와 "동거생활"을 하고 있다. 화자는 엄마에 대해 "집을 버렸"다는 표현을 쓴다. 어린 자녀들이 있음에도 불구하고 유부남인 고교 동창생 기타야마와 기묘한 반(半)동거 생활을 하고, 더구나 이혼하지 않고 별거 상태로 십 년 동안 이 생활을 유지하고 있다. 히라카 역시 연출가 가자모토와 연인 관계에 있으면서도 사진가와 외도를 즐긴다.

이양지의 「나비 타령」에서 일본 지향적인 아버지는 일본어에 문맹인 어

---

26 유미리, 함정연 역, 『돌에서 헤엄치는 물고기』, 한국문원, 1995, 31면.

머니에게 폭력을 가하고, 유미리의 『돌에서 헤엄치는 물고기』에서는 일본어에 문맹이며 모국 지향적인 아버지가 일본 교육을 받은(일본적인) 엄마에게 폭력을 행사한다. 그 폭력의 근간은 다를지라도 표면적 양태는 동일하다. 식민 지배의 가치체계를 내면화한 가장(「나비 타령」)과 일본어에 문맹인 가장(『돌에서 헤엄치는 물고기』)이 가부장제 논리에 포섭되어 일본사회에서 당한 차별을 가족에게 되갚음을 한다. 결국, 여성은 일본사회가 재일한인에게 행한 차별과 가정 내 가부장제적 폭력에 의해 이중으로 식민화된다. 이 과정에서 어머니는 '이혼'(「나비 타령」), '별거와 외도'(『돌에서 헤엄치는 물고기』)라는 다른 형태로 기존의 가부장제에 균열을 낸다.

「나비 타령」과 『돌에서 헤엄치는 물고기』 『가족 시네마』에 등장하는 여성 인물들은 종래의 재일한인 소설에서 등장하는 여성상에서 벗어나 있다. 일본인 유부남을 사귀는 '아이꼬'(「나비 타령」), 정부(情夫)가 있는 '엄마'(『돌에서 헤엄치는 물고기』), 애인이 있으면서 또 다른 남자를 만나는 '히라카'. 이들은 일본사회의 변화하는 여성상을 보여주는 것으로, 일본 페미니즘 운동인 '우먼 리브'의 영향을 받은 것으로 보인다. '우먼 리브'는 전후 일본사회의 가부장제를 비판하는데, "공적 영역에서의 성차별보다는 사적 영역에서 자명한 것으로 받아들여져 온 성 규범"[27]의식 변화에 더 집중한다.

「나비 타령」의 아이꼬(애자)와 『돌에서 헤엄치는 물고기』의 히라카는 양친 어느 쪽에도 편입되지 않는다. 이것은 한국과 일본의 가치가 충돌하고 있는 부모 세대와 달리, 일본에서 나고 자란 새로운 세대의 정체성을 보여주는 것이다. 이것은 언어적인 측면에서도 확인된다.

---

[27] 한일여성공동역사교재편찬위원회, 『여성의 눈으로 본 한일 근현대사』, 한울아카데미, 2005, 269~270면.

4. '모어'와 '모국어', 내적 갈등과 무의식적 징후

인간은 '언어'를 통해 세계와 대면하고 성장하며 자아를 형성한다. "의사소통의 전제인 동일한 해석과 정신적 내용들은 한 언어공동체의 구성원들에 있어서는 공통의 모국어"[28]로부터 비롯된다. 여기서 '공통의 모국어'라는 것은 '모국어'와 '모어'가 일치하는 경우에 한한다. 그렇지 않은 경우, 우리는 특정 시기에 정체성의 혼란을 겪게 되고 자기분열에 이르게 된다. 특히 지배와 피지배의 관계에 놓여 있는 일본/조선의 역사에서 '재일'은 한·일 어디에도 적을 둘 수 없는 "homeless"이자 "상징적인 게토"[29]인 존재다. 이런 점에서 피식민의 언어가 아닌 식민(지배자)의 언어인 모어(일본어)를 통해 자아를 형성한다는 것은 언어 내부에 이미 불화의 지점들이 잠재되어있음을 의미한다. 비록 당사자가 그 문제를 인식하지 못하더라도 마찬가지다. 왜냐하면 "모든 민족에 있어서 자신의 언어 속에 하나의 세계관이 갈무리"되어 있고, 그 공동체의 언어에는 "지리적, 역사적 형세, 그 정신적 조건과 외적 조건 속에서 형성된 그 민족의 세계관"[30]이 반영되어 있기 때문이다. 비록 모국의 역사와 언어를 모르고 삶의 공간이 다르더라도 개인의 내부에는 오랜 시간 동안 축적되어 온 "집단적 무의식"[31]이 작동한

---

[28] 레오 바이스게르버, 허발 역, 『모국어와 정신형성』, 문예출판사, 1994, 69면.
[29] 일레인 쇼월터 편, 앞의 책, 178면. 여성에 대한 차별이 명시적으로 드러나지 않은 것처럼, 재일한인에 대한 차별 역시 마찬가지다.
[30] 위의 책, 134면.
[31] 융에 의하면, 집단적 무의식은 개인적인 경험에서 생겨난 개인적 무의식과 구별된다. 의식은 개인적인 성질에 속하지만, 집단적 무의식은 집단적이며 비개인적 특성을 띠는 제2의 정신체계를 의미하며, 이것은 개별적으로 존재하는 것이 아니라 유전에 의해 상속된다. 이부영, 「집단적 무의식의 개념」, 칼 G. 융, 한국융연구원 C.G.융저작번역위원 역, 『원형과 무의식』, 솔, 2002, 156~164면.

다. 재일한인의 정체성은 이러한 한계 위에서 형성될 수밖에 없고, 모어와 모국어의 이중 언어 경계에서 개개인은 스스로의 위치를 찾아 방황할 수밖에 없다. 이양지와 유미리의 작품에서 모어와 모국어의 불일치로 인한 자아의 갈등과 혼란스러움이 그러하다.

이양지는 한국인이 없는 전형적인 일본 마을에서 일본 지향적인 부친과 이와 반대인 모친 아래에서 모어인 일본어만을 접하며 성장한다. 이양지는 모국에 관한 관심이 높은 재일한인 지식인과 교포 대학생사회의 영향으로 관념 속의 모국을 접하고, 모국에 대한 동경은 모국 유학으로 이어진다. 하지만 실제로 경험한 모국과 모국어는 예상과 다르다.

> 모어(母語), 즉 어렸을 때부터 어머니한테 듣고 배운 언어라는 것은 마치 폭력적이라고도 할 수 있을 만큼 인간의 사고를 지배하며 존재를 좌우하게 된다는 사실을 역설적이지만 모국에 와서, 특히 모국어(母國語)의 바다와 같은 국문과에 들어가서 실감한 것입니다.
> 명분상, 또한 관념상으로는 한국어는 모국어이며, 저의 아이덴티티 중심에 위치해야만 하는 언어임은 틀림없습니다. 그러나 실체로는 모국어인 한국어는 어디까지나 외국어이며 이국의 언어로밖에는 받아들일 수 없었습니다.[32]

모국어에 대한 이양지의 인식을 엿볼 수 있는 대목이다. 서울대학교에서 국문학을 공부하며 '실체로서의 모국어와 모어'의 차이를 경험한 혼란스러움을 알 수 있다. 모어인 일본어로 자아를 인식하고 세계관을 형성한 작가가 일상어인 한국어를 접한 것은 서울에 유학한 이후부터다. 일상어로 접한 모국어는 작가의 생각만큼 따뜻하지도, 아름답지도 않다. 재일교포 유학생으로서의 고민이 「유희」에 담겨 있다.

---

[32] 이양지, 신동한 역, 『돌의 소리』, 삼신각, 1992, 244면.

「유희」는 1인칭 전지적 시점의 작품으로 '나'의 시선으로 서울에 유학 중인 재일교포 '유희'를 바라보는 방식을 취하고 있다. 재일교포 유학생인 '유희'와 하숙집 주인인 외숙모, 그리고 국문학을 전공하고 출판사에서 일하는 '나'는 민족과 모어에 대해 각기 다른 입장에 서 있다. 이양지는 작품 인물들에 대해 "「유희」 속에 나오는 언니도, 아주머니도, 그리고 유희도 모두가 저 자신의 분신"이라고 말한다. 이것은 세 사람의 입장을 이해한다는 것이며, 한국의 현실을 깊이 있게 경험했음을 의미한다.

> ① 그 한국말만 해도, 언어학을 전공하고 푼수치고는 유희의 발음이 너무나 불확실하고 문법적으로도 초보적인 잘못이 눈에 띄는 등 자꾸만 신경에 거슬렸다. ㅋ, ㅌ, ㅍ 같은 파열음도 전혀 되지 않는 데다 가 ㄲ, ㄸ, ㅃ 등도 분명치 않아, ㄱ, ㄷ, ㅂ과 구별이 되지 않은 채 발음되고 있었다. 유희의 한국말을 듣고서는 무슨 말을 하고 있는지 잘 알아듣지 못할 한국 사람도 있을 것이 틀림없다.[33]

> ② 유희가 쓰는 일본어와 한국어 두 종류의 글씨는 양쪽 모두 익숙하게 쓴다는 인상을 주었고, 또 어딘지 모르게 어른스러웠는데, 역시 유희 그 자체와 같이 불안정스럽고 불안스러운 숨결을 감추지 못하고 있는 것 같았다.[34]

국문학을 전공한 '나'에게는 '유희'의 한국어 발음, '유희'가 쓴 한국어, 일본어 글자체 모두가 거슬린다. 또 부족한 한글을 익히려는 노력 대신 일본 책을 더 많이 보는 '유희'가 불만스럽다. 이러한 '나'의 시각은 '국어=국민'이라는 국민국가의 등식에 갇혀 있는 한국인의 배타적 민족주의적 시선을 나타낸다. 모국어가 모어가 아닌 이상 발음이 어색한 것은 당연한

---

33 이양지, 김유동 역, 『유희』, 삼신각, 1989, 36면.
34 위의 책, 52면.

일인데, 이것을 '문제'로 인식하는 것이다. 독자는 '나'를 통해 재외교포를 바라보았던 '우리' 자신의 태도를 돌아보게 된다. 이양지가 다중적 정체성을 소유한 재일한인 2세를 통해 구현하고자 한 것은 나를 성찰하는 가운데 너와 더불어 사는 우리를 쌍방의 입장에서 이해하려는 시각이다.[35]

외숙모는 '나'에게 "넌 숙부 같은 민족주의자구나"라고 함으로써 우회적으로 '나'의 입장을 비판하며 '유희'의 입장을 헤아린다. 외숙모는 서울대를 졸업한 자신의 남편과 그 후배인 재일교포 '유희'를 바라보며 제3의 시선을 확보한다. 이 세 사람의 시선은 '유희' 안에 있는 여러 갈래의 고민을 대변한다. '유희'는 국문학을 전공하면서도 모국어의 바다에 빠져들지 못하는 자신에 대한 자책감과 동경의 대상으로만 존재하던 상상 속의 모국에 대한 실망감 등 모국어와 모어에 대한 갈등이 중첩되면서 끝내 일본으로 돌아가고 만다.

① 언니와 아주머니의 한국말이 좋아요. …… 이런 한국말을 하는 사람들이 있다는 것을 안 것만으로도 이 나라에 머무른 보람이 있었어요. 나는 이 집에 있었던 거예요. 이 나라가 아니라 이 집에 말예요. (61면)

② 학교에서나 거리에서 사람들이 말하는 한국어가 나에게는 최루탄과 마찬가지로 자꾸만 들리는 거예요. 맵고, 쓰고, 들뜨고, 듣기만 해도 숨막혀요. 하숙엘 가도 모두 내가 싫어하는 한국어를 쓰고 있었죠. 좋아요. 방 안에 마음대로 들어와 커피를 가져가기도 하고 책상에서 펜을 가져가기도 하고 옷을 마음대로 입고 가기도 하고, 그런 건 아무래도 좋아요. 그 행위가 싫은 게 아니예요. 돌려받으면 되고, 주어버리면 되는 것이니까 아무래도 좋아요. 하지만 그 사람의 목소리가 싫어지는 거예요. 몸짓이라는 목소리, 시선이라는 목소리, 표정이라는 목소리, 몸이라는 목소

---

[35] 이한창, 「재일교포 문학의 작품성향 연구: 정치의식 변화를 중심으로」, 중앙대 박사학위논문, 1997, 235면.

리, …… 참을 수 없게 되고 마치 최루탄 냄새를 맡은 것처럼 괴로워져요. (69면)

'유희'는, 인용문에서 보이는 것과 같이, 모국어에 대해 양가적이다. 책으로만 접하던 문자로서의 한글은 실체가 없는 이상적인 언어이고, 한국에 와서 일상어로 접한 한글은 말과 행위를 동반한 현실이다. 일본에서 태어나 일본 교육을 받은 유희의 입장에서 일본과 다른 한국인들의 태도는 그 사람들이 사용하는 한국어에 대한 반감으로 이어지고, 이것은 모국에 대한 실망으로 작용한다. 유희가 한국행을 결심한 계기가 된 가야금[琴], 즉 가야금 소리는 중립적인 세계라 할 수 있다. 언어는 소통의 수단이기도 하지만, 성별과 인종을 가르는 우열과 차별의 세계이기도 하다. 그것을 피해 한국에 왔지만, 한국어 세계 역시 다르지 않다는 것을 알게 된 것이다. 유희는 유학 생활을 중단하고 일본행을 선택하지만, 이 작품을 발표할 당시 작가는 서울대 국문과를 졸업하고 이화여대 대학원 무용과에 재학 중이었다. 그런 점에서 「유희」는 모국어와 모어, 일본인과 조센징 사이에서의 고민이 일단락됐다는 점에서 작가의 변곡점이 된 작품이다.

유미리는 일본어로 대화는 하지만, 일본어에 문맹인 모국 지향적인 부친과 일본에서 고등학교를 졸업한 모친 사이에서 싸울 때만 '모국어'를 사용하는 분위기에서 성장한다. 유미리에게 모국어는 처음부터 귀를 막고 싶을 정도로 듣기 싫은 언어이다. 이양지는 모국 유학을 통해 모국어를 읽고 쓰는 수준까지 도달하지만, 유미리는 모국어를 배운다는 생각조차 하지 못한다. 또한, 유미리는 모국어에 부정적 감정을 더하는 소송까지 겹쳐 더욱 복잡한 양상을 띤다.

① 어린 시절 나의 양친은 일상생활에서는 일본어를 사용하고 싸움을

할 때면 한국어를 써서, 의미는 모른다 해도 문자 그대로 귀를 막고 싶을 만큼 싫은 느낌이었다. 오늘 하루 부디 한국말을 듣지 않고 지내도록 해주세요, 하고 기도하면서 생활했던 경험에서 한국어를 배우는데 거부감이 있다고 복씨에게 설명하였다.[36]

② 아버지는 엄마의 머리채를 움켜쥐고 한국말 욕지거리를 퍼부으면서 엄마의 머리를 거울에 내팽개쳤다. 몇 번씩이나 몇 번씩이나. 거울은 깨지고 엄마의 눈과 귀에서 피가 흘렀다. 엄마의 입에서 비명과 함께 쥐어짜듯 터져 나오는 말도 한국말이었다.[37]

첫 번째 인용문은 '한일 문학 심포지엄'에서 '왜 한국어를 배우지 않는가'라는 질문에 답한 것이고, 두 번째 인용문은 소설의 한 부분으로 한국어에 대한 작가의 인식을 나타낸다. 인간은 언어를 통해서 세상과 첫 대면을 하고, '나'를 넘어서 타인, 나아가 세상과 소통한다. 자아가 형성되기 이전에 만나는 언어의 첫인상은 개개인에게 매우 중요한 영향을 끼친다. 그것이 작가에게는 모어인 '일본어'이고, 양친이 싸울 때 엄마가 피 흘리며 절규하는 언어는 모국어인 '한국어'다. 작가에게 '모국'과 '모국어'에 대한 첫인상은 생존의 처절함과 일상의 지겨움이다.

나는 일본어에도 한국어에도 항상 위화감을 느껴왔다. 그리고 나는 이 위화감이야말로 소설을 쓰는 동기와 무기가 되었다고 생각한다. 이 어색하고 부자유한 말을 사용하여 계속해서 써나갈 수밖에 없다고 생각한다. 말은 나를 상처 입혀 피 흘리게 하는 것이다.[38]

유미리는 '모어'와 '모국어' 모두에게 위화감을 느꼈다고 말한다. 그 위

---

36 유미리, 권남희 역, 『창이 있는 서점에서』, 무당 미디어, 1997, 23면.
37 유미리, 『돌에서 헤엄치는 물고기』, 31면.
38 유미리, 『창이 있는 서점에서』, 24면.

화감은 인정과 존중의 언어가 아니라 차별과 폭력·배제, 위계화된 언어인 탓이 크다. 이것은 논리적 인식 이전의 본능적이고 즉각적으로 확인되는 감정의 세계이고 일상어이기 때문에 작가가 느끼는 상처는 깊다. 모국어에 대한 최초의 기억이 싸움의 언어로 남아 있다면, 모국에 대한 인상 역시 부정적임을 짐작하기 어렵지 않다.

1994년에 발표한 장편 『돌에서 헤엄치는 물고기』는 유미리의 첫 소설작품이다. 이 소설은 희곡 작품인 「물고기의 축제」 한국 공연과 관련하여 1992년 방한한 경험을 바탕으로 쓰여졌다. 이 작품에는 희곡적인 요소가 반영되어 있고 첫 소설이어서인지 작품 완성도는 떨어지지만, 작가의 내면을 엿볼 수 있는 중요한 작품이다.[39] 안타깝게도 이 소설의 문제의식은 더 이상 확대되지 못하고 이후의 소설 테마는 한동안 '가족'이라는 테두리로 축소되고 만다.[40] 소설의 실제 모델인 k와 관련된 법적 소송 때문이다.

유미리는 『돌에서 헤엄치는 물고기』가 1994년 9월 잡지 『신조(新潮)』에 발표된 이후, 작중인물 '리화'의 모델 k로부터 동경지방재판소에 '출판정지 가처분' 소송을 당해 법정 다툼을 벌인다. 소설의 실제 모델이 프라이버시권 및 명예권을 침해당했다고 소송을 제기한 이 사건은 작가에게 큰 내상을 입힌다.[41] 이 소송은 작가에게 "내 속에서 소설 쓰기를 주저시키는 무엇

---

[39] 이후 발표한 「풀하우스」는 1996년 '노마문예신인상'을, 「가족 시네마」는 1997년 '아쿠타가와상'을 수상한다.
[40] 유미리는 『돌에서 헤엄치는 물고기』 이후, 외조부인 마라토너 양임득을 주인공으로 한 장편 『8월의 저편』(동아일보사, 2004)을 출간한다. 외조부 양임득의 이민으로 시작된 4대에 걸친 자신의 가족사와 함께 재일한인의 역사를 추적하고 있는 이 작품은 유미리의 모국과 민족에 대한 변화된 인식을 보여준다.
[41] 1994년 시작된 재판은 8년 만인 2002년 피고측(출판사와 유미리)에 출판금지와 손해배상을 판결, 마무리된다. 유미리는 재판 중에 개정판을 제출하는데, 원고 k측에서 개정판도 출판금지를 청구하지만 기각되고, 개정판은 더 이상의 법적

인가가 생겨난 것도 사실"이고, "아직 모델이 존재하는 소설 속의 인물을 어떻게 써야 하는지 아무런 전망도 서지 않는다"[42]는 두려움을 심어준다.

『돌에서 헤엄치는 물고기』에는 무엇보다 작가의 '모국'과 '모국어'에 대한 인상이 솔직하게 표현되어 있다. 재일한인 작가가 모국 방문기에서 부정적인 인상을 받은 이유는 '그들'이 '모국어'를 사용하는 탓이 가장 크다. 모국어는 양친이 싸울 때만 사용하는 언어이기 때문이다. 이 작품에서, 화자는 연극 공부를 위해 일본에 유학 중인 "김지해의 얼굴을 보면 알 수 없는 화가 무럭무럭 피어오르는 걸 느"끼고(10면), 여권을 보여달라고 요구하는 세관원에게 "이유 없는 불쾌감이 목구멍 깊은 곳에서 부글부글 끓"어오르며(45면), 부산 지하철 구내에서 만난 일군의 "그들은 그 소리가 신호이기라도 한 듯 부젓가락 같은 욕설을 내게 퍼부었다."(84면) 작가는 화자가 왜 김지해에게 화가 났는지, 세관원에게 왜 불쾌감이 끓어올랐는지, 일군의 그들이 화자에게 왜 욕설을 퍼부었는지 구체적으로 설명하지 않는다. 「나비 타령」(이양지)의 아이꼬는 모국을 '우리나라'라고 지칭한 데 반해, 『돌에서 헤엄치는 물고기』(유미리)의 '나'는 "한국"이라거나 양친의 도일을 "자기 나라를 단념하고 밀항선으로 바다를 건너"왔다는 표현으로 자신과는 무관한 태도를 보인다.

화자가 유일하게 호의를 가진 인물은 '리화'와 '감나무집 남자'다. 이두 사람은 화자가 "태어나서 처음으로 증오라는 감정 없이 가까이할 수 있었"던 사람이다. 리화는 자신의 상처를 극복하고, 다른 한 사람은 따뜻한 공감의 언어를 사용한 사람이다. 화자에게 리화는 '부적'으로 여겨진 존재

분쟁 없이 발행된다. 불과 25세의 나이에, 더구나 호의를 가지고 교류했던 k로부터 당한 소송은 작가에게 큰 상처를 남긴다.
[42] 유미리, 『창이 있는 서점에서』, 27~42면.

지만, 리화의 실제 모델은 작가에게 소송을 제기한다.

화자가 감나무집 남자에게 끌린 것은 다름 아닌 '언어'(말)이다.

> "아내와 이혼했어요. 아주 최근에. 십 년 동안 같이 살았는데."
> 남자는 부끄러운 듯 웃었다.
> "무얼 하세요, 일은?"
> 남자는 일어나서 아버지가 이 근처에 아파트 두 채를 남겨 놓으셔서 아무 것도 하지 않는다고 말했다. 남자는 정좌하고 내게 서늘한 눈길을 주더니 아무 억양 없는 목소리로 말했다.
> "당신은 아름다워."
> 반갑고 그리워라, 시선을 딴 데로 돌리며 이렇게 중얼거린 내 목소리를 남자는 들었을까.[43]

이 작품에서 화자가 긍정적 감정을 드러내는 보기 드문 장면이다. 남자는 뒤를 밟고 따라온 주인공에게 "들어와요"라고 말을 건넨다. 그 언어는 상대에 대한 배려의 언어다. 형식적이고 무미건조한 언어가 아닌 '나와 너'의 언어다. 그런 언어를 사용하는 사람에게 화자는 무의식적으로 끌린 것이다. 반면, 자신의 작품을 한국어로 번역하고 한국 공연을 주선한 '김지해'에게는 노골적인 반감을 표시한다. 이러한 반응은 그 사람의 언어에 대한 무의식적인 반응이라고 할 수 있다. 한국에서 공연을 위한 준비과정에서 김지해는 일방적이고 독선적인 태도로 일관한다. 화자의 의사를 묻지도 않고 일방적으로 지시하고 약속을 통보하는 것은 '아버지'의 언어이고 '가부장적' 세계의 언어다.

재일한인 디아스포라 2세대인 이양지와 유미리는 식민 본국 언어인 일본어가 모어다. 유아기에 최초로 접한 모어는 논리 이전의 언어이며, 무정

---

[43] 유미리, 『돌에서 헤엄치는 물고기』, 28면.

형의 언어다. 또한, 따뜻한 정감의 언어다. 하지만 그 모어에는 태생적으로 식민 본국의 집단적 무의식이 반영되어 있고, 언어공동체의 경험이 내재하고 있다. 때문에, 일본어 사용은 단순한 의사소통을 넘어서 국민국가 구성원으로서 '언어' 본국의 국민의식과 역사적 경험을 내면화하는 것이다. 이것은 의식의 차원에서는 식민본국 언어인 일본어에 반감과 거부 의사를 지니고 있다 하더라도 무의식의 층위에서는 그 논리를 내면화한다는 것을 의미한다. 언어를 통해 성장한다는 것은 그 논리 체계를 수용한다는 것과 같은 의미이기 때문이다. 따라서 이들은 '모어인 일본어'와 '모국어인 한글' 사이에서 태생적으로 불화를 겪을 수밖에 없는 언어적 환경에 놓여 있다. 재일한인이 없는 마을에서 태어난 이양지는 한국어와 일본어에 대한 긍정적 또는 부정적 인식이 없다. 중고등학교 시절 역사 시간에 처음으로 자신이 '조센징'인 것을 인식하게 되며, 이러한 경험은 「해녀」에 나타나 있다. 반면, 유미리는 어린 시절 양친이 싸우는 소리로 모국어인 한글을 처음 접한다. 모국어에 대한 부정적 인식이 내면 깊숙이 자리 잡게 되고, 이러한 경험이 에세이와 소설에 지속적으로 표출되고 있다.

두 작가의 모국에 대한 태도를 살펴보면, 모국 방문 이전의 경우 이양지의 작품에는 민족 지향적인 정서, 그리고 유미리의 소설에는 탈민족적이고 반감의 정서가 나타난다. 그러나 모국 방문 이후의 작품은 모국 방문이 두 작가에게 실망감을 안겨주는 부정적 결과를 초래했음을 드러낸다. 이것은 모국과의 관계설정을 위한 수순으로, 정체성 형성과정에서 현실을 인정하고 받아들이는 계기가 된다.

5. 결 어

  이양지와 유미리는 재일한인 2, 3세대 작가로, 일본에서 태어나 일본 교육을 받으며 '모어'와 '모국어'가 불일치한 환경에서 성장한다. 두 작가는 일본문단의 대표적 문학상인 '아쿠타가와상'을 수상하고, 새로운 재일한인 여성의 존재 방식(정체성)을 문학으로 형상화한다. 재일한인의 문학 활동은 일제강점기에 장혁주·김사량에서 시작되어 현재에 이를 정도로 긴 역사를 가지고 있다. 이 과정에서 재일한인 남성작가는 자신들의 글쓰기를 민족서사와 동일시하며 정체성을 형성할 수 있었던 데 반해, 재일한인 여성작가는 일본과 한국 어느 쪽에도 자신을 동일시할 수 없었다. 따라서 이양지와 유미리가 재일한인문단을 넘어 일본과 한국에 문학작품으로 재일한인 여성의 삶을 공식화한 것은 여러 가지 측면에서 주목할 만하다.
  이들 두 작가의 작품은 일본의 교육 체계 안에서 성장한 재일한인 여성의 존재 방식(정체성)을 보여준다. 우리는 대상에 대한 동일시와 반동일시를 통해 정체성을 형성하는데, 이들 두 여성 작가는 전 세대 일본과 조선의 여성작가로부터 문학적 자양분을 받지 못한다. 이 때문에 국민국가 이데올로기로부터 좀 더 자유로울 수 있는데, 이것은 민족주의 담론과 가부장제의 공모 관계에서 벗어나 있음을 의미한다.
  이양지와 유미리 작품의 출발점은 재일한인의 정체성인데, 이 정체성은 어느 한 가지로 수렴되지 않는다. 두 작가의 작품에서는 '가족' '민족(모국)' '성(性)' '언어' 문제가 주요한 갈등 요소로 등장한다. 이 문제의 중심에 가부장제가 놓여 있는데, 일본사회에서 당한 차별이 가족에 대한 폭력의 형태로 나타난다. 일본 지향적이며 식민지배의 논리를 내면화한 가장이나, 일본어에 문맹이며 본국 지향적인 가장이나 가부장제 논리에 포섭되어 있기는 마찬가지다. 여기에서 일본어에 문맹인 여성은 이혼으로, 일본에서 중등교육을 받은 여성은 외도와 별거로 대응하며 가부장제에 균열을 일으킨다. 이를 바라보는 '아이꼬'(「나비 타령」)와 '히라카'(『돌에서 헤엄치는 물고기』)는 어느 쪽에도 편입되지 않는 새로운 세대의 정체성을 보여준다.

두 작가의 작품에는 '모어'와 '모국어'의 불일치로 인한 언어문제가 개입되어 있다. 우리는 '언어'를 통해 세계와 대면하고 성장하며 정체성을 형성한다. 이 과정에서 모어와 모국어가 불일치할 경우, 우리는 정체성의 혼란을 겪으며 방황할 수밖에 없다. 이양지는 일본 지향적인 아버지와 70년대적인 사회 분위기로 모국과 모국어에 대한 동경을 키워온 반면, 유미리는 양친이 싸울 때 사용하는 언어가 '한국어'인 관계로 모국에 대한 부정적인 인식이 강하다. 두 작가의 내면에는 식민 본국의 언어(일본어)에 대한 무의식적인 동경과 모국어에 대한 무의식적인 반감이 혼재되어 있는데, 두 작가의 작품은 어디에도 거처할 수 없는 재일한인 여성의 정체성을 잘 담아내고 있다.

□ 참고문헌

1. 기본자료

유미리, 함정연 역, 『돌에서 헤엄치는 물고기』, 한국문원, 1995.
_____ , 곽혜선 역, 『풀하우스』, 고려원, 1997.
_____ , 김난주 역, 『가족시네마』, 고려원, 1997.
_____ , 권남희 역, 『창이 있는 서점에서』, 고려원, 1997.
_____ , 권남희 역, 『물가의 요람』, 고려원, 1998.

_____ , 김난주 역, 『훔치다 도망치다 타다』, 민음사, 2000.
_____ , 김난주 역, 『물고기가 꾼 꿈』, 열림원, 2001.
이양지, 김유동 역, 『유희』, 삼신각, 1989.
_____ , 신동한 역, 『돌의 소리』, 삼신각, 1992.

2. 논저

강내희 편, 『흔적 2 : 인종공포와 이주의 기억』, 문화과학사, 2002.
강혜림, 「재일 신세대 문학의 탈민족적 글쓰기에 관한 연구: 유미리, 현월, 가네시로 문학을 중심으로」, 동국대 석사학위 논문, 2006.
김경미, 「유미리 작품 속에 나타난 가족 붕괴 연구-『풀하우스』『가족 시네마』를 중심으로, 세명대 석사학위논문, 2005.
김광호, 「이양지 소설의 모국체험 갈등과 극복양상- 나비 타령, 유희, 돌의 소리를 중심으로」, 한양대 석사학위논문, 2014.
김부자, 「식민지 시기 조선 보통학교 취학 동기와 일본어: 1930년대를 중심으로」, 『사회와 역사』 77집, 한국사회사학회, 2008.
권성우, 「재일 디아스포라 여성소설에 나타난 우울증의 양상-(故)이양지의 작품을 중심으로」, 『한민족문화연구』 30집, 한민족문화학회, 2009.
박종희, 「이양지 문학의 경계성과 가능성」, 숙명여대 석사학위논문, 2005.
박죽심, 「한일 근대 여성작가의 탄생과 정체성 연구」, 『어문논집』 66집, 중앙어문학회, 2016.
송연옥, 「식민주의에 대한 저항: 재일 한국인(조선인) 여성이 창조하는 아이덴티티」, 『황해문화』, 겨울호, 2007.
엄미옥, 「재일 디아스포라 문학에 나타난 언어경험 양상-김학영, 이양지, 유미리 작품을 중심으로」, 『한민족문화연구』 41집, 한민족문화학회, 2012.
유숙자, 「1945년 이후 在日 한국인 소설에 나타난 민족적 정체성 연구」, 고려대 박사학위논문, 1998.
유지운, 「유미리 『가족 시네마』 연구」, 고려대 석사학위논문, 2010.
윤명현, 「유미리 소설에 나타난 가족의 의미」, 동덕여대 석사학위논문, 1998.
이주현, 「재일 코리안 문학을 통해 본 '여성상': 종추월, 김창생, 김마스미 작품을 중심으로」, 동국대 석사학위논문, 2016.

이한창, 「재일교포 문학의 작품성향 연구: 정치의식 변화를 중심으로」, 중앙대 박사학위논문, 1997.
윤인진, 『코리안 디아스포라(재외한인의 이주, 적응, 정체성)』, 고려대 출판부, 2004.
이영옥, 『젠더의 역사』, 태학사, 2005.
한일여성공동역사교재편찬위원회, 『여성의 눈으로 본 한일 근대현대사』, 한울 아카데미, 2005.
강상중, 고정애 역, 『재일 강상중』, 삶과 꿈, 2004.
박일, 전성곤 역, 『재일 한국인: 차이와 평등의 딜레마』, 범우, 2005.
가야트리 스피박, 태혜숙 역, 『다른 세상에서』, 여이연, 2004.
레오 바이스게르버, 허발 역, 『모국어와 정신형성』, 문예출판사, 1994.
버지니아 울프, 이소연 역, 『자기만의 방』, 펭귄 북스, 2012.
이안 와트, 전철민 역, 『소설의 발생』, 열린책들, 1988.
일레인 김·최정무 편저, 박은미 역, 『위험한 여성』, 삼인, 2001.
일레인 쇼월터, 신경숙(외) 역, 『페미니스트 비평과 여성 문학』, 이화여대 출판부, 2004.
칼 구스타브 융, 한국융연구원 C.G융저작번역위원 역, 『원형과 무의식』, 솔, 2003.
팸 모리스, 강희원 역, 『문학과 페미니즘』, 문예출판사, 1999.
프란츠 파농, 이석호 역, 『검은 피부, 하얀 가면』, 인간사랑, 1998.

탈경계, 재일한인 신세대 작가의 지향
– 가네시로 가즈키(金城一紀)의 작품을 중심으로

1. 서언: '재일(在日)'을 산다

'재일(在日)'을 산다는 말에는 다양한 의미가 함축되어있다. '재일'[1]에는 우리의 근현대사의 주름이 겹겹이 포개져 있을 뿐만 아니라 현재도 남과 북, 그리고 일본의 관계에 따라 부침을 거듭하고 있는 진행형의 공간이기도 하다. 그런 점에서 '재일'을 산다는 것은 여타 지역 재외 국민과는 다른 범주의 일상을 영위한다는 것을 의미한다.

'재일한인문학'은 일제에 의한 식민 지배의 역사적 산물이다. 따라서 문학의 자율성이라는 측면에서 볼 때 재일한인문학은 일정한 한계를 노정(露呈)할 수밖에 없다. 자신의 정체성을 형성하기도 전에 유·무형의 차별을 겪으며 일본사회에 적응해야 했기 때문이다. 이 과정에서 재일한인은 세대

---

[1] 이 글에서의 '재일(在日)'은 사전적 의미 그대로 '일본에 살고 있음'을 뜻한다. 일본사회에서 통용하는 '재일(在日)' 즉 'ざいにち(자이니치)'는 일제강점기에 징용으로 또는 생계를 위해 일본에 건너가 일본에 거주하는 한반도 출신 한국인(조선인)과 그 후손을 지칭하는 의미로 사용되고 있다.

별로 서로 다른 양상을 보인다. 1세대의 경우 민족과 자신을 동일시하고 언젠가는 돌아가야 할 곳으로 '조국'을 상정하지만, 2세대는 경계인의 시선에서 '자신의 위치'를 설정한다. 반면, 3세대는 탈민족주의 또는 경계인의 시선을 담지(擔持), '민족' '국가'에 대한 제3자적 또는 냉소적 태도를 보여준다. 그러나 재일한인문학은 민족이나 국가에 대한 작가의 시각이 '긍정적/부정적'이냐의 문제와는 상관없이 어떤 형태로든 민족의식을 반영한다. 이런 시각의 밑바탕에는 남과 북, 일본이라는 삼국의 정치·문화로부터 자유롭지 못한 '재일한인'[2]의 특수한 상황이 놓여 있다.

2000년 1월 장편소설 『GO』로 123회 '나오키상(直木賞)'을 최연소 수상하면서 일본 주류문단에 등장한 가네시로 가즈키(金城一紀)는 재일한인 신세대 작가에 속한다. 1968년 일본 사이타마(埼玉)현 가와구치(川口)에서 태어난 그는 마르크스주의자였던 아버지의 영향으로 '조총련'계 초·중학교를 다닌다. 아버지의 전향으로 일본 고등학교에 진학하지만, 학교생활에 적응하지 못한다. 인권변호사를 꿈꾸며 게이오(慶應)대학 법학과에 진학 후, 곧 그 길이 자신의 길이 아님을 깨닫고 작가가 되기로 결심, 대학 졸업 후 『Revolution No.3』로 문단에 데뷔한다. 그는 이 작품으로 '소설현대 신인상'을 수상하고, 발표하는 작품마다 화제를 모으며 여러 작품이 영화나 드라마로 제작되었다. 재일한인 작가의 작품은 가네시로 가즈키 이전에도 국내에 꾸준히 소개되었지만 많은 독자층을 확보하지는 못했다. 가네시로 가즈키 작품이 한·일 양국에서 주목받는 이유는 무엇보다 대중성과 상업성을 성취한 때문일 것이다. 이것은 작가 스스로 말하듯이, '자이니치'란 이름을 지움으로써 "비이데올로기적, 비정치적 상품"[3]으로 기능했음을 의미한다.

---

[2] 이 글에서 '재일한인'은 한국 국적을 비롯하여 북한 국적, 일본 국적 등으로 일본에 거주하는 한국인(조선인)을 총칭하는 의미로 사용한다.

가네시로 가즈키 이전에도 '나오키상'을 수상한 재일한인 문학인이 없었던 것은 아니다.[4] 하지만 이들은 '재일한인'의 정체성으로 작품을 쓰지 않았고, 이들 작품은 최근에서야 국내에 번역 소개되었다. 『GO』가 우리의 주목을 받게 된 것은 그의 작품이 단순히 '나오키상'을 수상하였다는 데 있지 않다. 재일한인의 정체성과 그들의 고민이 담긴 일상을 기존의 작품과 다르게 접근하고, 그것이 일본 문단과 대중에게 새롭게 수용되었음을 의미하기 때문이다.

가네시로 가즈키의 작품에 관한 선행연구는 대부분 『GO』를 중심으로 크게 두 가지 측면에서 이뤄진다. 먼저 대중성의 측면에서, 강혜림[5]은 탈민족적 글쓰기가 대중성으로 이어지고 있다고 보았고, 서혜란[6]은 가네시로 가츠키 문학의 특징을 '가벼움, 통쾌함, 생동감'이라고 지적하고, 이것이 독자의 기호와 맞아떨어져 대중성을 확보한다고 밝힌다. 또한, 키시가와 히데미(岸川秀實)[7]는 하드보일드(hard-boiled) 소설의 문체를 지향하는 대중소설의 범주에서 작품을 분석하였고, 정순희[8]는 탈민족적 시각에서 주인

---

[3] Ryang S., 'Diaspora and Beyond: There is no home for korean in japan', "*The Review of Koreans Studies*" vol.4, 2001, p.68. '아쿠타가와상'을 수상한 이회성이나 이양지, 유미리의 작품은 민족주의적(조선적) 색채로부터 일정한 거리를 두고 있다. '나오키상'을 수상한 재일한인의 작품 역시 마찬가지다.
[4] 다치하라 마사아키(立原正秋)의 『白甆粟』(55회, 1966), 츠카 고헤이(한국명 金峰雄)의 『蒲田行進曲』(86회, 1981), 이주인 시즈카(伊集院 静)의 『受け月』(107회, 1992) 등이 '나오키상'을 수상하였다.
[5] 강혜림, 「재일 신세대 문학의 탈민족적 글쓰기에 관한 연구-유미리, 현월, 가네시로 문학을 중심으로」, 동국대 석사학위논문, 2006, 9면.
[6] 서혜란, 「가네시로 가즈키 문학연구-GO의 대중성을 중심으로」, 동국대 석사논문, 2009, 3면.
[7] 岸川秀実, 「대중소설로서의 재일한국인 문학-가네시로 가즈키의 『GO』를 중심으로」, 『일본학』 19집, 2000, 321면.
[8] 정순희, 「재일 젊은 세대의 아이덴티티 -『GO』에 표출된 탈민족적 관점에 주목하

공들이 제3의 길로 방향을 선회하고 있다고 말한다. 다른 한편으로 민족적 시각에서, 이영미[9]는 3세대로 불리는 가네시로 가즈키 세대에 와서 국적이 '선택'의 문제가 되면서 타자였던 개인이 주체화되며, 이 세대가 새로운 재일한인의 전형으로 구축되어야 한다는 것이 작가의 의도라고 지적한다. 강진구[10]는 이회성과 비교, 이 작품이 전 세대에 비해 국적과 귀화에 대해 한층 유연한 시각을 보여주고, 국민국가에 의해 일방적으로 호명되는 존재로서의 재일한인을 거부한다고 밝힌다.

이 글에서는 가네시로 가즈키의 작품이 보여주는 새로운 목소리에 주목하려고 한다. 이를 위해 가네시로 가즈키의 작품과 이회성의 작품을 비교, 민족에 대한 세대의식의 차이점을 확인하고 그것이 어떤 의미가 있는지를 살펴볼 것이다.

가네시로 가즈키의 작품이 단순히 '재일한인 신세대'의 감각만을 보여주는 것은 아니다. 탈민족주의적이고 국적을 무가치한 것으로 여기는 이 젊은 세대의 감각에는 중층적인 시선이 개입돼 있다. '재일한인'을 바라보는 내·외부의 시선은 단일하지 않다. 재일한인사회 내부에서도 여러 층의 목소리가 있고, 그들이 남·북한을 바라보는 시선 역시 다양한 스펙트럼을 드러낸다. 그런 점에서 이 작품을 단순히 대중소설의 범주에서만 본다면 중요한 것을 놓치게 될 것이다. 또 민족주의적인 시각 역시 마찬가지다. 기존의 재일한인문학과는 다르게 탈민족주의적 시각을 보여주고 있는 것은 분명하지만, 타민족의 소수자들과 연대하고 있다는 점에서 신중한 분석이 필요

여」, 『한국문화연구』, 2008, 207면.
[9] 이영미, 「가네시로 가즈키의 『GO』에 나타난 '국적(國籍)'의 역사적 의미」, 『현대소설연구』 37집, 336~338면.
[10] 강진구, 「金城一紀의 『GO』를 통해 본 재일 신세대 작가의 민족의식-李恢成『砧をうつ女』와 비교를 중심으로」, 『어문학』 101집, 2008, 327면.

하다. 이 점을 주목하면서 가네시로 가즈키가 보여주는 재일한인의 새로운 방향의 의미를 탐색하는 것이 이 글의 목적이다.

2. '국적'에 대한 인식 변화와 타민족과의 연대

> 재일한국인: 일본인도 아니다. 조선반도에 살고 있는 한국인과도 같지 않다. 내게 재일한국인이라는 것은 분명히 새로운 종류의 인간이다. 일본이라는 문화, 풍토 속에서 조선민족의 피를 지닌 나는 피차별 체험이라는 촉매에 의해 '재일한국인'이 되었다. 나라는 재일한국인은 한국인으로도 일본인으로도 수렴되지 않는다. 일본인에 대해 싸움을 거는 일도 없다. 조선반도를 시야에서 빼놓는 일도 없다. 그리고 일본에서 일본인과 함께 사는, 한국인이 될 수 없는 '재일한국인'으로서 보통의 말투로 통하는 말을 찾아 일본인에게 말을 걸고 있다.[11]

위의 인용문은 재일한국인을 바라보는 재일한인 3세대 작가 강신자의 입장이다. 그녀는 동경대학 법학부를 졸업하고 『마이니치(毎日)신문』 기자직에 응시하지만, '국적'이 문제가 되어 취직에 실패한다. 그것을 계기로 자신이 경험하고 느낀 것을 책으로 출간한 것이 『두 개의 이름(ごく普通の在日韓國人)』이다. 이 책은 일본사회뿐만 아니라 재일한인사회에서도 큰 화제가 된다. 저자는 이 책에서, "나라는 재일한국인은 한국인으로도 일본인으로도 수렴되지 않는다."라고 말한다. 자신의 위치를 어느 쪽에도 귀속될 수 없다고 한 이 발언을 재일한인 1,2세대는 쉽게 받아들일 수 없을 것이다. 실제로 1,2세대는 민족의식을 부정했다고 화를 내고, 이런 반응은

---

[11] 姜信子, 『ごく普通の在日韓國人』, 朝日新聞社, 1990/ 강신자, 송일준 역, 『두 개의 이름』, 계양출판사, 1991, 183면.

재일한인이 많이 거주하는 오사카에서 더 심했으며, 반면에 자신과 비슷한 세대는 자신들의 생각을 대변해준다는 점에서 호의적인 편이라고 한다.[12]

『두 개의 이름』에 대한 재일한인사회 내부의 시선은 세대에 따라, 일본 내의 조선인 거주 지역에 따라 다르다. 민족과 자신들을 동일시하는 1,2세대는 몸은 일본에 있지만, 마음은 언젠가 돌아가야 할 곳(불가능할지라도)으로 조국을 상정한다. 그렇기에 일본사회에 전적으로 동화될 수도, 동화할 수도 없다. 강신자를 비롯한 60년대 출생의 3세대 작가[13]는 자신들의 위치를 어느 쪽에도 '수렴'될 수 없는 세대로 규정한다. 물론 여기에는 개인마다 서로 다른 입장과 배경이 있어 어느 한 가지로 귀결되지 않는다. 다만 그들의 민족에 대한 시선이 어떠하든 '민족의식'으로부터 자유로울 수 없다는 점이다. "재일조선인을 규정하는 것은 국적이나 혈통, 의식, 혹은 투쟁 등 여러 가지인데, 그 가운데에서 무엇보다도 중요한 의미를 가지는 것은 스스로의 내력을 확인하는 역사에 대한 성찰"[14]이다. 그런 점에서 가네시로 가즈키의『GO』는 이들 1960년대 작가의 세대의식을 대표하는 하나의 잣대가 될 수 있을 것이다.

『GO』는 '국적'과 '연애'에 대한 이야기다. 여기에는 '재일한인'이라는 기호가 개입되어 있고, 이것은 '재일한인'의 위상을 규정하는 핵심이다.

① "이 나라도 점차 변해가고 있다. 앞으로는 더 많이 변하겠지. 재일이니 일본인이니 하는 것, 앞으로는 없어질 거야. 장담한다. 그러니까 너희

---

[12] 허영선, 「허영선이 만난 사람: 재일 3세 작가 강신자」, 『제민일보』, 2010.9.9.
[13] 강신자(1961년 요코하마시 출생), 현월(1965년 오사카시 출생), 가네시로 가즈키(1968년 사이타마현 출생), 유미리(1968년 요코하마시 출생), 사기사와 메구무(鷺沢萠, 1968~2004, 도쿄 출생) 등이 있다.
[14] 윤건차, 「식민 지배와 남북 분단이 가져다준 분열의 노래」, 한일민족문제학회 편, 『재일조선인 그들은 누구인가』, 삼인, 2003, 24면.

들 세대는 밖으로 눈을 돌려야 해. 그렇게 살아가야 돼."[15]

② "내가 국적을 바꾼 것은 이제 더 이상 국가 같은 것에 새롭게 편입되거나 농락당하거나 구속당하고 싶지 않아서였어. 이제 더 이상 커다란 것에 귀속되어 있다는 감각을 견디면서 살아가고 싶지 않아. 이젠 사양하겠어. 설사 그것이 무슨무슨 도민회 같은 것이라도 말이야."[16]

위의 인용문 ①은 '아버지'의 발언, ②는 아들인 '나'의 발언으로, 재일한인 1세대와 2세대의 세대 차이를 극명하게 드러낸다. 제주도에서 태어난 아버지는 초등학교 학력이 전부로, 일본사회에서 살아남기 위해 밑바닥 인생을 견디어 낸 끝에 빠찡코 사업체 몇 개를 운영하지만 석연치 않은 이유로 사업체를 빼앗긴다. 아버지에게 '조국'이란 관념적인 것이 아니라 구체적 공간으로 기능한다. 제주도에서 태어난 아버지가 성묘를 위해 제주도에 방문한 것이 이를 증명한다. 그런 점에서 '민족'에 대한 입장이 일본에서 나고 자란 아들 스기하라와 다른 것은 당연하다. 하지만 아들에게는 국적을 선택할 기회를 준다. 그것이 이 작품에서는 '하와이'라는 특정한 장소가 '전향(轉向)'의 기표로 나타난다. '하와이'는 미국령이지만 일본의 해외 이주가 오래전부터 이뤄진 곳으로, 일본인이 하와이 전체 인구의 30% 이상을 차지하고 있을 정도로 일본인에게 낯선 곳이 아니다. 해외여행이 지금처럼 일반화되지 않았을 때도 일본인에게 하와이 여행은 그렇게 어려운 것이 아니었다. 어떤 면에서 '하와이'는 전향의 한 매개체로 기능하는데, 흥미로운 것은 이회성의 작품 「반쪽발이」에서도 '하와이'는 아버지가 해외여행을 하기 위해 '귀화'하게 되는 계기로 작용한다는 점이다.[17]

---

15 가네시로 가즈키, 김난주 역, 『GO』, 북폴리오, 2010(초판 2000), 218면. 이하 본문에서의 인용은 면수만 밝힘.
16 위의 책, 221면.

① <조국이란 무엇인가?> 나는 이러한 의문을 풀어야 할 필요에서 찾아왔다고도 할 수 있다. 조국 없이 <희망>이 있을 수 있을까? 하는 생각이 내 속에서 움텄기 때문이다. (중략) 조국이여, 조국이여! 통일 조국이여! 나는 진심으로 부르짖었다. 지금 나는 죽는 일도 사는 일도 자유이다. 그리고, 반쪽발이의 자격으로 조국에 대해 이렇게 부르짖는 것도 자유임에는 틀림 없었다.[18]

② 북조선이냐, 한국이냐. 끔찍하도록 좁은 범위의 선택이기는 했지만 내게는 선택할 권리가 있었다. 나는 비로소 번듯하게 인간 대접을 받은 듯한 기분이 들었다. 나는 그날을 경계로 재일조선인에서 재일한국인으로 탈바꿈했다.[19]

인용문 ①이회성의 「반쪽발이」는 ②가네시로 가즈키의 『GO』보다 약 30여 년 앞서 발표된 작품으로, 이들 작품은 두 작가의 세대 차만큼 '민족의식'에 대한 변화된 시각을 보여준다. 「반쪽발이」는 와세다(早稻田)대학 문학부(야간) 재학생 양정명(일본명 山村政明)의 분신자살 사건[20]을 소재로 한 작품으로,[21] 귀화한 재일한인 대학생의 자살 소식을 가지고 '나'와 인터뷰를 하러 온 신문기자의 방문으로 시작된다. '나'는 자살한 '그'와 일면식

---

[17] '하와이'와 '귀화'(전향)의 연관성은 좀 더 면밀한 검토가 필요하다.
[18] 이회성, 이호철 역, 「반쪽발이」, 『다듬이질하는 여인』, 정음사, 1972, 221면. 이하 본문에서의 인용은 면수만 밝힘.
[19] 가네시로 가즈키, 『GO』, 19면.
[20] 1970년 10월 6일, 양정명은 일본사회의 극심한 인종 차별과 재일한인에 대한 민족적 차별에 분노, 이에 항의하는 유서와 탄원서를 남기고 대학 근처의 한 신사(神社)에서 분신자살한다. 이 분신자살 사건과 양정명 사후에 출판된 유고집(『いのち燃えつきるとも』, 大和書房, 1971)은 재일한인사회에 갈등요인으로 내재해 있던 '민족' '국적' '귀화' 등의 문제를 공론화시키는 기폭제가 된다.
[21] 이회성은 양정명의 유고집 서문 「二つの祖国所有者の叫び(두 개의 조국을 가진 자의 절규)」에서, 양정명의 자살은 재일한인사회가 안고 있던 '민족' '국적' 문제에 기인한 것이라고 말한다.

이 있는 관계로, '그'가 유일하게 유서를 남긴 장본인이기 때문이다. '그'는 학내에서는 학생운동의 주역이었지만 교포대학생 사이에서는 귀화했다는 이유로 따돌림을 당하고, 밖으로는 재일한인에 대한 차별에 분노해 분신자살한다. '그'의 자살에 대한 시각은 각자 서 있는 위치에 따라 다르게 나타난다. 학생운동 진영에서는 불합리한 학내문제로, 양심 있는 지식인 사회에서는 일본인의 인종 차별로 보는 것이다. 그러나 '그'의 자살은 당시 교포사회에서의 '귀화' 문제가 매우 부정적으로 인식되고 있었음을 증언하는 사건이라 할 수 있다. 이 작품에서, '나'와 '大木眞彦(오오키 마사히코)'에게 '민족'은 자신의 존재 방식을 규정짓는 중요한 기제로 작용한다. 아버지 세대와 달리 추상적인 이미지에 갇혀 있다고 하더라도, 그것이 현재의 삶의 방식에 영향을 주는 한 중요할 수밖에 없다.

「반쪽발이」 이후 한 세대가 지났지만, 국적을 변경하는 문제는 재일한인 사회에서 간단치 않은 문제로 엄존하고 있다. 가네시로 가츠키의 『GO』는 그 한 예인데, 이 작품에서도 '국적변경'은 교포사회에서 여전히 '차별'의 요소로 작용한다.[22] '조총련' 계열의 중학교 재학 중에 귀화한 '나'는 그곳의 학생들과 선생들로부터 '배신자'라는 낙인을 받는다. 하지만 그 안에는 그렇지 않은 시선도 발견된다. 귀화 소식이 알려진 후 민족학교 선생으로부터 '매국노' '민족 반역자'라는 폭언을 들으며 구타를 당할 때 다른 목소리를 낸 '정일'의 발언이 그러하다. "우리들은 나라란 것을 가져본 적이 없습

---

[22] 재일한인에게 차별은 여러 겹으로 작용한다. 일본사회에서 차별은 '국적'과 '인종' 둘 다의 문제로 작동한다. 일본사회에서 '국적'은 공적 공간에 진입하고자 할 때 문제가 되지만, 일상생활에서는 '조센징'이라는 '인종'적 차별이 더욱 강하게 나타난다. 국적을 '일본'으로 바꾼다고 해서 재일한인에 대한 일본인의 시선이 우호적으로 바뀌는 것은 아니기 때문이다. 반면, 재일한인사회에서 '국적' 문제는 매우 중요하다. '귀화' 유무에 따라 교포사회의 시선이 달라지는 것이다.

니다."(81면)라고 당당하게 말하는 '정일'은 한국인 아버지와 일본인 어머니 사이에서 태어나 현재는 어머니와 단둘이 살고 있다. 정일은 가네시로 가츠키의 데뷔작 『레벌루션 No.3』에 나오는 '순신'의 복제 인물로 볼 수 있다. 그는 다방면의 책을 읽고 머리도 좋아 명문 대학에 진학할 수 있는 실력이지만 '민족 대학'에 진학해 '민족학교' 교사가 되겠다는 꿈을 가지고 있다. 북한에 부정적인 시각을 가지고 있는 스기하라와는 달리, '정일'은 북한과 '조총련'의 변화에 주목하고 그 한계를 알면서도 '민족'의 의미를 자신의 삶을 결정하는데 중요한 요소로 받아들인다. 하지만 불의의 사고로 유명을 달리한다. 이 세대에게 '민족'이란 긍정적 의미로 받아들여지지 않는다. 민족학교에 다니는 '정일'이나 귀화해서 일본인 학교에 다니는 '스기하라'나 일본에서 차별당하는 것은 매한가지다. 그래서 이들은 전 세대와 달리 '탈민족주의적' 시각을 내보인다.

후코오카 야스노리는 '재일' 코리언 신세대의 삶의 방식을 공동지향, 조국 지향, 개인 지향, 귀화 지향의 유형으로 분류한 바 있는데, 가네시로 가즈키의 작품에서 가장 강한 색채로 드러나는 것은 '공동지향'이다. '공동지향'은 "민족적 출생을 다르게 하는 자들끼리 그 차이를 이해한 후에 민족 차별 극복을 통해 함께 살아가는 사회"[23]를 지향한다. 하지만 이 네 가지 유형이 뚜렷하게 분리되어 나타나는 것이 아니라, 실제 삶에서는 "복수의 지향성이 복잡하게 얽혀 공존"한다.

가네시로 가즈키의 전 작품에서 공통으로 확인되는 것은 마이너리티(minority) 연대이다. 그의 데뷔작 「레벌루션 No.3」은 이후 여러 작품의 모체에 해당한다. 그의 작품들은 서로 다른 듯하지만 어딘가 닮아있음을 확인하게 되는데, 이것은 「레벌루션 No.3」에 등장하는 인물들이 이후에도

---

[23] 박일, 전성곤 역, 『재일한국인』, 범우, 2005, 159면.

여러 작품에서 다양한 형태로 변주되며 문제 해결사로 등장하기 때문이다. 「레벌루션 No.3」의 주요인물인 미나가타, 히로시, 아가, 순신 등은 일본사회에서 이방인이다. 신주쿠에 있는 삼류고등학교에 재학 중인 이들 열성인자는 일본사회에서 주류로 편입될 수 없는 조건을 가지고 있다. 혼혈인, 편부모 가정, 재일한인, 해고노동자 등 제각기 다른 사연을 가지고 있는 이 열성인자들은 '좀비'가 되어 일본사회의 기존 체계에 균열을 일으킨다.[24]

푸코에 의하면, '주체'는 근대라는 특정한 시기에 만들어진 역사적 산물이다. 이때 주체는 특정한 방식에 의해 형성되는데, 이는 곧 규율에 길들여지고 체제에 순응한다는 것을 의미한다. 그 규율은 특정한 방식으로 일상에 산재해 있다. 한 국가가 유지되고 작동되기 위해 공동체 구성원이 준수해야 할 규칙들은 너무나 당연한 것으로 받아들여진다. 그 과정에는 선택과 배제의 논리가 있고, 내부의 결속을 위해 배제해야 할 타자가 존재한다. 그 타자는 가장 흔한 형태로 단일국가에서는 피부색이 다른 인종이 손쉬운 대상으로 채택된다. 이 과정에서 학교는 이데올로기적 국가 장치로, 가장 효과적인 교화 수단인 동시에 체제에 알맞게 신체와 정신을 훈련시킨다. 이 거대한 체제에 우리는 별다른 의문을 품지 않고 준수해야 할 질서와 규율을

---

[24] '아가'는 일본과 필리핀의 피가 섞인 혼혈아로, 필리핀 엄마 쪽에 스페인 사람과 화교의 피가 흐르는 덕분에 4개국의 DNA를 갖고 있다(19면). '히로시'는 흑인 혼혈에다 아버지 부재까지 더해 오키나와에서 왕따를 당하고, '나는 부모가 와세다대와 게이오대 출신이지만 아버지 불륜으로 현재 엄마와 단둘이 살고 있다(46면). '순신'은 손꼽히는 수재로 좋은 대학에 갈 수 있지만, 재일한인에 대한 '차별'의 경험이 그를 가두고 있다. '가야노'는 국철(國鐵)이 민영화되면서 해고당해 알코올 중독자가 된 아버지가 집에 찾아온 복지 사무소 직원을 칼로 찔러 복역 중이라 아르바이트를 하며 살림을 거들고 있다(69면). 가네시로 가츠키, 김난주 역, 「레벌루션 No.3」, 북폴리오, 2000.

배운다. 그런데, 이 '좀비들'[25]은 살아남기 위해서 몸에 익혀야 할 그 규칙을 간단히 무시할 뿐만 아니라 자신들만의 기준을 만들어나간다.

> "빨간 신호였어. 못 봤어?"
> 나는 깜짝 놀라 물었다.
> "알았어. 차도 사람도 없는데 왜 서 있어야 하지?"
> (중략)
> "원래부터 신호란 놈은 누군가 조작한 게 아닐까?"
> "……."
> "어쨌든 나는 내 머리로 생각하고, 눈으로 확인하고 앞으로 나아가. 다른 차에 부딪힐 가능성도 사람을 칠 가능성도 없다는 판단이 섰으니까. 그렇지만 대개 놈들은 그 장면에서도 신호가 파랑으로 바뀔 때까지 기다려. 그게 세상에서 말하는 상식이고 백퍼센트 안전을 보장받는 일이고, 또 신호를 무시한다고 누군가에게 비난받지 않을 테니까. 요컨대 신호가 바뀔 때까지 기다리는 편이 귀찮지 않고 편한 거야."
>   차가 다시 빨간 신호를 받았다. 이번에는 사람도 있었고 앞을 지나는 차도 있었다. 아기는 나를 바라보며 말을 이었다.
> "우리를 움직이게 하는 건 신호기가 아니라 눈에 보이지 않는 무엇이야. 나카가와는 그 조작을 잘 알고 있어. 그렇지만 나와 미나가타, 순신, 가야노, 야마시타는 자신들의 눈과 머리로 올바르다고 판단하면 빨간 신호라도 그냥 건너. 너는 어떡할거야?"[26]

이 '좀비들'은 그 무엇에도 의지하지 않는 대신 자신들을 지켜 줄 무기를 만들어나가고 단련한다. 그래서 이들에게도 '앎'이 필요하다. 근대의 권력

---

[25] 가네시로 가즈키, 양억관 역, 『SPEED』, 북폴리오, 2005, 12쪽. 이들이 다니는 삼류고등학교는 총리나 고급 관료를 배출한 명문고와 이웃해 있는데, 명문고 학생들은 삼류고의 평균 학력이 뇌사 상태에 버금가는 혈압 수준에 불과해 학력 사회에서 '살아 있는 시체'에 가까운 의미라는 것, '죽여도 죽을 것 같지 않아서'라는 이유로 이들을 '좀비'라고 부른다.
[26] 가네시로 가즈키, 『SPEED』, 182면.

은 억압의 방식으로 작동하지 않는다. 앎을 바탕으로 정보를 독점함으로써 특정한 방식으로 은밀하게 권력이 작동된다. "권력과 앎, 진실과 쾌락의 장치들, 그토록 서로 다른 그 억압의 장치들이 어쩔 수 없이 부차적이고 제 이의적(第二義的)"[27]은 아니라는 점이다. 이들 '좀비들'은 체제에 길들여지지 않고 자신들만의 세상을 만들어 가기 위해서는 무엇보다도 앎과 지식이 필요한데, 순신과 아가가 그 역을 담당한다. 아가는 자신의 출생으로 인한 외모와 경험을 활용해 그것을 또래 친구들에게 되갚으로써 자신만의 삶의 방식을 만들어나간다. 순신은 박식함, 누구에게도 뒤지지 않는 체력과 무술을 활용해 자신이 속한 모임에 '지(知)'와 '기(技)'를 제공한다. 이들에게 이것이 가능한 것은 역으로 자신들을 동일시할 대상이 부재하기 때문이다. 이들이 처한 '결핍'의 요소는 다르지만, 일본사회에서 '좀비들'이라는 표현으로 '차별'과 '배제'를 당하는 방식은 동일하다. 이들이 혼자 맞서는 것은 불가능하지만 주눅 들지 않고 '좀비들'의 연대를 보여줌으로써 일본사회의 변화 가능성을 보여준다.

가네시로 가즈키는 재일한인의 '차별'을 이전 세대와 다른 방식으로 접근한다. 이전 세대가 재일한인의 입장에서 차별을 다루었다면, 가네시로 가즈키는 그 범위를 벗어나 좀 더 일반적인 의미에서 차별을 형상화한다. 일본사회에 존재하는 다양한 마이너리티의 차별 중의 하나로 재일한인에 대한 차별을 드러내는 방식이다. 이것이 의미하는 것은 변화하는 재일한인 신세대 작가의 한 방향을 보여주는 것이고, 또한 재일한인이 일본사회에서 공존하기 위한 방향을 모색하는 것으로 보인다.

「레벌루션 No.3」에서 이들 열성인자는 우성인자만 모여있는 이웃 학교 세이와(淸和) 여고 축제에 그들만의 방식으로 진입하여 '짝짓기'에 성공한

---

27 미셸 푸코, 이규현 역, 『성의 역사 1』, 나남, 1990, 90면.

다. 열성인자와 우성인자의 만남인 셈이다. 이후의 작품들, 『SPEED』『GO』『Fly, Daddy, Fly』 역시 공권력이 미치지 못하는 영역에서 이들은 변주된 인물로 등장해 문제 해결사 역할을 톡톡히 한다. 이런 과정을 통해 타인종과 일본인 사이의 간극이 조금씩 좁혀진다. 『SPEED』는 여고생의 과외선생인 평범한 여대생의 자살 사건의 배후를 밝혀내고, 그 과정을 통해서 일본사회의 어두운 측면을 드러낸다. 여기에는 또한 동시대를 사는 또래지만 다른 세계에 속하는 이들을 통해 그동안 당연한 것으로 여겨졌던 것에 의문을 품게 되고, 그것은 일본사회의 마이너리티에 대한 이해로 이어진다. 『Fly, Daddy, Fly』는 일본 소시민이 일상에서 마주치는 문제지만 개인이 해결하기에는 역부족인 문제를 이 '좀비들'이 해결한다는 이야기이다. 이 작품의 주요인물인 스즈키는 평범한 샐러리맨이다. 어느 날 여고생인 하루카가 또래 학생한테 폭행을 당하는데, 아버지인 나는 무력하게 아무것도 해주지 못한 것에 좌절감을 느낀다. 우연한 기회에 미나가타 무리를 만나 한 달 동안 피나는 훈련 끝에 통쾌한 복수를 한다는 내용이다.

이들 작품은 공적인 영역에서 해결돼야 할 문제가 제대로 해결되지 않아 개인이 알아서 해결해야만 하는, 사적인 영역으로 넘어오는 일본사회를 보여준다. 이 과정에서 역부족인 소시민들의 문제를 마이너리티인 '좀비들'이 해결한다. 이를 통해 다양한 소수인종과 일본사회의 소시민들이 함께하는 공간이 만들어진다. 일본에 거주하는 재일한인은 1950년대에는 재일외국인 총수의 90%를 차지했지만, 2000년대에는 40%에 그친다. 1990년대 이후 재일 외국인 유입이 증가하면서 일본사회 역시 다문화 사회로 진입하게 된 것이다. 따라서 재일한인의 위치도 이전과 달라지고, 재일한인사회의 운동 방향도 "민족운동에서 다문화 공생 운동"으로 전환된다.[28] 재일한인

---

[28] 문옥표, 「재일한인의 민족 관계: 민족지형의 변화와 한인사회의 적응」, 문옥표

만의 시각이 아닌, 다양한 인종들이 모여 차이가 아닌 공존을 모색하는 방식으로 진화한 것이다. 또한, 이들은 일본사회의 소수자들과의 연대를 통해 정주하려는 모습을 보여준다.

가네시로 가즈키의 작품은 단일한 민족문제로 재일한인의 차별문제에 접근하는 것이 아니라 일본사회에 존재하는 보편적인 문제로 접근하여 이전 세대와 다른 문제의식을 보여준다. 이들 작품에서 보여주는 유쾌함은 무겁지 않지만, 그 의미는 결코 가볍지 않다. 이것은 가네시로 가즈키의 '전략'일 수 있다. 일본사회에서 철저하게 비주류에 속하는 재일한인이 자신들의 문제를 어떻게 드러내는 것이 효과적일 것인가에 대한 하나의 방법이 될 수 있기 때문이다. 이때의 유쾌함, 농담이나 유머는 "내면적인 억압이나 외부의 상황 때문에 직접적으로 비난할 수 없는 거대한 것, 품위 있는 것, 막강한 것을 공격"[29]하는 데 활용된다.

재일한인 신세대 작가인 가네시로 가즈키의 작품은 지금까지 재일한인 작가가 보여주던 '재일한인'의 문제를 새로운 시각으로 접근한다. 이전 세대가 보여주던 '국적'에 대한 시각은 한층 열린 시각으로 변화한다. 전 세대의 정체성 형성에서 중요한 기준이 되었던 '국적'은 가네시로 가즈키 세

외, 『해외 한인의 민족 관계』, 아카넷, 2006, 21~45면 참조.
[29] 지그문트 프로이트, 임인주 역, 『농담과 무의식의 관계』, 열린책들, 2004, 135면. 재일한인은 일본의 차별과 모욕에 대해 직접 대항할 수 없었다. 일본에 거주하는 타민족, 타인종과는 다른 역사적 과정을 거쳐왔기 때문이다. 따라서 경향적 농담이 지닌 사회적 의미에 대한 프로이트의 언급은 시사하는 바 크다. "비방이나 모욕적인 말대꾸가 외부의 상황 때문에 저지되는 것은 아주 흔한 일이어서 경향적 농담은 권위를 내세우는 높은 지위의 사람을 공격하거나 비판할 때 아주 특별히 선호된다. 이때 농담은 권위를 내세우는 높은 지위의 사람을 공격하거나 비판할 때 아주 특별히 선호된다. 이때 농담은 권위에 대한 거부, 권위의 압력에서 해방되는 것을 의미한다."

대에는 정체성을 형성하는 여러 요소 중의 하나로 간주된다. 이것은 다문화 사회로 변모하고 있는 일본사회의 변화와 재일한인의 지위가 이전과 달라졌음을 보여준다. 단일한 민족주의에 대한 경계의 시선이 나라 안팎에서 제기되고 있음은 주지의 사실이다. 이러한 상황에서 가네시로 가즈키의 작품은 재일한인이 일본사회에서 어떻게 공존해야 하는가를 보여주는 하나의 삶의 방식으로 바라볼 수 있다.

3. '연애'로 표상되는 '탈민족'적 시각

재일한인의 역사는 과거 식민지 시기와 광복 후의 남북한의 단독정부 수립 과정과 연결되어 있고, 현재의 정치·문화적 상황과도 밀접한 상관관계가 있다. 이 과정에서 표출되는 민족의식이 세대별로 상이함을 확인할 수 있는데, 이것은 '기억'과 '망각'을 둘러싼 일상의 변화를 의미한다. '피식민지 경험'이라는 원체험을 안고 있는 재일한인 1세대에게 '기억'은 신체를 통해 몸에 각인돼 있고, 모국어와 모어의 일치를 통해 민족과 자신을 동일시하는 것이 가능한 세대다. 반면, 3세대는 직접적인 '식민지' 체험을 한 세대가 아니다. 또 전후 일본 경제의 고도성장으로 인한 문화적·경제적 수혜를 입은 세대로, 재일한인의 식민지적 피해자 의식에서 일정 정도 탈피한 최초의 세대라고 할 수 있을 것이다. 따라서 1세대가 보여주는 '역사적 기억'으로부터 벗어나 '일상성'으로서의 '재일'의 삶을 중요하게 여기기 시작했다는 점에서 시사하는 바가 적지 않다. 이것은 표현해야 할 범주가 보다 확대되었다는 것을 의미한다는 점에서 문학의 미적 자율성의 측면에서도 주목할 만하다.

'일상성'을 구성하는 핵심적 요소는 가족·친구·연애 등이라 할 수 있다. 물론 '재일'의 일상성을 규정하고 제한하는 것이 '국적'과 무관하지 않지만, 이전과 다른 태도를 보인다는 것이 다른 점이다. 여기에는 여러 가지 층위가 복잡하게 얽혀있다. 먼저 이회성의 「반쪽발이」를 통해 드러나는 가족과 연애를 살펴보자.

「반쪽발이」의 '나'는 일본의 국회의사당 앞에서 자살한 '귀화'한 재일한인 청년 大木眞彦이 유서를 남길 정도로 친분이 있다. 부모의 일방적인 결정으로 '귀화'한 '그'는 교포대학생 모임에 가입을 거절당하지만, '나'는 '조선 국적'을 유지하고 있어서 모임에 가입하는 데 문제가 없다. 모임 가입에 거절당하는 大木眞彦을 목도하고 "어느 파에도 속하지 않는 논섹트"(137면)의 입장을 취하게 된다. 大木眞彦의 분신자살 후, '나'를 찾아온 '그'의 일본인 연인이었던 中江佑子를 통해 그동안의 전후 사정을 알게 된다. 헤어진 사이가 되었지만, 中江佑子는 大木眞彦이 죽은 후 재일한인과 일본인의 연애에서 나타나는 핵심적 문제를 인식하게 된다.[30] 둘의 관계는 大木眞彦이 中江佑子의 어머니를 만난 후부터 금이 가기 시작한다. 서로의 입장 차를 끝내 좁히지 못한 것이다.

> "무언지 고지식한 점이 그분에게는 있지 않았을까요. 이야기가 어느 근처까지 오게 되면, 전혀 피차에 통하지 않는 듯한 그런 경험이 몇 번이나 있었어요-. 그분에게도 편견이 있었던 듯이 생각되어요. 아니, 비난하고 있다고 생각하지 말아 주세요. 그저 그런 생각이 든다는 것 뿐이예

---

30 재일한인은 '연애'를 하면서 자신의 국적이 상대방에게 문제가 된다는 점을 인식한다. 「반쪽발이」의 大木眞彦과 『GO』의 스기하라가 그러하다. 재일한인 3세대 강신자도 "'민족'이 연애를 멀리하게 한다"(강신자, 앞의 책, 35면.)라고 고백한 바 있다. 재일한인에게 '연애'는 '민족'에 대한 자신의 정체성을 확인하는 하나의 계기가 되는 것이다.

요.…… 하지만 그 이전에 저는 저부터 책(責)해야 했어요. 그분이 진지하게 괴로워하고 있는데, 저는 관념적으로밖에 이해하고 있지 않았으니까요.…… 지금 생각하면 용기가 없었지요. 어머니 말에 반발은 하면서도, 점점 자신이 없어져 가는 듯했어요. 그런 저를 그분은 증오의 눈으로 쳐다보는 것 같아서, 무언지 점점 만나는 빈도가 뜨게 되었지요."[31]

인용문은 中江佑子 입장에서 大木眞彦을 보는 시선이다. 大木眞彦은 자신을 둘러싼 어떤 집단에서도 '인정'받지 못한다. 아버지의 일방적인 선택으로 '귀화'했기 때문에 아버지와 갈등상태에 놓여 있고, 교포 학생들 사이에서 같은 이유로 가입이 불허돼 교포사회의 선밖에 있을 수밖에 없다. 또 자신이 가장 지지받고 싶은 연인과의 관계에서도 이해받지 못해 자신의 존재 자체를 지탱하기 어렵다. 인간은 누구나 타인에게 인정받고자 하는 '욕망'이 있다. 大木眞彦의 분신자살은 인정 욕망이 좌절당해 일어난 결과이다.[32] 사회적 존재가치를 인정받지 못할 때 大木眞彦과 같이 극단적인 선택에 이를 수 있다. 따라서 大木眞彦의 분신자살은 재일한인 '귀화' 청년의 위태로운 삶을 가장 극적으로 고발한 사회적 타살이라 할 수 있을 것이다. 大木眞彦은 생전에 '나'에게 "귀화자를 둘러싸고 있는 저주로운 굴레야말로 근대 일본과 한국의 음침한 역사의 자국"(132면)이라는 표현으로 자신의 위치를 규정한다. 이 말은 일본과 한국 양국의 태도를 비판하는 것으로, 근·현대사 속에서 버림받은 재일한인의 삶을 의미한다.[33]

---

31 이회성, 「반쪽발이」, 148면.
32 악셀 호네트, 이현재·문성훈 역, 『인정 투쟁』, 사월의 책, 2011, 16면. "인정과 투쟁의 관계는 인정의 유보나 불인정의 상태를 염두에 둘 때 더욱 분명하게 드러난다. 즉 자유로운 정서적 욕구의 분출과 충족을 가로막는 신체에 대한 폭행, 법적 권리의 유보나 불인정, 사회적 연대에서의 배제는 해당 당사자에게 '무시'나 '모욕'으로 이해되며, 이는 분노라는 심리적 반작용을 일으키는데 그치는 것이 아니라 사회적 투쟁을 추진하는 심리적 동기가 된다는 것이다."

재일한인 2세대 大木眞彦과 일본인 中江佑子와의 연애는 수평적이지 않고, 우열의 개념이 서로에게 잠재해 있다. 이것은 누구의 탓이기보다 70년대 '재일한인'이 처한 객관적 현실을 반영한 것이라 할 수 있다. 당시 한국의 정치 상황은 극도로 혼란한 상태로, 그것은 재일한인사회에도 반영되어 교포사회 역시 분열된다. 이러한 상황에서 재일한인 2세대인 大木眞彦과 '나'는 '민족'의 굴레에 붙잡혀 '연애' 역시 그 안에서 일정한 한계를 드러낼 수밖에 없다.

반면, 가네시로 가즈키의 『GO』는 여러 가지 면에서 이 작품과 비교된다. 『GO』의 중심축은 국적과 관련된 '민족문제'와 '연애'라고 전술한 바 있다. 스기하라는 중3 때 아버지의 전향으로 일본 고등학교에 진학해 일본인 학생들에게 따돌림을 당하지만, 당당하게 맞설 뿐만 아니라 그 안의 마이너리티와 공감대를 형성한다. 「반쪽발이」의 아버지 세대와는 다르게 스기하라의 아버지는 여러 직업을 전전하며 고생한 끝에 현재는 안정된 기반을 갖추고, 독학으로 공부해 마르크스와 니체에 대한 이해가 상당할 정도의 '교양'을 갖춘다. 「반쪽발이」에서 '나'의 아버지는 경제적·현실적 이해관계에 의해 나에게 귀화를 권하지만, 『GO』의 아버지는 오로지 '나'의 미래를 위해 길을 열어준다는 점이 다르다.

---

33 정대성, 앞의 책, 58~60면. 재일한인 3세 정대성은 한국인이 재일동포를 다섯 가지 점에서 새롭게 인식해야 한다고 강조한다. ①재일한인은 일제 식민지 통치의 산물이고, ②재일한인 중 특히 상공인과 기술자 등 지식인은 한국의 근대화에 기여한 바가 적지 않다는 점, ③'재일동포' 가운데서도 민족의식을 가진 이들이 귀한 존재임을 기억해야 한다는 점, ④내국인도 언제든지 재일한인이 될 수 있다는 사실을 기억해야 한다는 점, ⑤한국인이 모르는 뛰어난 재일동포가 많은데, 이 중에는 조선 국적, 무국적 동포들이 포함되어 있다는 점을 기억해야 한다는 것이다.

조선 국적을 지닌 부모 사이에서 태어난 나는, 알고 보니 조선 국적을 지닌 재일조선인이었고, 철이 들 무렵부터 하와이를 타락한 자본주의의 상징이라고 배웠고, 표지에 마르크스니 레닌이니 트로츠키니 체 게바라니 하는 이름들이 적혀 있는 책에 에워싸여 자랐고, 또 알고 보니 학교는 조총련에서 운영하는 민족학교, 즉 '조선학교'에 다니고 있었고, 거기에서 미국이란 나라는 절대적인 적국이란 가르침을 받았다.
그렇다고 내가 뭐 공산주의 사상에 푹 젖어 있었던 것도 아니다. 북조선도 마르크스주의도 조총련도, 조선학교도 미국도 내 알 바가 아니었다. 나는 선택의 여지가 없는 환경에 순응하며 그저 살아왔을 뿐이었다. 그렇지만 뭐가 뭔지 정체를 알 수 없는 환경이었으니 당연히 속이 뒤틀린 불량소년으로 자라날 수밖에 없었다. 오히려 그렇게 되지 않는 편이 이상하다고 생각되지 않는가? (『GO』, 15면)

어떤 의미에서 재일한인의 삶은 앞이 보이지 않는, 사방이 막힌 폐쇄된 공간에 갇혀 있는 삶이라고 해도 무방하다. 인용문에서 스기하라가 자신이 '불량소년'이 된 동인을 토로하고 있는 것에서 알 수 있듯이 무언가를 스스로 선택하고 결정하고 그것을 얻기 위해 노력할 모든 것이 막혀있을 때, 인간이 취할 수 있는 태도는 많지 않다. 특히 '조선 국적'을 가진 재일조선인의 경우 남한 국적을 취득한 사람들에 비해 선택의 폭은 제한적이고, 남한 국적을 가진 이들은 일본으로 '귀화'한 사람들에 비해 더욱 제한적인 선택을 할 수밖에 없다.

스기하라의 아버지가 "저 넓은 세계를 봐.... 그 다음에 네가 정해."라고 하지만, 당장 달라진 것은 많지 않다. '귀화'했지만 나를 바라보는 일본인 친구들에게 나는 여전히 조선인이고, 민족학교 친구들에게 '나'는 배신자였기에 내 안의 혼란스러움은 사그라지지 않고 있다. 사쿠라이와 연애를 하면서도 이러한 고민은 계속된다. 만나는 횟수가 늘어가면서 언젠가는 내가 조선인임을 고백해야 한다는 사실이 고통스럽게 다가온다. 하지만 두 사람의 연애는 국적과 인종의 차이를 넘어서 다시 만나게 되는데, 이렇게 될 수 있었던 요인으로는 무엇보다도 이전 세대가 가지고 있던 일본사회에 대한 무조건적 반일 감정의 약화를 지적할 수 있다. 이것은 일본사회의 변화와 모국인 한국의 위상이 달라졌음을 의미한다. 실제로 재일한인의 결혼 상황을 살펴보면, 1950년대에는 동포 간의 결혼이 80% 이상 차지하지만, 1970년에는 70%, 1980년에는 60%, 2001년에는 18%에 머물고 있다.[34] 이런 점으로 볼 때 연애와 결혼에 대한 재일한인의 시각 변화 역시 탈민족주의적인 경향을 보인다고 할 수 있겠다.

스기하라와 사쿠라이의 연애는 문화적 취향이 비슷하여 국적의 차이를 넘어설 수 있다. 피에르 부르디외에 의하면, 취향의 차이는 곧 계급의 차이를 의미한다. 즉 "예술과 문화 소비가 애초부터 사람들이 의식하건 그렇지 않건 또는 원하든 그렇지 않든 간에 전혀 상관없이 사회적 차이를 정당화하는 사회적 기능"[35]을 한다는 것이다. 두 사람은 비슷한 문화 자본을 바탕으로 습득한 아비투스 장에서 공통점을 확인하고 서로에게 호감을 느낄 수 있고, 두 사람이 처한 '민족'의 차이는 공통의 문화적 취향을 공유함으로써 기성세대가 가지고 있는 비합리적인 신화[36]의 세계를 극복할 수 있는 것이다.

'나'와 '사쿠라이'는 고등학생 신분으로 그림·독서·미술을 공통의 관심사로 공유하는 지점을 만들며 소통한다. 둘 다 일정한 경제력을 기반으로 한 부모의 영향으로 어렸을 때부터 문화적 체험을 통해 당시 일본 청소년 사이에서 유행하는 문화를 공유할 수 있다. 스기하라는 일반적인 범주에서 모범학생은 아니지만, 이것은 일본사회가 정해놓은 규율에 한해서일 뿐이

---

[34] 문옥표, 앞의 책, 27면.
[35] 피에르 부르디외, 최종철 역, 『구별 짓기: 문화와 취향의 사회학 上』, 새물결, 2005, 32면.
[36] 사쿠라이 부모가 재일한인이나 중국인에게 가지고 있는 편견을 의미한다.

다.

> 아버지는 도쿄대학 출신이었다. 아버지는 과거 학생운동의 투사였다. 아버지는 무지 유명한 회사에 다니는 회사원이었다. 아버지는 재즈를 무척 좋아했다. 아버지는 흑인을 '아프리칸 아메리칸'이라고 불렀다. 아버지는 인디언을 '네이티브 아메리칸'이라고 불렀다. 아버지는 일본을 싫어했다. (『GO』, 132면)

사쿠라이의 아버지는 과거 학생운동 세대다. 그 시기는 60년대 후반으로 추정할 수 있는데, 도쿄대 출신의 학생운동 투사였다면 '전공투' 세대를 가리킨다. '전공투'는 '전국대학생공동투쟁회의'의 약칭으로 1960년대 후반 일본의 학생운동을 지칭하는데, 동경대 투쟁으로 유명하다. '전공투'의 슬로건은 "연대를 위하여 고립을 두려워하지 않는다"로 요약되며, 기존의 권위주의 타파를 내세워 차별과 편견을 넘어서려는 세대의 저항의식을 보여준다.

재일한인 2세대 작가 원수일은 자신이 '전공투' 세대임을 밝히며, 스무살이 되어서야 자신의 본명을 일본인 연인에게 고백했다고 말한다.[37] 이것이 가능했던 것은 기성세대와 자신들을 구분 짓고 기존의 권위의식을 거부하는, 그들만의 공통된 세대의식이 있었기 때문이다. 좀 더 비약하자면, 가네시로 가즈키는 '전공투' 세대를 부모로 둔 세대로서 경제적으로 좀 더 풍요로운 사회에서 문화적 혜택을 받으며 성장했다고 하겠는데, 『GO』의 인물들은 이를 반영한다고 말할 수 있다. 학생운동의 전력을 가진 사쿠라이의 아버지는 '조선인'과 '중국인'의 피는 나쁜 피라는 인종주의적 차별의식

---

[37] 원수일, 「일본 대중문화가 감춘 재일조선인-한 재일조선인의 기억」, 한일민족문제학회 편, 『재일조선인 그들은 누구인가』, 삼인, 2003, 189~193면.

을 가지고 있다. 이 차별의식은 비합리적이고 과학적 근거가 없지만, 일상 속에 내면화된 차별의 논리를 극복하기는 쉽지 않다. 그런 부모의 사고방식 안에서 자라 일시적으로 부모의 논리 안에 갇혀 있지만, 사쿠라이는 그 원 밖으로 나오는 것을 두려워하지 않는데, 이는 68세대의 부모가 가진 '열린 사고' 덕분이다. 비록 한국이나 중국에 대한 비과학적인 논리의 차별의식을 가지고 있지만, 일본사회에 비판적인 사쿠라이의 부모나, 광복 전의 '조선인'에서 광복 후의 북한 국적으로 또다시 스기하라를 위해 세 번째로 국적을 바꾼 스기하라의 부모는 비슷한 세대로 기존의 사회를 자식 세대에게 물려주기를 원치 않는다는 공통점을 가지고 있다. 또 경제적으로 안정된 기반을 갖추고 있다는 점도 한 이유가 될 수 있을 것이다. 따라서 스기하라와 사쿠라이는 주체적으로 자신들의 삶을 변화시키고자 하는 내적 동력을 가지고 있다. 그렇기에 이성적으로 불합리한 것에 대해서 '아니오'라고 표현할 수 있는 것이다.

> 내 말해두는데, 나는 재일도 한국인도 몽골로이드도 아냐. 이제는 더 이상 나를 좁은 곳에다 처박지 마. 나는 나야. 난 내가 나라는 것이 싫어. 나는 내가 나라는 것으로부터 해방되고 싶어. 나는 내가 나라는 것을 잊게 해주는 것을 찾아서 어디든 갈 거야. 이 나라에 그런 게 없으면, 너희들이 바라는 바대로 이 나라를 떠날 것이고. (『GO』, 261면)

스기하라는 자신의 정체성을 어느 한 곳에 귀속시키려고 하지 않는다. 이것은 역으로 차별받는 '재일한인'의 굴레를 벗어나고 싶다는 욕망의 표현이기도 하다. 하지만 '나라는 것'을 잊게 해주는 곳은 어디에도 존재하지 않는다. 스기하라가 재일한인임을 부정한다고 해서 부정되는 것은 아니기 때문이다. 전지구적 자본주의 사회에서 자본의 힘이 맹위를 떨치고 있지만, 우리는 국민국가의 통제로부터 결코 자유로울 수 없다. 특히 한반도를 둘러싼 국제 정세를 보면 더욱 그렇다. 그런 점에서 스기하라의 시각이 '재일한인'의 대안이 될 것인가에 대해서 여전히 의문을 가질 수밖에 없다.

4. 결어

가네시로 가즈키는 재일한인의 정체성을 다룬 작품 『GO』로 최연소 '나오키상'을 수상하며 일본 문단의 주목을 받는다. 이후의 작품들 역시 특유의 간결한 문체와 속도감 있는 전개로 재일한인 작가로는 드물게 상업적인 성공을 이룬다. 여러 편의 작품이 드라마와 영화로도 제작되어 화제가 되었고, 국내에도 다수의 작품이 번역되어 독자들의 사랑을 받고 있다.

이 글에서는 재일한인 신세대 작가에 해당하는 가네시로 가즈키의 『GO』를 통해 재일한인 신세대의 새로운 방향성을 살펴보았다.

먼저, 가네시로 가츠키의 『GO』는 재일한인 2세대 작가 이회성의 「반쪽발이」에 비해 '국적'에 대한 인식의 변화를 드러내고 있다. 일본에의 '귀화' 동기가 이전 세대는 생존을 위해서라면, 신세대에게는 '선택'의 기회로 작용한다는 점이 그러하다. 또한, '귀화'에 대한 교포사회의 한층 유연해진 시각을 드러내는데, 이것은 재일한인의 위상 변화를 보여준다.

다음으로, 연애를 통한 탈민족주의적인 시각을 내보인다. 재일한인에게 '연애'는 자신의 정체성을 확인하는 계기로 작동한다. 재일한인 2세대의 경우, 일본인과의 연애는 수평적이지 않고 우열의 개념이 내면화된 측면이 있지만, 『GO』의 스기하라와 사쿠라이는 전 세대와 달리 공통의 문화적 체험을 바탕으로 기성세대와는 다른 방식을 보여준다.

단일 민족의 신화는 일본사회에서 여전히 강력한 위력을 발휘하고 있다.

그 안에서 타민족과 타인종에 대한 차별 역시 여전히 존재한다. 하지만 이러한 차별에 대항하는 다양한 형태의 시도들이 나타나고 있다. 타민족·타인종 간 연대의 몸짓을 보여주기도 하고, 젊은 세대의 감각으로 기성세대의 벽을 넘기도 한다. 가네시로 가즈키는 전 세대의 재일한인 작가들과는 다른 방식으로 '민족'을 재구성하고 새로운 방향을 제시하고 있다. 이제까지 재일한인의 위치는 고정되어 있지 않고 부침을 거듭해왔다고 하겠는데, 가네시로 가즈키의 시각이 이후에 어떻게 변화할지 주목된다. 주체는 늘 '무언가'에 의해 호명 당하기 때문이다.

□ **참고문헌**

1. 기초자료

가네시로 가즈키, 김난주 역, 『레벌루션 No.3』, 북폴리오, 2006.
_____ , 김난주 역, 『GO』, 북폴리오, 2006.
_____ , 양억관 역, 『SPEED』, 북폴리오, 2006.
이회성, 이호철 역, 『다듬이질하는 여인』, 정음사, 1972.

2. 논저

강진구, 「金城一紀의 『GO』를 통해 본 재일 신세대 작가의 민족의식-李恢成 『砧をうつ女』와 비교를 중심으로」, 『어문학』 101집, 2008.
강혜림, 「재일 신세대 문학의 탈민족적 글쓰기에 관한 연구-유미리, 현월, 가네시로 문학을 중심으로」, 동국대 석사학위논문, 2006.
문옥표, 「재일한인의 민족 관계: 민족지형의 변화와 한인사회의 적응」, 『해외한인의 민족 관계』, 아카넷, 2006.

서혜란, 「가네시로 가즈키 문학연구-『GO』의 대중성을 중심으로」, 동국대 석사학위논문, 2009.
원수일, 「일본 대중문화가 감춘 재일조선인-한 재일조선인의 기억」, 한일민족문제학회 편, 『재일조선인 그들은 누구인가』, 삼인, 2003.
윤건차, 「식민지배와 남북 분단이 가져다준 분열의 노래」, 한일민족문제학회 편, 『재일조선인 그들은 누구인가』, 삼인, 2003.
정순희, 「재일 젊은 세대의 아이덴티티-『GO』에 표출된 탈민족적 관점에 주목하여」, 『한국문화연구』, 2008.
제민일보, 「디아스포라-역동적인 제주의 계기」, 2010.
岸川秀実, 「대중소설로서의 재일 한국인문학-가네시로 가즈키의 『GO』를 중심으로」, 『일본학』 19집, 2000.
Ryang. S, 'Diaspora and Beyond: There is no home for korean in japan', "*The Review of Koreans Studies*" vol.4, 2001.
강신자, 송일준 역, 『두 개의 이름』, 계양출판사, 1991.
미셸 푸코, 이규현 역, 『성의 역사』, 나남, 1990.
박일, 전성곤 역, 『재일 한국인』, 범우, 2005.
악셀 호네트, 이현재·문성훈 역, 『인정 투쟁』, 사월의 책, 2011.
지그문트 프로이트, 임인주 역, 『농담과 무의식의 관계』, 열린책들, 2003.
피에르 부르디외, 최종철 역 『구별 짓기: 문화와 취향의 사회학 上』, 새물결, 2005.

Ⅳ. 재일조선인 문학

민족과 개인, 갈등과 균열의 틈새
-재일조선인 소설의 특성

'문예동' 희곡작가의 창작방법과 한계
- 김지석, 서상각, 허남기의 작품을 중심으로

'조총련' 비평의 실체와 민족문학적 의의
-'문예동'『문학예술』을 중심으로

민족과 개인, 갈등과 균열의 틈새
― 재일조선인 소설의 특성을 중심으로

1. 서언

　재일한인의 이주 역사는 러시아나 중국으로의 이주에 비해 뒤늦은 1910년경부터 시작된다. 1910년 경술국치(庚戌國恥) 이후 수많은 농민이 급격히 몰락해가는 농촌 생활에서 벗어나기 위해 일본으로 도항(渡航)하게 되는데, 그 수는 해가 지날수록 점점 늘어난다. 그리고 1939년 이후에는 일제의 식민지 정책에 따라 강제 징용당한 조선인 노동자와 농민들이 일본 각지로 보내지게 된다. 그리하여 1945년 광복 직전의 재일한인은 유학생을 포함하여 210만 명에 이르게 된다. 광복 후, 대부분의 재일한인은 종전 직후인 1946년 말에 귀국한다. 하지만 고향에 생활의 근거가 없거나, 또는 민족 분단과 뒤이은 한국전쟁 등 한반도의 정치·경제·사회적 혼란 때문에 돌아갈 곳을 잃게 된 사람들은 어쩔 수 없이 일본 현지에 잔류하게 된다.
　일제 강점과 남북 분단이라는 한민족의 특수한 역사·사회적 배경은 근대 이후 자·타의에 의해 일본에 거주하게 된 재일한인의 삶과 정체성을 결정짓는 중요한 요소로 작용한다. 재일한인사회는 남북 분단의 고착화와 일본의 남북 등거리 외교에 따라 '재일본 조선인거류민단'(이하 '민단')과 '재일본조선인총련합회'(이하 '조총련')로 갈라져 대립하는 등 한반도의 정치·사회적 상황을 예리하게 반영하면서, 한국(또는 북한)과 일본사회에서 모두 배척받는 '경계인'으로서의 삶을 강요받아온 것이다. 특히 다른 지역의 이주 한인들과는 달리, 재일한인은 국적 차별로 생존권을 위협받으면서도, 일본에서 태어난 재일한인 2세조차도 모국의 국적을 고수하는 특별한 상황에서 삶을 영위한다. 이런 가운데 일본에서 태어나 자란 2, 3세대의 비중이 점차 증가하면서 재일한인사회 내부에서도 일본사회에의 적응 방식과 스스로의 정체성 문제로 심각한 진통을 겪게 된다.

재일한인문학'은 이러한 재일한인의 특수한 현실 상황, 이주 초기부터 현재까지 계속되어온 이러한 민족차별과 억압의 현실을 핍진하게 그리는 한편, 그런 현실 속에서 끊임없이 민족의 정체성을 찾기 위해 고뇌하고 저항해 나가는 모습을 담고 있다. 재일한인 작가들의 작품을, 그것이 비록 우리와 이념이 다르거나 현지어로 창작 발표된 작품이라 하더라도, 그들만의 것으로 간주하지 않고 한민족문학의 범주 안에 포함시켜야 하는 까닭이 여기에 있다.

재일한인은 다른 지역의 한인과는 달리, 인종이나 언어·문화에 있어 현지인과 거의 구분되지 않는 소수민족이라는 특징을 가진다. 이것은 물론 일본인과의 인종적 유사성뿐 아니라 일제강점기부터 지속되어온 동화정책의 결과이기도 하다. 따라서 재일한인사회와 그 문화를 이해하기 위해서는

---

1 이 글에서는 한국(또는 북한) 국적이든 일본 국적이든 '재일' 한인 작가들이 생산한 문학을 총칭하여 '재일한인문학'이라 칭한다. 다만, '조총련'계 작가의 문학을 따로 다룰 때는 '재일조선인문학'이라 지칭한다. 그러나 '조총련'계 작가들은 한글로 창작되지 않은 재일한인의 문학은 '재일조선인문학'으로 구분, 일본문학의 일종으로 간주한다.

이들이 일본 정부의 강압적 동화정책에 어떻게 대처하여 왔는지, 그리고 민족차별에 대응해가며 민족적 정체성을 유지해가는 혹은 변화시켜 나갈 수밖에 없었던 메커니즘은 무엇인지 등에 대한 고찰이 무엇보다도 중요하다고 할 수 있다.

재일한인은 일본에 '귀화'한 사람들을 제외하면 한국 또는 북한(조선) 국적을 지니고 있다. 한국 국적의 '민단' 소속 작가들은 일부 일본 이름으로 그리고 일본어로 창작 활동을 하는 데 반해, 북한 국적의 '재일본조선문학예술가동맹'(이하 '문예동')[2] 작가들은 한글(조선어)로 작품 활동을 하고 있다. 북한의 '해외공민'이라는 의식을 지닌 '문예동' 작가들은 자신의 문학을 북한(조선)문학에 속하는 것으로 간주하는데, 그리하여 한국 국적을 가진 '재일한국인 작가'[3]와 구별하여 자신들을 '재일조선인 작가'로 부르고 있다.

일본 정부는 1980년대부터 '조총련'에 대한 방해 공작을 노골화하고 1995년에는 '반(反)총련' 구호 아래 그것을 더욱 강화하는데, 이것은 결과적으로 '재일한국인'과 '재일조선인'의 분열을 가속화시킨다. 이에 대응하여 '문예동' 작가들은 북한의 사회체제와 이념을 선전 고취하는 작품들을 창작 발표하는데, '문예동'을 대상으로 한 연구들 대부분은 이런 관점을 재확인하거나,[4] 재일조선인에게 북한은 그들이 지향하는 근대적 민족국가의 대체물임을 확인[5]하는 데서 크게 벗어나지 못하고 있는 것도 이 때문이

---

[2] 1959년 6월 7일에 결성된 '조총련' 산하 단체. 1960년 1월 기관지 『문학예술』 창간한 후 2000년 제명을 『겨레문학』으로 바꿔 발행하고 있다.
[3] 이에 대해서는 유숙자의 『재일한국인 문학연구』, 월인, 2000. 참조.
[4] 한승옥, 「재일동포 한국어문학연구 총론(1)」, 『한중인문학연구』 14집, 한중인문학회, 2005.4./ 김형규, 「귀국 운동과 '재일(在日)'의 현실-재일본문학예술가동맹의 소설을 중심으로」, 『한중인문학연구』 15집, 2005.8./ 김종회 편, 『한민족문화권의 문학 2』, 국학자료원, 2006.

다. 작가 개인의 '개별성'에 주목할 수가 없는 것이다.

그러나 1990년대 이후 '문예동' 작가들의 작품세계에 미세한 변화의 조짐이 드러난다. '빠찡코' 가게를 둘러싼 '생활' 문제라든지, 세대 간의 갈등이나 '국가'와 '민족'에 대한 보다 심화된 인식이 그것이다. '주체사상'과 '민족의 넋'만을 일방적으로 강조하던 이전의 소설들과는 달리, 이러한 균열의 틈새는 재일조선인 사회의 미세한 변화를 읽어낼 수 있다는 점에서 주목된다. 따라서 이 글은 '문예동' 작가의 작품세계, 그리고 이러한 미세한 변화의 조짐이 갖는 의미와 그 이후의 방향성에 대해 살펴보고자 한다.

2. 빠찡코 가게 - '주체사상'과 재일조선인의 삶의 괴리

1990년대에 접어들어 소련이 붕괴하고 북한의 김일성 주석이 사망하면서 '조총련'과 '문예동'의 입지는 크게 위축된다. 특히 1995년 이후 '반(反)총련' 캠페인이 부쩍 거세지고 있고, 일본인과의 결혼도 급격하게 늘어나고 있다. 이에 따라 '조총련'은 민족어[6]와 민족문학·민족교육의 어려움에 직면하게 된다. 1999년 6월 '문예동'이 『문학예술』을 폐간하고 2000년 제호를 바꿔 『겨레문학』을 창간한 것도 젊은 작가들에게 최대한 많은 지면을 할애하여 민족문학의 명맥을 이어가겠다는 고충에서 나온 것이다.[7]

---

[5] 이정석, 「재일조선인 한글문학 속의 민족과 국가」, 『현대소설연구』 34호, 한국현대소설학회, 2007. 6.
[6] 박종상은 「조선글로 소설을 쓰는 의미—<오늘 왜 조선글로 소설을 쓰는가> 하는 물음에 대한 대답」(『겨레문학』, 2000, 겨울)에서 "조선글을 읽지 못하는 동포들이 압도적으로 많은 <재일>의 조건을 고려하여, 비록 조선문학의 테두리에서 벗어날지라도 일본글로 소설을 쓸 필요를 나는 부정하지 않는다."라고 말한다.

우리 문학예술이 의거하고 있는 우리 식의 사회주의적 사실주의 창작방법은 그 형성의 사화력사적 경위에 있어서나 철학적 기초와 미학적 원칙에 있어서 선생한 사회주의적 사실주의와 구별되는 새로운 창작방법이다. 우리 문학예술이 의거하고 있는 우리 식의 사회주의적 사실주의 창작방법은 주체사실주의, 주체사실주의 창작방법이다.[8]

위에 보인 대로, '문예동'의 주된 논리는 작품에 김일성의 '주체사상'을 계몽하고 그를 통해 민족적 정체성을 지켜나가는 것이다. 이런 점에서는 북한문학과 거의 구별되지 않는다. 하지만 '문예동'은 '재일(在日)'이라는 시공간적 조건에 의해 특수성을 띨 수밖에 없고, 실제로 세대가 흐를수록 그 상황은 보다 심화되고 있다. 이 글이 1990년대 이후 그들 문학의 미세한 변화를 읽어보려고 하는 이유도 바로 여기에 있다.

박종상의 「어머니 심정」, 서상각의 「추억」, 리상민의 「황금탑」에 등장하는 빠찡코 가게는 이러한 미세한 변화를 잘 보여준다. 「어머니 심정」에서는 '목련'과 '빠찡코 가게'의 미세한 차이를 감지하게 된다. 주인공 동호는 벌써 20년째 조선대학교에서 학생들을 가르치고 있다. 이 대학교를 설립한 초대학장은 대학 구내에 목련을 많이 심었다. 목련은 간고한 시련 끝에 북한(조선)의 해외공민 자격을 얻은 재일조선인의 의지와 기상을 잘 말해주기 때문이다.

동호는 목련꽃을 볼 때마다 위대한 수령님의 교시를 구현하기 위하여

---

[7] 이상갑, 「재일조선인 문학비평의 민족문학적 의미」, 『한국언어문학』 68집, 2009. 3. 411-414면.
[8] 김학렬, 「주체사실주의의 기치를 높이 들고 창작에서 새로운 전환을 일으키자-친애하는 지도자 동지의 문예 로작 '다부작 예술영화 민족과 운명'의 창작성과에 토대하여 문학예술 건설에서 새로운 전환을 일으키자」, 『문학예술』 105호, 1993.3.

안팎의 반동들의 방해 책동을 물리치고 사대주의와 노예사상에 물젖은 일부 사람들의 편견을 갖은 고초를 겪어가며 기어이 이겨낸 이 대학을 창립한 일군들의 원대한 리상과 충직스런 의지가 안겨와 가슴이 뜨거워지는 것을 느끼군 한다.[9]

목련은 '위대한 수령님'을 가리키는 하나의 기호 역할을 한다. 당연히, 등장인물들은 '조선'의 이념을 구현하기 위해 특히 민족교육에 헌신하고자 한다. 옥순이 아버지는 일제강점기 때 소년의 몸으로 훗카이도 비바이 탄광에 강제 징용당해 혹독한 고역과 채찍에 시달리고, 이후에도 온갖 차별과 멸시를 당한다. 그래서 자녀교육에 대한 그의 애착은 남다르다. 아이들만은 반드시 '조선 사람'으로 훌륭하게 가르치고 싶은 것이다.

아버지도 어머니도 조선 사람이다. 일본 땅에 살고 있지만 조선 사람이다. 아버지가 여기 온 것은 오고 싶어 온 것이 아니라 일본놈들이 고된 일을 시켜 부려 먹으려고 끌고 온 것이다. (중략) 그러니 조선에 아버지, 어머니의 고향이 있고 아버지의 아버지, 너희들의 할아버지가 거기 계신다. 할아버지는 너희들이 일본학교에서 일본 공부만 하고 있는 것을 알면 슬퍼하실 거다. 너희들은 일본에 있어도 조선 공부를 하여 조선 사람이 되어야 한다.[10]

옥순이의 오빠 둘은 이미 조선대학교를 졸업하고 '조총련'의 일꾼이 되고, 하나는 동경에 하나는 센다이에 가 있다. 그런데 옥순이 아버지는 어린 옥순이까지 멀리 있는 조선학교에 보내려 한다. 주위에 일본학교에 다니는 조선인을 보면 도저히 조선 사람 같지 않고 일본사람으로 보이기 때문이다.

---

9 박종상, 「어머니 심정」, 『풍랑을 헤치며』(총련결성45돐기념문학작품집), 문학예술종합출판사, 2000, 518면.
10 위의 작품, 522면.

어머니가 강하게 반대하지만, 옥순이는 끝내 여섯 살 때 집을 떠나고, 이제는 벌써 16년이 되었다. 그리고 어머니는 딸이 결혼하기 전에 2, 3년이라도 집 근처에서 학생들을 가르치며 함께 살고 싶지만, 옥순이는 어머니와 생각이 다르다. 학교를 졸업하면 교사가 부족한 벽지에 가겠다는 것이다. 이 말을 듣고 옥순이 어머니는 섭섭해하지만, 그녀가 딸을 걱정하는 것 못지않게 옥순이가 어머니를 걱정하며 고민하고 있다는 것을 알고 곧 자신의 잘못을 뉘우친다. 동호는 이들을 지켜보면서, '조총련'의 애국사업은 이처럼 순박하고도 강인한 수많은 어머니와 아버지들의 애국 열성 때문에 가능한 것이라고 깨닫는다.

옥순이 부모는 '조총련' 지부 주선으로 빠찡코 가게를 운영하는데, 빈터를 빌려 바라크 집을 지었다. 때마침 일본의 고도성장 물결을 타고 그곳도 급격히 인구가 늘어나고, 그들의 가게 주변도 2, 3년 사이에 새로운 가게들이 많이 들어서지만, 이들이 운영하는 빠찡코 가게는 위태하기 짝이 없다.

서상각의 「추억」은 재일조선인이 너도나도 운영하는 빠찡코 가게의 현황을 다음과 같이 말한다.

> 차별과 멸시 속에서 조선 사람이 손쉬운 돈벌이로 시작한 빠찡코 산업은 오늘 20조엔, 30조엔 시장이라고 일컬어질 만큼 비대해졌으며, 대기업들이 일본 가는 곳마다에 착실히 유기업 점포망을 넓혀 나가고 있었다. 그런 속에서 중소 점방들은 문을 닫고 있는 것이 현실이었다. 자본 몇천억이라는 대기업과 맞서면 물거품처럼 덧없이 사라지는 것이 이른바 조선 사람의 빠찡코 기업일가….[11]

태호는 지금 심각한 경영 위기에 직면해 있다. 역을 사이에 두고 반대편

---

11 서상각, 「추억」, 『겨레문학』 2호, 2000년 가을, 343면.

에 일본의 대기업이 새 가게를 내면서 손님들이 대부분 그 가게로 가기 때문이다. 그때 가게 옆 고층건물을 가진 일본인이 뜻밖의 제의를 한다. 불경기 바람에 건물은 텅 비고 건물도 낡았으니 살 마음이 있으면 팔겠다는 것이다. 태호는 이 건물을 사들여 빠찡코 외에 여러 게임기를 놓고 종합오락장을 꾸리려 한다. 이것은 큰 투기 아니 도박으로, 만약 장사가 안되면 모든 것을 잃게 된다.

아버지가 유일한 유산으로 물려준 이 빠찡코 가게를 결코 소홀히 할 수가 없다. 그래서 그는 생전에 아버지가 마음을 다잡던 곳, 우울해 있다가도 기분을 전환하던 곳인 하쓰시마 바닷가로 나가, 온갖 차별과 멸시 속에서도 빈손으로 장사를 일군 아버지처럼 그 또한 강한 의지로 사업을 하겠다고 다짐한다.

빠찡코 가게는 북한의 외화벌이 차원에서건 아니면 재일조선인의 생계유지 차원에서건, 그들이 '재일'의 조건에서 부딪치지 않을 수 없는 엄연한 현실이다. 리상민의 「황금탑」[12]에서 빠찡코 가게는 재일조선인들을 하나로 규합하는 기제로 작용하는데, 작중인물 권정도와 그의 아들 창일은 속물적인 인간으로, 수양딸 수희는 '조총련'의 이상에 따라 행동하는 긍정적인 인물로 그려져 있다.

해방 직후 일본으로 건너오면서 아내와 아들 창일과 헤어진 권정도에게 돈은 곧 인생의 전부이다. 그는 돈이면 명예나 사람 그리고 이 세상의 모든 것을 살 수 있다고 생각한다. 이것이 그의 생활철학이다. 그런데 수양딸 수희는 그와는 다르고, 그래서 충돌도 자주 생긴다. 그는 데릴사위를 들여 재산 관리를 하게 할까 생각해보는데, 수희는 재산 보고 찾아오는 남자들을 거들떠보지도 않는다. 그래서 그는 한국전쟁 때 행방불명된 아내와 아들을

---

[12] 리상민, 「황금탑」, 『문학예술』 96호, 1990년 봄.

한국에서 찾기 시작한다. 그러나 아내는 전쟁 때 죽었고, '민단'에 거액을 주며 아들을 찾은 그는 다시 돈의 힘으로 아들을 일본으로 불러들인다. 그리고 아들에게 자신의 생활철학을 전수하고 모든 재산을 넘겨주려고 한다.

그런데 아들이 가게에 들어온 뒤로 수지가 맞지 않고, 돈이 자꾸 없어진다. 그 무렵 수희는 그동안 생각해오던 대로 '조총련' 일을 하기 위해 집을 떠난다. 연말 세금계산 일로 '조총련' 지부를 찾아간 수희는 주위 사람들이 평소에는 담을 쌓고 지내다가 세금신고 때면 찾아온다며 자기들끼리 소곤거리는 비아냥을 듣게 되고, 지부에서 알게 된 남자와 교제하면서 아버지의 인생관에 의문을 갖기 시작, 마침내 집을 떠난 것이다. 수희가 떠난 뒤, 권정도는 아들이 자기가 고혈압으로 빨리 세상을 떠나기를 바란다는 것, 재산 명의를 아들 이름으로 바꾸려고 한다는 것을 알게 된다. 설상가상으로 직원들도 단합하여 과도하게 월급 인상을 요구하자, 권정도는 비로소 돈이 모든 문제를 해결해주지 않는다는 사실을 깨닫게 되고, 딸 수희가 그리워진다. 그는 끝내 병원에 입원하는데, 그동안 그에게 도움받은 사람들은 아무도 찾아오지 않고, 유독 '조총련' 사람들만 많이 찾아와 도와준다. 권정도는 이들에게서 60여 년을 살아오면서 한 번도 느껴보지 못한 기쁨을 느낀다.

위에서 본 대로, '문예동' 작가들의 작품에 주요 소재로 자주 등장하는 빠찡코 가게는 이중의 의미를 띠고 있다. 빠찡코 가게는 경제적인 측면에서 재일조선인이 일본인과 대응하는 하나의 도구이지만, 동시에 재일조선인이 외면할 수 없는 '재일'의 조건, 재일조선인의 삶의 현실임을 적나라하게 보여주는 것이다. 바꿔 말하여, 이러한 이중적 의미는 북한의 '주체사상'과 재일조선인의 삶의 간극에 다름 아니라 할 수 있다.

3. 세대 간의 갈등과 균열의 틈새

빠찡코 가게가 북한의 '주체사상'과 재일조선인의 삶의 간극을 드러내 보인다면, 세대 간의 갈등은 재일조선인 사회가 나아갈 방향과 관련하여 그들의 깊은 고민을 보여준다. 대를 이어 '조국'(북한)에 충성하자는 '구호'는 여전하지만, 그러나 그것이 내포하는 의미는 이전과는 그 결이 사뭇 다르다.

박순애의 「리별의 끝」[13]은 북송사업 때 자녀를 버리고 북한에 들어간 부모와 그를 비판적으로 바라보는 아들의 시각을 대조적으로 보여주고 있다. 철수의 부모는 20여 년 전 7살짜리 철수를 버리고 '조국(북한)'으로 갔는데, 청년이 된 철수는 '조총련' 교육대표단 일원으로 '조국'을 방문한다. 철수는 일본으로 돌아오려고 귀국선에 오르면서 흰 치마저고리를 입고 공화국기를 흔들며 따라오는 어머니를 바라보며 자기를 버리고 떠난 아버지의 옛 모습을 떠올린다. "왜 아버지도 병규 아저씨처럼 살지 못했을까?" 아버지는 친구 병규에게 아들 철수를 맡기고 살길을 찾아 북송선에 오르지만, 병규는 귀국 뱃길 문제로 싸우다가 붙잡혀 감옥에 가고, 그때 얻은 병으로 계속 고생하면서도 한평생 '조총련'의 '애국 사업'에 투신한 것이다. 철수는 아버지에게 보내는 병규의 편지를 떠올린다. 친구가 힘들 때 친구 아들을 맡아 키웠지만, 친구가 원한다면 친구에게 보내겠다, 이제는 더 많은 아들, 자라나는 새 세대들을 위해 헌신하겠다는 내용이었다. 철수는 병규 아저씨의 이 편지를 읽고, 함께 살자는 아버지의 청을 뿌리치고 일본으

---

13 박순애, 「리별의 끝」, 『문학예술』 106호, 1993년 여름. 이 작품은 량우직의 『비바람 속에서』(문예출판사, 1991) 같은 소설이 북송사업 문제를 다루면서 북한 찬양 일변도인 데 반해, 일정 정도의 거리를 두고 있다는 점에서 주목된다.

로 돌아오는 귀국선에 오른 것이다. 철수는 병규처럼 자라나는 새 세대를 위해 헌신하겠다고 다짐한다.

이 작품은 갈수록 심화되는 세대 간의 갈등 해소를 위해 '조총련'이 더 많은 역할을 해야 한다는 작의를 담고 있다. 그러나 아들 철수를 버리고 북한에 들어간 부모와 그를 비판적으로 바라보는 철수의 시각을 대비적으로 드러내거나, 철수 아버지와 병규의 시각을 대조해 보인 것들은 북한과는 다른 재일조선인의 현실을 비교적 진솔하게 표출한 것으로, 주목되는 변화라고 볼 수 있다. 이 소설은 재일조선인 2, 3세대를 위한 민족교육 강화와 그 당위를 말하고 있지만, 재일조선인문학이 북한문학에 일방적으로 견인되지는 않는 그들만의 틈새를 미세하게나마 보여주는 것이다.

그런 관점에서 조나미의 「결혼식」과 「이역의 청춘」도 주목할 만한 작품이다. 이들 작품에 등장하는 인물은 한 치의 망설임도 없이 '조총련' 사업에 매진하는 인물들과는 사뭇 다르다. 「결혼식」[14]은 혼례를 위해 준비한 돈을 조선학교 건축비로 내어놓는다는 서사지만, 그 과정에서 자신들의 '행복'이 우선인가, 아니면 '학교'와 '동포'인가를 두고 두 젊은이가 갈등하는 모습을 진솔하게 담아내고 있다.

「이역의 청춘」[15]은 그 갈등의 양상을 더욱 핍진하게 그리고 있다. 방울과 철진은 다 같이 조선대학교 문학부 졸업생으로, 학교 선생님의 각별한 관심을 받고 있다. 그들이 재일조선인 3세대 작가가 되고, 그리하여 1세대와 2세대를 이어 재일조선인의 삶을 잘 그렸으면 하는 바람 때문이다. 그래서 그들이 학교에 남아 후배들을 가르치며 작품 활동을 하기를 희망한다.

그러나 이들은 선생님의 기대와는 달리 다른 길을 택한다. 졸업을 눈앞

---

[14] 조나미, 「결혼식」, 『겨레문학』 3호, 2000년 겨울.
[15] 조나미, 「이역의 청춘」, 『겨레문학』 창간호, 2000년 여름.

에 둔 어느 날, 방울은 철진에게 눈물을 흘리며 고백한다. "난 이젠 글을 못 써." 지난주에 언니가 일본 사람과 결혼했는데, "자기 가족의 국제결혼마저 막을 수 없는 사람에게 이런 문제를 놓고 소설을 쓸 자격이 있어?" 하며 반문한다. 철진이 "눈을 떠라. 현실은 소설처럼 간단치 않는 거다." 하며 격려하지만, 방울은 얼마 뒤 '조국(북한)'에서 2년간 소설 창작 공부를 할 기회를 스스로 거절한다. 방울은 이미 반년 전에 일본 출판사가 주최하는 연애소설 콩쿠르에 흥밋거리 삼아 일본어로 쓴 작품을 보내 입상한 일이 있는데, 이 회사에서 그녀에게 본격적으로 연애소설 작가로 훈련받을 수 있는 취직 안내서를 보내온 것이다. 방울은 일본 출판사에 취직하는 것이 더 장래성이 있다고 생각하고, 그곳에서 일하기로 결정한다.

> "장래성?!"
> "그래, 앞으로 우리 재일조선인 작가로 자라났다 한들 어떤 리익이 있니?"
> "리익?!"
> "그래, 이 어려운 동포사회의 현실을 썼다 해서 누가 기뻐하며 나에게 얼마만한 리익이 차례진다는 거냐? 나에겐 환상과 리상이 넘치는 모두가 부러워하는 련애소설이나 쓰는 게 딱 맞아."[16]

재일조선인 작가로 성장한다고 해도 아무런 이익도 없고 장래성도 없고, 그래서 모두 부러워하는 연애소설가가 되겠다는 것이다. 말하자면, 방울은 '생활'의 논리로 자기 합리화를 강변하고 있다고 하겠는데, 이는 언니의 국제결혼에 대한 발언에서도 드러난다. 언니가 국제결혼을 했을 때 처음에는 충격을 받았으나 그것은 순간일 뿐, 자기 가족은 날이 가면 갈수록 국제결혼인가 아니면 민족 결혼인가의 문제가 아니라 언니의 행복만을 바라고

---

16 조나미, 「이역의 청춘」, 570면.

있다는 것이다.

졸업 후 철진은 도쿄 관하 고급학교 교원이 되고, 방울은 이름도 '기무라 수주'로 개명한다. 방울에게서 '조선 사람'이라는 긍지는 거의 찾아볼 수 없다. 방울은 뒤늦게 현실 도피를 하려 했다며 자책하지만, 그녀는 '재일'에 적응하는 재일조선인의 갈등의 편린들을 보여준다는 점에서 결코 가볍게 지나칠 수는 없다.

강태성의 「물길 백 리, 꿈길 만 리」 「유채꽃 피고 지고」 등은 세대 간의 갈등을 구체적으로 드러내고 있는 작품들이다. 이들 작품은 오직 조국과 조직만을 위해 살아온 아버지 세대와 달리, 자기의 생활과 가족을 더 중요하게 생각하는 아들 세대의 갈등을 다루고 있다.

> 1세들은 숨지고 2세들도 부모들의 간절한 꿈을 버려 본토로 떠나갔다. (중략) 자기 대에 정말 쓰시마 생활이 끝이 날 것인가. 말로는 섬 생활을 청산했어도 뭔지 섭섭한 마음을 금할 수 없는 문삼이었다. 자기의 고향처럼 뿌리내린 쓰시마, 남의 나라 땅에 왔어도 조국이 제일 가까운 쓰시마에 산다는 긍지로 자신을 위로해 왔다. 그러나 그런 작은 위안을 자기 아이들에게 일방적으로 강요할 수는 없는 것이다.[17]

쓰시마 섬사람들은 대부분 조국으로 귀국하고, 또 남아 있는 사람들도 살길을 찾아 하나둘 일본 본토로 떠나가, 이제는 겨우 백여 명만 살고 있다. '조총련' 쓰시마 본부도 예전에는 이름을 날렸으나, 1986년 이후 문을 닫았다. 무엇보다 세대 간의 갈등이 심각하다. 우리 1세대들은 "가정보다 먼저 조직을 생각하고 조국을 생각"했고, 더욱이 조국 "통일을 위한 일이라면 한두 끼니 밥을 굶는 것"은 대수로운 일도 아니었는데, 이제 세상이 바뀌었

---

17 강태성, 「물길 백 리, 꿈길 만 리」, 『겨레문학』 창간호, 2000년 여름, 281-282면.

는지 "시대에 맞지 않는 골동품과도 같은 존재가 되었단 말인가."[18]라고 자탄하는「유채꽃 피고 지고」 또한 그러하다.

위에서 본 대로, '문예동' 작가의 소설들은 세대 간의 갈등, 특히 북송사업이나 민족교육 등에서 틈새를 보이는 1세대와 2, 3세대 간의 갈등을 문제삼기 시작한다. 이들 소설이 다루는 세대 간의 갈등과 대립 문제는 재일한인사회는 물론 어느 사회에서든 흔히 볼 수 있는 보편적 현상이고, 따라서 '문예동' 소설의 특징이라고 지적할 수는 없다. 그러나 '조국(북한)' '민족' 문제에 관한 한 북한 중심으로 사유하던 재일조선인 사회에서 이 문제에 대한 세대 간의 시각차는 매우 심각한 일이 아닐 수 없다. 따라서 세대 간의 갈등은 북한의 '해외공민'으로서 자부심을 지니고 있던 재일조선인에게는 더욱 무겁게 다가온 문제라 할 것이다.

4. '민족'과 '개인'의 균열

1947년 5월 2일 일본 정부는 '외국인등록령'을 공포한다. 일본 국적을 가진 한국인과 조선인, 그리고 대만인은 당분간 외국인으로 간주한다는 내용이다. 이는 재일한인사회 '재일' 문제의 근원적인 배경으로, 이후에도 일본 정부는 지문 날인 등을 통해 '귀화'를 강요한다. 귀화는 국가와 민족 간의 문제, 그리고 한 국가 내에서 개별 민족 구성원이 어떤 위치에 놓여 있는지를 가늠하는 데 도움을 준다. 이와 관련하여, 최근『국민일보』에 게재된 재일한인 영화감독에 관한 기사는 '국가'와 관련하여 재일조선인이

---

[18] 강태성,「유채꽃은 피고 지고」,『겨레문학』 7호, 2001년 겨울-2002년 봄 합동호, 302면.

놓여 있는 위치를 정확하게 보여준다.

> 조국이 무엇입니까, 많은 사람이 묻는다. 조국의 의미가 뭔지, 내 조국이 어디인지 아직도 모르겠다. 한국 국적을 취득한 이유는 '패스포트(여권)'가 필요해서, 일본 국적을 취득하면 아버지가 노발대발할까 염려스러웠기 때문이다. 국적은 한국이지만 한국을 조국이라 하기엔 어색하다. 한국인과 있으면 내가 얼마나 일본인인지 느끼게 된다. 일본이 제일 가깝겠지만, 조국이라기엔 이제껏 받았던 상처와 설움이 너무 많다. 조국이란 내게 한국, 북한, 일본 이 셋일 수도 있고, 또는 이 모두가 아닐 수도, 또는 이 셋의 조금씩일지도 모르겠다. 그저 오사카를 고향에 둔 마흔일곱의 영화감독 양영희, 그게 나다.[19]

위의 인용은 한 '개인'에게 '국가'가 어떤 의미를 지니고 있는지를 생각하게 한다. 국가가 민족을 결정한다는 것,[20] 그리고 다민족(인종)국가의 경우 그 국가 내에 민족(인종) 간 차별이 존재한다는 것,[21] 그러나 그럼에도 불구하고 국가나 민족이 끝내 포섭하지 못하는 개인의 내밀한 공간이 존재한다는 것, 이 셋은 우리가 '국가' 또는 '민족'과 '개인' 간의 관계를 고려할 때 반드시 검토해야 하는 문제들이다.

---

[19] 'story AND', 『국민일보』 2011.1.28, 23면. 양영희 감독 아버지는 '조총련' 간부이고, 오빠 셋은 만경봉호를 타고 북한에 들어간다. 그녀는 도쿄 조선대학교 졸업(1984) 후 1987년부터 '조총련' 고등학교에서 국어교사를 하다 2년 만에 그만둔다. 그 뒤 연극 제작자와 배우로 활동하고, 1997년부터 6년간 뉴욕 뉴스쿨대학에서 미디어학을 전공, 석사학위를 취득한다. 그녀는 10여 차례 평양을 방문하여 오빠들을 만나고, 후에 한국 국적을 취득한다. 북한 당국의 허락 없이 영화 <디어 평양>을 촬영, 북한에 들어갈 수 없게 되고, 최근 후속작 <굿바이 평양>을 제작한 바 있다.
[20] 에르네스트 르낭, 신행선 역, 『민족이란 무엇인가』, 책세상, 2002, 99-111면 참조.
[21] 고모리 요이치, 송태욱 역, 『포스트 콜로니얼-식민지적 무의식과 식민지적 의식』, 삼인, 2002, 17-63면.

민족(성)문제를 다루고 있는 작품은 크게 둘로 나뉜다. 민족의 넋을 일방적으로 고양하는 작품, 미세하나마 그것에 틈새를 만들어내는 작품이 그것이다. 전자의 경우, 민족이란 하나의 상징으로서, 개인은 일방적으로 그것이 요구하는 논리에 맞추어야 한다. 고을룡의 「꿈」은 그 한 예이다. 이 작품에 등장하는 '나'는 경기 중의 사고로 축구를 할 수 없게 된다. 사랑하는 여자 '경애'와도 스스로 거리를 두고, 자포자기하며 고독의 나날을 보내다가 초급부 축구반을 맡게 되면서 다시 보람을 찾게 된다. 경애는 변함없이 그가 초급부 축구반을 맡아 재기하도록 배후에서 도와준 것이다.

> 그것은 바로 이국땅에 살면서도 민족의 넋을 지키고 조국을 받들어가는 이 진실 속에서 꽃 펴가는 꿈이기 때문이다. 그러니 경애를 배반한 4년간은 민족의 넋을 버리고 살았던 4년간이기도 하다. 경애는 이런 나에게 꿈과 함께 조선 사람으로서의 재생을 안겨 주었던 것이다. (중략) 경애는 역시 코스모스이다. 민족의 넋을 지켜나가고 조국의 위용을 떨쳐 나가는 뜨거운 꿈을 찾아가는 정직하고 순진한 코스모스이다.[22]

'개인'에게 '민족의 넋'과 '조국'은 절대적인 가치로 작용하고 있다. 그러나 '귀화' 문제를 다루고 있는 작품들은 민족의 정체성을 유지하려는 재일조선인의 노력과 함께, 국가와 민족 사이에서 갈등하는 모습을 구체적으로 보여준다. 박순영의 「귀착」이 그러하다. 이 작품은 일본인 시즈미 과장과 재일조선인 성학의 대조가 눈길을 끈다. 성학은 직장에서 재일조선인으로서 차별을 경험한다. 그의 동생도 조선 사람이라는 이유로 집을 구하지 못하고 있다. 성학은 부부 싸움 끝에 아내에게 귀화하면 만사가 해결된다, 조선 사람이라는 것이 드러날까 봐 가슴을 태우지 않아도 된다고 말한다.

---

[22] 고을룡, 「꿈」, 『겨레문학』 4호, 2001년 봄, 563쪽.

상냥한 웃음을 띤 사람까지 망라하는 인간 차별은 얼핏 보기에는 알 수
없었다. 인간 차별은 생활의 고비고비에서 사람들에게 들씌우는 고통 속
에서 맥맥히 숨을 이어가고 있었다. 인간 차별은 고통을 참지 못하는 사
람에게는 그 차별에서 벗어날 길이라고 하는 귀화의 길을 대준다.
나도 귀화의 길 어구에 몇 번이나 선 사람이다. 그때마다 그 길 어구에서
되돌아서게 된 것은 귀화가 인간 차별의 고통을 풀어주는 체하면서 그보
다도 더한 고통을 갖게 되는 민족의 넋을 버릴 것을 요구하기 때문이다.
(중략)
성학은 뒤늦게나마 민족의 넋과 민족의 존엄을 지키는 대오에 다시 서게
된 기쁨으로 하여 힘이 부쩍 났다. 개인의 생활 속에는 절대 있을 수
없는 그런 힘이었다.[23]

'민족의 넋'과 '민족의 존엄' 그리고 '개인'의 욕망 간의 이와 같은 갈등
은 결국 분회원의 도움으로 해소된다. 동생이 우여곡절 끝에 분회원의 도움
으로 집을 구하자, 그것에 감동하여 자신의 잘못을 뉘우치며 몇 년 만에
분회 대회에 참가한다. 차별을 경험하면서 귀화를 생각하지만, 결국에는
다시 민족의 품으로 돌아오게 되는 것이다.
박순애의「입술연지」는 일본인의 재일조선인 차별을 비판적으로 내보인 작
품으로, 일본인의 민족차별은 그 뿌리가 서구인이 일본인에게 강요한 오리
엔탈리즘 사고를 그들이 답습한 데서 연유하고 있음을 보여준다.

미순이 나의 프로포오즈에 쾌답을 주지 않는 건 국적 문제 때문에 우리
부모가 반대하는 걸 예견해서 그렇다고 나는 추측했어. 그래 부모한테
먼저 이야기했어. 응당 찬성이랬어. 조선 사람이라도 좋단 말이야. 여러
번 말했지만 우리 부모는 선진적인 감각을 가지고 있어. 서양인을 데려

---

[23] 박순영,「귀착」,『우리의 길』(재일조선작가단편집), 문예출판사, 1992, 385면. 그
의 소설「맹아」(『겨레문학』제4호, 2000년 봄) 또한 이사 문제로 차별을 경험한
주인공이 분회원의 도움으로 다시 각성하는 내용을 다룬 작품이다.

오기보다는 훨씬 잘 했다고들 하잖아?! 그래 일본에서 나서 자랐으니 일본 사람하고 뭐 다를 게 있니? 하여튼, 뭐, 일본인 며느리 맞이한 것과 별다름이 없다고 했어, (중략) 그래 필요하면 귀화하면 되는 거고, 간단한 문제야...[24]

위의 인용은 재일조선인 여성 미순에게 청혼한 일본인 남자 료오따의 발언으로, 일본인의 민족 차별의식을 선명하게 그려낸다. 특히 "서양인을 데려오기보다는 훨씬 잘했다고들 하잖아?!" 라는 말에서, 그가 이제는 동양인의 관점에서 서구인을 차별하고 있음을 알 수 있다. 이러한 차별의식은 오리엔탈리즘이 또 다른 모습으로 변형된 것으로, 그만큼 서구인이 암암리에 조장했던 오리엔탈리즘 사고가 이미 내면화되어 있고, 그래서 조선인을 그보다 열등하다고 차별하고 있음을 보여준다.

료오따와의 통화를 끝내고 나서 미순은 생각한다. "조선 사람이라도 좋다고? 일본 사람과 마찬가지? 일본인 며느리? 귀화?"(538면) 이렇게 생각하자, 미순은 그의 열렬한 청혼을 왜 그동안 받아들일 수 없었는가를 확실히 깨닫게 된다. 알고는 있었으나 모르는 척하려고 했고, 그냥 눈 감고 가려고까지 했던 차별을 분명하게 인식하게 된 것이다. 지금까지 그녀는 파랗게 질리는 입술을 붉은 입술연지로 칠하듯, 자신을 가리고 또한 속이려 했다. 그러나 이제는 아니다. 료오따의 시각이 민족 차별 해소에 전혀 도움이 될 수 없는 것처럼, 미순의 이와 같은 의도적인 외면 또한 아무런 의미가 없음을 새삼 자각하게 된 것이다. 그리하여 미순은 료오따가 선물로 준 붉은 입술연지 대신 료오따가 쓰지 말라고 했던 연분홍색 입술연지를 꺼내 입술에 꼭꼭 바른다. 이는 차별을 넘어서고자 하는 그녀의 결연한 의지의 소산이며, 단순히 '민족의 넋'과 '민족의 존엄'으로만 회귀되지 않는 그녀

---

[24] 박순애, 「입술연지」, 『문학예술』 106호, 1993년 여름, 538면.

'개인'만의 깨달음에 다름 아니다.

5. 결어

일본 정부는 1980년대부터 '조총련'에 대한 방해 공작을 노골화하고, 1995년에는 '반(反)공화국' '반(反)총련' 캠페인을 전개하며 그것을 더욱 강화한다. 이는 결과적으로 '재일한국인'과 '재일조선인'의 분열을 가속화시키는데, 이에 대응하기 위해 북한 체제의 이념을 선전하거나 고취하는 작품들이 많이 창작된다.[25]

그러나 1990년대 이후 미세한 변화의 조짐을 보인다. 예를 들어, '빠찡코' 가게를 둘러싼 '생활' 문제가 자주 다루어진다거나, 세대 간의 갈등 그리고 국가와 민족에 대한 보다 심화된 인식 등이 그것이다. '주체사상'과 '민족의 넋'만을 일방적으로 강조하던 방식과 달리, 이러한 균열의 틈새는 재일조선인 사회에서의 미세한 변화를 읽어낼 수 있다는 점에서 주목된다.

재일조선인문학에 나타나는 빠찡코 가게는 이중의 의미를 지닌다. 경제적인 측면에서 재일조선인이 일본인과 대응하는 하나의 도구의 역할을 하며, 동시에 '재일' 조건을 외면할 수 없는 재일조선인의 삶의 현실을 적나라하게 보여주는 것이다. 이는 북한의 '주체사상'과 재일조선인의 삶의 간극에 다름 아니다.

빠찡코 가게가 북한의 '주체사상'과 재일조선인의 삶의 간극을 잘 보여준다면, 세대 간의 갈등은 재일조선인 사회가 나아갈 방향과 관련하여 그들

---

[25] 1900년대 이후 재일조선인문학의 현황에 대해서는 손지원, 「재일동포국문문학운동에 대하여」(김종회 편, 『한민족문화권의 문학 2』, 국학자료원, 2006) 참조.

의 깊은 고민을 드러낸다. 물론 지금도 대를 이어 조국에 충성하자는 '구호'는 여전하지만, 그러나 그것에 내포된 의미는 예전과 다르다. 박순애의 「리별의 끝」이 그러하다. 이 작품은 아들 철수를 버리고 북한에 들어간 부모와 그를 비판적으로 바라보는 철수의 시각, 철수 아버지와 친구 병규의 시각을 대조해 보이는데, 이를 통해 북한과는 다른 재일조선인의 위치를 진술하게 그리고 있다. 이는 재일조선인 2, 3세대 교육에 작의가 있다 하더라도, 재일조선인문학이 북한문학에 일방적으로 견인되지 않는 그들만의 틈새들을 미세하게나마 보여준다는 점에서 주목된다.

'귀화'는 국가와 민족 간의 문제, 그리고 한 국가 내에서 개별 민족 구성원이 어떤 위치에 놓여 있는지를 이해하는 데 도움을 준다. '민족(성)'의 문제를 다루고 있는 작품은 크게 보아 둘로 나뉘는데, '민족의 넋'을 일방적으로 고양하는 작품과 미세하나마 그것에 틈새를 만들어내는 작품이 그것이다. 전자의 경우, 민족이란 하나의 상징으로서, 개인은 일방적으로 그것이 요구하는 논리에 맞추어야 한다. '개인'에게 '민족의 넋'과 '조국'은 절대적인 가치로 작용하고 있다. 그러나 귀화 문제를 다룬 작품들은 민족정체성을 유지하려는 재일조선인의 노력과 함께, 국가와 민족 사이에서 갈등하는 모습을 구체적으로 보여준다. 즉 단순히 '민족의 넋'과 '민족의 존엄'으로만 회귀되지 않는 '개인'만의 영역 또한 강조하고 있는데,[26] 이러한

---

[26] 이와 관련하여 양영희 감독의 다음 발언은 참고할 만하다. "영화를 찍으면서 오히려 이런 가족과의 충돌은 사라졌다. 3년 동안 카메라 앞에서 말 한마디 하지 않던 아버지가 카메라 앞에서 웃기 시작했다. 아버지는 일흔이 남으면서 북한 정권 찬양하는 노래를 부르지 않았다. 술 드시면 늘 노래를 불렀는데, 젊은 시절 아버지는 북한 노래 먼저, 남한 노래를 그다음에 불렀다. 그런데 내복 차림의 나이든 아버지는 그저 순수하게 부르고 싶은, 마음의 노래를 시작했다. '해당화 피고 지는 섬마을에 철새 따라 찾아온 총각 선생님/ 열여덟 살 섬 색시가 순정을 바쳐 사랑한 그 이름은 총각 선생님…'"(앞의 『국민일보』 기사 참조)

미세한 변화는 '문예동' 작가의 작품세계가 나아가야 할 방향성을 가늠케 한다.

□ **참고문헌**

1. 기본자료

『우리의 길』(재일조선작가단편집), 문예출판사, 1992.
『풍랑을 헤치며』(총련결성45돐기념문학작품집), 문학예술종합출판사, 2000.
강태성, 「믈길 백리, 꿈길 만리」, 『겨레문학』 창간호, 2000년 여름.
_____, 「유채꽃은 피고 지고」, 『겨레문학』 제7호, 2001년 겨울-2002년 봄 합동호.
고을룡, 「꿈」, 『겨레문학』 4호, 2001년 봄.
량우직, 『비바람 속에서』, 문예출판사, 1991.
리상민, 「황금탑」, 『문학예술』 96호, 1990년 봄.
박순애, 「입술연지」, 『문학예술』 106호, 1993년 여름.
_____, 「리별의 끝」, 『문학예술』 106호, 1993년 여름.
박순영, 「귀착」, 『우리의 길』(재일조선작가단편집), 문예출판사, 1992.
_____, 「맹아」, 『겨레문학』 4호, 2000년 봄.
박종상, 「어머니 심정」, 『풍랑을 헤치며』(총련결성45돐기념문학작품집), 문학예술종합출판사, 2000.
서상각, 「추억」, 『겨레문학』 2호, 2000년 가을.
조나미, 「결혼식」, 『겨레문학』 3호, 2000년 겨울.
_____, 「이역의 청춘」, 『겨레문학』 창간호, 2000년 여름.

2. 논저

고모리 요이치, 송태욱 역,『포스트 콜로니얼-식민지적 무의식과 식민지적 의식』, 삼인, 2002.
김학렬,「주체사실주의의 기치를 높이 들고 창작에서 새로운 전환을 일으키자」,『문학예술』제105호, 1993. 3.
김형규,「귀국 운동과 '재일(在日)'의 현실」,『한중인문학연구』15집, 한중인문학회, 2005. 8.
박종상,「조선글로 소설을 쓰는 의미― <오늘 왜 조선글로 소설을 쓰는가> 하는 물음에 대한 대답」,『겨레문학』, 2000, 겨울.
손지원,「재일동포 국문 문학운동에 대하여」, 김종회 편,『한민족문화권의 문학 2』, 국학자료원, 2006.
에르네스트 르낭, 신행선 역,『민족이란 무엇인가』, 책세상, 2002.
유숙자,『재일한국인 문학연구』, 월인, 2000.
이상갑,「재일조선인 문학비평의 민족문학적 의미」,『한국언어문학』68집, 2009. 3.
이정석,「재일조선인 한글문학 속의 민족과 국가」,『현대소설연구』34호, 2007. 6.
한승옥,「재일동포 한국어 문학연구 총론(1)」,『한중인문학연구』14집, 한중인문학회, 2005. 4.

'문예동' 희곡작가의 창작방법과 한계
— 김지석, 서상각, 허남기의 작품을 중심으로

1. 서 언

재일(在日)한인[1]은 1945년 광복 이후 자의 또는 타의에 의해 일본에 거주하게 된 이들로, 일제의 식민지 지배로 말미암아 형성되고 식민지 경험과 일본의 민족차별이라는 역사적 체험을 공유하고 있는 특수한 집단이라고 할 수 있다. 광복 직후 유학생을 포함하여 210여만 명에 이르던 재일한인 대부분은 귀국한다. 그러나 남북 분단과 뒤이은 한국전쟁 등 한반도의 정치·사회적 혼란으로 인해 돌아갈 곳을 잃게 되거나, 또는 고향에 생활의 근거가 없는 사람들은 일본에 남게 되는데, 이들이 바로 재일한인이다. 이들은 '재일조선인' '재일동포(교포)' '재일한국인' '재일 코리안' '재일한국

---

[1] 재일한인사회는 '민단'계의 '재일한국인'과 '조총련'계의 '재일조선인'으로 구분되는데, 이 글에서는 재일한인으로 통칭하되, 다만 '조총련'계만 따로 가리킬 경우 재일조선인으로 칭한다. 이들의 문학에 대한 지칭 또한 그러하다. 이에 대해서는 김정훈·정덕준, 「재일한인 시문학 연구-재일 1세대 작품을 중심으로」, 『한국문학이론과 비평』 38집, 한국문학이론과 비평학회, 2008. 3, 참조.

인(조선인)' 등 다양한 호칭으로 불리고 있다.

　일제 강점과 남북 분단이라는 한민족의 특수한 역사·사회적 배경 속에서 자의 또는 타의에 의해 일본에 거주하게 된 재일한인들은 그 정치적 지향에 따라 '재일본조선인거류민단'(이하 '민단')과 '재일본조선인총련합'(이하 '조총련') 둘로 나뉘는데, 이들은 극심한 민족차별과 모멸을 받으면서, 그리고 한반도의 정치·사회적 상황에 민감하게 반영하면서, 일본은 물론 남과 북으로부터 일정 부분 배척당한다. 재일한인문학 또한 예외가 아니다.

　재일한인문학은 '민단'계와 '조총련'계로 나뉘어 문학예술 활동이 이루어지고 있다. 문제는 두 단체가 각기 다른 국가, 즉 한국('민단')과 북한('조총련')을 조국으로 인정하며, 두 국가로부터 한국의 동포 혹은 북한의 동포로 인정 또는 배척받고 있다는 사실이다. 이들의 문학 또한 일본이나 한국 어느 문학에도 온전히 소속되지 못한 채 방치되어 있다고 말할 수 있다. 한국에서의 재일한인문학에 관한 연구는 주로 '민단'계 작가 또는 일본에 귀화한 재일한인의 작품, 특히 일본어로 발표한 작품을 대상으로 이루어져 왔다. 반면에, '조총련'계 작가들이 '재일 조선문학'이라고 규정한 '조총련'계 한국어 작품에 대한 논의는 상대적으로 적은 편인데, 이러한 현상은 연구자들이 이들의 문학을 북한문학으로 간주하는 것도 상당 부분 영향을 끼친 것으로 볼 수 있다. 그러나 '재일 조선문학'이라고 자칭하는 이들의 문학도 마땅히 한국문학의 범주에 포함되어야 한다면, 이들의 문학을 각양의 시각으로 접근하는 연구는 '민단'계 작품에 대한 논의 못지않게 중요하며 필요하다고 할 수 있다.

　재일한인문학은 재일한인의 식민지 경험, 남북 분단과 이념적 갈등, 일본 내 민족적 차별문제 등을 담아내고 있다. 이 때문에 이들 문학에 대한 논의에서 국가와 민족·이념 등의 문제를 배제할 수는 없다. 특히 공연을 전제로 하는 극문학의 경우 대중적 선동이나 집단적 환기를 고취하는 공연예술의 특성 때문에 더욱 그러하다.

재일한인 희곡작품은 '민단'보다는 '조총련' 작가들에 의해 주로 창작 발표된다. '민단'계 작가들이 주로 일본어로 작품을 창작해온 것과 달리, '조총련' 작가들은 '조선어'[2]로 작품을 창작 발표해온 것이다.[3] 재일조선인 희곡문학은, 다른 장르의 문학이 다 그러한 것처럼, 북한의 이른바 김일성 주체사상과 주체문예이론의 지침을 그대로 반영하고 있으며, '재일본조선문학예술가동맹'(이하 '문예동')이 결성된 이후 '문예동' 작가를 중심으로 전개된다. '문예동' 작가들은 북한의 '조선문학예술총동맹'이 제시한 창작지침을 받아들이는 한편, 북한식 사회주의 이념에 근거하여 사회주의 사실주의를 이른바 '주체사실주의' 창작방법론으로 변형시키고 이를 다져나간다. '문예동' 기관지 『문학예술』은 이를 적극적으로 홍보하는데,[4] 이들이

---

[2] '조총련' 작가들은 한글을 '조선어'라고 부른다. 이 글에서는 이들 문학에 대한 언급에서만 '조선어'라 칭한다.
[3] 재일한인 문단의 경우, 희곡은 공연과 밀접히 관련될 수밖에 없는 장르적 특성 때문에 한글 창작이 어려운 실정이다. 현재까지 '민단'계 작가의 한글 희곡 작품은 전무하며, '조총련'계 작품도 시나 소설 장르에 비해 양적으로 빈약한 편이다. 재일조선인 희곡에 대한 주요 논의를 보이면 다음과 같다. 문혜원, 「재일동포 문학의 정치적 이념 갈등 연구」, 전북대 교육대학원, 2004./ 한승옥, 「재일동포 한국어 문학연구 총론Ⅰ」, 『한중인문학연구』14집, 한중인문학회, 2005./ 김형규, 「조선 사람으로서의 자각과 재일의 극복」, 『한중인문학연구』14집, 2005./ 백로라, 「재일동포 한국어 극문학 연구」, 『한중인문학연구』14집, 2005./ 「재일동포 한국어 희곡에 나타난 주체문예이론의 수용 양상과 '민족' 이데올로기」, 『한중인문학연구』17집, 2006.
[4] 예를 들면, 「총련을 주체사상으로 일색화하는데 적극 이바지하는 문예 작품을 많이 창작하자」, 『문학예술』55호, 1975.5./ '문예동', 「창작에서 주체를 세우고 생활을 진실하게 그리자」, 『문학예술』84호, 1986.7./ '문예동', 「문예동이 걸어온 자랑찬 40년-문예동 결성 40돐에 즈음하여」, 『문학예술』109호, 1999. 6./ 김학

김일성과 북한에 대한 충성심을 일방적으로 강조하고, '총련애국사업'에 나설 것을 강권하는 것도 이 때문이다.

이 글에서는 재일조선인 희곡 작품이 지닌 사상적 편향성을 넘어서 우리 민족의 언어로 쓰인 문학이라는 점에 유념, 광복 이후 일본에서 작품 활동을 벌인 김지석, 서상각, 허남기의 작품을 중심으로 재일조선인 희곡문학의 전개 양상과 특징을 살펴볼 것이다. 앞에서 지적한 바와 같이, 이들의 작품 또한 '문예동' 창작 지침으로부터 자유로울 수 없고, 이들 작가의 극작술은 북한의 이른바 주체문예이론을 기반으로 하고 있다. 그러나 그럼에도 불구하고, 이들 작품은 그 발표 무대가 일본이라는 지정학적·사회적 배경을 반영, 그들만의 특수한 민족의식을 표출하고 있다. 따라서 이 글에서는 북한의 주체문예이론 자장 안에 있는 재일조선인 희곡의 창작방법론을 살펴보고, 극의 구조나 작가의식을 통해 북한 문학과 차별되는 재일조선인 희곡의 특징을 밝혀볼 것이다.

2. 레제드라마, '주체사실주의' 창작방법의 실체

1) 주체문예이론, 재일조선인 희곡의 창작 기반

재일조선인 희곡은 '문예동' 작가들이 『문학예술』에 작품을 발표하기 시작한 1960년대에 본격적으로 전개된다. 1960년대에 접어들어, 북한은 마르

렬, 「주체사실주의의 기치를 높이 들고 창작에서 새로운 전환을 일으키자—친애하는 지도자 동지의 문예 로작 '다부작 예술영화 민족과 운명'의 창작성과에 토대하여 문학예술 건설에서 새로운 전환을 일으키자」, 『문학예술』 105호, 1993.3. 등의 글이 있다.

크스-레닌주의에 입각한 사회주의적 사실주의의 전통과 김일성의 주체사상을 결합한 주체문예이론으로 문학예술의 창작 방향을 제시하고 선도해 나간다. 말하자면, 문학예술은 주체사상을 기반으로 하여 민족적 문예형식(즉 김일성이 지도 창작한 혁명적 문예형식)에 사회주의적 이념(즉 김일성의 혁명사상)을 담아내야 한다는 것으로, 이는 이른바 '종자론'과 '속도전'이라는 지침 아래 추진된다.[5]

북한의 주체문예이론에서는 예술의 형상성을 민족적인 정서와 감정에 맞는 민족적인 문학예술의 형식을 통해 추구한다. 문예 창작의 예술적 형상성을 제고시키기 위해서는 민족적 형식을 현대적인 미감에 맞도록 더욱 세련되게 완성시킬 필요가 있고, 이러한 미적 감각이나 예술적 형상성은 노동계급의 혁명사상을 철저하게 구현하고 사회주의 이념을 뚜렷하게 표현할 수 있을 때 비로소 가능하다고 본다. 민족적 형식을 바탕으로 삼고 거기에 사회주의적 내용을 지니게 함으로써 인민 대중의 생활감정에 맞는 혁명적인 문학예술을 더욱 발전시킬 수 있다는 것이다. 따라서 주체문예이론은 창작 지침을 통해 민족적 형식을 혁명적인 소재에서 찾도록 강요하고, 김일성의 항일투쟁을 과장하고 있는 각종 기록을 통해 혁명적인 문예전통을 계승해야 한다고 강조한다. 또한, 문학예술 작품에 당의 유일 지도사상인 김일성의 혁명사상과 그 구현인 당의 정책노선을 정확히 반영할 것을 요구한다. 이는 희곡작품 창작에서도 예외가 아니다. 북한은 김일성의 항일투쟁에 대한 각종 기록을 통해 주체사상에 입각한 혁명적인 소재를 민족적 형식으로 극화하는 희곡창작 방식을 견지해온 것이다.

1960년대 이후, 북한의 문예이론은 사회주의의 전면적 건설과 사회주의의 완전 승리를 앞당기기 위한 투쟁 시기(1953~1966)와 당의 유일사상체

---

[5] 서연호·이강렬, 『북한의 공연예술 I』, 고려원, 1989, 29면.

계를 공고히 하기 위한 투쟁의 시기(1967~현재)로 나눌 수 있는데, 희곡 또한 극양식의 면에서 확연히 구별된다. 주체사상의 시대가 시작되는 1960년대 후반을 기점으로 하여 전기와 후기로 나뉘는데, 전기에는 '당성·계급성·인민성'의 원칙에 입각한 사회주의 사실주의의 창작방법이 준수된 반면, 후기에는 주체문예이론의 창작 지침에 따라 항일혁명의 전통 위에 '민족적 형식'이 강조된다.

이상우[6]는 이 시기 북한 희곡의 극양식을 '사회주의의 전면적 건설 시기의 희곡'과 '유일사상체계와 혁명적 극양식 확립의 시대'로 나누고, 각 시기마다 극작술은 당의 정치적 방침과 노선에 의해 결정된다고 말한다. 그에 따르면, 전기, 즉 천리마 시기의 희곡은 천리마 현실을 반영하고 인민을 공산주의적으로 교양 개조하는 사업에 관한 주제가 모든 주제에 우선하며, 항일혁명전통이나 남한 혁명의 주제가 다루어진다. 그러나 후기에 들어서면 모든 주제의 상위에 항일혁명전통이 위치하게 되는데, 이는 김일성 유일사상체계의 확립에 따른 것이라 할 수 있다.

주체문예이론을 기반으로 하는 북한의 극작술은 1960년대 이후 재일조선인 희곡창작에 지대한 영향을 끼친다. 그들의 조국은 북한이고, 그들 스스로를 북한의 '해외공민'이라고 자칭하는 '조총련'계 작가의 입장에서 북한의 주체문예이론을 그대로 수용하고 북한의 극작술을 받아들이는 것은 '선택'의 문제가 아니라 '당위'의 문제이며, 따라서 지극히 자유스러운 현상이라 할 수 있다. 재일조선인 희곡작품이 북한의 혁명연극과 내용과 형식면에서 매우 유사한 특성을 드러내는 것도 여기서 연유하는데, 이러한 현상은 '문예동' 작가를 중심으로 북한의 주체문예이론을 소개하고, '조총련'계

---

6 이상우, 「극양식을 중심으로 본 북한 희곡의 양상」, 『한국극예술연구』 11호, 한국극예술학회, 2000, 421~422면.

작가들에게 '문예동'의 창작 방침에 따라 창작하도록 적극 독려한 『문학예술』의 영향도 간과할 수 없다.

2) 혁명연극과 재일조선인 희곡 창작법

북한의 혁명연극은 일제강점기에 대중을 계몽하고 항일 유격대원들의 무장 혁명의식을 고취하는 한편, 대원들의 단결과 사기 진작을 위해 공연되기 시작한다.[7] 그러나 1970년대 이후 혁명연극은 김일성의 혁명투쟁과 업적을 내용으로 하는 '성황당식 혁명연극'으로 전형화된다. 김정일은 『조선예술』을 통해 북한 특유의 독자적인 연극 형식과 연기 체계가 없고, 관객들의 정서와 미감에 맞지 않아 공연이 지루하고, 특히 연기는 종래의 방법만 답습해서 도식적이며, 구시대의 잔재인 신파의 흔적이 많다고 지적하면서 연극 분야의 혁명을 강조한다.[8] 그리고 연극 분야의 혁명을 위해 희곡창작은 물론 배우의 대사와 행동·무대에 이르기까지 혁명적으로 전환할 것을 요구한다. 희곡 내용은 인간의 자주성을 위해 투쟁하는 인간전형을 창조해야 하며, 이를 위해 희곡을 창작할 때 형상의 기본요소인 인간관계나 갈등·사건 등을 현실에서처럼 생활의 논리와 성격의 논리에 맞게 자연스럽고 생동감 있게 구성하고 배열해야 한다는 것이다. 대사 역시 일상어를 사용하여 무대의 등장인물이 배우가 아니라 실제 노동자·농민으로 느끼도록 해야 하며, 작품의 혁명사상 고취와 형상수준을 높이기 위해 명대사를 구현해야 한다는 요구이다.

---

[7] 한국비평문학회, 『북한 가극·연극 40년-5대 성과작을 중심으로』, 신원문화사, 1990, 224~227면.
[8] 위의 글, 231~232면.

희곡은 다른 장르의 문학작품과 달리, 시·공간적 제약을 받는 공연예술 텍스트이고, 희곡 작품에서의 등장인물의 대사는 작품을 추동하는 중요한 기재이다. 등장인물의 대사는 작품의 기본형상 수단인 동시에 주제나 사상을 고취하기 위한 중심 매개체인 것이다. 그만큼 희곡은 대중을 선동시키기에 적절한 공연예술 텍스트라 할 수 있는데, 북한의 주체문예이론이 혁명연극을 통한 주체사상의 고취를 위해 희곡의 대사 구현방식을 구체적으로 제시하고 강조하는 것도 이 때문이다.

북한의 이른바 연극 혁명운동이 지향하는 최우선 목표는 연극을 통해 당의 이념과 사회주의 국가 건설을 홍보하고 민중을 선동하는 데 있다. 희곡에서 "대사를 어떻게 보며 대사 형상을 잘하는가 못하는가 하는 것은 사상예술성을 결정하는 근본문제"이며, 따라서 "시대의 요구와 인민의 지향에 맞는 희곡의 높은 사상예술성은 결국 대사를 얼마나 진실하고 감명 깊게 창조하는가 하는데 전적으로 달려 있다."[9]는 것이다.

북한의 혁명연극 운동은 대사를 어떻게 구사할 것인가에 대한 구체적인 지침에서 그 성격을 짐작할 수 있다. 희곡에서의 모든 대사를 명대사로 만드는 일이 무엇보다도 중요한데, 이를 위해서는 대사를 인물의 성격과 생활 형상화에 어울리게 하고, 실생활에서 일반인들이 쓰는 언어로 시대나 사회적 분위기가 선명히 드러나도록 하며, 함축된 말로 집약하고, 긍정적인 인물들의 말을 품위 있게 구사해야 한다는 지적이 그것이다.[10] 또한, 민중의 언어를 사용하면서 진실하고 감명 깊은 명대사 구현하기 위해서는 배우의 화술력(話術力)이 무엇보다도 중요하며, 따라서 배우들은 반드시 화술력을

---

9 명일식, 『희곡창작과 대사』, 문학예술출판사, 2002. 백로라(2005), 앞의 글, 423~424면 재인용.
10 서연호·이강렬, 앞의 책, 223~224면.

제고시켜야 한다고 주장한다. 대사가 없이 등장인물의 성격을 드러내기는 어렵고, 행동 역시 대사와 결합되어 형상화되는 것이므로 주동적이고 규정적인 배우의 연기는 화술력이라는 것이다.[11] 뿐만 아니라, 자주적 인간형, 즉 주체사상을 위해 투쟁하는 영웅적 인간을 형상화하기 위해서는 진실하고 호소력 있는 화술력과 더불어 대사와 어울리는 전형적 행동이 중요하다고 강조한다.

요컨대, 북한의 혁명연극은 주체사상을 위해 투쟁하는 영웅적 인간의 영웅적 면모를 효과적으로 드러내는 데 그 목적이 있고, 화술력과 전형적 행동 연기에 어울리는 명대사 구현이 혁명연극의 핵심이요 관건이라고 바꿔 말할 수 있다.

재일조선인 희곡작가들은 이와 같은 북한의 극작술을 창작 방침으로 삼고, 작품에 반영한다. 선동적 명대사 구현이 그것으로, 서상각·허남기와 이들의 작품은 특히 그러하다. 초창기 재일조선인 희곡은 이들을 중심으로 전개되는데, 레제드라마(Lesedrama)의 성격이 강하고 대사에 더 많은 비중을 두고 있다는 점이 특색이다. 이들 작품의 상연 기록이 거의 없다는 것은 이를 반증한다. 서상각·허남기처럼 북한의 주체문예이론과 창작 지침을 따르던 작가들의 작품은 공연 기록이 전무한 것이다.

이에 반하여, 1980년대 후반 북한 중심의 이념적 편향성에서 벗어나 재일조선인 사회 및 민족문제로까지 관심 영역을 확대한 김지석의 경우 작품 대부분이 공연되는데, 일본 내 공연 외에도 한국에서도 몇 차례 무대에 올린 바 있다. 백로라는 초창기 재일조선인 희곡은 인물의 공간 이동이 극도로 제한되고, 인물 간의 대화를 중심으로 극이 전개되는 특징을 드러내는데, 이들의 작품이 대사에 큰 비중을 두고 있는 것은 상연성보다 레제드

---

[11] 위의 책, 48면.

라마의 성격을 내재하고 있기 때문이며, 설득적인 형식을 전경화하는 데서 계몽적이고 교훈적인 특징이 드러난다고 지적한다.[12]

재일조선인 희곡은 선동적 명대사 구현과 함께 투쟁적인 영웅의 등장도 특징으로 지적된다. 알려진 대로, 1960년대에 접어들어 재일조선인 사회는 날로 심화되고 있는 민족적 주체성 혼란과 민족차별 등으로 어려운 상황에 놓인다. 이것은 물론 '한일기본조약'(1965) 체결에 따른 한·일 간의 국교 정상화에서 비롯하는 정치·사회적 변화와 무관하지 않다. 재일조선인 희곡에서 투쟁적인 영웅의 형상화를 특히 강조하는 것도 이 때문이다. 말하자면, 혁명적 세계관으로 무장한 영웅적 인물은 그들의 조국(북한)의식과 사회주의 이념을 내세워 재일조선인 사회의 주체성 혼란을 불식시키고, 남한의 정치 현실을 비판하는 데 가장 적절한 전형적 인물인 것이다.

재일조선인 희곡 작품에서 '민단'계 평범한 재일한인이나 남한 기자를 등장시켜 남한의 정치 현실을 신랄하게 비판하게 하고, 이들이 투쟁적 인물로 변모해가는 영웅화 과정을 그려내는 것은 그 좋은 예이다. 말할 필요도 없지만, 이것은 북한의 혁명연극을 모방 답습한 것으로, 재일조선인 희곡작가들의 북한 편향적 작가의식의 소산에 다름 아니다. 요컨대 재일조선인 희곡은 북한의 주체문예이론을 반영, 이른바 주체사실주의 창작방법을 작품 창작의 준거로 삼고 있다고 하겠다.

3. '성황당식 혁명연극' 극작법

1) 설득적 대사와 혁명적 인물

---

[12] 백로라(2005), 앞의 글, 424면.

북한에서는 문학예술을 "인간과 그 생활을 형상적 수단과 형식으로 반영함으로써 사람들의 사상 정서적 교양에 이바지하는 사회적 의식의 한 형태"라고 정의한다.[13] 문학예술에 있어 형상이란 인간의 생활을 있는 그대로 구체적으로 생동감 있게 표현하는 것을 말하는데, 북한의 주체문예이론은 그들의 유일사상인 주체사상을 강조하기 위해 문학의 형상성을 특히 강조한다. 사회주의적 내용을 표현하되 우리 민족 주체를 강조하는 민족적 형식을 표방해야 한다는 것인데, 이른바 '민족극'은 연극 분야에서의 민족적 형식이다. 북한에서 말하는 '민족극', 즉 '주체극'이란 "혁명과 건설에서 나서는 모든 문제를 자기 인민의 리익과 나라의 실정에 맞게 자체의 힘으로 풀어나갈 데 대한 주체사상의 요구를 구현하여, 자기 나라 인민과 자기 나라의 혁명을 위하여 복무하는 인민적이며 혁명적인 연극"이다.[14]

민족극은 민족적 특성과 대중성에 주목한 연극으로, '성황당식 혁명연극'이라는 이름으로 그 창작방법론이 전개된다. 1978년 일제강점기에 김일성이 창작했다는 「성황당」이 주체사상에 입각하여 재창작되고 공연된 이후 대중의 사상·감정에 맞는 새로운 연극 양식을 창조하게 되는데, 그것이 바로 '성황당식 혁명연극'의 시작이다. '성황당식 혁명연극'은 일반인의 혁명적인 생활과 투쟁을 주요 내용으로 하며, 이를 현대적 미감에 맞는 형식으로 반영하는 '가장 혁명적이며 인민적인 연극'이다. 말하자면, 모든 것을 사람들 중심으로 생각하며 사람을 위해 존재하는 주체사상의 근본 요구를 그 내용과 형식에서 분명하게 드러내고자 하는 연극 양식인 것이다.[15] '성

---

13 민병욱, 「북한 연극의 갈래론적 연구」, 『한국학연구』 16집, 고려대 한국학연구소, 2002, 87면.
14 서연호, 「북한 연극의 실태와 원리에 관한 고찰」, 『한국학연구』 16집, 고려대 한국학연구소, 2002, 30면.
15 서연호·이강렬, 앞의 책, 46면.

황당식 혁명연극'은 인민 대중들에게 주체사상을 효과적으로 전달하기 위해 희곡의 대사, 배우의 연기, 무대 미술 및 음악 효과 등을 강조한다. 입체감 있는 형상성을 위해 기존 무대 미술의 평면적 특성을 극복하고, 호소력 있는 감정 전달을 위해 방창(傍唱)과 같은 음악적 효과를 적절히 사용할 것을 권장하는 것들이 그러하다.

북한의 '성황당식 혁명연극'은 초창기 재일조선인 희곡작가들의 작품 창작에 지대한 영향을 끼친다. 앞에서 지적한 것처럼, 초창기 재일조선인 희곡은 공연보다는 읽히기 위한 레제드라마적 성격을 띠고 있다. 따라서 이들 작품은 배우들의 연기나 무대 미술과 같은 작품 외적인 요소보다는 대사를 비롯하여 등장인물의 심리와 감정, 극의 자연스러운 흐름이나 전개를 유도하는 '성황당식 혁명연극'의 방창 활용이 높은 편이다. 서상각은 이를 수용, 희곡 작품에서 민족적 형식을 적극적으로 구현하고, 대사를 강조하는 재담·촌극·대화극 창작을 장려한다.

> 말은 사상의 표현이며 수단이다. 그러니 구연부문 예술은 말의 예술이라고 할 수 있을 것이다. 말을 통한 예술은 보다 직선적이며 보다 구체적인 것이다. (중략) 민담, 재담, 시 랑송, 촌극, 대화극, 옛이야기 등등 많은 형식이 있다. 이 많은 형식의 어느 하나를 두고 보더라도 동포들을 사회주의적 애국주의사상으로 교양하는 수단으로서의 역할을 놀지 않는 것이 없다. (중략) 작가가 쓴 작품을 지면을 통해서가 아니라 무대에서 써클원들의 입을 통하여 대중에게 전달하는 만큼 대중들의 소박한 반응을 직접 감촉할 수 있다.[16]

서상각은 공연예술은 '말'의 예술이며, 민족적 형식을 구현하기 위한 가

---

[16] 서상각, 「재담, 촌극, 대화극들의 작품을 더 많이 쓰자」, 『조선신보』, 1996. 9. 6. 띄어쓰기는 필자. 이하 같음.

장 직접적이고 구체적인 수단이 바로 '말'이라고 지적하고, 재일조선인의 사회주의적 애국사상을 교양하고 선도하기 위해 민담이나 재담·대화극이 효과적이라고 주장한다. '말'은 행동에 비해 인간의 감정을 섬세하고 정확하게 표현할 수 있다는 것이다.

북한의 연극 연기에서 말은 가장 중요한 비중을 차지하고 있다. 연기자들은 말을 자연스럽고 실감나게 표현하기 위해 화술력을 높이고, 우리말을 올바르게 구사하기 위한 교육도 받는다. 진실하고 자연스러운 말을 위해서 기존 연극의 화술이 지닌 신파조의 형식주의적 잔재를 철저히 배제하고 사실주의 연기에 맞는 대사로의 혁신을 강조하는 것도 이 때문이다. 그러나 이러한 대사의 강조는 북한 연극의 완성도를 높이기 위한 것이 아니라, 김일성의 주체사상을 공연을 통해 대중에게 선동하기 위한 도구적 장치일 뿐이다. 기존 연극의 대사가 지닌 신파조의 감정 과잉을 비판하고 배척하지만, '성황당식 혁명연극'의 등장인물 역시 주체사상을 주입시키기 위한 이념 과잉의 선동적 어조에서 벗어나지 못하는 것이다. 북한 연극에서 인민을 선동하고 계몽시키기 위한 혁명적 인물이 빈번하게 등장하는 것도 이러한 창작방법론과 관련이 있다.

재일조선인 희곡은 북한의 혁명연극에서 강조하고 있는 '사회주의적 내용'보다는 '민족적 형식'에 치중한다. 재일조선인 사회는 북한사회와는 체제가 다르고, 따라서 그들은 사회주의 혁명국가 건설이라는 이념보다 우리말과 민족의 정체성을 담보하는 '민족적 형식'을 더 중요한 문제로 인식한 것이다. 등장인물도 사회주의 이념에 충실한 혁명적 인물보다는 일본사회에 동화되어가는 무기력한 재일한인에게 민족 주체성과 우리말 보존의 중요성을 설파하는 인물이 주로 등장하고, 대화 또한 상호 소통적 '대화'의 성격을 띠기보다는 한 인물이 다른 인물(혹은 관객)에게 특정한 메시지를 전달하는 설교의 형식을 보여준다.[17] 서상각의 「재생」은 그 한 예이다.

「재생」[18]은 등장인물의 대화를 통해 극을 전개해 나가는 작품으로, 재일조선인으로서의 자각이 무뎌진 '리기수' 일가를 통해 재일조선인 사회가 직면하고 있는 현실적인 문제를 조명한다. '박종태'와 '김건일'은 일본사회에 동화되어 점점 사라져가는 민족의식을 고취시키기 위해 시종일관 '리기수' 일가에게 설교하는데, 민족의식과 주체성에 대해 설교하는 '박종태'와 '김건일'의 대화는 '리기수' 일가뿐만 아니라, 재일조선인 독자를 위한 설득적 성격이 강하다.

> 홍영숙: 우리는 일본사람을 상대로 장사를 하고 있고 또 이 집엔 일본사람이 많이 드나들기 때문에 김치를 안 먹게 한 지가 오래됩니다.
> 박종태: 지금은 일류 데파아트에서도 김치를 팔고 있고 일본사람들이 김치를 더 잘 먹는 세상인데, 조선 사람이 김치를 안 먹는다? 김치 안 먹는다고 일본사람 될 줄 아나?
> 리기수: 일본사람 되다니요? 장사가 장사니만큼 마늘 냄새가 나지 않게 김치를 안 먹을 따름입니다.
> 박종태: 조선 사람 냄새가 난다고 김치를 안 먹는 게지.
> 리기수: 그야 그렇지요.
> 박종태: 일본사람 행세를 하고 살면서 조선 사람을 사위 보겠다니 그래서 되겠나. 조선 사람은 조선 사람의 근본이 있어야 할 게 아닌가?
> 리기수: 그렇기는 하지만 우리야 일본에서 살고 있으니 여기 실정에 맞게 살면 되지 않습니까?
> 박종태: 무슨 소리를 하는가. 타국에서 살수록 자기 민족의 근본을 잃으면 안 되네. (중략)
> 리문자: 난 조선 사람데모 조선노 고도바모 아마리 시라나이시 시끼다

---

17 백로라(2006), 앞의 글, 275면.
18 서상각, 「재생」, 『문학예술』 겨울호, 1990.

	리모 시라나이노, 와다시 지신나이와, 고레 가에소오까지라. (난 조선 사람이라도 조선말도 모르고 풍습도 몰라요. 난 자신이 없는데 이것을 어떻게 할가?)
김건일:	나니 있덴다요, 지금은 몰라도 앞으로 다 알게 된다니까. 보꾸가 오시에데 아게루. (무슨 소리를 해! …내가 가르쳐주겠어!)
리문자:	소오? 혼또니 소오나노? (그래요, 참말 그래요?)
김건일:	그렇고 말고, 문제는 조선 사람의 근본이 있고 조선 사람의 정신만 있으면 다 풀리는 거야.
리문자:	근본? 정신떼 나니? (근본? 정신이 뭣입니까?)
김건일:	조선 사람노 모도노 넷꼬 (본래의 뿌리), 곤뽄 (근본) 또 조선 사람노 다마시이다요. (얼이요.)
리문자:	소오, 조선 사람노 조선 사람노 다마시이가 나에게 아루까시라. (근본, 뿌리, 얼… 있을가요.)
김건일:	있고 말고 문자씨는 멀쩡한 조선사람인데. -「재생」

일본에 귀화한 '리기수' 일가에 대한 설교이다. 1980년대 이후 재일조선인 사회는 급변하는데, 무엇보다도 세대교체와 의식의 변화가 두드러지게 나타난다. 식민시대를 체험한 1세대의 사회 활동이 급격히 감소한 데 반해, 일본에서 태어나고 일본문화 속에서 자란 2, 3세대들이 조선인 사회의 주류로 대두하게 된 것이다. 일제강점기에 일본으로 건너가 광복 후에도 계속 거주하고 있는 1세대는 민족의식이 투철하고, 조국(북한)에 대한 애국심과 북한의 '해외공민'으로서의 존재의식을 지닌 세대라 할 수 있다. 그러나 2, 3세는 식민지 체험이나 조국체험을 경험하지 않은 세대이고, 따라서 민족이나 사상에 있어 1세대와는 그 가치 지향이 다를 수밖에 없다. 그들에게는 조국보다는 그들이 현재 살고 있는 일본사회에의 적응이 더욱 절실하고 중요한 문제이고, 일본 정부의 동화정책에 따라 일본에 귀화하는 문제에 대해서도 거부감이 없다. 이로 인해 재일조선인의 귀화 현상은 급격히 확산하는데, 이것은 재일조선인 사회 특히 '조총련'이 해결해야 할 당면과제로

대두한다.

위의 인용은 일본에 귀화한 재일조선인의 전형이라 할 '리기수' 일가에게 민족의 얼과 문화를 지켜나가도록 설득하는 장면으로, 일본 귀화가 가속화되는 재일조선인 사회를 비판하는 계몽과 경고라 하겠다. 말하자면, 서상각은 「재생」에서, 설득적 대사와 같은 혁명연극의 창작방법을 통해 재일조선인 사회의 변화를 비판하고, 재일조선인의 민족의식을 고양시키려는 계몽 의지를 내보이는 것이다. 이 점에서 「재생」은 북한의 혁명연극이 지향하는 '민족적 형식'을 재현한 작품이라고 할 수 있다.

2) 방창(傍唱), 설화자, 낭독자

재일조선인 희곡은 설득적 대사를 통한 대화극 형식 외에도 설화자 또는 낭독자를 등장시켜 극의 흐름을 고조시키거나, 작가의식을 드러내 보인다. 또한, 관객들이 극에 몰입하고 지속적인 감흥을 느끼게 하기 위해 '연결노래'(삽입가요)나 시를 삽입하기도 하는데, 이러한 극작법은 북한의 '성황당식 혁명연극'에서 도입한 방창 기법과 유사하다. 방창(傍唱)[19]이란 무대 뒤에서 이야기의 줄거리에 얽힌 인물들의 인간관계라든지, 갈등·상황·사건 등을 제3자의 입장에서 객관적으로 서술·대변·평가하는 능동적 수단이다. 북한 연극에 도입된 방창은 주체사상을 시음악적 형상으로 인상 깊게 드러내기도 하고, 서로 다른 상황과 계기에서 드러나는 인물들의 심리세계를 자세히 나타내며, 극의 흐름에서 공간을 메워 줌으로써 관객들로 하여금 영화를 보는 것과 같이 지속적인 감동을 지니게 한다. 서상각의 「응징」[20]이

---

19 서연호·이강렬, 앞의 책, 235면.
20 서상각, 「응징」, 『문학예술』 76호, 1983. 6.

나 허남기의 「단 하나의 길」[21]에 등장하는 설화자나 낭독자는 극적 상황을 객관화하여 보여줌으로써 관객 스스로 비판의식을 취하도록 한다. 더불어 극적 상황의 자연스러운 전개와 작가의식을 설화자나 낭독자에 투영하여 표현하는데, 이 점에서 북한의 방창과 그 기능이 같다. 예를 보이면 다음과 같다.

설화1   작년 8월 11일 전두환 파쑈 악당은 괴뢰 부산지방법원에서 1982년 3월 18일 부산 《미국문화원》 방화 투쟁을 벌린 16명에게 사형을 비롯한 극형과 중형을 언도하는 용서못할 만행을 감행하였다. -「응징」

설화3   1980년 5월, 평화로운 광주 학생, 시민들의 시위대렬에 계엄사령부 공정부대 놈들은 미친 듯이 달려들어 최류탄을 던지고 총칼로 군중들을 마구 찔러 죽이었다. 놈들은 시위 대렬이 흩어진 뒤에도 광주시내의 집집을 모조리 수색하여 학생들을 끌어내서는 죽이고 임신부의 배를 갈라 태아를 꺼내여 얼굴에 던지고 광주 역전 분수대 앞에서는 녀학생을 발가벗기고 젖가슴을 도려내여 죽이였다. -「응징」

랑독자   이 이야기는, 아직도 미제의 충직한 하인인 리승만 역도가 우리 조국의 남녘 땅에 둥지를 틀고 있던 一九七〇(원본 오기, 본래 1960년)년의 이른 봄에서부터 시작된다. -「단 하나의 길 一」

제二의 랑독자   一九六一년 一월 二일, 경기도 강화군 강화면의 농민들 백여 명은, 미제의 졸당들의 부정 면장(面長) 선거에 항의하여 일어섰으며, 一월 三일엔 사회당이, 남북통일의 초당파적(超党派的) 실천 방백 五항목을 발표했으며, 一월 九일엔 서울에서 조국통일 민족전선이 결성되었고. -「단하나의 길 二」

---

21 허남기, 「단 하나의 길 一」, 『문학예술』 11호, 1964. 12./ 「단 하나의 길 二」, 『문학예술』 12호, 1965. 2./ 「단 하나의 길 三」, 『문학예술』 13호, 1965. 5.

「응징」은 1982년 부산 미문화원 방화사건으로 사형선고를 받은 '문창식'의 과거 행적을 살펴보면서, 2년 전 1980년 5.18 광주 민주항쟁 당시의 과거로 시간을 역행한다. 이 작품은 '문창식'이 광주 항쟁을 통해 의식화되고, 미문화원 방화사건을 주도하게 된다는 내용으로, 각 장마다 설화자를 적절하게 배치시켜 극의 흐름과 함께 '문창식' 및 그의 동료들이 의식화하는 과정을 객관화한다. 이러한 극 전개는 의식화를 통한 혁명적 영웅의 탄생 과정과 더불어 극을 관람하는 관객까지도 의식화하는 선동적 기능을 한다. 작품 전반의 이른바 '미 제국주의'와 남한의 군사정권에 대한 비판이 설화자를 통해 드러남으로써 관객들은 비판적 시각을 유지할 수 있게 되며, 이는 관객의 의식화로 이어지는 것이다.

허남기의 「단 하나의 길」은 3부작으로, 이승만 정권부터 박정희가 군사 쿠데타로 권력을 장악한 2년여의 한국 사회를 그리고 있다. 한국을 방문한 '민단'계 재일한인 '추영수'는 타락한 정치상과 피폐한 현실을 바로잡기 위해 신문기자 '민만수'와 의기투합하여 '민족신보사'라는 신문사를 창립하는데, 이들은 박정희 정권에 의해 반공법과 국가보안법 위반죄로 사형선고를 받는다는 내용이다. 이 작품 역시 낭독자에 의해 전개되는 한국의 정치적 사건과 맞물려 '추영수' 등이 독재 군부세력에 의해 부당하게 탄압받는 상황을 묘사, 극 전개와 더불어 군부정권에 대한 비판과 감정의 고양을 부추긴다.

한편, 「단하나의 길 二」의 낭독자는 기존 설화자나 낭독자와는 사뭇 다른 모습을 보인다. 설화자나 낭독자가 비교적 사건의 흐름을 객관적으로 전하고 관객의 의식화를 도모하는 것과 달리, 이 장에서는 두 명의 낭독자가 번갈아 한국의 정치 현실을 보도하다가, 나중에는 구호를 외치듯이 한마디씩 주고받는다.

제三의 랑독자	신문은 붇는다. 신문은 자란다. 진실을 전하는 우리의 웨침은, 가물은 땅 우에 솟는 빗줄기처럼 남조선 二백열한 고을의 수많은 인민들의 가슴 깊이 스며든다. (중략)
제三의 랑독자	신문은 불어 간다.
제二의 랑독자	조국의 평화적 통일을 념원하는 인민의 기세는 점점 높아 간다.
제三의 랑독자	정월은 二월에 이였고,
제二의 랑독자	二월 三월로 이여,
제三의 랑독자	장면 정권에 대한,
제二의 랑독자	미제에 대한
제三의 랑독자	인민들의 증오는
제二의 랑독자	날로 커 간다. (중략)
제二의 랑독자	조국 남녘 땅은, <가자! 북으로! 오라! 남으로!>의 구호도 높이, 十六년 동안 막혔던 국토 량단의 장해를 박차고, 한 겨레, 한 민족이 사무친 정희를 풀 날을 지양해 일떠 섰다.

- 「단하나의 길 二」

두 명의 낭독자는 기존 낭독자처럼 객관화된 제3자의 입장에서 거리를 두고 극의 흐름을 주도하고 비판하는 것이 아니라, 군부 정권에 의해 핍박받는 민중의 격앙된 목소리를 대변하고 있다. 다시 말하여, 이 장에서의 낭독자는 민중의 대변자로서 관객에게 부조리한 한국의 정치 현실을 고발하고, 관객으로부터 감정적 동조를 얻고자 하는 것이다.

위에서 본대로, 재일조선인 희곡에 빈번하게 등장하는 설화자나 낭독자는 극의 흐름을 자연스럽게 유도하고 관객의 의식화를 선동하고 도모하는데, 이는 북한 혁명연극의 '방창'과 그 기능이 비슷하다. 따라서 설화자나 낭독자는 북한 혁명연극의 창작 방식을 변용시킨 재일조선인 희곡 특유의 기법이라 할 수 있다.

3) 삽입 시와 '연결 노래'(삽입가요)

재일조선인 희곡은 삽입 시와 노래를 통해 작가의 주제의식을 드러내는데, 이것 또한 낭독자에서 흔히 드러나는 감정 과잉과 선동성을 띠고 있다. 북한의 혁명연극은 극적 형상화 방식에 강한 선동성과 호소성·서정성을 부여하기 위하여 시나 노래를 삽입한다. 따라서 이들 연극에서의 삽입 시나 노래는 등장인물의 격동적인 사상과 감정을 직접적으로 표현해주는 창작 방식이라 할 수 있는데,[22] 재일조선인 희곡은 이를 그대로 수용, 그들의 작품에 반영한다. 서상각의 「응징」, 김지석의 「하나 아리랑」「파랑새 전설」 등이 그러하다.

「응징」은 등장인물 '문창식'의 과거 행적을 되돌아 보이는 2장에서 무대를 1980년 광주로 옮긴다. 그리고 2장 초반부를 삽입 시와 노래만으로 구성, 광주민주항쟁의 현장성을 비장하게 표현함으로써 역사적 사건을 생생하게 재현하고 있다. 시위 학생들을 무대 전면에 배치하고, '우리의 소원'과 '그날이 온다' '정의파' 등의 노래를 연달아 삽입, 관객과 등장인물 모두가 광주 항쟁의 역사적 현장에 와 있는 듯한 효과를 불러일으키는 것이다. 따라서 삽입가요를 통한 광주 항쟁의 전경화는 관객에게 광주 항쟁의 민족적 의미와 투쟁성을 직접적으로 체현케 하는 효과를 거두고 있다는 점에서 이 작품의 기법적 성과라고 지적할 수 있다.

극중 인물의 신념이나 의지, 지향이나 내면 갈등, 사상 등을 반영하는 삽입 독창도 재일조선인 희곡의 또 다른 특징이다. 독창은 등장인물의 내면

---

[22] 이상우, 앞의 글, 412~413면.

심리를 드러낸다는 점에서 독백과 유사하다. 그러나 운율과 서사적 상황의 연계 때문에 훨씬 더 고양된 정서적 반응을 이끌어낼 수 있는데, 「응징」에서 '문창식'이 민주화에 대한 갈등을 노래로 표현하는 것이나, 「하나 아리랑」[23]의 '청미'가 재일조선인 사회의 실향의식을 노래하는 것들은 그 한 예이다.

'내 마음의 눈물'　　문창식의 독창
내 마음의 눈물은 끝이 없구나
자유 찾는 벗들의 신음소리가
남산과 서대문서 메아리치며
마산의 의거탑이 검은 보 쓰고
수유리 영웅들이 통곡을 하네.
　　　　　　　　　　　　　　　　-「응징」

'청미의 고향'　　작사 김지석, 작곡 윤영란
청미는 우리 말
기요미는 일본 말
기요미라 불리면 우울한 얼굴
슬피 우는 나
청미라 불리면 활짝 핀 얼굴
기뻐서 웃는 나
신기해 나는 누구
　　　　　　　　　　　　　　　-「하나 아리랑」

독창이 개인의 정서적 표출에 치중되어있는 반면, 중창이나 합창, 집단시 낭송은 극의 갈등이나 상황에 대한 집단적 정서 반응을 위한 집단 가요

---

[23] 김지석 작/연출, 「하나 아리랑」 공연 대본(2003. 6. 26. '극단 부루나 2000', 공주시문예회관, 한국)

의 성격이 강하다. 「응징」의 '문창식'과 '김혜숙'은 '사노라면'을 한 소절씩 나누어 부르다가 마지막 소절은 함께 노래를 부르면서 반제국주의·민주주의를 위한 결연한 투쟁 의지를 드러낸다. 김지석의 「파랑새 전설(상)」[24]에서는 어둠산 고아들이 김준태의 시 「금남로 사랑」을 한 소절씩 낭독, 광주의 정신과 한을 비장하게 표현하고 있다. 말하자면, 재일조선인 희곡은 집단 가요나 시 낭송으로 극중 갈등이나 상황·사건 등과 같은 형상 요소들의 내용과 분위기를 감명 깊게 표현하거나, 대중의 선동이나 투쟁 의지 등을 확산시키는 것이다.

> 두 사람 무대 앞에 나와 2중창으로 '사노라면'을 부른다. (중략)
> 문창식이 부풀어 오르는 격정을 이기지 못하고 무대를 서성이며 시를 읊는다. 김혜숙이도 그를 따라간다.
> 문창식   발바닥이 다 닳아 새살이 돋도록 우리는
>   우리의 땅을 밟을 수밖에 없는 일이다
> 김혜숙   숨결이 다 타올라 새 숨결이 열리도록 우리는
>   우리의 하늘땅을 서성일 수밖에 없는 일이다. (중략)
> 문창식·김혜숙 일렁이는 피와 다 닳아진 살결과
>   허연 뼈까지를 통째로 보탤 일이다.
>   - 「응징」
>
> 김준태 「금남로 사랑」
> (상략)
> 어둠산 고아1 금남로는 연초록 강언덕이었다.
> 어둠산 고아2 달맞이꽃을 흔들며 날으는 물새들
> 어둠산 고아3 금남로의 사람들은 모두 입술이 젖어 있었다.
> 어둠산 고아4 금남로의 사람들은 모두 발바닥에 흙이 묻어 있었다.
> 어둠산 고아5 금남로는 어머니의 젖가슴이었다.
> 어둠산 고아6 우리가 한때 고개를 파묻고 울던

---

[24] 김지석, 「파랑새 전설(상)」, 『문학예술』 88호, 1987. 가을.

어둠산 고아들   어머니의 하이얀 가슴이였다.
-「파랑새 전설(상)」

위에서 살펴본 대로, 재일조선인 희곡의 창작방법은 북한의 주체문예이론에 입각한 혁명연극의 형식을 대부분 반영해 보인다고 말할 수 있다. 대중 선동을 비롯하여 민족 정체성의 자각, 남한 사회에 대한 비판을 통한 이념적 무장 등을 위해 설득적 대사나 방창·설화자, 그리고 삽입 시나 가요 등이 그것으로, 이것은 북한의 혁명연극에서 주로 사용하는 극적 장치들이다. 또한, 재일조선인 희곡 작가들은 소재나 주제 차원에서뿐만 아니라, 우리말 창작, 민족의식을 강조하는 전형적 인물의 등장 등 구성적 차원에서도 북한의 문예정책이 추구하는 명제들을 따르고 있다. 사회주의 혁명국가 건설이나 이념적 투쟁과 같은 '사회주의적 내용', '재일'이라는 현실적 상황 등을 한글 창작 희곡작품에 담아 민족정신 보존과 주체성 확립을 드러내려 하는 것이다. 말하자면, 재일조선인 희곡은 북한 혁명연극의 창작 지침을 수용하여 반영하고 있다는 점이 그 특징이라 할 수 있는데, 이것은 또한 재일조선인 희곡의 한계로 지적된다.

4. 결 어

재일조선인 희곡문학은 북한의 이른바 김일성 주체사상과 주체문예이론의 틀을 그대로 반영하고 있으며, '문예동' 작가를 중심으로 전개된다. '문예동' 작가들은 북한의 창작 지침을 적극 수용하는 한편, 북한식 사회주의 이념에 근거하여 사회주의적 사실주의를 이른바 '주체사실주의' 창작방법론으로 변형시키고 이를 다져나간다.

재일조선인 희곡의 극작술은 북한의 이른바 주체문예이론을 기반으로 하고 있다. '사회주의적 내용'을 '민족적 형식'으로 표현하는 '성황당식 혁명연극'이 그것이다. 따라서 재일조선인 희곡은 대사·연기·무대 미술 및 음악 효과 등의 기법에 대해 각별한 관심을 드러낸다. 북한의 혁명연극에서 주로 사용하는 기법인 설득적 대사나 방창·설화자, 그리고 삽입 시나 가요 등이 그것이다. 또한, 재일조선인 희곡작가들은 소재나 주제 차원에서뿐만 아니라, 우리말 창작, 민족의식을 강조하는 전형적 인물의 등장 등 구성적 차원에서도 북한의 문예정책이 추구하는 명제들을 따르고 있다.

그러나 한편, 재일조선인 희곡 작가들은 북한의 주체문예이론이 강력히 요구하는 '민족적 형식'은 적극적으로 수용하고 있는 데 반해, 사회주의 혁명국가 건설이나 이념적 투쟁과 같은 '사회주의적 내용'을 극화하는 데는 비교적 소극적이라는 특성을 드러내고 있다. 이것은 이들 작가가 '재일'이라는 현실적 상황을 인식하고, 북한식 사회주의 이념의 표출보다는 우리말 창작을 통한 민족정신 고양이나 주체성 확립 문제에 무게 중심을 둔 데서 연유한다고 볼 수 있다. 따라서 재일조선인 희곡은 '민족적 형식'의 작품으로 재일조선인 사회, 나아가 재일한인사회가 경험해야 했던 민족 정체성의 혼란이나 이에 대한 반성적 성찰을 담아내고 있다고 할 것이다. 이 점에서 재일조선인 희곡문학은 한국사회에 대한 일방적 비판과 친북성향 일색이라는 한계에도 불구하고, 한민족의 삶과 정서를 표현한 한국문학으로 범주화할 수 있다.

□ 참고문헌

1. 기본자료

김지석, 「파랑새 전설(상)」, 『문학예술』 88호, 1987. 가을.
김지석 작/연출, 「하나 아리랑」 공연 대본(2003. 6. 26. '극단 부루나 2000', 공주 시문예회관, 한국)
서상각, 「응징」, 『문학예술』 76호, 1983.6.
＿＿＿, 「재생」, 『문학예술』 겨울호, 1990.
허남기, 「단 하나의 길 一」, 『문학예술』 11호, 1964.12.
＿＿＿, 「단 하나의 길 二」, 『문학예술』 12호, 1965.2.
＿＿＿, 「단 하나의 길 三」, 『문학예술』 13호, 1965.5.

2. 논저

김정훈·정덕준, 「재일한인 시문학 연구-재일 1세대 작품을 중심으로」, 『한국문학이론과 비평』 38집, 한국문학이론과 비평학회, 2008. 3.
김형규, 「조선 사람으로서의 자각과 재일의 극복」, 『한중인문학연구』 14집, 한중인문학회, 2005.
＿＿＿, 「귀국 운동과 '재일'의 현실」, 『한중인문학연구』 15집, 한중인문학회, 2005.
문혜원, 「재일동포 문학의 정치적 이념 갈등 연구」, 전북대 교육대학원 석사학위논문, 2004.
민병욱, 「북한 연극의 갈래론적 연구」, 『한국학연구』 16집, 고려대 한국학연구소, 2002.
박현선, 「재일동포의 국가 및 민족 정체성과 현실인식」, 『한중인문학연구』 17집, 한중인문학회, 2006.
백로라, 「재일동포 한국어 극문학 연구」, 『한중인문학연구』 14, 한중인문학회, 2005.
＿＿＿, 「김지석 희곡에 나타난 재일동포의 정체성」, 『한중인문학연구』 15집, 한중인문학회, 2005.

_____ ,「재일동포 한국어 희곡에 나타난 주체문예이론의 수용 양상과 '민족' 이데올로기」,『한중인문학연구』17집, 한중인문학회, 2006.

서연호,「북한 연극의 실태와 원리에 관한 고찰」,『한국학연구』16집, 고려대 한국학연구소, 2002.

서연호·이강렬,『북한의 공연예술 I』, 고려원, 1989.

이상우,「극양식을 중심으로 본 북한 희곡의 양상」,『한국극예술연구』11집, 한국극예술학회, 2000.

한국비평문학회,『북한 가극·연극 40년-5대 성과작을 중심으로』, 신원문화사, 1990.

한승옥,「재일동포 한국어 문학연구 총론 I」,『한중인문학연구』14집, 한중인문학회, 2005.

'조총련' 비평의 실체와 민족문학적 의의
- '문예동' 『문학예술』을 중심으로

1. 서언

    재일한인[1]의 일본 이주는 1910년경부터 시작된다. 1910년 경술국치(庚戌國恥) 이후 수많은 농민이 빈궁한 농촌 생활에서 벗어나 보다 나은 삶을 찾아서 일본으로 건너가기 시작하는데, 이후 그 수가 점증한다. 특히, 1939년 이후 일제의 식민지 정책에 따라 탄광 노동자 등으로 강제 징용당하여 일본 각지로 보내지는 노동자·농민의 수가 급증한다. 이에 따라 1945년 광복 직전에 이르면 재일한인의 수는 유학생을 포함하여 210만여 명에 이르게 된다. 유학생을 제외한다면, 재일한인은 대부분 일본의 노동 시장에 흡수되어 토목·광산·부두 등의 하층 노동자로 전락, 식민지 지배국에서 피

---

1 재일한인사회는 광복 후 정치 성향이나 이념에 따라 '민단'계의 '재일한국인'과 '조총련'계의 '재일조선인'으로 나뉘어 대립 갈등하는데, 북송사업(1959.12~1984)과 '한일협정(1965)' 체결 이후 더욱 심화된다. 이 글에서는 '민단'계와 '조총련'계를 나누지 않고 '재일한인'으로 통칭하되, '조총련'계만을 따로 지칭할 경우 재일조선인으로 칭한다.

지배 민족으로서 온갖 민족적인 차별과 억압을 감내하며 생존을 이어가게 된다.

제2차 세계대전이 끝나자, 재일한인은 대부분 귀국선에 오르고, 1946년 말에 이르러 이들의 귀국은 대체로 끝난다. 하지만 고향에 생활의 근거가 없는 사람은 돌아가지 못한다. 더욱이 남북 분단과 뒤이은 한국전쟁 등 한반도의 정치·경제·사회적 혼란으로 인해 돌아갈 곳을 잃게 된 재일한인은 어쩔 수 없이 일본에 남게 된다. 일제 강점과 이후의 남북 분단이라는 한민족의 특수한 역사·사회적 배경은 자·타의에 의해 일본에 거주하게 된 재일한인의 삶과 정체성을 결정짓는 중요한 요소가 된다. '재일본조선인거류민단'(이하 '민단')과 '재일본조선인총련합회'(이하 '조총련')로 갈라진 재일한인사회, 그리고 극심한 민족적 차별 등 재일한인의 삶 자체는 한반도의 정치·역사적 상황을 민감하게 반영하면서 남과 북, 그리고 일본사회에서 모두 배척받는 일종의 '경계인'[2]으로서의 삶을 강요받는다.

광복 후 오늘에 이르기까지, 일본 정부는 특수한 역사적 배경을 가지고 있는 재일한인의 입장을 배려하기보다는 외국인등록법이나 출입국관리령 같은 엄격한 규정을 만들어 재일한인을 일본사회로부터 배제하는 정책으로 일관한다. 1947년 5월 2일, 일본 정부는 재일한인에 대한 동화정책의 일환으로 '외국인등록령'(칙령 제207호)을 공포하고, 이에 따라 재일한인은 외국인으로서 등록하게 된다. '외국인등록령'이 공포되자, 이에 대응하기 위해 '재일본조선인련맹'(1945.10. 이하 '조련')은 민족교육을 강화해 나간다.

재일한인문학은 이주 초기부터 현재까지 일본에서 겪는 민족적 차별과 억압의 현실을 핍진하게 그리는 한편, 민족적 정체성을 찾기 위해 끊임없이

---

2 이연숙, 「디아스포라와 국문학」, 『민족문학사연구』 19호, 2001.12, 64~70면.

고뇌하고 저항해 나가는 모습을 담고 있다. 재일조선인 문학 또한 예외는 아니다. 북한 국적의 '조총련'계 작가들은 그들 자신을 '재일조선인' 작가로 부르는데, 이들이 생산하는 문학은 북한문학과 궤를 같이한다. 이들은 '재일본조선문학예술가동맹'(이하 '문예동')을 결성, '조선어'[3]를 사용하며 활발하게 활동하고 있다. '문예동' 기관지 『문학예술』을 살펴보면, '조총련' 계열의 문학은 특히 평론에서 이른바 김일성 주체사상과 주체문예이론의 틀을 그대로 수용하고 있다. '문예동'은 북한 '조선문학예술총동맹'의 창작 지침을 그대로 수용, 마르크스레닌주의에 입각한 사회주의리얼리즘을 북한식의 사회주의 이념에 근거하여 '주체사실주의' 창작방법론으로 정초해간다. 대부분의 평론은 김일성과 조국(북한)에 대한 충성심을 일방적으로 강조하고, 이를 위해 '총련애국사업'에 적극 나설 것을 주문하는 것도 이 때문이다. 김일성의 교시, 북한노동당의 노선, 그리고 조직 강령 등이 평론의 준거가 되는 것이다.

한국 국적을 가지고 있는 '민단'계 재일한인과는 달리, 북한 국적자로서 북한을 조국으로 생각하는 재일조선인의 신분은 북한의 '해외공민'이다. 사회주의 국가인 북한으로부터 해외공민의 자격을 부여받은 재일조선인은 자본주의 사회인 일본에서 생활하는 데 어려움을 겪을 수밖에 없다. 밀려오는 자본주의 문화의 영향과 함께, 그럼에도 불구하고 북한이 추구하는바 사회주의 이념을 그대로 유지해야 하는 데 따른 갈등 때문이다. 일본에 거주하면서도 북한의 해외공민이라는 그들의 이중적인 지위가 자신들의 정체성에 혼란을 가져온 것이다. 게다가 갈수록 세대 간의 갈등은 심각해지고 있다.

---

[3] '문예동' 작가들은 한글을 '조선어'라고 부르는데, 이 글에서는 이들 문학의 논의일 경우에만 '조선어'라 칭한다.

'민단'계 재일한인 작가들은 1,2세대들이 일본어로 작품을 창작하는 예도 드물지 않고, 3세대 작가의 경우 오히려 일본어로 창작하는 것을 당연하게 생각하기도 한다. 하지만 재일조선인 작가들은 어떻게든 조선어를 고수하고자 한다. 조선어를 고수하는 재일조선인 1세를 형상화한다는 것은 인간의 존엄과 양심을 지켜나가는 것이고, 나아가 재일조선인의 원점을 파고드는 작업이며 재일조선인이 자신을 비춰 보는 삶의 거울이라는 주장이 그것을 반증해 준다.[4] 따라서 이념에 대한 강박관념에서 벗어나고자 하는 신세대와 이념을 고수하고자 하는 구세대의 갈등은 필연적 현상이라고 볼 수 있다. 언어 문제를 둘러싼 갈등은 재외 한인이 거주하는 어느 곳에서든 동일하게 나타나는 현상이지만, 특히 북한의 주체사상에 견인되는 재일조선인에게 언어는 그들의 정체성을 규정하고 그들이 생산한 문학의 본질을 파악하는 데 필수적인 요소라 할 수 있다.

이 글은 광복 후 재일조선인 문학의 전개 양상을 개괄적으로 살펴보고, '조총련' 비평의 특징을 북한문학과 관련하여 살펴보려고 한다. 특히 재일조선인의 정체성을 규정하고 '조총련' 문학비평의 특징을 파악하는 데 언어 문제가 필수적인 요소라고 보고, 이중 언어에 대한 인식 문제를 중심으로 '조총련' 비평의 민족문학적 위치를 확인하고자 한다.

2. 광복 후 재일조선인 문학의 전개 양상

재일조선인에게 '조총련'은 그들의 삶을 떠받쳐 주는 지주와 다름없다.

---

[4] 리방세, 「고향땅을 찾은 어머니의 넋-시 '눈약'에 대하여」, 『불새』 14호, '문예동' 대판지부.

"일본엔 총련이 있고 돌아가면 행복하게 살 수 있는 조국이 있다."[5]는 데서 짐작할 수 있는 것처럼, 그들은 '조총련'을 떠나서는 살 수 없다고 인식하고 있다. 재일조선인은 한때 그들이 조국으로 생각하는 북한에 다녀올 수가 없었다. 광복 후 20여 년 동안 그들은 단 한 번도, 단 한 사람도 일본 땅을 떠나 다시 일본 땅을 밟아 본 적이 없다. 따라서 조국과 고향에 가면 다시는 돌아올 수가 없던 그들에게 '조총련'은 조국에 버금가는 존재로 각인된 것이다.

'조총련'이 재일조선인에게 그들은 일본에 사는 소수민족의 하나가 아니라 북한의 해외공민이라는 사실을 주지시켜온 탓이겠지만, 북한 체제를 절대적으로 신임하는 이들에게 한국은 미국의 앞잡이일 뿐이다. 그래서 미국이 "남조선을 영원히 자기들의 식민지로 만들기 위하여 계속 둥지를 틀고 앉아 있다."(작자 미상, 「함께 새봄을 맞을 그날을 위하여-남조선에 있는 옛 친우에게 보내는 편지」 부분)라고 말한다. 그들이 쓰는 어휘 또한 매우 도발적이고 원색적이다. "미국 놈과 박정희 역도들"(작자 미상, 「함께 새봄을 맞을 그날을 위하여」), "미제의 더러운 개 박정희 군사 깡패의 장기《집권》책동"(고연의, 「또다시 4월의 항쟁의 거리에서」, 『문학예술』 30호, 1969), "전두환 파쑈 악당"(필자 미상, 「한 해를 보내며」 중에서) 등은 그 대표적인 예이다. 그들은 특히 한일협정(1965)에 대해서 안으로는 민족 분열을 영구화하고 밖으로는 일본 군국주의자들을 끌어들이려는 술책이라고 비판한다. 반면에 그들의 조국 북한은 수령의 영도 아래 사회주의 국가를 건설하고 인민들은 행복한 생활을 누리는 이상향이며, '5.18 민주화운동'도 그들이 경애하는 김일성의 지도에 따라 발생한 것이라고 강변한다.[6]

---

5 김태경, 「바람란리 물란리」, 『문학예술』 1호, 1960. 1.
6 리은직, 「광주 시민들의 만세 소리」, 『문학예술』 56호, 1974. 12.

재일조선인 문학은 이와 같은 '조총련'계의 현실인식, 일본에 거주하는 북한의 해외공민이라는 재일조선인의 조국의식을 충실히 담아내고 있다. 그러나 "엄격하게 말해서 문학이란 민족 문학인데 그 문학 활동을 해외에서 진행한다는 것은 실로 복잡한 문제로 되지 않을 수 없다."[7]는 지적처럼, 재일조선인 문학은 남북한과 일본의 정치·사회상황은 물론, 재일조선인의 일본에서의 위상과 사회 활동에 민감하게 반응하면서 전개된다.

1945년 광복은 재일조선인 사회에 획기적인 변화를 가져온다. 광복 직후 재일조선인은 복잡한 정세에도 불구하고 여러 조직과 단체를 결성하고, 합법적인 권리를 행사하기 위하여 투쟁한다. '재일본조선건국동맹'(1945.8) 결성을 시작으로, 한 달여 만에 '효고조선인협회' '북해도조선인해방련맹' 등의 단체가 일본 각지에서 속속 조직된다. 이후, 각기 서로 다른 경향성과 계급적 구성을 가진 이들 단체는 그 효과적인 활동을 위하여 각 단체를 하나의 조직체로 통합, 민족 통일전선 조직으로서 '조련'을 결성한다. '조련'은 재일조선인의 귀국 실현과 수송을 1차적 목표로 삼는다.[8] 그러나 그 일이 여의치 않게 되자 일본에 계속 체류하게 된 재일조선인의 생활 안정을 위해 투쟁해나가는 한편, 재일조선인에 대한 교육과 계몽사업을 벌인다. 잃어버린 '민족'을 찾기 위해서는 민족교육과 계몽사업보다 더 시급한 일은 없기 때문이다. 이러한 '조련'의 사업은 '재일조선통일민주전선'(1951.

---

[7] 정호수, 「재일조선인에 의한 문학 활동에 대하여(1)」, 『문학예술』 65호, 1977. 12. 그는 광복 후부터 1959년까지의 재일조선인 문학 활동을 ①해방 직후 '조련' 조직과 당시 문학 활동(1945.8~1949.9), ②'민전' 시기의 문학 활동(1949.10~1955.4), ③'조총련' 결성과 그 이후의 문학 활동(1955.5~1959)으로 나누어 살펴보고 있다.

[8] 북한의 귀국 운동과 관련해서는 권은주, 「북한의 재일조선인 귀국 운동에 관한 연구-추진 목적을 중심으로」, 서강대 석사학위논문, 2006, 참조.

1. 이하 '민전')이 이어받는다.

　이 시기의 재일조선인 문학은 『조련문화』 『백민』 등의 잡지를 중심으로 전개된다. 『조련문화』는 당대 재일조선인 사회를 대표하는 한글 종합잡지로, 여기서 활동한 작가들은 대부분 계급적인 입장을 지니고 있었다. 이와는 달리, 중립적 입장인 소수의 작가나 한국의 입장을 따르는 작가는 『백민』 『고려문예』 등을 중심으로 문학 활동을 벌이는데, 대체로 자연주의적 경향을 띤다. 그러나 이러한 현실적인 입장 차에도 불구하고, 이들은 과거 식민지 통치로 인하여 짓밟힌 '조선문학'을 지키고 그것을 대중문화 계몽운동과 결부시켜 '조선민족문학'을 재건하는 데 인식을 같이한다. 한편, 이 시기에 이미 일본어로 작품을 창작하는 작가도 나타나기 시작하는데, 이들은 일본어로 작품을 창작 발표하면서 일본 문단에 적극적으로 동참해 나간다. 따라서 광복 직후 재일조선인 문학은 '조선문학' 재건을 지향하는 그룹과 일본 문단에 진출하여 작품 활동을 벌이는 그룹으로 양분할 수 있는데, 이들은 사용 언어가 '조선어' '일본어'로 서로 다를 뿐 아니라, 민족의식이나 현실인식에서도 적잖은 거리를 드러낸다. 이러한 흐름은 이후에도 지속된다.

　'민전' 시기와 '조총련' 결성 이후의 문학 활동은 재일조선인 사회의 조직 정비와 궤를 같이하면서 전개된다. 광복 직후 급변하는 국내외 정세에 효과적으로 대응하기 위해 이들 단체를 하나로 통합할 필요성이 제기되고, 그 결과 '민족연합전선'을 표방하는 '민전'이 조직된다. 하지만 '민전'은 소속 단체들의 이념 노선이 다양하여 통일적인 조직체로서의 기능은 발휘하지 못한다. 1950년 한국전쟁 이후, 미국과 일본은 급변하는 국내외 정치 상황을 빌미 삼아 재일조선인의 활동에 대한 탄압을 강화하고, 이에 맞서 재일조선인 사회는 더 강력한 조직을 결성한다. '재일조선문학회' 소속 작가들을 중심으로 하여 조직된 '재일조선인문화단체협의회'(1955.6. 이하 '문단협')를 거쳐, 1959년 6월에 결성된 '재일본조선문학예술가동맹'(이하 '문예동')이 그것이다. '조총련'은 재일조선인 사회에 획기적인 변화를 가져온다. 과거 극좌적인 노선에 휩쓸려 우왕좌왕하던 여러 조직이 '조총련' 산하에서 재정비되고, 이에 따라 투쟁도 더욱 조직화된 것이다. 재일조선인 문학 또한 그러하다. '조총련' 결성 이후, '문예동'을 중심으로 한 재일조선인 문학은 북한의 문예정책에 따라 조국의 평화적 통일과 독립을 위한 문학 활동을 전개해 나가는데, 이는 지금까지도 거의 변함없이 그대로 지속되고 있다.

요컨대, 1955년 '문단협' 결성 이후 재일조선인의 문학 활동은 북한의 정책에 민감하게 반응하면서 재일조선인의 '해외공민'으로서의 삶과 애국 운동을 그려내는 투쟁이라고 말할 수 있다. 조국(북한)에 귀국하는 문제를 다룬 작품을 비롯하여 민주주의적 민족교육의 발전을 주제로 한 작품, 한일회담을 비판하는 작품 등은 그 대표적인 예이다. 이러한 경향은 '문예동' 작가들의 문학에 특히 두드러지게 나타나는데, 이것은 재일조선인 문학의 주요한 특성으로 지적된다.

3. '조총련' 문학비평의 원점, 김일성 주체사상

'조총련'은 북한의 유일한 해외공민 단체로서, 민족적 주체의 확립을 강조하면서 '김일성 영도 아래 조국을 통일'하는 데 이바지하고자 하는 조직이다. '조총련'의 문학비평은 이러한 '조총련'의 정책을 기본 골격으로 전개되는데, 이는 북한 대덕산을 방문한 뒤 발표한 '조총련' 대표의 글에 분명히 드러나 있다. "그렇다! 평범한 병사를 영웅으로 만들게 하는 그 정신의 원천, 그 힘의 원동력은 바로 그이께서 우리의 운명, 우리의 조국이시고 한 분밖에 없는 우리의 수령이시라는 그 신념에 있다! (중략) 당신이 없으면 우리도 없고, 당신이 없으면 조국도 없다."[9]에서 보듯, '조총련' 문학비평은 '당과 수령, 조국에 대한 한없는 사랑'을 작품 평가의 주된 잣대로 삼은 것이다.

한국문학에 대한 비판도 여기서 출발한다. 리은직[10]은 『사상계』(7인 저작집)에 실린 「임진강」(유주현)과 「꺼삐딴 리」(전광용), 「박람회」(박경수), 「닳아지는 살들」(이호철), 「야화」(서기원), 「자수민」(남정현) 등을 예로 들고, 이들 작품은 다만 비참한 현실을 폭로했을 뿐 독자들이 그러한 현실 속에서 어떻게 싸우며 어떻게 이겨내야 하는가에 대해서는 아무런 시사도 없다고 비판한다. 다시 말해서 한국에서 일어나는 모든 비참한 사태의 근원은 오로지 미제국주의자의 강점으로 인하여 생겨났다는 것, 따라서 미국을 한국에서 몰아내고 조국을 평화적으로 통일해야 하는 당위성을 주제로 형상화해야 한다는 것이다. 한국문학이 이런 성과밖에 거두지 못한 것은 작가들이 이른바 혁명의 전망에 대해 정확하고 확고한 신념을 가지지 못했기 때문이라고 주장한다.

허준[11]도 예외는 아니다. 그는 「증인」(박연희, 1955), 「213호 주택」(김광식, 1956), 「쑈리 킴」(송병수, 1956), 「오발탄」(이범선, 1959) 등을 다루면서, 이들 작품은 한국사회의 저류에서 움직이고 있는 '힘의 원천'에 뿌리를 박

---

9 원정희, 「대덕산을 찾아서(방문기)」, 『풍랑을 헤치며-총련결성45돐기념문학작품집』, 문학예술종합출판사, 2000.6.10.
10 리은직, 「분격을 투쟁에로-최근의 남조선 문학 작품을 읽고」, 『문학예술』 4호, 1962. 10.
11 허준, 「저류를 형성하는 것-남조선의 작품을 읽고」, 『문학예술』 8호, 1964.5.

고 있다는 점에서 긍정적인 평가도 하지만, 그러나 '조총련' 문학비평의 잣대로 비판한다. 「증인」에 대한 평가는 특히 그러하다. 「증인」의 주인공 '장준'이 진정한 공산주의적 인간으로는 형상화되지 못했다는 것이다. 허준은, 이 글에서, 먼저 작가가 올바른 세계관에 입각해 있지 못하기 때문에 적을 명확하게 규정하지도 못하고, 투쟁의 방향도 정확하게 제시하지 못하고 있다고 비판하고, 따라서 프롤레타리아문학의 전통을 계승 발전시켜 거기에서 투쟁의 방향을 찾아야 한다고 주장한다. 이어서, 한국문단의 추천제도와 그 병폐를 지적한다. 한국에서는 기성 작가의 추천을 받아야 등단할 수 있으며, 이 때문에 가부장적인 파벌이 형성되고, 이런 파벌이 새로운 경향과 가능성을 압살해 버린다는 것이다. 마지막으로, 가장 중요한 원인으로 정치적인 탄압을 지적한다. 이것 때문에 「증인」은 조직된 역량을 가진 세력을 형성하지 못한 채 투쟁의 방향을 정확하게 제시하지 못하며, 자연발생적이며 개인적인 저항에 머무르고 있다는 것이다.

요컨대, 「증인」은 1910년대의 혁명적인 문학 전통을 계승 발전시키지 못하고 있고, 특히 전민족적 과제인 조국의 평화적 통일문제에 대해서는 그 논점이 흐려져 있다는 비판이다.[12] 그는 「계루도」(송병수), 「부주전상서」(남정현) 등에 대해서도 비판적으로 평가한다. 풍자와 해학으로 사태를 흐리지 말고, 한국 사회를 어지럽게 하는 것은 '미제국주의'라는 점을 명확히 드러내야 한다는 것이다. 허준의 이러한 시각은 궁극적으로 '단순한 반항에서 반미 구국의 문학'을 요구하는 근거로 작용한다.[13]

---

[12] 윤학준, 「저항문학의 자세와 수법-남조선의 작품을 읽고」, 『문학예술』 10호, 1964.9/ 「저항문학의 사상적 특성과 앞으로의 과제-남조선의 문학작품을 읽고」, 『문학예술』 11호, 1964. 12.
[13] 윤학준, 「반항 문학에서 반미 구국의 문학에로—남조선 시인들의 투쟁을 중심으로」, 『문학예술』 6호, 1963. 5.

'조총련' 문학비평은 1960년대 한국의 '순수/참여' 논쟁에 대해서도 비판적이다. 윤학준[14]은, "과거나 지금이나 순수문학을 공격한 놈은 당의 문학이다"라는 이형기의 지적에 대해 김우종이 정면으로 맞서지 못하고 "나는 빨갱이가 아니다"라는 변명으로 일관한다고 비판한다. 윤학준이 말하는 '당의 문학'은 조선 인민의 절실한 염원인 조국의 평화적 통일을 성취하기 위한 애국적인 문학이다. 즉 문학은 조국을 평화적으로 통일하고 사회주의 국가를 건설하며, 세계 혁명에 이바지하는 투쟁을 위해 대중을 조직하고 동원하는 역할을 해야 한다는 것이다.[15] 이러한 문학의 전투성 제고는 문학에서의 서정성과 형상성을 제고시키는 작업이므로, 이 일은 재일조선인 문학이 조국(북한)의 당 문예 정책을 일본 실정에 구체화한 '조총련'의 문예 방침에 철저히 의거할 때만 가능하다는 것이다. 그가 작가의 수공업적인 작업 대신에 조직적인 집단 운동을 강조하는 것도 이 때문이다.

한편, 량남인[16]은 도식주의를 크게 경계한다. 그에 따르면, 도식주의는 작가가 현실에 깊이 들어가지 못해 생활의 논리를 정확하게 파악하지 못하거나 창작의 충동을 생활 속에서 느끼지 못할 때 일어난다. 문학은 결코 '조총련'의 방침을 도해(圖解)하거나 혹은 해설하는 책이 아니다. 물론 '조총련'의 방침이 현실 생활이 발전하는 합법칙성을 반영하고는 있지만, 그 방침을 작가로서 관철하기 위해서는 우선 그것을 바탕으로 현실 생활을 관찰하고 그 본질을 파악해야 한다는 것이다. 그 방침이 인간들 속에서 어떤 힘으로 작용하고, 사람들을 어떻게 변화시키며, 생활을 어떠한 방향으로 발전시키고 있는가를 파악하여 전형적 성격을 통해서 그 생활의 진실을

---

[14] 윤학준, 「남조선 평론의 새로운 경향―'순수' 시비 론쟁을 중심으로」, 『문학예술』 13호, 1965. 5.
[15] 김석범, 「평론 활동을 왕성히 할 데 대하여」, 『문학예술』 9호, 1964. 7.
[16] 량남인, 「최근에 발표된 소설들에 대하여」, 『문학예술』 12호, 1965. 2.

반영해야 한다. 또 그렇게 함으로써 대중을 애국주의 사상으로 교양하여 '조총련'의 애국 사업에 더 적극적으로 나서게 할 수 있다. 작가가 생활을 잘 알 때 비로소 많은 형상에 둘러싸여 생활하게 될 것이지만, 그 형상들은 작가에게 권태와 안일을 허용하지 않는다. 작가의 붓이 자기들의 모습을 왜곡할 때는 시정을 명령할 것이며, 따라서 도식주의를 극복하기 위해서는 작가가 생활 속에 깊이 들어가 인간들과 그들의 생활을 잘 아는 것만으로는 부족하며, 작가는 높은 예술적 기교를 소유해야 한다. 작가의 사상과 그것에 의해서 인식되고 파악된 정책과 방침이 문제의 핵심에 파 들어가는 메스라면, 예술적 기교는 그것을 적출하는 집게라고 할 수 있기 때문이라는 것이다.

량남인은, 이 글에서, 예술적 기교와 함께 특히 작가의 사상을 강조하고 있지만, 그러나 이러한 주장은 결국 주체사상으로 무장한 이른바 주체문예이론으로 귀결된다. 우선 작가 자신은 수령의 혁명사상으로 철저히 무장하여 조직 생활을 강화해야 하며, 동시에 예술적 기량을 제고시키기 위해 북한의 창작 성과에서 배워야 한다. 이를 위해서는 항일무장투쟁을 다룬 작품을 많이 창작해야 하며, 해방 후의 혁명 투쟁과 한국 대중들의 애국 투쟁을 주제로 한 작품을 많이 창작해야 하는데, 이런 관점은 '조총련'의 문예 방침에 다름 아니다. 다음 인용은 이를 구체적으로 제시하고 있다.

> 수령님께서 가르치신 바와 같이 문예 일군들 앞에 제기된 영예로운 임무를 수행하기 위해서는 우선 작가의 정치사상 수준을 높일 문제가 무엇보다도 중요하게 나선다. 그것은 바로 위대한 수령님의 불멸의 주체사상, 문예사상으로 철저히 무장하여 그를 뼈와 살로 하고 조선로동당의 정책과 총련의 방침을 깊이 틀어잡는 문제이다.
> 그래야만 현실 속에서 새것과 낡은 것, 본질적인 것과 비본질적인 것을 가려낼 수 있고, 현실을 정확하게 보며 진실하게 묘사하는 창작 태도와

입장을 확고히 가질 수 있다.
동시에 수령님께서 문예 부문에 주신 교시를 깊이 연구 체득하여 창작 활동에서 관철하여야만 사회주의적 사실주의에 의거한 영예로운 문예 전사로 나갈 수 있다.
또한 높은 사상성에다 예술성을 안받침하기 위하여 예술 창조 기량을 높일 문제이다.[17]

김일성의 주체사상과 문예사상을 뼈와 살로 하고 아울러 조선노동당의 정책과 '조총련'의 방침을 자기 것으로 만들 때, 현실 속에서 새것과 낡은 것, 본질적인 것과 비본질적인 것을 가려낼 수 있다는 것이다. 여기서 예술적 기교 이전에 먼저 사상성을 명확하게 해야 한다는 '조총련'의 문예 방침을 확인할 수 있다.

김학렬[18] 또한 '사상성'과 '예술성'에 대한 깊은 이해를 보여준다. 그에 의하면, 사상성이란 시의 경우 정서적으로 파악된 사상적 알맹이로서의 시의 종자, 나아가 그것에 기초한 사회철학성을 말하며, 시에는 반드시 이와 같은 시인의 주장과 색다른 사색이 있어야 한다. 시는 사상정서 즉 서정성과 철학성, 그리고 생활적 진실성에서 새로운 맛이 나야 하지만, 거기에다 미적 매력이 가미되어야 그것이 시로서 완성된다고 할 수 있다는 것이다. 그는 또한 시적 형상성을 높이기 위해서는 무엇보다도 표상(또는 심상)이 뚜렷해야 하고, 참신하고 세련된 시어와 표현이 요구되며, 운율을 잘 조성하여야 한다고 강조한다. 문학에서, 내용은 그에 맞는 형식을 요구하는 것이므로, 내용과 형식이 통일된 완성미를 추구해야 한다는 것이다.

---

17 소영호, 「생활을 더 생동하게 그리자-지난해 <문학예술>에 발표된 산문들을 읽고」, 『문학예술』 45호, 1973. 2.
18 김학렬, 「생활의 진실성과 매력있는 시적 형상을 추구하자-최근 시작품을 읽고 느낀 창작상 문제」, 『문학예술』 78호, 1984.7.

량남인과 김학렬의 이러한 견해는 1970년대에 제기된 '종자론'[19]과 관련되어 있다. 종자란 작품의 핵으로서, 작가가 말하려는 기본 문제가 있고 또한 형상의 요소들이 뿌리내릴 바탕이 있는 생활의 사상적 알맹이다. 작품에는 반드시 작가가 독창적으로 발견하고 깊이 있게 심어놓은 종자가 있어야 하며, 거기서 아름다운 형상의 꽃이 만발하도록 하여야 한다는 논리다. 이 종자를 바로잡기 위해서는 무엇보다 먼저 김일성 교시와 그것을 구현하고 있는 '조총련'의 결정을 깊이 학습하여 현실에 대한 정책적 안목을 가져야 한다는 것이다.[20] 말하자면, 종자는 '김일성주의'를 구현하는 핵심적인 요소인 셈이다. 종자는 결국 김일성에 대한 끝없는 충성을 요구하는데, 작품에서의 철학적 깊이란 종자의 철학적 무게, 사상의 철학적 심오성, 사회적 문제의 예리성, 생활의 새로운 탐구, 깊이 있는 분석적인 세부 묘사와 언어 구사를 통하여 보장되는 창작 과정의 총체를 말한다.[21]

> 우리의 모든 창작 활동은 위대한 수령님과 친애하는 지도자 동지의 가르치심과 그에 의거한 총련의 방침에 복종되여야 하며 그를 철저히 관철하는 과정으로 되여야 한다.
> 시문학은 이와 같은 우리의 생활을 고유하고 추동하는 무기로 되여야 하며 그 속에서 기쁨과 영광을 안겨주어야 할 것이다.
> 그렇게 볼 때 단순한 사랑을 위한 사랑의 노래, 무사상적인 시작품들을 철저히 배격하여야 할 것이다.
> 그렇다고 하여 정책이 전면에 들어난 직선적이며 서정이 없는 시를 쓰라

---

[19] 손화숙,「공산주의적 교양과 긍정적 인물의 변모 양상」, 최동호 편,『남북한 현대문학사』, 나남, 1995, 329-352면.
[20] 진길언,「총련을 주체사상으로 일색화하는 데 적극 이바지하는 문예 작품을 많이 창작하자」,『문학예술』 55호, 1975.5.
[21] 김윤호,「시문학이 걸어온 영광의 30년- <문학예술> 100호 즈음하여」,『문학예술』100호, 1991.6.

> 고 하는 것은 아니다.
> 시문학의 고유한 특성은 서정성에 있다. 시가 정책을 반영한다고 하여 서술식 문장으로 되여서는 안되며 정치적 구호의 나열이 되여서도 안 된다.
> 깊은 서정을 보장하면서 정책을 철저히 관철하는 데 시가 시로서의 가치를 가지는 것이라고 할 수 있다.[22]

모든 창작 활동은 '김일성 수령'과 '김정일 동지'의 가르침과 그에 의거한 '조총련'의 방침에 복종해야 한다는 것이다. 특히 김학렬은 종자론의 연장선에 서서 '주체사실주의'와 관련하여 상세하게 언급한다. 주체문학론은 후계자 김정일의 등장과 관련되어 있는데, '주체문학론'이 제기되면서 내용에서는 수령·당·대중의 통일체에 관한 사상(3위1체의 원칙)에 기초하여 현실을 보고 그리는 문제,[23] 그리고 형식에서도 새로운 내용에 맞게 새롭게 혁신하기 위하여 새로운 창작방법과 창작 태도를 추구해야 한다는 것이다.

> 우리 문학예술이 의거하고 있는 우리 식의 사회주의적 사실주의 창작방법은 그 형성의 사회력사적 경위에 있어서나 철학적 기초와 미학적 원칙에 있어서 선행한 사회주의적 사실주의와 구별되는 새로운 창작방법이다. 우리 문학예술이 의거하고 있는 우리 식의 사회주의적 사실주의 창작방법은 주체사실주의, 주체사실주의 창작방법이다.[24]

---

[22] 같은 글.
[23] 오창은, 「'고난의 행군'시기 북한 문학평론 연구-수령형상창조 붉은기사상강성대국건설을 중심으로」, 『한국근대문학연구』, 월인, 2007, 25~48면 참조.
[24] 김학렬, 「주체사실주의의 기치를 높이 들고 창작에서 새로운 전환을 일으키자―친애하는 지도자 동지의 문예 로작 '다부작 예술영화 민족과 운명'의 창작성과에 토대하여 문학예술 건설에서 새로운 전환을 일으키자」, 『문학예술』 105호, 1993. 3.

이른바 주체사실주의 창작방법은 사회주의적 내용을 민족적 형식에 담는 것인데, 여기서 사회주의적 내용이란 자주성에 관한 문제와 자주적 인간, 자주성을 지향하는 인간의 전형 창조 문제를 담는 것을 말한다. 자주적 인간의 최고 전형은 주체형의 공산주의자, 즉 주체사상으로 무장하고 당과 수령에 대한 충성을 생명으로 여기는 참된 인간이며, 조국과 인민을 위하여 그리고 주체 혁명을 완성하기 위하여 모든 힘을 다 바쳐 투쟁하는 혁명가를 가리킨다. 그리고 민족적 형식이란 ①자기 민족의 미감과 요구에 맞고, 자기 민족이 좋아하는 형상 수단과 수법, 창작 기교를 구사하며, ②인민이 이해하기 쉽고 늘 쓰는 생활 언어를 문학어로 삼는 것 등을 말한다.

물론, 기존의 사회주의적 사실주의 창작방법도 사람을 사회관계의 총체로 보고 그것을 형상의 중심에 내세워야 한다고 주장한다. 하지만 자주성·창조성·의식성을 가진 사회적 존재인 사람이 세계에서 차지하는 위치와 역할에 기초하여 현실을 보고 그려야 한다는 요구를 전면에 제기하지는 못한다. 그래서 이른바 주체사실주의는 대중을 역사 발전의 주체요 자기 운명의 주인으로 형상의 중심에 내세우고, 그들의 자주적 요구와 창조적 능력에 의하여 자연이 개조되고 사회가 발전하며 인류 역사가 전진한다는 진리를 깊이 있게 형상화할 것을 요구한다. 요컨대 주체사실주의는 사람을 중심에 두는 세계관에 기초하되, 자주성을 척도로 인간과 생활을 전형화하여 진실하게 그리는 창작방법을 말한다. 사회주의적 사실주의 창작방법이 '계급성'을 전형화의 우선 척도로 내세우는 데 반하여, 주체사실주의 창작방법은 '자주성'을 전형화의 기본 척도로 삼아 민족과 인민의 자주성을 위하여 투쟁하는 사람이라면 비록 그가 부유한 가정 출신의 사람이거나 지식인이라 하여도 애국자·혁명가로 훌륭히 형상화할 수 있게 된다. 대중의 자주적인 지향과 요구에 맞는 생활은 시대의 본질과 역사 발전의 합법칙성을 체현한 전형이 될 수 있다는 것이다.

주체사실주의 창작방법이 제기됨에 따라 '조총련'계 문학비평의 '카프' 재평가도 자연스럽게 이루어진다. 주체사실주의 관점에서 볼 때, 카프의 한계는 자명하기 때문이다. 주지하듯, 카프 작품에는 비판적 사실주의 작품도 있고 사회주의적 사실주의 작품도 있지만, 카프가 새로운 강령을 내놓은 뒤에 나온 작품들은 기본적으로 사회주의적 사실주의 작품에 속한다. 그러나 조명희·송영·이기영·한설야·박팔양 등이 1927년 이후 발표한 작품은 대체로 내용에서 사회주의적이지만, '항일혁명문학'은 아니다. 주체사상에 기반을 두지 않았다는 것이다.

> 우리나라 혁명적 문학예술의 시원으로 되는 항일혁명 문학예술은 처음부터 주체사상을 세계관적 기초로 하여 우리 식의 새로운 사회주의적 사실주의 문학으로 발생, 발전하였다. 오늘 우리의 문학예술은 우리 식의 사회주의적 사실주의 문학예술이며 그 역사적 뿌리도 항일혁명투쟁 시기에 마련된 우리 식의 새로운 사회주의적 사실주의로부터 내리기 시작하였다. 새로운 우리 식의 사회주의적 사실주의가 우리나라 혁명적 문학예술의 시원으로 되는 조건에서는 <카프> 문학의 사회주의적 사실주의 경향을 인정한다고 하여 유산과 전통의 계선이 모호해지는 것도 아니며 혁명적 문학예술 전통에 <카프> 문학이 포함되는 것도 아니다.[25]

'카프'가 비록 역사상 가장 먼저 사회주의적 사실주의 작품[26]을 내놓았다고 하더라도, 그것은 사회주의적 사실주의의 한계를 극복하지 못한 과거 민족문학의 유산에 속한다. 따라서 그것은 혁명적 문예 전통과는 분명하게 구별되어야 하며, 항일 혁명투쟁 과정에서 이룩된 항일혁명문학이 광복 후

---

[25] 김학렬, 위의 글.
[26] 조명희, 「락동강」, 『조선지광』 1927.5.

주체사실주의의 토대가 되었다는 것이다.

이른바 주체사실주의는 자본주의 사회에서 혼란을 겪고 있는 '조총련'에게 해답을 제시하는 이론적 거점으로 작용한다. '조총련' 입장에서 볼 때, 재일조선인 작가들이 '주체의 인간학', 예컨대 '인간 문제에 해답을 주는 생활의 철학'으로서의 문학의 성격을 고수하고, 그에 따라 생활을 진실하게 반영한 작품 창작은 중요하고도 절실한 과제이다. 재일조선인 사회는 이미 2, 3세가 다수이고, 계급 구성에도 변화가 일어난다. 상공업 종사자 급증과 함께 귀국보다 일본 거주를 원하는 사람이 많아지고, 민족 고유의 말과 풍습 나아가 민족자주의식이나 민족 감정마저도 점차 사라져가고 있으며, 일본화되어가는 것이 당면한 현실이다.[27] 그러므로 '조총련'으로서는 이러한 혼란을 극복하고 재일조선인 사회를 통합해야 하는데, 이를 위해서는 무엇보다 '주체의 인간학'이 필요하고, 문학 또한 주체사실주의 입장에서 생활을 진실하게 반영해야 했던 것이다.

위에서 살펴본 대로, '조총련' 문학비평은 북한문학과 맥을 같이한다. '조총련'이 결성된 1950년대부터 1960년대까지 문학비평의 주제는 명확하다. '위대한 수령 김일성 원수님과 친애하는 지도자 김정일 동지'라는 상투어, 이들에 대한 송가, 사회주의 조국에 대한 열렬한 사랑과 동경, '주체조선'의 해외공민이 된 재일조선인의 보람된 생활, 자유와 민주를 위하여 싸우는 한국 대중들에 대한 지지와 성원, 미국과 '그 앞잡이들'에 대한 비판과 조국 통일에 대한 염원 등이 그것이다.[28] 1970년대 이후에는 김일성과 함께 김정일에 대한 충성심과 흠모의 정을 노래한 작품들이 많다. 그리고 1960년대에는 귀국에 대해, 1970년대에는 조국 방문을 감사해하는 작품들

---

27 박종상, 「시대가 요구하는 문학 창작을 위하여」, 『문학예술』 88호, 1987. 9.
28 정화흠, 「내 고향-김윤호 시집에 대하여」, 『문학예술』 92호, 1989. 3.

이 많은 것도 하나의 특징이다.

4. 이중 언어의 질곡, 조선어에 대한 인식

'조총련' 문학비평은 '조선어' 창작과 민족어 교육을 강조하는데, 김학렬·림경상 등이 특히 그러하다. 김학렬은 일본어가 아니라 민족어(조선어)로 작품을 창작하는 것은 문학예술의 민족적 형식을 지켜나가는 데 필수적이라고 주장한다. 민족어는 주체사실주의 고수를 위한 기본 요건이며, 따라서 작가가 남의 나라 말로 남의 나라 문학을 창작한다면 이는 일본말 반 조선말 반의 기형적인 '혼혈아' 문학에 불과하다고 비판한다. 말하자면 재일조선인의 문학은 북한의 문예 정책에 따라 민족어로 작품을 창작해야 하며, 이것이 곧 주체사실주의를 고수하는 민족문학이라는 지적인데, 이는 '조총련' 비평의 입장을 천명하는 발언에 다름 아니다.

한편, 림경상은 그의 글[29]에서, 김시종·박춘일·김달수 등의 작가는 재일조선인의 의식과 생활 감정을 조선민족의 그것과는 이질적인 것처럼 단정, 재일조선인이 북한의 해외공민으로서 느끼는 자각과 영예감을 고취하기는커녕 오히려 민족적 긍지를 무너뜨리고, 일제가 강요한 식민지적 노예근성을 답습하고 있다고 비판한다. 이들 작가는 우리 말과 글보다는 오히려 일본어를 사용하고 있고, 일제의 탄압 속에서도 굴하지 않고 지켜온 혁명적 문학의 전통을 계승하여 사회주의 건설에 이바지하고 있는 북한의 창작 성과들을 외면할 뿐 아니라, 오히려 일본의 부르주아 문학의 조류에 심취해 있다고 비판한다. 그리고 그는 주체사실주의에 입각하여 '전형적 상황에서

---

[29] 림경상, 「창작 운동의 새로운 앙양」, 『문학예술』 1호, 1960. 1.

의 전형적 인물'을 그릴 것과 '혁명적 낭만성'을 살릴 것을 요구한다.

'조총련' 비평에서 민족어로의 문학 활동을 강력히 요구하는 것은 재일조선인 사회의 변화에서 기인한다. 다음은 이를 잘 드러낸다.

> 조선 사람이 조선말을 썼다고 벌을 받는 세상, 허지만 나라 없는 백성이기에 이 억울한 사정을 어데다 하소연할 곳이 없었다.
> 그러나 오늘 우리들에게는 영광스러운 조국-조선민주주의인민공화국이 있으며 경애하는 수령의 어버이 손길이 있어 수만 리 이국땅에 있으면서도 공화국 공민이라는 자각과 긍지를 안고 떳떳하게 살고 있다.
> 천대와 멸시 속에 배우지 못한 원한이 사무친 동포들은 일본 정부로부터 기와장 한 개 얻지 않고 자력으로 수많은 우리 학교들을 지었으며 자주적으로 이를 운영하고 있다.
> 그런데 최근 일본 정부는 우리들의 민족교육을 <반일교육>이니 <일본의 국가 리익에 해롭다>느니 별별 생트집을 잡아 탄압을 하려고 설치고 있다.[30]

재일조선인은 일본 정부로부터 어떤 도움도 받지 않고 민족학교를 세워 교육하고 있는데, 일본 정부는 이를 '반일교육'으로 몰아 억압한다는 것이다. 이는 자기 말이 있어도 마음껏 가르치고 배울 수 없는 '재일(在日)'의 현실에 대한 비판이며, 재일조선인에 대한 감계(鑑戒)이기도 하다. 민족어 교육을 억압하는 외적 상황뿐 아니라, 재일조선인 사회 내부에서도 굳이 '조선어'를 고집할 필요가 있느냐는 비판적 분위기도 의식하지 않을 수 없는 것이다. 일본사회에서 어쩔 수 없이 살아가야 한다면, 차라리 일본을 내면화하여 살아가는 것이 바람직하다는 여론이 그것이다. 다음은 일본어가 재일조선인에게 내면화되어가는 과정을 정확하게 보여준다.

---

30 리은직, 「광주 시민들의 만세소리」, 『문학예술』 56호, 1974. 12.

일본 제국주의 시대의 침략적 본성을 그대로 나타내여 우리 녀성들의 정조를 짓밟고 안하무인격으로 서울이나 부산 거리를 헤매고 있는 일본 관광객 무리들의 뒤꽁무니에 따라다니면서 일본 이름으로 찍힌 사장이란 명함을 뿌리고 온갖 수치스러운 추태를 부리는 일부 재일동포들의 몰상식한 행실에 대하여 남조선 인민들이 증오와 멸시가 가득찬 눈총을 쏘고 있다는 것을 알고 있느냐고 물으면 그는 대답 대신 버럭 화를 내기만 한다.[31]

일본인과 함께 한국을 방문한 재일조선인, 그러나 그는 '조선어'를 쓰지 않고 의도적으로 일본어를 구사한다. 서로 단결하고 투쟁하기 위해 민족학교를 세우고, 또 그곳에서 조선어를 가르치고 있지만,[32] 갈수록 여의치 않다. 다음은 이러한 사정을 잘 보여준다.

내가 거주하는 지부도 인제는 전임위원장 한 사람 제외하면 다 조선말을 잘못한다. 아니 잘못하는지, 할 줄은 아는데 안 쓰는 것인지 망탕 일본말로만 얘기한다.
모두 비전임 상임들인데 그중에는 통 조선말을 모르는 사람도 있다고 한다.
하기야 민족운동의 무기이고 길잡이인 『조선신보』도 일본글 판이고 절반으로 줄어든 조선말판에는 되지도 않는 말 -이거야 일본말을 조선글로 옮겨 놓았을 뿐이 아닌가 생각되리만치 한심한 조선말들이 횡행하고 있는 지경이니까 더 말해서 무엇 하겠는가.
귀화자가 이미 수십만에 이른 데다가 해마다 1만 명가량씩이나 늘어나고 있다느니, 젊은 남녀의 70%가 일본인과 결혼하고 있다느니 하는 따위의 말들이 귀에 들어오면 그전에는 설마 하고 의문시하였었는데 요즈음은 몸에 소름이 끼칠 지경이다.[33]

---

31 리은직, 「남조선 고향땅을 생각하면서」, 『문학예술』 66호, 1978.
32 손지원, 「잊지 못할 화술 강습」, 『문학예술』 108호, 1998. 12.
33 금호강, 「바둑집에서」, 『겨레문학』 6호, 2001. 9.

위의 인용은 어떤 '조총련' 지부의 상황을 담담하게 내보인다. 전임위원장을 제외하고 모두 다 일본어로 말한다는 것, 비전임 상임들 가운데는 조선어를 전혀 모르는 사람도 있다는 것, 민족운동의 무기이자 길잡이 역할을 한『조선신보』도 조선말판은 절반으로 줄어들고 그 조선말조차 일본말을 조선말로 옮겨 놓은 것 같은 말뿐이라는 것, 그리고 갈수록 귀화자가 늘어가고 있고 일본인과 결혼하는 비율도 증가하고 있다는 것이다. 또한, 이 글은 습관적으로 "모시모시" 하는 할아버지에게 뜻밖에도 손자는 "할아버지입니까?" 하고 '조선어'로 말하더라는 조손(祖孫) 간의 전화 통화를 소개, 민족어 교육의 중요성을 피력한다. 일본어밖에 모르던 응석받이 손자가 민족학교에 다닌 지 석 달이 지나자 '조선어'를 말하게 되었다는 내용인데, 이것이 그들에게 주는 의미는 분명하다. "민족의 얼은 죽지 않고 엄연히 살아 있다."라는 것이며, 일본의 동화정책에 맞서 우선 민족어를 지켜가야 한다는 것이다.[34]

재일조선인 사회는 세대가 교체되면서 '조선어'를 모르는 2,3세가 갈수록 늘어나고 있다. 뿐만 아니라, 차라리 일본어로 창작하면 일본 출판사에서도 출판할 수 있고 일본 서점에도 보급할 수 있다는 여론도 점증하고 있다. 심지어 조선어로만 문학을 하는 것은 현실에 맞지 않으며, 재일조선인은 조선어와 일본어를 모국어로 하는 민족이라는 주장까지 제기되고 있다. 조선어를 자유롭게 구사할 수 없어 작품 창작에 애로가 많으므로, 조선민족의 독특한 성구나 속담들을 연구하고 민족적 표현 형식을 연구해야 한다는 제안[35]은 저간의 사정을 말해준다고 할 것이다. 요컨대, 세대교체가

---

34 조선어의 장래와 관련하여서는 일본어와 조선어의 긴장 관계에서 독특하게 형성된 '이카이노어', 그리고 그것의 전망에 대해 고찰하고 있는 유숙자의 글을 참고할 수 있다. 유숙자, 「오사카 이카이노의 재일한국인 문학」, 김현택(외), 『재외한인작가연구』, 고려대 한국학연구소, 2001, 306~310면.

이루어지면서 재일조선인 사회의 환경이 급격하게 변화하고 있고, 이러한 상황은 '조총련' 문단의 작품 창작에 심각한 문제를 제기하는 것이다.[36]

5. 결어: 민족문학적 위치

'조총련' 문학비평은 북한의 문예 정책을 그대로 준수하고 있다는 것이 가장 두드러지게 드러나는 특징으로 지적되는데, '조국은 위대한 수령님이시며 수령님은 곧 조국'이라는 사상은 이들 비평의 근간이 된다. 조국을 위대한 수령으로 파악하고 형상화하는 것 자체가 바로 조국에 대한 재일조선인의 감정을 진실하게 반영하는 것이며, 따라서 김일성 교시가 '조총련' 비평의 방향을 결정한다.

'문예동'은 '조총련'계 작가가 조선어로 창작한 문학, '재일조선문학'을 "조선문학의 한 부분을 이루는" 문학으로, "조선어를 형상 창조의 기본 수단으로 하여 자연과 사회의 주인인 사람을 기본묘사 대상으로 하는 민족문학"[37]이라고 규정한다. '재일조선문학'은 북한문학의 한 부분이요 민족문학이라는 것인데, 이른바 김일성 주체사상에 입각한 주체사실주의야말로 재일조선인 문학이 추구해야 할 유일한 이상인 셈이다. 그러나 사상성을 담보하고 나아가 그것을 형상화하는 수단인 언어 문제는 그리 간단하지 않다. 재일조선인 사회는 세대가 교체되면서 조선어를 모르는 2, 3세가 갈수록

---

[35] 박관범(외), 「우리 소설에서 극복해야 할 문제점」, 『문학예술』 93호, 1989. 6.
[36] 박종상, 「일본에서의 조선문학에 대하여-조선 관계 전문 학자들의 국제과학토론회 문학 분과에서 한 토론」, 『문학예술』 90호, 1988. 9.
[37] '문예동', 「창작에서 주체를 세우고 생활을 진실하게 그리자」, 『문학예술』 84호, 1986. 7.

늘어나고, 조선어로만 창작하기에는 여러 가지 어려운 여건이 조성되고 있기 때문이다.

그런데 이 언어 문제와 관련하여 '조총련' 비평 내부에서는 이미 오래전에 균열을 보여주는 목소리가 나오기 시작한다. 『문학신문』(1959.3.12)에 게재된 김하명의 「문학의 민족적 특성과 생활 반영의 진실성」[38]을 『문학예술』에 전재(轉載)한 일은 그 좋은 예이다. 이 글에 따르면, 언어는 문학 작품의 민족적 특성을 규정하는 결정적 요인은 아니며, 서로 다른 민족이 동일한 언어를 쓰고 있음에도 이들은 각각 자기들의 독자적인 민족문화를 건설하고 있다. 외국문학 작품을 우리말로 번역했다고 해서 그것을 우리 민족문학이라고 말할 수 없으며, 따라서 무엇보다도 "작품들에서 창조된 인간들의 성격, 그들이 살아가는 사회 환경의 민족적 특성, 이에 대한 작가의 태도에서 표현되는 그 민족 고유의 공통성들"이 중요하다는 것이다. 바꿔 말하여, '조총련' 비평은 북한에서 발표된 글을 빌어 조선어만을 고집할 수는 없다는 자신들의 의도를 간접적으로 드러낸 것인데, 이는 이미 1960년대에 '조총련' 내부에서도 다양한 목소리가 공존하고 있음을 암시하고 있다. 요컨대, 이 글은 민족적 특성이 무엇보다도 중요하며, 언어는 문학 작품의 민족적 특성을 규정하는 결정적 요인은 아니라고 말하는데, 이는 역설적으로 '조총련' 작가들이 누구보다 조선어의 위기를 더 강하게 느끼고 있었다는 하나의 반증이라 하겠다. 그들이 말하는 민족문학에 있어 언어는 민족 정체성을 확인하는 시금석과도 같다는 점에서 더욱 그러하다.

---

[38] 김하명, 「문학의 민족적 특성과 생활 반영의 진실성」, 『문학예술』 1호, 1960.1.(『문학신문』 1959년 3월 12일호에서 전재)

□ 참고문헌

권은주, 「북한의 재일조선인 귀국 운동에 관한 연구-추진 목적을 중심으로」, 서강대 석사학위논문, 2006.
금호강, 「바둑집에서」, 『겨레문학』 6호, 2001. 9.
김석범, 「평론 활동을 왕성히 할 데 대하여」, 『문학예술』 9호, 1964. 7.
김윤호, 「시문학이 걸어온 영광의 30년―<문학예술> 100호 즈음하여」, 『문학예술』 100호, 1991. 6
김태경, 「바람란리 물란리」, 『문학예술』 1호, 1960. 1.
김하명, 「문학의 민족적 특성과 생활 반영의 진실성」, 『문학예술』 1호, 1960. 1.
김학렬, 「생활의 진실성과 매력 있는 시적 형상을 추구하자―최근 시작품을 읽고 느낀 창작상 문제」, 『문학예술』 78호, 1984. 7.
_____ , 「주체사실주의의 기치를 높이 들고 창작에서 새로운 전환을 일으키자―친애하는 지도자 동지의 문예 로작 '다부작 예술영화 민족과 운명'의 창작 성과에 토대하여 문학예술 건설에서 새로운 전환을 일으키자」, 『문학예술』 105호, 1993. 3.
김현택(외), 『재외한인작가연구』, 고려대학교 한국학연구소, 2001.
량남인, 「최근에 발표된 소설들에 대하여」, 『문학예술』 12호, 1965. 2.
리광현, 「후레아들」, 『문학예술』 70호, 1980. 3.
리방세, 「고향 땅을 찾은 어머니의 넋-시 '눈약'에 대하여」, 문예동 대판 지부, 『불새』 14호.
리은직, 「분격을 투쟁에로―최근의 남조선 문학작품을 읽고」, 『문학예술』 4호, 1962. 10.
_____ , 「광주 시민들의 만세소리」, 『문학예술』 56호, 1974. 12.
_____ , 「남조선 고향땅을 생각하면서」, 『문학예술』 66호, 1978.
림경상, 「작 운동의 새로운 앙양」, 『문학예술』 1호, 1960. 1.
'문예동', 「창작에서 주체를 세우고 생활을 진실하게 그리자」, 『문학예술』 84호, 1986.7.
박관범(외), 「우리 소설에서 극복해야 할 문제점」, 『문학예술』 93호, 1989. 6.
박종상, 「일본에서의 조선문학에 대하여―조선 관계 전문 학자들의 국제과학토론회 문학 분과에서 한 토론」, 『문학예술』 90호, 1988. 9.
____, 「시대가 요구하는 문학 창작을 위하여」, 『문학예술』 88호, 1987. 9.
소영호, 「생활을 더 생동하게 그리자-지난해 <문학예술>에 발표된 산문들을 읽고」, 『문학예술』 45호, 1973. 2.
손지원, 「잊지 못할 화술 강습」, 『문학예술』 108호, 1998. 12.
____, 「조국을 노래한 재일조선시문학 연구(1)」, 『겨레문학』 3호, 2000. 12.
오창은, 「'고난의 행군' 시기 북한 문학평론 연구-수령형상창조 붉은기사상강성대국건설을 중심으로」, 『한국근대문학연구』, 월인, 2007.
원정희, 「대덕산을 찾아서(방문기)」, 『풍랑을 헤치며-총련결성45돐기념문학작품집』, 문학예술종합출판사, 2000. 6. 10.
윤학준, 「반항 문학에서 반미 구국의 문학에로—남조선 시인들의 투쟁을 중심으로」, 『문학예술』 6호, 1963. 5.
____, 「저항문학의 자세와 수법—남조선의 작품을 읽고 (그의 二)」, 『문학예술』 10호, 1964. 9.
____, 「저항문학의 사상적 특성과 앞으로의 과제-남조선의 문학작품을 읽고 (그의 三)」, 『문학예술』 11호, 1964. 12.
____, 「남조선 평론의 새로운 경향—'순수' 시비 론쟁을 중심으로」, 『문학예술』 13호, 1965. 5.
이연숙, 「디아스포라와 국문학」, 『민족문학사연구』 19호, 2001. 12.
정화흠, 「내 고향-김윤호 시집에 대하여」, 『문학예술』 92호, 1989. 3.
정호수, 「재일조선인에 의한 문학 활동에 대하여(1)」, 『문학예술』 65호, 1977. 12.
진길언, 「총련을 주체사상으로 일색화하는 데 적극 이바지하는 문예작품을 많이 창작하자」, 『문학예술』 55호, 1975. 5.
최동호(편), 『남북한 현대문학사』, 나남출판, 1995.
허준, 「저류를 형성하는 것-남조선의 작품을 읽고(그의 一)」, 『문학예술』 8호, 1964.5.

□ 찾아보기

(ㄱ)

가네시로 가즈키 ············ 48, 53, 57, 244, 248, 250, 252, 255, 257
『가리온(カリオン)』 ················ 33, 42
가야마 스에코 ························ 32
「가야코를 위하여」 ···················· 45
「가장 귀한 것」 ······················· 47
「가재의 봉변」 ······················· 81
「가족 시네마」 ··············· 23, 48, 56
「각」 ··············· 172, 173, 176, 177, 184
「간수 박서방」 ···················· 34, 37
「갈보」 ································ 38
「갈색의 오후」 ·········· 173, 176, 178
강명숙 ······························· 114
『강바람』 ···························· 32
강순 ······················· 31, 81, 82
『강순시집』 ····················· 32, 81
강신자 ······························· 248
강태성 ························ 283, 284
「개찰원이 된단다」 ················· 105
『거제도』 ····························· 31
『겨레문학』 ···················· 274, 277
「결혼식」 ···························· 281
경계인   16, 39, 47, 54, 64, 101, 115, 122, 146, 161, 213, 244, 272, 320
『GO』 ········· 48, 57, 245, 246, 249, 250, 259, 261, 264, 266
『고려문예』 ························· 325
고봉전 ······························· 91

고을룡 ······························· 286
「공동생활」 ························· 199
관동대학살 ···················· 169, 180
『구과(毬果)』 ························ 43
「귀착」 ·························· 286, 287
「그늘의 집」 ····················· 56, 204
「그림자 저쪽」 ················ 175, 178
「기러기떼」 ························ 112
김광숙 ······························· 90
김달수 ············ 21, 22, 34, 36, 69, 121, 124, 216, 337
김두권 ······························· 88
김명숙 ······························· 114
김민 ································· 47
김병호 ·························· 74, 75
김사량 ······················ 34, 35, 216
김석범 ············ 21, 34, 37, 111, 329
김소운 ······························· 30
김시종 ····· 32, 42, 83, 101, 102, 337
김윤호 ······························· 332
김이자 ······························· 51
김인덕 ······························· 71
김지석 ···················· 296, 312, 314
김찬정 ······························· 53
김창생 ······························· 46
김태경 ······························· 323
김하명 ······························· 342
김학렬 ··········· 25, 96, 97, 275, 331, 333, 335, 337

김학영 ············· 45, 145, 147, 148, 165, 213, 216
김희명 ······························· 76
「까마귀의 죽음」 ············ 34, 37
「꿈속에서」 ························ 89
「꿈」 ································ 286
「끌려온 사람들」 ················ 36

(ㄴ)
『나그네 타령』 ··················· 51
「나그네」 ··························· 72
『나비 타령』 ········· 172, 173, 176
「나비 타령」55, 148, 158, 163, 165, 178, 184, 214, 223, 225, 226, 228
『나쁜 소문』· 56, 203, 205, 206, 208
'나오키상' ··············· 48, 244, 245
「나의 윤회의 5월」 ············· 102
『나의 이름』 ······················· 43
『날라리』 ··························· 32
「남녘땅 시인이여!」 ············· 91
남상혁 ······························· 47
남시우 ························· 87, 91
「남조선 고향땅을 생각하면서」 ··· 339
『낭림기(狼林記)』 ················ 41
『내가 사는 나라』 ············· 114
「노도의 거리」 ···················· 36
노진용 ······························· 52
「누나와 함께」 ···················· 47
「눈초리의 벽」 ···················· 45

(ㄷ)
「다듬이질하는 여인」 ····· 23, 44, 223
「단 하나의 길」 ··········· 309, 310

『斷章』 ······························ 32
「달맞이꽃 설레면」 ············· 114
『달은 어디에 떠 있는가』 ··· 194, 199
「도상」 ···························· 157
「돈 못벌었네」 ···················· 73
『돌에서 헤엄치는 물고기』 ······· 214, 220, 225, 226, 228, 235, 236
『돌의 소리』 ············ 177, 184, 186
「동네 개」 ·························· 83
「동포」 ······························ 47
「된장국」 ························· 105
『두 개의 이름』 ··········· 247, 248
「또다시 이 길을」 ··············· 44

(ㄹ)
량남인 ··················· 329, 330, 332
량우직 ···························· 280
『레벌루션 No.3』 ········ 57, 252, 255
레제드라마 ················ 301, 304
「련천아, 원한을 품은 땅아!」 ······ 112
로진용 ···························· 105
류계선 ···························· 103
리방세 ···························· 322
「리별의 끝」 ···················· 280
리상민 ···················· 275, 278
리은직 ·········· 323, 327, 338, 339
림경상 ···························· 337

(ㅁ)
마라노 문학 ················· 22, 69
『마음소리(マウムソリ)』 ··········· 52
「말의 외상」 ······················ 41
「망향」 ···························· 41

「맹아」 ································ 287
'문예동' ···············   87, 91, 274,
   279, 284, 298, 299, 315, 326, 341
『문예수도』 ···························· 30
『문예전선』 ···························· 76
『문학예술』   274, 288, 296, 323,
   324, 327, 332, 342
『문화평론』 ·························· 121
「물고기의 축제」 ··················· 48
「물길 백 리, 꿈길 만 리」········ 283
'민단' ············ 17, 27, 64, 272, 294,
   295, 302, 320, 321, 322
『민도(民濤)』 ················· 52, 53
'민전' ································· 325
『민주조선』 ············ 28, 30, 36, 52

(ㅂ)
『바다와 얼굴』 ······················ 42
「바둑집에서」 ······················ 339
「바람란리 물란리」 ·············· 323
『바람의 조선(風の朝鮮)』············ 51
박관범 ································· 47
『박달의 재판』 ············ 34, 36, 121
박산운 ······························· 114
박순애 ················ 280, 287, 288
박순영 ························ 286, 287
박종상 ············· 47, 275, 336, 341
박춘일 ······························· 337
「반쪽발이」 ········ 45, 250, 251, 259,
   260, 261
『밤을 걸고(夜を賭けて)』 ············· 42
방창 ················ 304, 308, 311, 315
『백 년 동안의 나그네』········ 44, 45

『백민』 ······························· 325
「번지 없는 부락」 ··················· 37
「보이지 않는 동네」 ················ 84
『봉선화의 노래』 ···················· 51
『불의 냄새』 ·························· 52
『붉은 달』 ···························· 52
붕괴의 날 ····························· 47
『브룩클린』 ·························· 52
『비바람 속에서』 ················· 280

(ㅅ)
「사죄」 ······························· 110
『삼천리』 ······················ 39, 52
『38도선』 ···························· 30
「생명」 ································ 48
「생활의 꽃포기」 ··················· 79
서상각 ········ 47, 275, 277, 296, 301,
   304, 306, 308, 312
『서울(ソウル)』 ························ 52
설화자 ···················· 308, 311, 315
성황당식 혁명연극 ··· 303, 305, 308
「세 자매」 ···························· 46
소영호 ························ 47, 331
손가락이 짧은 어머니」············· 41
손지원 ···················· 25, 96, 339
「스러지는 시간 속에서」 ········· 101
스승의 길 ···························· 47
『SPEED』 ··························· 256
「승냥이」 ···························· 36
신명직 ································ 20
신유인 ·························· 40, 41
「심연의 사람」 ······················ 38
「쓰레기」 ···························· 37

찾아보기 347

〔ㅇ〕

「아귀도」 …………………………… 34
「아무도 몰랐어요」 ……………… 103
「아이들아 이것이 우리 학교란다」 85
'아쿠타가와상' …………………… 44, 48
안용만 ………………………… 77, 79
양석일 ……………… 40, 53, 109, 191, 193, 197, 199, 202, 204, 206, 208
양정명 ……………………………… 250
「어머니 심정」 ………………… 275, 276
『어머니(オモニ)』 ………………… 43
「어머니 나라」 …………………… 114
『얼어붙은 입』 ………… 45, 148, 149, 152, 156, 165
『역마의 콧노래』 ………………… 41
「오빠」 ……………………………… 178
오임준 ……………………… 40, 41
오창은 ……………………………… 333
「Y의 초상」 …………………… 174, 178
「완충용액」 ………………………… 45
『우리 말(ウリマル)』 …………… 52
「우리 이름」 ……………………… 100
「우리는 조선인이다」 …………… 74
『우리의 길』 ……………………… 287
「우수인생」 ………………………… 38
『우주 개화(開花)』 ……………… 52
원수일 …………………… 46, 264
원정희 ……………………………… 327
「유리층」 …………………………… 45
유묘달 ……………………………… 50
유미리 ………… 23, 48, 53, 56, 212, 213, 218, 220, 225, 230, 233, 235
「유채꽃 피고 지고」 ………… 283, 284

『유희』 ……… 147, 172, 176, 182, 222
「유희」 ……………… 23, 55, 158, 177, 184, 214, 230, 231, 233
윤건차 ……………… 134, 137, 146, 248
윤자원 ……………………………… 30
윤학준 …………………………… 328, 329
『윤회의 강』 ……………………… 41
「응징」 …………… 308, 310, 312, 313
이경수 ……………………… 25, 96, 97
이기승 …………………………… 55, 204
이명숙 ……………………………… 43
이방애수(異邦哀愁) …………… 76
이승순 ……………………………… 110
이승옥 ……………………………… 53
이양지 ……………… 23, 55, 145, 148, 158, 165, 170, 177, 182, 213, 218, 220, 227, 230, 233, 236, 239
「이역의 청춘」 ………………… 281, 282
이용해 ……………………………… 52
이은직 …………………………… 35, 122
이정자 ……………………………… 51
『이조백자』 ………………………… 50
『이조추초(李朝秋草)』 …………… 50
『이츠키의 부락』 ………………… 51
『이카이노 시집』 ……………… 33, 84
『이카이노 타령』 ………………… 43
『이카이노·여자·사랑·노래』 ……… 107
이회성 ………… 23, 44, 45, 111, 216, 223, 250, 260
『일본 풍토기』 …………………… 32
「잃어버린 고향의 젊은이들」 ……… 91
임경상 ……………………………… 47
「입술연지」 ……………………… 287, 288

「잊지 못할 화술 강습」 ·············· 339

(ㅈ)
「잡초처럼」 ·························· 36
「장승(長丞)」 ······················· 41
장진실 ······························ 89
장혁주 ················ 22, 34, 38, 216
「재생」 ······················· 306, 308
「재옥이 아줌마」 ···················· 107
『재일 姜尙中』 ······················ 221
재일본조선인거류민단 ·············· 272
재일본조선문학예술가동맹 ···· 87, 95, 273, 321, 326
재일본조선인거류민단 17, 272, 294, 320
재일본조선인련맹 ················ 36, 320
재일본조선인총련합 ················ 294
재일본조선인총련합회 ·· 95, 272, 320
「저녁의 지구(地區)」 ················ 79
전미혜 ······························ 52
정노풍 ························ 24, 72
정대성 ······························ 19
정호수 ····························· 324
정화수 ····························· 112
정화흠 ····························· 336
제노사이드   168, 170, 173, 175, 179, 187, 192
제노사이드 기억 170, 174, 181, 188
「제로한」 ······················· 55, 204
『조국에 드리는 송가』 ················ 88
「조국의 밤」 ·························· 88
조나미 ························ 281, 282
조남두 ······························ 47

조남철 ······························ 51
『조련문화』 ······················ 36, 325
『조선문예』 ·························· 28
『조선시집』 ·························· 30
『조선신보』 ························· 340
『조선의 겨울 이야기』 ················ 31
조선인학살 ······· 170, 173, 188, 192
'조총련'   27, 31, 64, 99, 251, 277, 283, 298, 307, 320, 329, 333, 340
시인집』 ···························· 112
종추월 ············ 40, 42, 53, 102, 107
'주체문예이론' 296, 297, 298, 301, 302, 303, 315
'주체사실주의' 275, 296, 302, 315, 321, 335, 337
「죽은 자가 남긴 것」 ················· 45
「증언」 ······························ 47
『지평선』 ···························· 32
『진달래(チンダレ)』 ············· 32, 42
「집 일흔 아희」 ······················ 72
「쫓기는 사람들」 ····················· 34

(ㅊ)
「철이야!」 ··························· 90
「첫 열매」 ··························· 47
「청색의 바람」 ······················ 178
『청춘 윤무(輪舞)』 ··················· 50
최영진 ························ 100, 105
최용원 ······························ 52
최일혜 ························ 40, 43
최현석 ······························ 43
최화국 ························ 40, 41
「추억」 ························ 275, 277

찾아보기 349

(ㅋ)

『쿠사츠 아리랑』 ·················· 32

(ㅌ)

『탁류』 ····················· 36, 122
『태백산맥』   34, 36, 121, 124, 125,
    127, 129, 130, 134, 136, 138
『택시 광조곡』 ······················ 197
「토성랑」 ························· 35
「통일소주」 ························ 113

(ㅍ)

「파랑새 전설」 ················ 312, 314
『8월의 저편』 ······················ 56
「포옹」 ··························· 47
「푸른 바람」 ······················ 176
『푸른 안경』 ······················· 32
『풀 하우스』 ···················· 48, 56
『풍랑을 헤치며』 ··················· 276
『Fly, Daddy, Fly』 ················ 256
『피와 뼈』 ················ 42, 202, 206

(ㅎ)

「하나 아리랑」 ··············· 312, 313
「하루에도 몇 번」 ················· 112
『하얀 고무신』 ····················· 51
한명석 ··························· 113
「할머니 추억」 ····················· 37
「해녀」 ········· 55, 158, 173, 181, 183
「해산없는 대회장에서」 ············· 112
『해협』 ··························· 42
허남기 … 31, 85, 296, 301, 309, 310
허준 ························ 327, 328
혁명연극 ···· 299, 300, 305, 311, 315
현월 ····· 53, 109, 193, 203, 206, 208
『현해탄』 ················· 34, 36, 121
『火山島』 ·························· 37
『화승총의 노래』 ··················· 31
「황금탑」 ··················· 275, 278
『후예의 거리』 ··············· 36, 121
「희락원」 ·························· 46

재외한인문학연구총서
재일한인문학의 어제와 오늘

1판 1쇄 발행 2021년 12월 30일

지 은 이 | 김영미 김정훈 박죽심 송명희 오현화 윤정화 이상갑 정덕준 최은영
펴 낸 이 | 김진수
펴 낸 곳 | 한국문화사
등   록 | 제1994-9호
주   소 | 서울시 성동구 아차산로49, 404호(성수동1가, 서울숲코오롱디지털타워3차)
전   화 | 02-464-7708
팩   스 | 02-499-0846
이 메 일 | hkm7708@daum.net
홈페이지 | http://hph.co.kr

ISBN 979-11-6685-072-1 93810

- 이 책의 내용은 저작권법에 따라 보호받고 있습니다.
- 잘못된 책은 구매처에서 바꾸어 드립니다.
- 책값은 뒤표지에 있습니다.

오류를 발견하셨다면 이메일이나 홈페이지를 통해 제보해주세요.
소중한 의견을 모아 더 좋은 책을 만들겠습니다.